CHRISTIAN ROUAS

L'EMPRISE DU MONDIALISME

L'EMPOISONNEMENT GLOBAL

Alimentaire – Chimique – Electromagnétique – Médicamenteux

L'Érosion du Quotient Intellectuel des masses humaines

Surpoids & Obésité Cancer – Guérir autrement

CHRISTIAN ROUAS

L'EMPRISE DU MONDIALISME

L'EMPOISONNEMENT GLOBAL

Publié par Omnia Veritas Ltd

www.omnia-veritas.com

INTRODUCTION

La manigance biotechnologique concoctée par le milieu scientifique corrompu en liaison avec les élites du système fait son office au détriment de la santé des populations par trop naïves. Lesquelles n'ont pas la moindre idée des conséquences des poisons qu'elles ingèrent au quotidien.

Soyez assuré que les hauts dirigeants de la FAO, du Codex Alimentarius, de l'OMS, du corps médical, des structures de santé publique, de firmes alimentaires, de l'industrie pharmaceutique, savent pertinemment comment les masses humaines sont lentement empoisonnées et intellectuellement réduites. Pour autant, ils n'ont aucune intention de rectifier la situation et de mettre fin à cette morbidité alimentaire et chimique ; Tout au contraire, ils ne cessent d'amplifier ce processus de dénaturation, d'érosion du QI et de mort lente des masses humaines qui ne savent pas le discerner.

Le contenu de cet ouvrage est spécialement structuré pour vous permettre de savoir 1) Comment s'organise et fonctionne le milieu des empoisonneurs. 2) Comment ils agencent la propagande multiforme afin de tromper le plus grand nombre. 3) Comment il vous est possible de ne pas vous laisser tromper, abuser et piéger par ce type d'alimentation et de médicaments contre nature. 4) Comment ne pas en subir les multiples conséquences tant physiques que mentales. 5) Comment retrouver une vivacité d'esprit perdue ou jamais acquise. 6) Comment trouver ou retrouver vitalité et poids de forme, sans privation inutile. 7) Comment vous prémunir du cancer.

À cette fin, les principaux types de fabrication, la grande majorité des aliments, de produits chimiques, de médicaments… consommés au quotidien, tous les poisons cachés, tous les additifs nocifs, des plus simples aux plus sophistiqués, ont été passés au crible pour que rien d'essentiel ne vous échappe.

Bien différemment de tous les livres ne détaillant que des recettes de cuisine, ou faisant de la surenchère sur les apports nutritionnels, caloriques, protéiques... Notre ouvrage vous éclaire plein phares, sur tous les dangers cachés de la nourriture de grande consommation.

Contrairement aux pseudos nutritionnistes, pro lobby, pro système, il s'agit d'éveiller votre conscience sur ce sujet essentiel. Vous conseiller précisément, sans le moindre compromis, particulièrement sur les effets néfastes, dégénérants, de l'alimentation quotidienne de type industriel, la plus consommée au monde.

Le 30e chapitre est destiné à tous ceux confrontés au cancer. Tout est réuni pour leur faire connaitre les alternatives thérapeutiques permettant de ne pas subir les conséquences désastreuses des traitements chimiques et radiatifs.

Chapitre 1

Diktat de l'agrobusiness

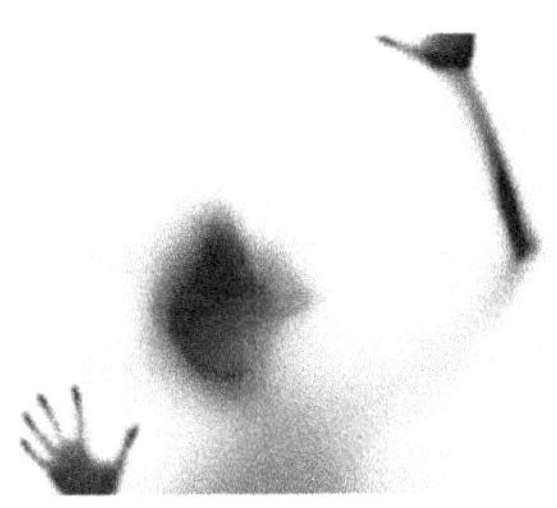

Notre façon de manger a fondamentalement changé au cours des cinquante dernières années comparativement aux cinq derniers millénaires. Aux États-Unis, les images pour faire vendre la nourriture est restée celle d'une Amérique bucolique et agraire « *All Natural – Farm Fresh* ». Au supermarché, les images de fermiers se multiplient, clôture de bois, silo, petite maison au milieu de la prairie, étendues de plaine verdoyante. Le marketing fait son possible pour créer le fantasme pastoral.

Un supermarché américain ou européen propose 47.000 produits en moyenne, les saisons n'existent pas, on y trouve, entre autres produits dénaturés, des tomates à l'année cultivée à l'autre bout du monde, cueillies vertes avant leur murissement au gaz éthylène, ce n'est qu'un concept, pas un fruit. Les os de bœuf ont disparu du comptoir des viandes, désormais un rideau opaque sépare les consommateurs de leurs aliments.

L'industrie ne veut pas que vous connaissiez la vérité sur ce que vous mangez, vous risqueriez d'en perdre l'appétit. Si l'on remonte la chaîne alimentaire derrière ces paquets de viandes emballés on découvre une toute autre réalité, celle de l'usine à bétail, non celle d'une ferme. La viande est transformée par de vastes multinationales à des années lumières de la campagne verdoyante du marketing. Toute la nourriture est confectionnée sur d'énormes chaînes de transformation, fabrication, où animaux et travailleurs sont exploités. Les aliments sont devenus néfastes, de plus on cache intentionnellement les modes de production.

UNE POIGNÉE DE MULTINATIONALES CONTRÔLE À ELLES SEULES TOUT LE SYSTÈME ALIMENTAIRE

De la semence OGM au supermarché afin de dominer tout le circuit alimentaire. C'est plus qu'une simple histoire d'aliments, notre liberté d'expression et notre droit à l'information sont en cause. Ce n'est pas seulement notre santé qui est menacée, les firmes ne veulent pas voir les fermiers intégrés au système manifester leur désaccord car elles craignent que cette tromperie n'éclate au grand jour. Les habitués, devenant inconsciemment des addicts du fast-food ignorent comment cette minorité d'affairistes a pu modifier profondément la façon de consommer et de produire la nourriture ; ils ne mesurent pas non plus la puissance de cette industrie.

Par exemple McDonalds, premier acheteur de bœuf haché aux US, ne souhaite qu'uniformiser le goût de leurs hamburgers. Pour y parvenir, ils bouleversent le mode de production. Idem pour le porc, poulet, pomme de terre, tomate, laitue, pomme... Cette mainmise nécessite en amont de gros fournisseurs, de sorte qu'une seule poignée d'entreprises dominent tout le système alimentaire. Dans les années 1970, les cinq plus grands grossistes en viande dominaient seulement 25% du marché, aujourd'hui les quatre plus importants le contrôlent à plus de 80%, idem pour le porc, le poulet... Si vous êtes réfractaires à la restauration minute, sachez que toutes les autres viandes sont produites de la même façon, par le même type de circuit.

Pour bluffer le grand public, les étiquettes représentent des images de fermes, de fermiers, d'animaux gambadant en liberté. En réalité, seulement une petite minorité de grosses entreprises gèrent le secteur de la viande, du jamais vu dans l'histoire. Par exemple le poulet élevé et abattu deux fois plus rapidement qu'il y a cinquante ans et deux fois plus gros. Puisque les gens préfèrent la viande blanche, les poulets génétiquement modifiés sont dotés de poitrine volumineuse.

Le profil de l'éleveur aussi a changé, désormais ils ne sont plus propriétaires de leur élevage. Ils sont juste sous contrat, les poulets appartiennent à l'entreprise de la ponte jusqu'à l'entrée dans l'abattoir. Tout est mécanisé, c'est pourquoi les trois cent mille volailles d'une unité de production doivent avoir la même taille, le même poids et vivre dans le noir. Un modèle de gestion si rentable qu'il sert de référence pour les autres sortes d'exploitations agricoles, alimentaires, qu'il est impossible de visiter.

Lorsqu'une opportunité de visite se présente, l'on voit des volatiles entourés de poussière, dans leurs excréments. Quand un poussin après sept semaines devient un poulet de deux kilos et demi, ses os et ses organes internes ne supportent pas cette ultra croissance. Ils ne peuvent pas marcher, ne soutenant pas leur propre poids, certains s'étouffent et suffoquent.

Leur nourriture contient des antibiotiques qui contaminent la viande. Puisque les bactéries développent une résistance, ce traitement devient inefficace et nocif tant pour les animaux que pour les travailleurs soumis à la chaleur, aux poussières, à l'odeur pestilentielle. Pour la plupart ce sont des émigrés sans papier, n'osant pas se plaindre de peur de perdre la misère qu'on leur donne. Au final, Les poulets ramassés et entassés dans cette pestilence prennent la route vers l'usine de transformation jusqu'à l'assiette des braves gens.

Ce système ignoble prospère car les firmes tiennent les éleveurs sous leur coupe par l'endettement. D'autant plus qu'elles leur imposent de nouveaux équipements rendus obligatoires pour moderniser les élevages. Les éleveurs doivent les intégrer en empruntant sans cesse, faute de quoi le contrat est promptement rompu pour ces esclaves des temps modernes. L'emprunt est en moyenne de 250.000 $ par poulailler, pour un revenu annuel de 9000 $.

Tout consommateur est en droit de savoir d'où vient la nourriture, qui la produit, la prépare, la conditionne, la stocke, la distribue. Il s'agit donc de retracer l'origine de notre alimentation. Au supermarché tout ce choix, cette variété, ne sont qu'une illusion, rien n'est réel, parce que seule une minorité de firmes et de producteurs agricoles monopolisent les rayons. L'on aboutit toujours au même endroit ; primo dans les champs de semences et céréales OGM, entretenus aux engrais chimiques et pesticides, jusqu'à la trésorerie et les dividendes de ce lobby. Secundo parce que ces cultures sont largement subventionnées par les États, qu'elles représentent un excellent profit pour ces mêmes groupes à la tête d'usine de transformation car ils achètent ces céréales bien en deçà du prix de production.

Le gouvernement américain et l'Union européenne font la promotion de certaines céréales, notamment du maïs, car ces firmes dépensent des fortunes pour corrompre les hommes politiques, technocrates, afin de tenir sous influence les lois agricoles. Par là-même s'assurer de défendre leurs intérêts en achetant ces matières premières au rabais, au frais du contribuable. Ce type de législation dicte toutes les règles du commerce des aliments, la loi agricole vise de son côté les cultures de base stockables, surtout le maïs et le blé. Les agriculteurs sont encouragés à prendre de l'expansion, à fusionner pour en cultiver le plus possible, leur subvention sera proportionnelle à leur rendement, selon la règle des 20/80, les vingt agriculteurs les plus importants, notamment les grands céréaliers, reçoivent quatre-vingt pour cent des primes.

De son côté, l'industrie alimentaire se charge de finaliser le profit en reproduisant par génie chimique toutes les textures et les saveurs dont elle a besoin pour préparer ses innombrables gammes de produits. En regroupant toutes les techniques et technologies existantes, les chimistes élaborent des aliments qui se conservent quasi indéfiniment au réfrigérateur, sans rancir. La plus grande réussite est le sirop de maïs à haute teneur en fructose. La grande majorité des produits des supermarchés en contiennent, ainsi que du soja génétiquement modifié. Le maïs et le soja sont deux matières premières facilement transformables, incluant la maltodextrine, les di-glycérides, la gomme xanthane, l'acide ascorbique...

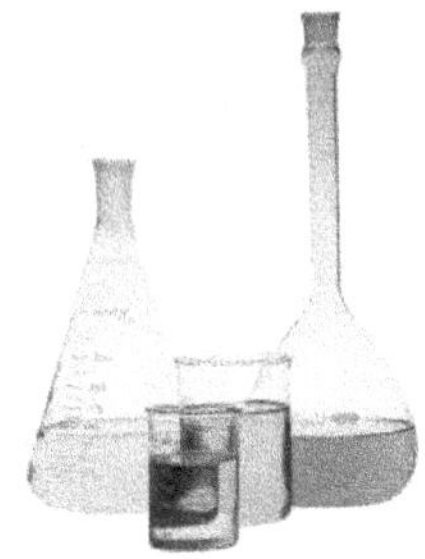

Ces céréales entrent aussi dans le nourrissage, contre nature, des herbivores, bétail, poulet, porc, bœuf, même pour les poissons d'élevage. Cette production massive de maïs à bas prix a fait chuter le prix de la viande. L'américain et l'européen en consomment annuellement plus de 80 kg, une consommation inimaginable sans cette masse de grains à prix modique.

Aux USA comme en Europe, le maïs est vendu sous le prix de production, les propriétaires de parcs d'engraissement se le procure si facilement que depuis des décennies le bétail a déserté les fermes pour venir se concentrer dans ces parcs concentrationnaires. Un immense réseau de routes et de voies de chemin de fer permettent de le transporter des champs jusqu'à ces exploitations d'élevage intensif.

L'organisme des vaches n'est pas du tout adapté au maïs, il accepte seulement de l'herbe verte ou séchée, le foin mis en réserve pour l'hiver. En gavant les bovins de maïs, la bactérie E-coli résistante aux acides stomacaux prolifère. Une mutation s'est même produite, une nouvelle souche dénommée E-coli-0157H7 a fait son apparition. Tout cela du fait des conditions de vie concentrationnaires des bêtes qui pataugent dans leur fumier à longueur de journée. Dès qu'une vache est atteinte d'une maladie elle contamine toutes les autres.

Puis ces bovins entrent à l'abattoir couverts de fumier séché, la souillure bactérienne se répand jusqu'aux carcasses produites au rythme de 400 à l'heure lors de l'abattage. C'est de cette façon que la viande se retrouve contaminée. Un nouveau microorganisme ultra résistant entre ainsi dans la chaîne alimentaire. De nombreuses intoxications se produisent dans les viandes, notamment hachées pour hamburgers. Aux USA, une première série de 140 tonnes de bœuf haché ConAgra, puis une deuxième de 225 tonnes ont été retournées à l'expéditeur. Cette bactérie migre, on la retrouve dans les épinards, le jus de pomme, la propagation s'effectue par les eaux de ruissellement des fermes industrielles.

Au cours de l'administration BUSH, le poste de chef d'état-major du département de l'agriculture a longtemps été occupé par un ancien lobbyiste de l'industrie du bœuf. Le directeur de la FDA – Food and Drug Administration - était l'ancien vice-président de l'association nationale des fabricants de produits alimentaires. Les organismes de réglementation sont infiltrés par les collaborateurs des entreprises qu'ils sont censés surveiller. En 1972, la FDA organisait 50.000 inspections de salubrité alimentaire, en 2006 seulement 9164 – même cas de figure pour les autorités de contrôles sanitaires européennes.

Si des empoisonnements alimentaires se sont produits involontairement par le passé, depuis le 19e siècle, à mesure du développement de la technologie, le consommateur était en droit de s'attendre à gagner en qualité, surtout en santé. Tout au contraire, en prenant plus d'extension, les usines de transformation sont devenues un lieu de prolifération massive de pathogènes nocifs. D'autant plus que le système immunitaire des populations s'est très affaibli, ouvrant la voie à nombre de maladies bactériennes, virales, parasitaires.

En 1970, il existait des milliers d'abattoirs aux USA, il n'en restait plus que 13 dans les années 2014 pour transformer toute la viande bovine vendue au pays ; même type de concentration en Europe. Puisqu'une boulette d'hamburger provient de milliers de bêtes différentes, les risques qu'un de ses animaux, souvent malades, soit porteur d'un pathogène dangereux augmente exponentiellement. En fait, les organismes de contrôle et de réglementation sont totalement impuissants. De leur côté, les hauts dirigeants de ces industries n'interviendront pas, efficacité et profit obligent ; c'est la racine du mal. Une production de viande sur la base d'un retour des élevages à l'herbe des prairies permettrait de résoudre le problème récurrent de l'E-coli, surtout de pouvoir consommer une viande oxygénée, de bonne qualité au plan sanitaire, nutritionnel et gustatif.

Mais inutile de l'espérer, comme dans bien d'autres domaines, l'industrie ne fera pas marche arrière. Tout au contraire, elle se concentre d'avantage, informatisant toutes les opérations de production, de maintenance, cherchant à résoudre à sa manière la prolifération de pathogènes, notamment d'E-coli-0157H7, en ayant recours une fois de plus à la chimie, en utilisant de l'ammoniac et de l'hydroxyde d'ammonium. Le produit fini est une farine de viande à hamburger nettoyée à l'ammoniac, idem pour la volaille lavée au chlore. C'est cette méthode qui sera imposée aux consommateurs européens dès la mise en application prochaine du nouveau traité transatlantique – TAFTA.

En octobre 2015, l'OMS accepte de revoir sa classification des viandes industrielles transformées, la base des hamburgers, saucisses, hot dogs, jambons industriels, bacon, salami... pour les positionner au niveau 5 « *Hautement cancérigène* ». En cause le décès de 150.000 consommateurs chaque année, uniquement en Angleterre. Des aliments classés aussi dangereux que la cigarette ou l'arsenic. Une décision prise à la suite de dizaines d'études scientifiques faisant le lien entre ces viandes dénaturées issues de bêtes malades et le cancer du côlon, deuxième cause de décès en Grande-Bretagne, évitable par une alimentation plus saine. Une décision prise à l'issue d'une grande réunion de scientifiques de dix pays, multiples preuves imparables à l'appui.

Si les consommateurs s'éveillaient, le principal lobby de la viande the North American Meat Institute pourrait être chamboulé ; conscient de cela, ce dernier accuse le rapport OMS – niveau 5 – de défier le sens commun. Réaction similaire à celle de Monsanto quelques mois plus tôt quand le Roundup largement, utilisé dans toutes les sortes de cultures agricoles, était mis en cause comme poison universel. Le Centre international de recherche sur le cancer et l'École de Santé de Harvard, références internationales en matière de nutrition, recommandent maintenant de supprimer ces types d'aliments, *il leur en a fallu du temps pour réagir, n'est-ce pas* !

Une partie grandissante de gens se rend compte de l'origine malsaine et de la nocivité des aliments issus de cette industrie. Cependant, le rythme de vie effréné et l'abaissement des ressources des ménages les conditionnent pour n'acheter que « *du Vite fait ou du tout préparé, qu'à bas prix* » soit au supermarché, soit au fast-food. Les bonbons, barres chocolatées, céréales croustillantes, sodas, sont aussi à petit prix. Les légumes sont bien plus chers comparés au prix d'un hamburger Mcdo double fromage à 99 cents, 1 euro en Europe, moins cher qu'une tête de brocolis.

C'est un système qui organise la malbouffe à partir de matières premières à bas prix, largement subventionnées pour remplir facilement les estomacs avec des calories vides et le plein d'additifs chimiques, tout en érodant le QI des masses humaines. D'autant plus facilement qu'un grand nombre de pauvres dépendent de l'aide alimentaire, près de 50 millions rien qu'aux États-Unis reçoivent chaque semaines des tickets alimentaires – food stamps – distribués par les services sociaux de l'État fédéral avec lesquels ils consomment de mauvais aliments dénaturés par des mauvaises graisses, des sucres raffinés et farines industrielles.

Une mauvaise alimentation facilement consommable par le plus grand nombre car l'être humain est très attiré par trois goûts dominants, le salé – le gras – le sucré, que l'on trouve difficilement à l'état naturel, alors que les aliments industriels qui les regroupent sont accessibles en grande quantité 24/24 par tous circuits de distribution.

L'utilisation massive de sucre raffiné, de sirop haut fructose de maïs, entraîne de brusques variations du taux d'insuline, déréglant le métabolisme et générant en proportion épidémique nombre de dysfonctions métaboliques : diabète – accidents cardiovasculaires et vasculaires cérébraux…

C'est le constat d'une situation de santé publique accablante, désespérante, pour les populations, insoluble pour les États complices du jeu, une opportunité commerciale hyper profitable pour les firmes pharmaceutiques qui entretiennent cette situation, spécialement développée et dénoncée dans cet ouvrage aux chapitres 27 et 29.

Tous les petits éleveurs sincères sont relativement impuissants car ils sont confrontés à l'agriculture intensive qui a la mainmise sur les marchés. Elle ne fera pas marche arrière ne cherchant que la productivité, la position dominante, les prix de revient les plus bas. Peu importe les pathogènes (E-Coli) – la malbouffe – le diabète de type II – les dommages environnementaux, écologiques, génétiques, de santé publique. Les agriculteurs autrefois indépendants, autonomes, sont désormais soumis et dépendants des membres de conseils d'administration de firmes sises dans les grandes villes n'ayant pas à subir la moindre des conséquences de leurs prises de décision.

Les divers végétaux chlorophylliens, l'herbe des champs en particulier, sont la base fondamentale de l'élevage bovin et d'ovin. Leur métabolisme support très mal le maïs, le soja, OGM de surcroit, ni les farines de cadavres, ni les crottes de poulets... Ces ruminants broutent simplement de l'herbe, du trèfle l'été et mangent du foin, du fourrage, l'hiver. Ce sont des herbivores, avec eux le travail des champs est plus simple, pas de tas de fumier car la vache fertilise naturellement la terre, fait office de faucheuse, un super service tout en un. C'est ainsi que l'entendent le petit nombre restant d'éleveurs indépendants.

Le système alimentaire a perdu toute intégrité et considère qu'il n'a aucun compte à rendre. Si les murs des établissements de transformation étaient en verre, le système alimentaire américain et européen serait bien différent. Rien ne vaut le grand air pour faire vivre les animaux de ferme et à la demande, tuer les poulets commandés par les amateurs de bons produits fermiers. Mais le département de l'agriculture juge la situation autrement, disant que cet abattage à ciel ouvert est insalubre, qu'il faut l'empêcher et le fermer.

Les éleveurs et bouchers du milieu naturel sont obligés de se défendre en prélevant et faisant analyser à longueur d'année divers rejets et matières animales. Étonnamment, le résultat de laboratoire prouve que le taux bactérien est 25 fois plus faible que celui relevé pour les mêmes produits volaillers des supermarchés. Cela malgré les multiples bains de chlore appliqués après abattage dans les abattoirs Nord-américains, bientôt applicables en Europe après la mise en œuvre du TAFTA.

NOURRIR LA POPULATION MONDIALE AUTREMENT

Plusieurs se demandent si les méthodes traditionnelles suffiraient à nourrir tous les peuples du globe. Un argument de mauvaise foi, les paysans sont suffisamment efficaces, surtout quand on pense à tous les écueils ingérables du système productiviste. Surprenant de voir à quel point l'on ne s'attaque pas honnêtement aux vrais problèmes. Tout ne se rapporte qu'au comment produire plus et plus vite, pas au pourquoi faire qualitativement, en harmonie avec les éléments de la nature.

Si l'on considère un cochon comme une structure protoplasmique inanimée destinée à être manipulée avec la technologie de pointe, alors l'on percevra aussi les individus de sa communauté et ceux des autres nations avec le même dédain et la même arrogance. Et que dire des employés des usines d'abattage de porcs dans des régions en déclin économique, pas plus considérés que les deux milles bêtes qu'ils saignent à l'heure. C'est ainsi que s'exprime le petit nombre d'éleveurs indépendants restants.

L'industrie alimentaire américaine recrute maintenant une nouvelle main d'œuvre, beaucoup d'émigrants mexicains illégaux. Ce sont d'anciens cultivateurs de maïs mis en faillite par le plan ALENA – *une volonté du cartel occulte* – car il était impossible pour un million et demi d'entre eux de rivaliser avec le prix du maïs américain. Via des annonces à la radio, dans les journaux, en organisant des services d'autobus, les grossistes en viandes et les grands exploitants agricoles en ont profité pour recruter massivement au Mexique. Pendant des années, le gouvernement US a fermé les yeux sur le recrutement des illégaux. Mais depuis le mouvement anti-migration consécutifs aux divers attentats son attitude a changé.

Toutefois, les autorités ne s'attaquent pas aux entreprises, elles s'en prennent aux travailleurs. Très symboliquement car les arrestations sur le territoire US visent aussi des illégaux en poste depuis plusieurs années. Sur le flot entrant au quotidien, pas plus d'une quinzaine de reconduite à la frontière par jour. Pas de quoi couper cette main-d'œuvre bon marché, ni inquiéter les dirigeants de ces firmes qui ne sont même pas questionnés à ce sujet, poursuivant à faire du business sans scrupule, à coup de millions de dollars.

En Europe, c'est exactement le même mode opératoire, au minimum 1,5 million de travailleurs marocains, péruviens, dominicains, en Espagne, en France, albanais en Italie ; polonais et ukrainiens en Allemagne… sont la main d'œuvre malléable et corvéable à souhait pour les mêmes firmes et circuits agroalimentaires mondialisés.

Au début du siècle dernier, un fermier produisait de quoi nourrir six à huit personnes. De nos jours l'agriculteur américain moyen, le plus productif au monde, nourrit 130 personnes. Dans les pays de l'Union européenne, entre 2003 et 2013 plus de quatre millions d'exploitations agricoles ont disparu, au profit de groupements financiers et d'investisseurs chinois qui achètent les terres par milliers d'hectares. Ces changements progressifs mais bouleversants pour tous sont passés inaperçus car la plupart des consommateurs sont des citadins ignorant le milieu agricole ; Le type de culture, la composition des aliments industriels qu'ils ingèrent au quotidien sont ignorés ; ils remplissent les chariots, paient par carte bancaire, rentrent chez eux, consomment et ce cycle passif, impersonnel, se poursuit sans cesse.

Conclusion. Les firmes alimentaires ont tout organisé pour ne pas informer sur la composition : acides gras trans – sucres synthétiques – colorants nocifs – OGM pour 70% des produits vendus – exhausteurs de goût puissants neurotoxiques… l'industrie de la viande de son côté se mobilise pour ne pas indiquer le pays d'origine, le nourrissage et les conditions de vie des bêtes… En plus d'occulter ce type d'informations, les industriels épaulés par de grands bureaux d'avocats et forts d'un réseau de corruption ont réussi à rendre illégales toutes

critiques à leur égard. Ils ont même pu s'opposer à la publication de photos d'opérations chimiques à grande échelle, d'épandages aériens de pesticides par exemple.

Au bout du compte, ce système productiviste avide, mobilisé pour n'imposer qu'un petit nombre d'espèces de plantes, de céréales, au prix d'un gigantesque gaspillage de pétrole, d'énergie carbone, dans un marché dirigé par une poignée de firmes, est un géant aux pieds d'argile. Malgré son haut niveau de productivité, de rentabilité, il est en situation précaire et ses nombreuses failles apparaissent régulièrement au grand jour.

Aux États-Unis, les nombreux scandales successifs génèrent le dégoût parmi un nombre croissant de gens qui se regroupent, boycottent et se tournent vers d'autres circuits de production et de distribution ; tandis qu'en Europe règnent l'immobilisme et le laxisme. Sans réserve suffisante de grains, de vivres, soumis au risque de la chaîne de Ponzi, du château de cartes des places financières, le système agroalimentaire mondial va s'effondrer dans le même temps que les monnaies financières et les actifs boursiers issus de la création monétaire artificielle, la monnaie de singe, tirée du vide par les banques centrales.

LA STRATÉGIE DE L'AGROBUSINESS

Comment cette industrie a-t-elle su imposer au plus grand nombre en amont les céréales multi-hybridées ou génétiquement modifiées, cultivées aux engrais chimiques et multi-pulvérisées de pesticides ; en aval les boissons lactées du petit déjeuner, les plats cuisinés, le fast food, les sodas, les barres chocolatées… Autant de mauvais produits gorgés de sucre raffiné chimiquement et de sel industriel, de mauvaises graisses dénaturées ; Tous à prix très modéré, prêts à consommer, accessibles partout ? Les firmes semblent se faire une rude concurrence pour se partager les multi-milliards $ issus de cet immense marché ; En réalité elles se réunissent en secret pour renforcer leur stratégie.

Depuis 1999, conscientes des conséquences sur la santé publique de la Junk food, notamment la montée inquiétante des cas d'obésité infantile et du diabète, elles craignent de perdre des parts de marché face aux réactions virulentes d'une part grandissante de consommateurs américains. Par contre, elles ne se sont pas inquiètes pour les ventes en Europe car les réactions d'opposition sont rares et ponctuelles.

Ces multinationales renforcent leur stratégie en recrutant des chimistes, psychologues, techniciens… afin de conduire des études, incluant l'utilisation d'un appareillage simulateur de bouche à 40.000 $... Elles payent grassement des sportifs de haut niveau, footballeurs, handballeurs… pour les voir à la Tv déguster des hamburgers, sodas, et continuer leur entraînement avec plaisir et facilité. C'est le cas particulier des firmes McDonald's et Coca cola, sponsors des jeux olympiques. Une partie du corps médical anglo-saxon réagit et dénonce cette manipulation, comme celle d'introduire nombre de distributeurs de produits sucrés dans les lieux publics, notamment les écoles et favoriser l'obésité précoce, le diabète et la plupart des maladies dégénératives.

En France, à l'institut national du sport – INSEP – le berceau de l'élite sportive – un panneau à l'entrée signale « *Bien manger pour bien gagner* ». La restauration de cet institut est supervisée par une nutritionniste, tous les produits correspondants à ces publicités fallacieuses sont exclus des menus, pas de frites 4 jours sur 5, pas de sodas, ni d'hamburgers. À l'opposé, les menus sont composés d'entrées à base de crudités et d'apport protéique, plat principal viande ou poisson, céréales et légumes, desserts à base de fruits.

Les sportifs qui s'y restaurent sont fermement opposés à la Junk food car ils savent pertinemment que l'alimentation fait partie des piliers de la réussite. Que se passerait-il si un sportif ne mangeait que les mauvais produits des pubs, aux calories vides, très additivés en sucre nocifs et sel raffinés, en mauvaise graisse, pauvres en vitamines et minéraux ? Il perdrait rapidement en performance dans les 48 heures ; et en santé pour ses vieux jours.

Paradoxe de la société de consommation, réussir à gorger le plus grand nombre de mauvais produits industriels, pendant qu'une majorité de gens souffrent de dénutrition. Un sujet essentiel développé au chapitre suivant.

CHAPITRE 2

LA FAIM DANS LE MONDE

Contrairement aux affirmations de nombreux hommes politiques à la tête d'État, de structures internationales, ou celles d'hommes influents à l'origine de fondations humanitaires, le problème de la malnutrition et de la faim s'est aggravé en 2015 sur les cinq continents. Chaque jour environ 100.000 individus en meurent, 826 millions sont sous-alimentés, se couchent le ventre vide…

Ne sont pas en cause la situation géographique ni un phénomène climatologique. Par contre, la situation est aggravée par la concentration agricole et la privatisation du vivant par les multinationales de l'agrochimie. Les solutions sont la production agricole locale pour l'autosuffisance et une agriculture naturelle, économe, respectueuse, des écosystèmes, incluant le positionnement central des paysans comme gardiens de tous les équilibres naturels.

Cette famine est la conséquence des politiques pernicieuses imposées principalement par la Banque mondiale, l'OMC, le FMI, les fondations GATES (Microsoft) et ROCKEFELLER. C'est aussi le fait des politiques agricoles de subventions des USA et de l'Europe, par conséquence les produits des pays pauvres du Sud sont confrontés à une concurrence déloyale. Ces peuples abandonnent leurs productions locales, leur autosuffisance alimentaire, pour se tourner exclusivement vers l'exportation de matières premières, café, cacao, soja... au détriment des cultures de subsistance.

En définitive, ni le Sud ni le Nord n'ont capacité à l'autonomie alimentaire ; par exemple l'UE produit seulement 25% des besoins alimentaires pour l'humain et le bétail, par conséquent elle est pleinement dépendante du commerce extérieur ; par exemple la France, pays de cultures très variées, en importe pour 2 milliards €/an.

Les denrées agricoles ne sont considérées qu'en simples marchandises de transit, sans le moindre sentiment, égard, pour l'intérêt général. C'est avant tout pour accroître le profit et la dominance des multinationales. Les semences brevetées sont sous le monopole de cinq firmes, par conséquent 80% des variétés cultivées il y a cinquante ans ont disparu. Trois tonnes de pétrole sont nécessaires pour fabriquer et transporter une tonne d'engrais chimique.

90% de la surface agricole des pays occidentaux est souillée par les épandages de pesticides, en résulte la disparition des abeilles, principal pollinisateur des fruits et légumes. 38% de la surface totale de culture ont été dégradés par la chimie au point de ne plus être utilisables. 700 tonnes de sols fertiles disparaissent chaque seconde à la surface du globe, sachant que 500 années sont nécessaires pour constituer une couche de 2,5 cm de terre arable.

Le jeudi 5 juin 2008, période d'entrée en crise économique majeure, s'est achevé le Sommet de la FAO tenu à Rome sur la crise alimentaire. L'on peut partager l'avis de Jean ZIEGLER, homme de cœur, ancien rapporteur de l'ONU sur le droit à l'alimentation, aujourd'hui membre du comité consultatif du conseil des droits de l'homme des Nations Unies, auteur du livre « *L'Empire de la honte* ».

Conjointement à Jean ZIEGLER, nous dirons à propos de ce sommet « C'est un échec total, extraordinairement décevant et très inquiétant pour l'avenir des Nations Unies. Un sommet unique dans l'histoire de cette organisation car plus de cinquante chefs d'État et de gouvernement étaient réunis pour discuter de solutions concrètes afin de résoudre tout ce que représente l'image du cavalier blême de l'apocalypse. Le résultat de cette réunion est totalement scandaleux car l'intérêt privé s'est imposé au détriment de l'intérêt collectif. Les décisions prises à Rome ne feront qu'aggraver la situation de famine au lieu de la solutionner ».

Les mesures qu'il fallait appliquer : 1) Interdire d'utiliser les céréales pour en faire des biocarburants, l'actuelle crise du pétrole en abondance et à bas prix le confirme. 2) Permettre aux pays producteurs de négocier directement avec le pays importateur, en excluant toute transaction par la bourse de fixation des prix des aliments de base. 3) Faire priorité absolue pour que les pays les plus pauvres puissent recevoir du FMI les investissements nécessaires à l'agriculture vivrière familiale de subsistance, afin d'obtenir une réelle autosuffisance alimentaire, non soumise aux règles mondialistes implacables de l'OMC.

En septembre 2000, au seuil du nouveau millénaire, thème cher au cartel de la véritable gouvernance mondiale, le Secrétaire général des Nations Unies avait demandé aux représentants des pays membres réunis à New York de réduire de moitié les affamés et la misère d'ici à 2015. Un objectif repris en 2008 par le Sommet de Rome ; jamais suivi d'effet, puisque cette calamité a massivement augmenté. En 2007, selon la FAO il y avait 854 millions d'individus en permanence gravement sous-alimentés, s'ajoutent six millions d'enfants morts de faim. Depuis, 100 millions de plus sont entrés en état de sous-alimentation.

LES RESPONSABLES DE L'ÉCHEC

Les États-Unis et leurs alliés canadiens, australiens adeptes de la chaise vide et les multinationales sont à l'origine du sabotage du Sommet de 2008. Dix firmes contrôlent 80% du commerce mondial des aliments de base. L'intérêt général, sans même évoquer l'altruisme, n'est pas du tout leur crédo. C'est pourquoi l'appel insistant de Jacques DIOUF directeur général de la FAO de lever 44 milliards $ d'aide est resté lettre morte. Le Secrétaire général de l'ONU porte sa part de responsabilités car ses propositions étaient bien trop timorées. Tout ceci ne reflète qu'une immense hypocrisie, une mise en scène du faux semblant.

La spéculation affame les peuples. Le Harper's Magazine a publié en 2011, une enquête « *La bulle alimentaire, comment Wall Street a affamé des millions de gens dans le monde sans être inquiétée* ». En cause la manipulation des cours des matières premières agricoles.

À l'origine, la dérégulation des marchés financiers qui a permis aux acteurs institutionnels très puissants – caisses de retraire – hedge fund ou fonds spéculatifs – banques d'investissement – d'entrer sur ce marché et de le déstabiliser. Pour ces rapaces aucun intérêt social pour les principes de l'économie agricole, pas de pitié, toutes formes de profit sont bonnes à prendre.

Les prix des produits agricoles exportés par les pays pauvres ont été bradés à la baisse, mais abusivement augmentés au détriment des consommateurs pauvres de pays plus riches. Ce qui a obligé des millions de gens à se priver d'une alimentation plus diversifiée, plus carencée en protéines animales, bien d'autres ont été réduits à l'extrême pauvreté.

QUATRE BANQUES FRANÇAISES ACCUSÉES DE SPÉCULER SUR LA FAIM

C'est l'Oxfam, une ONG de solidarité internationale qui dénonce BNP Paribas – Natixis & Banque Populaire Caisse d'Épargne – Société générale – Crédit agricole – d'agir de la sorte. Depuis 2013, elles ont augmenté leurs investissements dans ce secteur de + 40% ; seul le Crédit agricole a tenu ses engagements pour les réduire, sans les stopper. En 2011, cette spéculation honteuse avait fait exploser les prix des denrées de base, principalement le blé multiplié par trois, aussi le maïs – soja – cacao – café – provoquant des émeutes de la faim dans les pays pauvres et les plus fragiles d'Afrique, d'Asie. Sans que le grand public occidental ne le sache car la presse pro système n'a pas relayé cette manipulation éhontée.

À l'origine du mal, l'insatiable Goldman Sachs, la plus grande banque au monde qui a créé un indice boursier sur les matières premières alimentaires et non-alimentaires. En 1991, les banquiers de Goldman, à leur tête Gary COHN, ont conçu un nouveau produit dérivé financier composé de 24 matières premières, des métaux précieux à l'énergie, incluant le café, le bétail, le porc, le maïs, le soja, le blé, sous l'intitulé « Goldman Commodity Index – GSCI.

En 1999, l'organisme indépendant chargé de réglementer les marchés à terme aux États-Unis a permis une ouverture de marché aux investisseurs extérieurs au monde agricole qui jusque-là organisait à lui seul ce marché, depuis la crise de 1929. Ces changements ont bouleversé les grandes bourses de Chicago, Minneapolis, Kansas City, lesquelles avaient contribué pendant 150 ans à la stabilité relative des prix des denrées alimentaires au niveau international.

C'était un système de trading apte à protéger les agriculteurs et les meuniers américains contre les risques inhérents à leur profession, leur permettant de se prémunir contre les périodes de mauvaises récoltes et à investir utilement dans leurs exploitations. De sorte qu'au XXe siècle, le prix réel du blé a baissé, sauf au cours de la spirale inflationniste des années 1970. Ceci stimulait du même coup le secteur US de l'agrobusiness et assurait des excédents agricoles qui ont permis de nourrir des millions de gens durant la Guerre froide, et une multitude d'affamés à travers le monde.

Comment s'est opérée la spéculation ? 1) À l'origine, il y avait deux types d'acteurs, les fermiers, les meuniers et les grossistes, par essence très intéressés par les critères fondamentaux du marché agricole. En faisaient partie non seulement les producteurs de maïs de l'Iowa, les producteurs de blé du Nebraska, mais aussi des multinationales comme Pizza Hut, Kraft, Nestlé, Sara Lee, McDonald's, dont les actions en bourse variaient selon leur capacité à approvisionner leur clientèle. Un ensemble d'acteurs qui avaient en commun le réel besoin d'acheter et de vendre des céréales le plus équitablement.

2) À l'opposé se trouve les spéculateurs qui ne produisent ni ne consomment, ni ne savent où stocker le tonnage d'aliments sur lesquels ils spéculent. Ils ont recours à une méthode classique en bourse consistant à acheter à bas prix avec la perspective de revendre

plus cher. Ils opèrent à partir de contrats à terme, inventés pour protéger les spéculateurs de la volatilité des prix. Cela permet à un acheteur et à un vendeur de s'entendre à l'avance sur les modalités d'une livraison ultérieure. Ils s'accordent sur un volume, une date, un prix, longtemps à l'avance afin de se prémunir contre les variations de prix à court terme, notamment juste après les récoltes.

Tous ces gens spéculent par l'intermédiaire d'acteurs boursiers, ils signent ces contrats sans jamais voir le moindre épi de blé, ou grain de maïs. Jusqu'aux années 2000, quatre-vingt pour cent des intervenants étaient des producteurs ou des manufacturiers ; aujourd'hui 80% sont des spéculateurs. Il est devenu impossible de différencier les uns des autres tant le système financier est un imbroglio dont les activités financières occultes – *shadow banking* – sont impossibles à retracer.

Depuis l'éclatement de la bulle de l'internet en 2000, la somme de dollars investis dans les fonds indiciels sur matières premières a été multipliée par 50. Pire, début 2008, l'entrée en crise majeure, les investisseurs affolés par la crise financière mondiale, perdant confiance dans le monétaire, se sont reportés vers les matières premières, notamment alimentaires, dernier endroit sécurisé pour placer leur argent. Au cours des 55 premiers jours de l'an 2008, les spéculateurs ont investi 55 milliards $, en juillet c'était 318 milliards $.

Si bien que la valeur des actifs est passée de 10 milliards à 450 milliards $ en une décennie, qu'aujourd'hui l'on compte seulement 2 contrats sur 100 aboutissant à un échange physique de blé. Il en va de même pour les manipulations sur le marché des métaux précieux, où la part de contrat « papier » par rapport à l'or ou l'argent physique, exprimé en once, est de 300 contre 1. Les banques et les traders sont les vautours du système agissant à leur guise, sans qu'aucune réglementation nationale ou internationale ne puisse protéger les populations de la spéculation sur l'alimentation ; moins encore sur les produits dérivés dont le montant des transactions atteint la valeur sidérale de 710.000 milliards $, soit 44 fois le PIB américain.

L'Américain, ou l'Européen moyen, qui consacre de 10 à 20% de son budget hebdomadaire à l'alimentation n'a pas été touché de suite par la hausse des prix. Par contre pour près de 2 milliards d'individus dans le monde qui dépensent plus de la moitié de leurs revenus pour s'alimenter, les effets ont été dévastateurs. Le nombre d'affamés a augmenté de 250 millions pour la seule année 2008, portant le nombre de gens en souffrance alimentaire à un milliard. Nombre sans précédent dans toute l'histoire humaine, à l'époque dite de tous les progrès sociaux et technologiques !

L'ONG « *Déclaration de Berne* » a épinglé la banque britannique Barclays dans la liste des entreprises les plus irresponsables de l'année 2011, laquelle a dégagé 405 millions € en spéculant sur le marché des matières premières agricoles. En Allemagne, ce sujet a ébranlé l'opinion publique, si bien que plusieurs banques allemandes ont cessé leurs activités spéculatives dans ce secteur. En France, aucun écho ni résultat à ce sujet.

L'Afrique importe 83% de sa nourriture. La mondialisation a bouleversé tous les équilibres, les multinationales n'ont cessé de pousser les pays pauvres à n'être que des exportateurs de leurs richesses naturelles, café, cacao, bois, de minéraux… mais aucune d'elles, ni aucune structure supranationale, FMI, FAO, Banque mondiale, ONU, n'ont encadré ni financé les pays africains afin qu'ils parviennent rapidement à l'autosuffisance alimentaire.

COMMENT LES ORGANISATIONS SUPRANATIONALES AFFAMENT LES PEUPLES D'AFRIQUE

Les organisations supranationales ont mis sous tutelle ces populations en privatisant tout ce qui peut l'être, des terres jusqu'aux hôpitaux publics où les pauvres doivent payer pour être soignés. Elles sont à ce titre un pourvoyeur de misère en ayant favorisé le libéralisme économique au profit de multinationales qui se sont appropriées nombre de biens nationaux, en échange d'indemnités d'expropriation dérisoires. L'accès à l'éducation, à l'eau potable, aux latrines, sont devenues payantes, ce sont les conditions à l'obtention de prêts qui ont été imposées par la Banque mondiale et le FMI.

Il appartient aux populations locales de s'organiser pour financer leur approvisionnement en eau, avant privatisation obligatoire par une compagnie nationale. Pour attirer les investisseurs étrangers, le prix de l'eau a doublé. Pour le besoin en eau, la population n'a d'autre moyen que se rendre deux fois par jour à la marre la plus proche du domicile, l'eau boueuse est infestée de parasites, dont les vers de guinée, les tics, malgré le risque sanitaire, les gens n'ont pas d'autre choix. Ils doivent choisir, s'alimenter ou payer pour avoir de l'eau potable ; ils n'ont pas de revenus suffisants pour satisfaire ces deux besoins vitaux. Ce modèle consistant à faire payer tous les produits de première nécessité a été mis en place dans tous les pays en voie de développement par les responsables de ces organisations sans pitié.

Par exemple, le nord d'Accra était le grenier à riz du Ghana, cette grande région fournissait du travail et de la nourriture en abondance. Les politiques de la Banque mondiale ont tout changé. Quand le gouvernement du Ghana subventionnait les semences et les fertilisants, les conditions étaient réunies pour donner du travail à tous. Mais après l'effondrement de la culture locale du riz la situation fut dramatique, imposant aux indigènes de partir dans les villes pour trouver du travail qui n'existe pas. Les gens s'y rendaient quand même et revenaient dans les campagnes affamés et touchés par le paludisme ou d'autres maux.

Maintenant la population est contrainte d'acheter le riz, son aliment de base. Désormais, le Ghana doit dépenser 100 millions $ par an pour importer cette céréale, notamment des États-Unis. La suppression des subventions à l'agriculture locale s'est accompagnée de la suppression des barrières douanières. C'est l'économie de marché qui prédomine, sorte de darwinisme économique, la sélection naturelle s'impose, c'est la loi de survie et celle du plus fort qui dominent.

Tout en affichant des chiffres qui sembleraient valoriser une embellie économique et sociale, cette façon d'opprimer la plupart des peuples d'Afrique est une des conséquences de la politique du FMI. Le niveau de vie du Ghana en est particulièrement affecté, d'autant plus que le FMI impose au pays d'orienter sa production uniquement sur l'or et le cacao destinés à l'exportation. De son côté, la population tente de contester ce nouvel ordre économique foncièrement inhumain.

Témoignage par l'image http://www.tagtele.com/videos/voir/41646/

CHANGEMENT CLIMATIQUE ET FAMINE.

Les populations de L'Est africain, Kenya – Éthiopie – Somali-land – Somalie – Ouganda – Djibouti – connaissent la pire famine des 60 dernières années. 13 millions, dont 2 millions d'enfants, y souffrent de la faim, selon les estimations des Nations Unies. Sont en cause la spéculation sur l'alimentation et le dérèglement climatique lié à la déforestation, aux gaz à effet de serre et aux manipulations climatiques[1] organisées par le cartel occulte de la gouvernance mondiale. Autrefois, l'eau était suffisante même pendant les saisons sèches, désormais les précipitations sont rares, le CO2 n'explique pas tout. L'agriculture et le bétail dépérissent, les deux principales sources de revenus. Ces dernières années les prix alimentaires sont devenus exorbitants.

Savoir aussi comment la troïka : FMI – Banque centrale – Commission européennes – **affame la Grèce**. Un pays confronté à une catastrophe humanitaire où la population chaque jour sollicite les organisations humanitaires. En cause le diktat austéritaire de cette troïka, dans le seul but de soutenir le système bancaire. Ceci sur fond d'assèchement des ressources nécessaires à l'économie réelle et sur fond d'endettement massif des États souverains.

Un tiers de la population vit en dessous du seuil de pauvreté. 400.000 familles n'ont aucun revenu, les prestations sociales sont injustement réduites, les allocations chômage supprimées pour beaucoup. Près de la moitié des hôpitaux sont fermés, plus de la moitié des médecins du secteur public ont été licenciés. Comme aux États-Unis des tickets alimentaires ont été imprimés et distribués aux plus pauvres. De nombreux enfants malnutris font des malaises à l'école. Six années d'austérité, un taux de chômage des jeunes supérieur à 60%, cela contraint de jeunes femmes désargentées et des étudiantes de 17 à 20 ans à se prostituer pour payer leurs factures, impôts… au tarif de 5 €, voire 2€. Comble de la situation la troïka affirme que les Grecs sont responsables de leur sort. Des sujets développés dans notre livre « *L'emprise du mondialisme – Crise majeure, origine et aboutissement* »

---

[1] Sujet explicité dans notre livre « *L'emprise du mondialisme III – Le secret des hautes technologies* ». Omnia Veritas Ltd – 2015.

Comment le virus Ébola affame le Libéria, pays de l'Afrique de l'Ouest. Si ce virus, conçu dans les laboratoires de virologie du cartel occulte, ne fait pas autant de morts que prévu,[2] il est néanmoins à l'origine de champs désertés, de la famine qui gagne le pays. En 2014, le virus a touché les comtés agricoles de Lofa et Nimba qui fournissent les denrées agricoles du pays. Les récoltes ont subi une perte d'un tiers. Les importations ont subi du retard pour raisons sanitaires. Le prix des pois cassés + 79%, celui du manioc + 68%, du riz + 55%.

[2] Un sujet développé dans notre livre « *L'emprise du mondialisme IV – Hérésie médicale & éradication de masse* ». Omnia Veritas Ltd – 2015.

CHAPITRE 3

L'HISTOIRE DE L'ALIMENTATION

En Égypte, la population disposait d'un large choix d'aliments. Le bœuf, porc, mouton, oies, canards, pigeons, cailles, pélican… étaient les principaux animaux d'élevage. De vastes étendues de céréales, le blé en particulier, ainsi que pois chiches, lentilles… oignons, poireaux, laitues, pastèques… étaient cultivées dans les plaines fertiles du Nil. La classe la plus riche avait, comme ce fut le cas plus tard au moyen âge, une alimentation plus carnée. Les plus pauvres mangeaient surtout des céréales, du blé qui avait subi les premières mutations génétiques.

Des analyses précises faites sur les momies et les ossements démontrent des problèmes de santé surprenants. Leurs dents étaient gâtées, ils avaient souffert d'artériosclérose, de maladies osseuses, cardiovasculaires, d'obésité. Des pathologies consécutives à une alimentation quasi exclusivement composées de **céréales hybridées**, génétiquement **non conformes au génome originel**. Mêmes conséquences pour les populations contemporaines du Mexique dont la base alimentaire est faite de maïs multi-hybridé. Point clé ● - lien à faire avec l'explicatif du chapitre 7.

En Grèce, les céréales fournissaient 80% des apports énergétiques. Contrairement au barbare qui se contentait de cueillette, de chasse, de ce qu'il trouvait dans la nature, le Grec avait la conviction d'être un homme civilisé en élaborant lui-même son alimentation, en maîtrisant l'agriculture qui élevait sa condition humaine. Pour lui la viande n'était qu'un aliment secondaire, voire méprisable, car pour en produire il suffisait de laisser des animaux en pâture sur des terres incultes, non travaillées. Quel contraste entre la qualité de viande à cette époque et la viande de nos jours issue d'animaux soumis à un nourrissage contre nature !

La chasse était considérée comme une activité servile, le reflet d'une situation de précarité indigne d'un être élevé au rang du monde Hellénique. Les aliments dignes de ce statut étaient le pain de blé, le vin, l'huile d'olive, à un degré moindre le fromage, tout ce qui résultait de l'intervention, élaboration, transformation, réalisées par la main avisée de l'homme.

Mais la nourriture quotidienne du peuple composée de soupes de légumes, de bouillies de céréales ou de légumes secs, ne répondait à cet idéal. Sauf pour le soldat qui mangeait de la viande pour tirer de la force herculéenne de la chair des animaux. Pour les autres, la consommation de viande restait marginale, tabou, réservée aux sacrifices. Les moutons étaient élevés pour la laine et le lait du fromage. Les bovins étaient rares, utilisés uniquement comme bêtes de somme et de trait.

Les poissons et crustacés étaient largement consommés, sans aucune transformation préalable. L'apport protéique des Grecs était faible, jusqu'à se demander si cette carence n'a pas été à l'origine d'un affaiblissement de leur santé. Ce qui pourrait expliquer l'émergence de la médecine sous la houlette du fameux Hippocrate.

À Rome, la viande était grandement consommée. L'élevage des porcs provenait de leurs ancêtres Étrusques. L'alimentation principale, comme pour les Grecs, était le pain de blé, en particulier pour le soldat Romain, accompagné d'olives, d'oignons, de figues et d'huile, tandis que la viande le rebutait. Une nourriture exclusivement végétarienne mais roborative jusqu'à l'embonpoint, donnant suffisamment de force pour endurer les longues marches militaires et les rudes combats. D'ailleurs quand l'armée romaine avait besoin de combattants véloces elle faisait appel à ses alliés barbares, plus alertes, plus mobiles.

Pour le paysan, être légionnaire était un honneur, un moyen d'émancipation sociale, lui permettant de devenir un citoyen à part entière. Le pain de blé était le seul aliment noble à la hauteur de ce statut prestigieux. Le peuple consommait peu de blé, surtout du porc, de la volaille, du fromage, parfois du poisson, abondamment de légumes, surtout du chou, d'autres sortes de céréales. La culture du blé était le signe d'une certaine richesse, l'apanage d'une classe supérieure qui le stockait et le distribuait aux pauvres en période de famine. En conclusion, la nourriture des romains était plus équilibrée que celle des Grecs, du fait d'un apport protéique supérieur.

LE HAUT MOYEN-ÂGE

Les romains qui avaient colonisé divers peuples d'Europe et de méditerranée les considéraient comme des barbares incultes. Leur entêtement d'imposer leurs habitudes alimentaires souleva le plus d'opposition. D'un côté la civilisation de la viande, du lait, du beurre, de l'autre celle du pain, du vin, de l'huile. La tradition de l'agriculture de la ville se heurtait farouchement à celle des forêts et des villages. Une opposition poussée au paroxysme au IIIe et IV siècles quand les rapports de force s'inversèrent au profit des barbares. Malgré la chute de l'empire romain, ce modèle influença profondément les populations des anciennes colonies romaines ayant pour base de vie le christianisme caractérisé par le pain, le vin, l'huile.

Dès l'édification d'églises, de monastères, les ecclésiastiques s'engagèrent à semer du blé et planter de la vigne. Ce qui eut pour effet bénéfique une symbiose entre ces deux cultures. La chasse, la cueillette, l'élevage d'animaux en semi-liberté, la pêche en rivières et lacs, étaient élevés au rang d'activités nobles au même titre que l'agriculture, la viticulture, mesurée en boisseaux de blé, en amphores de vin, en chariot de foin pour la culture des champs. Tout autant que l'exploitation de la forêt mesurée en cochons et sangliers, unité de valeur chère à la civilisation celtique, toujours en vigueur dans le monde germanique.

Ce système agro-sylvo-pastoral fournissait aux populations une alimentation très diversifiée avec un apport suffisant en protéines animales. Les céréales considérées inférieures : orge, épeautre, mil, sorgho, seigle, plus courantes que le blé étaient souvent accompagnées de légumineuses : fève, haricot, pois, pois chiches. Les légumes cultivés dans le potager, qui échappait à tout impôt, constituaient un complément important à la préparation des soupes incluant toujours de la viande. Cette complémentarité entre ressources animales et végétales permettait d'assurer une nourriture équilibrée aux populations européennes du haut moyen Age.

En conclusion, les études entreprises sur les restes humains permettent de conclure que, contrairement à la civilisation égyptienne, les individus étaient en bonne santé. Un développement physiologique, indice de croissance normale, une composition des os et des dents saine, normale. Une période sans carence ni malnutrition, ainsi qu'au cours des siècles suivants. C'était un système de production alimentaire diversifié sur la base d'une démographie stable permettant d'éviter les périodes de pénuries.

Tout cela donne une idée des bonnes habitudes alimentaires de cette époque, moyenâgeuse, qui sur ce plan et sur bien d'autres ne fut ni sordide, ni obscure. Ceci contrairement à la légende noire, obscure, qui lui est attachée, faite d'ignorance, d'idées préconçues, sur la malnutrition, les mauvais traitements, la mise en esclavage des paysans soi-disant injustement traités par les nobles et supposés être surchargés de taxes.

Témoignage par l'image https://www.youtube.com/watch?v=7PE-Ec7NdU0

LE BAS MOYEN-ÂGE

À partir de la moitié du Xe siècle, certains déséquilibres alimentaires apparaissent. Mis à part les zones de montagne, le système agro-sylvo-pastoral se trouve menacé. La poussée démographique le remet en cause ainsi que l'émergence d'une économie de marché. Les propriétaires terriens forts de leur pouvoir tirent profit de leurs propriétés en étendant les cultures sur des surfaces initialement destinées au pâturage, en intensifiant le travail des paysans. L'objectif porte sur la culture des céréales car elles sont faciles à stocker et à commercialiser.

Progressivement, le paysage agraire européen se dénature. Le défrichement devient systématique, entraînant la disparition de forêts entières. Ce qui aura de graves conséquences sur l'érosion des sols, plus tard sur le dérèglement climatique de la planète. Le droit de chasse, de pêche, de pâturage, s'en trouve limité, la viande disparait peu à peu des tables de la campagne, seulement réservée aux classes supérieures aristocrates et gens de la ville.

Une opposition en terme quantitatif et qualitatif s'instaure désormais entre le modèle urbain d'économie de marché et le modèle rural d'économie de subsistance. Le pain blanc des villes s'oppose au pain noir des campagnes. Les viandes fraîches, notamment de mouton, des villes s'opposent aux viandes salées de porc & charcuteries des campagnes. Une opposition observable aussi au niveau de la santé. Les gens de la campagne étaient doublement défavorisés par rapport aux citadins, car ils étaient mal nourris, carencés en protéines et physiquement harassés, usés, par des travaux très pénibles, sans temps de récupération suffisant.

SANCTIONS DISSUASIVES

À l'époque chaque français consommait un kilogramme de pain par jour. Il était possible de les tromper sur la qualité, à défaut de vouloir les empoisonner sciemment comme cela se produit à notre époque. Il arriva que des boulangers malhonnêtes ajoutent à la farine de blé, de la fécule de pomme de terre, des os moulus et autres déchets. Toutefois, contrairement aux actuels politiciens laxistes et corrompus par les lobbies, la monarchie veillait à punir sévèrement les tricheurs en place publique afin que cela serve d'exemple.

En 1316, alors que la famine ravageait l'Europe, seize boulangers furent condamnés au pilori, puis chassés du royaume pour avoir mêlé des ordures à leur production de pâte à pain. Imaginez si le même type de bannissement était appliqué aux dirigeants de multinationales qui empoisonnent délibérément les terres, dénaturent les procédés de fabrication, ajoutant nombre d'additifs chimiques nocifs aux aliments consommés par les masses humaines.

DU XIVE AU XIXE SIÈCLE

Une période dominée par la poursuite du développement urbain, les villes attirent toujours plus de gens. Une expansion démographique non corrélée aux progrès permettant d'augmenter les rendements agricoles, ce qui va entraîner un bouleversement de toutes les structures de production et d'approvisionnement alimentaire. Au XIVe siècle, la population européenne est de l'ordre de 90 millions d'individus, croissant de plus de 10% par siècle pour atteindre 125 millions à la fin du XVIIe ; C'est au cours du XVIIIe siècle que la démographie augmente considérablement.

En 1750, la population européenne comptait 150 millions individus, près de 200 millions au début du XIXe. D'où la pratique des défrichements, identiques à ceux du bas Moyen Age, afin de préparer plus de de terres à produire des céréales, au détriment des surfaces pour l'élevage, la chasse, la cueillette. Pour conséquence une nourriture basée sur les grains, moins variée, plus carencée en protéine, en carnitine, fer...

Par exemple, à Naples au XVIe siècle on tuait 30.000 bovins par an pour une population de 200.000 individus. Deux siècles plus tard, seulement 20.000 pour une population de 400.000. À Berlin, au XIXe siècle la consommation de viande par habitant était douze fois moindre qu'au XIVe siècle. Dans le Languedoc, fin XVIe on n'élevait plus qu'un seul porc par an, trois fois moins qu'au début de ce siècle. Du fait d'une diminution importante en protéine, variable d'un pays, d'une région à l'autre, la santé et la taille des gens concernés étaient très affectées. Au cours du XVIIIe, la taille des recrues suédoises et des soldats recrutés par les Habsbourg avait régressé. Fin XVIIIe, en

Angleterre, notamment à Londres, la taille des adolescents avait nettement diminué.

Début du XIXe, la taille des allemands était nettement inférieure à celle connue au XIV et XVe siècle. Les céréales étaient majoritaires au point d'impacter la santé et la mortalité. De riches propriétaires de la Beauce lors de graves crises céréalières venaient se réfugier chez les pauvres de Sologne dont l'alimentation plus variée les mettait à l'abri de la famine. Idem pour les gens de la montagne qui échappaient aux disettes grâce à un régime alimentaire diversifié, basé sur l'agriculture alpestre, caractérisé par l'élevage, la cueillette, la chasse et la pêche. De ce fait, les montagnards étaient beaucoup plus grands et plus forts que la moyenne ; plus actifs et plus entreprenants que les autres.

La dégradation du régime alimentaire paysan fut liée aussi à l'incessante transformation des propriétés rurales aux mains des riches propriétaires, seigneurs, bourgeois. Au milieu du XVIe, seulement un tiers des terres appartenait encore aux paysans, idem en Ile de France. Un siècle plus tard, la diminution était plus marquante. En Bourgogne, après la guerre de 30 ans, de nombreux petits propriétaires avaient disparu. Une dépossession plus marquée dans les régions riches et pourvues de villes.

Un asservissement qui accable les paysans, tout en générant un volume important de production agricole exporté injustement vers des pays plus riches. En France, le souci des dirigeants portait sur le ravitaillement et le risque de soulèvement populaire si le pain venait à manquer ; c'est pourquoi le roi ordonnait de stocker le grain pour s'en prémunir. Avec pour effet une augmentation des cours du blé et la crainte d'une tentative de monopole par les marchands.

Fin du XVIIIe, les autorités conscientes du double problème pain et monoculture du blé recherchent désespérément des aliments de substitution. PARMENTIER propose la pomme de terre, de façon inappropriée puisqu'elle sert de nourriture à cochon. Il faudra attendre le milieu du XIXe pour qu'elle devienne un aliment à part entière, en particulier en Irlande où elle deviendra la base de l'alimentation populaire, une monoculture avec les mêmes risques de pénurie que le blé. Les autres diversifications furent des échecs.

En Italie et dans le Sud-Ouest de la France, les galettes et bouillies d'orge, de millet, furent remplacées comme aliment de base par des galettes de maïs, ce qui provoqua la pellagre par carence en vitamine PP. Nombre d'aliments nouveaux furent ramenés d'Amérique, tomate, haricot mexicain, dindon… une introduction lente, sans réelle modification des habitudes alimentaires.

LES PREMIERS EMPOISONNEURS

Début XIXe siècle, la plupart des confiseurs ajoutaient en toute connaissance de cause des pigments à base de plomb ou d'arsenic pour colorer leurs bonbons. Les empoisonnements d'enfants et les réactions des médecins se multipliant, en 1830 une ordonnance interdit l'usage de ces poisons et les stocks des boutiques parisiennes furent saisis. Les fraudeurs réagirent en envoyant leur marchandise en direction de la province où les contrôles étaient rares.

L'IMPACT SUR LES GÉNÉRATIONS SUIVANTES

Deux principaux phénomènes alimentaires du XIXe siècle auront une incidence plus tard sur la santé des générations suivantes de consommateurs ; l'objet d'études précises, de recoupements surprenants sur chaque individu, à la base desquels est née une nouvelle science exacte, dénommée Épigénétique.[3]

Le premier est l'introduction progressive du sucre raffiné dans l'alimentation. Initialement, c'était le produit de la canne à sucre, à l'origine un ingrédient de bonne qualité issu d'un procédé naturel de séchage, mais un produit très marginal car très cher. En France, début du XIXe, la consommation annuelle était de 0,8 kg par habitant. Dès 1812, avec l'extraction de la betterave et l'évolution de la fabrication chimico-physique du sucre blanc raffiné, le prix ne cessa de baisser jusqu'à devenir un produit de grande consommation ; en 1870 : 8 kg/habitant/an – en 1900 : 17 kg – en 1930 : 30 kg – en 1960 : 40 kg,

[3] Témoignage par l'image http://www.dailymotion.com/video/xmjswt_epigenetique-nous-sommes-ce-que-nous-mangeons_news

pour revenir à 35 kg dans les années 2000, mais sans compter la grande quantité de sucre raffiné caché dans la plupart des aliments transformés, incluant divers sucres de synthèse hyper nocifs pour la santé publique.

Le deuxième, est la découverte en 1870 du moulin à cylindre pour obtenir de la farine blanche de céréales à un prix abordable. Un objectif de raffinage qui fut tenté d'abord par les Égyptiens mais sans réel succès, ce fut juste une manière grossière d'enlever le son, l'enveloppe du grain de blé, pour élaborer un pain mixte. Ce raffinage**2** allait soustraire de cet aliment de base les précieuses protéines, fibres, acides gras essentiels, micronutriments, vitamines du groupe B, d'où une accentuation des carences, toujours au détriment des plus pauvres, les plus riches ayant une nourriture plus variée. **Au total**, outre la régression nutritionnelle, s'ajoutait les effets pervers sur le métabolisme, hyperglycémie, hyperinsulinisme, générant obésité, diabète, maladies cardiovasculaires, dépression endogène… **2** – voir le chapitre 7.

À partir du XIX, la révolution industrielle entraîne l'exode rural et l'expansion incessante de l'urbanisation. C'est aussi l'économie de marché qui prend l'ascendant sur l'économie de subsistance. S'ajoute le développement du commerce international et le gigantisme des transports. L'industrialisation de l'alimentation étouffe progressivement toutes productions paysannes, artisanales de qualité. La découverte de procédés de conservation – appertisation – surgélation – permettent de conditionner, conserver, un grand nombre d'aliments locaux et exotiques disponibles en toutes saisons, mais au prix de l'impact carbone sur la planète, au détriment de la qualité nutritionnelle et de la vitalité. Le travail des femmes ouvre de nombreuses opportunités marketing de plats cuisinés dans les supermarchés, en restauration collective.

Depuis les cinquante dernières années, l'on assiste à la mondialisation du mode alimentaire déstructuré, caractérisé par le fast food, la standardisation, le raffinage et la chimie à outrance, le gaspillage. En amont, les cultures intensives avec engrais chimiques appauvrissent les sols, détruisant la microflore, la microfaune, les OGM et les pesticides sont omniprésents. En résulte une alimentation abondante en occident mais carencée et cancérogène. En témoigne l'augmentation phénoménale de l'obésité, du diabète, des allergies, des maladies cardiovasculaires, dégénératives, en particulier les cancers... Une situation que dénonce l'OMS depuis 1997 la qualifiant de pandémie, ce qui ne la disculpe aucunement de son grande part de responsabilité dans ce bilan.

CHAPITRE 4

RARÉFACTION DES TERRES AGRICOLES

LE SOL, MILIEU LE PLUS MAL CONNU DE LA PLANÈTE

La vie se développe dans trois milieux, l'atmosphère qui nous permet de respirer, l'eau qui permet de transporter les éléments nutritifs vers nos cellules. Cette dernière est formée de deux atomes d'hydrogène placés du même côté, ce qui forme un pôle positif, un atome d'oxygène qui forme un pôle négatif, H2O est donc un bi pôle. Elle a cette propriété remarquable de transporter vers nos cellules aussi bien des ions positifs (cations), potassium, calcium, magnésium que des anions, nitrate, phosphate, sulfate. Un liquide indispensable pour la vie, personne ne pourrait vivre en buvant uniquement une boisson alcoolisée car l'alcool n'est pas un bi pôle.

Le troisième milieu c'est le sol, quelle différence entre ces trois milieux ? L'atmosphère et l'eau sont composées de molécules de charges atomiques très solides. Ce sont des milieux très pollués mais qui résistent à ce saccage. Le premier est formé de 79% d'azote, molécule très résistante formée de deux atomes d'azote liés par une triple liaison atomique quasi indestructible. Idem pour l'eau, pour la faire disparaitre, il faudrait chauffer la planète à environ 100 ° C, ce qui est irréalisable !

Pour le sol c'est très différent, il est extrêmement fragile car c'est un milieu organo-minéral, formé de matières organiques, les humus, composé d'argiles pour la partie minérale. Humus et argiles sont liés par des liens électriques très fragiles. Il est donc très facile de détruire le sol. Ce que fait l'humanité depuis 6000 ans, depuis le 20e siècle le processus s'est emballé. Près de 10 millions d'hectares de terres agricoles disparaissent chaque année. Ceci est occasionné en partie par la suppression des haies, un démembrement stupide afin d'augmenter les surfaces cultivables en monoculture, tout en supprimant les jachères qui permettaient la régénération des sols et l'apport de micronutriments pour tous les aliments tirés de la terre.

Conséquences, la microfaune est détruite par l'érosion, la sécheresse, la chimie. La microflore s'est appauvrie à cause des 10.000 formulations incluses dans les engrais, les produits chimiques, pesticides, fongicides, insecticides ; et l'impact du dérèglement climatique. En épilogue, depuis le début du vingtième siècle, l'humanité est confrontée aux conséquences de l'épuisement nutritif et l'empoisonnement des terres, à la perte des rendements agricoles, à la raréfaction de l'eau douce, à l'accroissement non régulé de la population mondiale.

Depuis que l'agriculture existe, deux milliards d'hectares se sont transformés en désert. Un milliard au cours des 6000 années précédentes ; un milliard depuis le vingtième siècle, en moins d'un siècle. Actuellement on cultive dans le monde 1,5 milliard d'hectares, si les méthodes employées jusque-là n'avaient pas dégradé cette superficie, l'on aurait largement de quoi produire pour nourrir toute l'humanité sur la base d'une agriculture traditionnelle, naturelle, non intensive.

Près de 10 millions d'hectares de terres agricoles disparaissent chaque année dans le monde du fait de l'érosion et de l'épuisement avancés des sols, s'ajoutent 19,5 millions d'hectares qui sont converties en zones immobilières et industrielles. Le recul des surfaces agricoles provoque des conséquences dramatiques pour les peuples indigènes, un milliard d'entre eux souffre de la faim, dont 500 millions d'hommes dépendants de la petite agriculture. Disparition de ces terres et accroissement de la population rurale ont pour conséquence la diminution de la surface cultivée par habitant. En Inde 2,6 hectares en 1960 plus que 1,4 en 2000 ; Idem aux Philippines, Thaïlande ; en Afrique orientale et australe, perte de moitié, moins de 0,3 hectare de parcelle cultivée par habitant.

En cause, l'érosion, dégradation, des sols du fait des productions intensives, jusqu'au déclin de la biodiversité, de la microflore et microfaune souterraine ; À cause de l'usage massif de la chimie, à un stade irréversible. Au total, sur le potentiel de 2 milliards d'hectares de terres labourables, cultivables, la moitié est dégradée, tandis que la population mondiale ne cesse de croitre. Selon le programme des Nations Unies pour l'Environnement, l'érosion des sols correspond à 84% des zones dégradées par des pratiques agricoles intensives, non durables.

Assurément le sol est un fragile assemblage de fines couches minérales et organiques qui régule la rétention et circulation de l'eau, de l'air, à la surface de la Terre. Toutes les formes de vie de la planète en dépendent. Le sol est une ressource non renouvelable, une fois érodée cette matière vitale est perdue pour des millénaires – point clé ●

POURQUOI LE SOL EST SI MÉCONNU ?

Parce que c'est un milieu, une science, qui n'a intéressé personne. Les vrais acteurs, les paysans, étaient considérés comme des manants, une catégorie sociale inférieure, de simples travailleurs de la terre. La bibliographie sur le sol est très pauvre, le premier ouvrage sur l'agriculture se situe au 17e siècle « *Théâtre d'agriculture et mesnage des champs* » d'Olivier de SERRES. La science des sols date de la fin du 19e siècle. C'est Nicolas II, Tsar de Russie, par l'intermédiaire d'un géologue, qui au cours de son règne 1894 – 1917 va prendre conscience de la valeur du sol, le considérant comme un milieu dynamique, vivant, qu'il fallait approfondir. C'est un monarque pieux et juste, allégeant les impôts, qui avec la participation du Premier ministre développe une classe de paysans riches. De la sorte le pays a pu devenir la troisième puissance économique du monde…

LA SUPPRESSION DES HAIES EST UNE DÉCISION IRRÉFLÉCHIE

Devenues gênantes pour l'agriculture intensive car les haies délimitaient les terres en parcelles trop petites. Du coup elles ont été arrachées sous l'impulsion d'une politique de remembrement des années 1960. Suppression de trois millions de km de haies juste pour la

France. La Bretagne autrefois humide, privée de ces haies, est devenue une région sèche, mettant en cause son particularisme ancestral.

Depuis des millénaires les haies participaient au développement de l'humus. Dans ce milieu les feuilles mortes sont assimilées par différents insectes, vers et bactéries de la haie, une fois digérées elles deviennent un engrais riche en minéraux, régénérant des sols. Les haies sont un abri pour les espèces insectivores, amphibiens, lézards, serpents, petits oiseaux, coccinelles... En créant des fossés naturels, les racines sont l'excellent moyen de réguler les eaux pluviales, comme le ferait une éponge, en facilitant l'infiltration dans les nappes phréatiques, en drainant les sols, tout en retenant les sols, limitant ainsi l'érosion. C'est aussi un régulateur du climat, coupant la force des vents hivernaux, apportant de l'ombre et de la rosée l'été, évitant la dessiccation des sols, ainsi que les inondations et la disparation de nombreuses espèces animales qui s'y abritaient.

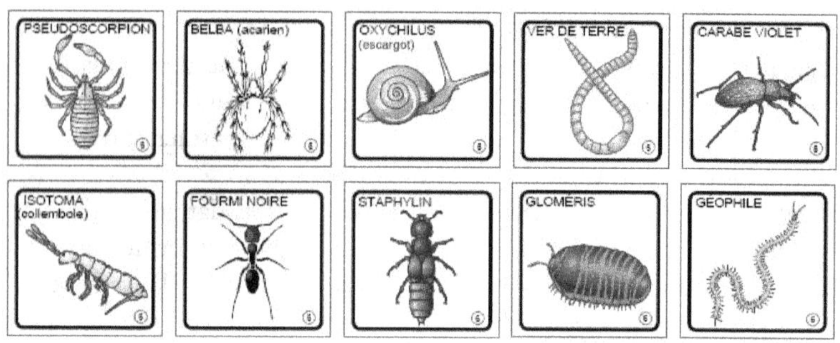

On a toujours besoin d'un plus petit que soi – Jean de la FONTAINE - 1655

LA MICROFAUNE EST DÉTRUITE PAR L'ÉROSION, LA SÉCHERESSE, LA CHIMIE

Un mètre carré de sol de prairie abrite en moyenne 260 millions d'animaux, une biomasse de 150 grammes. Un mètre carré d'une forêt de hêtres peut contenir plus de 1000 espèces d'invertébrés. Les organismes inférieurs à 0,2 millimètre constituent la microfaune, des centaines de millions de Protozoaires et de Nématodes par mètre carré, ainsi que des Rotifères, des Tardigrades. Ces organismes vivent dans l'eau interstitielle du sol. Pour survivre en cas de sécheresse, certains se mettent en état de vie latente jusqu'à la perte de 95% de leur eau corporelle ; ils se remettent en activité lorsque les conditions d'hydratations sont favorables.

Les vers de terre sont les plus connus, cent tonnes par hectare de bonne terre, quatre fois plus dans une prairie non polluée, c'est la première biomasse animale terrestre. En France, pays renommé pour son agriculture, entre 1950 et aujourd'hui, perte de moitié de la matière organique composée de fumiers animaux d'humus passant de 4% à 2%. Par conséquent la faune disparait faute de nourriture, de 2 tonnes de vers de terre à l'hectare, réduction à moins de 100 kilos.

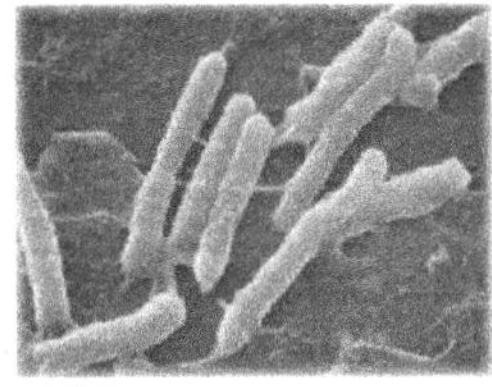

C'est un effondrement complet de la faune qui a pour rôle de remonter tous les éléments utiles des couches profondes du sol vers la surface, au profit des racines des plantes. Ils avalent la terre en se déplaçant se nourrissant de la matière organique – carbone – qu'elle contient, laquelle est rejetée sous forme de déjections ; ce sont des agrégats stables constitués d'un mixte de matières organiques et minérales. Ils participent à la formation des sols, ils y immobilisent les composés organiques jusqu'à ce que d'autres organismes s'en nourrissent et les remettent en mouvement.

Ces déplacements ont pour effet primordial de brasser les couches du sol, entraînant en profondeur des éléments de surface et inversement. Idem pour les petits mammifères, mulots, campagnols, musaraignes, souris, taupes, très actifs pour creuser des réseaux de galeries. Un véritable labour à condition de pouvoir s'abstenir 1) des effets hormonaux des pesticides, fongicides qui stérilisent ces animaux 2) des effets destructeurs des engins agricoles. Les véritables nuisibles, qui bouleversent l'organisation des sols en enfouissant les couches superficielles et inversement en faisant remonter les couches profondes à la surface ; bouleversant le processus naturel d'enrichissement des sols et brûlant la faible proportion de matière organique existante par intrusion d'azote – point clé ●

LA MICROFLORE S'EST APPAUVRIE

Elle remplit des fonctions essentielles de décomposition de la matière organique par recyclage du carbone et des nutriments minéraux – azote – phosphore – potassium – du sol. Elle regroupe majoritairement des champignons et des bactéries, soit un million d'espèces et plusieurs milliards d'individus par gramme de sol, deux à trois tonnes de microbes à l'hectare. Ceux-ci ont une énergie biochimique 350 fois supérieure à celle de l'homme : 1 kg de bactéries = 350 kg d'Êtres humains, la plus grosse énergie biochimique de l'univers, une donnée ignorée en agronomie.

C'est la population microbienne qui assure l'oxygénation, la salinité, des océans grâce auxquelles ces masses d'eau ne s'évaporent pas. Ce sont les microbes qui vont synthétiser les arômes et les essences, les vitamines, oligoéléments des plantes. *Tout ce petit monde plein de bonne énergie ne cesse de travailler pour l'intérêt de tous.*

Plus les sols sont mortifères, plus les populations d'hommes qui s'en nourrissent seront carencées. Par exemple les européens sont carencés en sélénium, élément assez rare assimilable par la microflore, nécessaire au système nerveux et protecteur du cancer ; le chou, chou-fleur et asperge en contiennent le plus. Problème, en les traitant chimiquement par excès de substances soufrées, ils viennent à puer surtout au cours de la cuisson, où lorsqu'on urine, dissuadant les gens d'en consommer. Ce qui n'est pas le cas en culture biologique ; la solution passe secondairement par la complémentation de sélénium en oligothérapie.

Les engrais chimiques trop azotés détruisent les familles de champignons, lesquels sont à l'origine de la digestion de la cellulose pour la production d'humus. Ce qui favorise la prolifération de familles de bactéries à l'origine d'une minéralisation excessive de la matière organique dont le niveau utile s'effondre. Conséquences, le niveau d'acidification et l'érosion des sols augmentent – point clé ●

Les autres habitants du sol sont de nombreuses espèces d'insectes, ils y vivent de façon temporaire, journalière, saisonnière. Certains ont un mode de vie permanent, ils ne quittent jamais le sol et sont actifs par période. Tous vaquent à leurs occupations souterraines, interagissent avec leur milieu. Ils creusent, grattent, retournent la terre, mangent et transforment utilement des racines, d'autres micro-animaux morts ou vivants, des débris végétaux, de petits fragments organiques. Ils se reproduisent, se font manger…

Depuis l'origine de l'humanité, le labourage est une pratique mythique et brutale pour la terre.

Le cycle originel détaillé plus haut devrait se poursuivre ainsi ; mais ce n'est plus du tout le cas depuis le 20e siècle tout cela est complètement bouleversé par une agriculture intensive qui a pris le contrepied du fonctionnement naturel des sols. Lesquels sont gâchés par des intrants chimiques qui brûlent la matière organique. Ainsi que par les activités mécaniques – labourage – qui enfouissent à contre sens tous les éléments nutritifs positionnés utilement à la surface du sol.

Alors que selon le processus naturel ces éléments nutritifs en surface sont destinés à ne pénétrer que lentement, progressivement, dans les couches profondes sous l'action spécifique de la faune et de la flore du sol. Le labour est un acte mythique qui remonte à l'origine de l'humanité. Le problème de Caïn[4] confronté à une terre maudite produisant plus de ronces que de bons fruits. Une grossière erreur puisque c'est une façon brutale de défoncer la terre pour espérer en tirer le meilleur parti – point clé ●

La terre nourricière est un milieu fragile nécessitant les meilleurs soins. Pour éliminer les herbes indésirables ; la définition de *« mauvaises herbes »* fait si facilement l'affaire des firmes chimiques mobilisant le milieu agricole à l'utilisation d'herbicides chimiques. Pourtant il suffit simplement d'utiliser un rouleau muni de barres, tracté par l'homme ou attelé aux animaux de trait ou à un tracteur permettant de rabattre et

[4] « *Quand tu cultiveras le sol, il ne te rendra pas sa force* – Genèse 4 : 12 » Malédiction levée définitivement après le déluge de Noé.

broyer cette couverture végétale en automne avant le semis de la culture de rente.

Nul besoin d'utiliser un herbicide, fut-il naturel, car les herbes rabattues par le rouleau vont se dessécher et mourir. À la suite, on utilise un semoir à disque pour entrer la graine à une trentaine de centimètre sous le sol, juste au-dessous de cette couverture végétale desséchée restée en surface, non enfouie sous terre.

Sachant qu'un labour, avec un moteur thermique, dégage une tonne de gaz carbonique à l'hectare, tandis que la technique de semis directs précitée permet tout au contraire de stocker de 3 à 5 tonnes de ce même gaz dans le sol. Si tous les agriculteurs du monde arrêtaient de labourer la diminution de ces gaz serait de 40% sur la planète, car le sol a une puissance respiratoire phénoménale. Lorsque l'on enfouit contre nature de la matière organique dans le sol, en l'absence d'oxygène le nitrate va se transformer en protoxyde d'azote, lequel monte dans la stratosphère détruisant la couche d'ozone ; puis il se transforme en acide nitrique formant les pluies acides tombantes sur terre. Tout désordre appliqué sur le sol aura forcément des répercussions sur le climat – point clé ●

Pour avoir une idée de ce dérèglement sol-atmosphère, en France, comme dans tous les pays, le niveau de précipitation des régions est directement corrélé à la surface des forêts existantes. Par exemple en France, la région Centre entre Chartres et Bourges est déforestée à 97% de ce fait la pluviométrie est = à 550 mm ; à l'Est, en Bourgogne, reste 30% de forêts la pluviométrie est = à 800 mm de pluie ; en Champagne entièrement déforestée par une agriculture industrielle pluviométrie = à 600 mm ; en Lorraine, pourtant bien plus éloignée de l'Atlantique, où il reste de la forêt, même relevé avec 800 mm de pluie.

À l'époque de la Rome antique avant que les soldats romains ne déforestent toute l'Afrique du nord, le climat tempéré allait jusqu'au sud du Maroc, le climat méditerranéen correspondait à celui de l'actuelle Mauritanie. La Tunisie était couverte de forêts, peuplée d'animaux tels que des ours, panthères, lions, une région dotée d'un climat tempéré humide par l'abondance des pluies. Aujourd'hui c'est devenue une zone semi-désertique avec seulement 400 mm de précipitation d'eau à l'année.

Par contre si l'on y plantait à nouveau des arbres en massif forestiers ; en excluant les résineux toxiques car destructeurs de la microfaune, lesquels sont majoritaires au Portugal pays en passe de désertification ; En excluant aussi les eucalyptus, les seuls feuillus toxiques au monde, majoritaires en Australie, pays également désertique ; Alors le cycle des pluies reviendrait.

Auprès de mon arbre, je vivais heureux, je n'aurais jamais dû m'éloigner de mon arbre, je n'aurais jamais dû le quitter des yeux ! Georges BRASSENS.

Sachant qu'un grand arbre, un chêne pour exemple, en transpirant environ 600 litres d'eau/jour émet des microbes dans l'atmosphère, lesquels vont entrer dans les nuages et solliciter les gouttelettes d'eau pour provoquer la pluie ; la raison des pluies permanentes sur les forêts, mais sans le moindre épisode de grêle, contrairement aux champs. Même processus avec la mousse des vagues d'eau de mer portée par les vents assurant ainsi le cycle de la pluie au-dessus des océans. À mille lieux de la phobie centenaire du Microbisme pasteurien, déstabilisante pour le grand public et le corps médical, une théorie absurde toujours enseignée dans les universités de médecine.

Les activités de la microflore, de la microfaune, des arbres, sont donc essentielles pour assurer la bonne composition et le renouvellement des terres. Ils creusent des micro-galeries, la meilleure façon d'entretenir, d'aérer, augmentant le drainage de l'eau. De surcroit ce travail de bioturbation 1) disperse les éléments minéraux et organiques dans les différentes couches du sol. 2) assure l'apport essentiel d'oxygène pour la survie de l'ensemble de la microfaune. 3) permet l'écoulement de l'eau vers les couches profondes, évitant l'érosion des sols due au ruissèlement des eaux de pluie, tout en maintenant une réserve hydrique dans le sol.

Les 10.000 formulations de produits chimiques, herbicides, fongicides, insecticides, bactéricides… détruisent la matière organique, la microfaune, la microflore et rompent les cycles du carbone, de l'oxygène, de l'azote… Ces poisons perturbent les différents écosystèmes, contaminent toute la chaîne alimentaire, les nappes phréatiques, toutes les espèces animales par bioaccumulation, notamment les prédateurs qui se raréfient. En particulier les rapaces et bien évidemment l'homme qui consomme viandes dénaturées et végétaux empoisonnés. S'ajoute en aval toute la panoplie chimique de l'alimentation moderne. Ce que reconnait la FAO dans un document intitulé « Perspectives pour l'environnement » http://www.fao.org/docrep/004/y3557f/y3557f11.htm

Cette institution supranationale joue un double jeu, elle accepte les pratiques destructrices des lobbies agrochimiques, tout en impliquant l'agriculture intensive dans les diverses pollutions, le dérèglement climatique. C'est pour elle aussi le moyen de montrer les limites atteintes par le système actuel et d'idéaliser un futur agricole et environnemental meilleur sous l'égide d'un nouvel Ordre mondial. Un paradigme pour la défense d'une agriculture biologique respectueuse en tous points des intérêts légitimes de Gaïa la Terre mère. Une thématique développée dans un de nos livres « *L'Emprise du Mondialisme – Initiation et Sociétés secrètes* ».

Au total, sur l'ensemble de l'Europe, la vie organique d'environ 90% des sols est détruite. Les zones les plus ravagées sont l'arboriculture et la vigne. En cause c'est bien évident l'agriculture intensive et son lot de produits chimiques qui font disparaitre la matière organique et produisent une acidification des sols par perte de calcium qui a pour rôle de fixer les argiles et l'humus. D'où leur érosion et la perte de limons, de sables, cailloux, à l'origine des inondations qui ravagent notamment les pays tropicaux. Paradoxalement, au cours des vingt dernières années, les plus sèches depuis trois mille ans, les inondations ont été les plus nombreuses à cause de la mort des sols dans la proportion annuelle de 40 tonnes de sol par hectare.

À ce rythme, dans trois siècles, les pays occidentaux ressembleront au Sahara. La culture sur des sols biologiquement morts, saturés d'engrais chimiques, ne produit que des céréales et légumineuses dévitalisées de très mauvaise qualité gustative et nutritionnelle. Par exemple, 40% des blés cultivés en Europe ne peuvent pas servir à faire du pain, ils sont donnés aux cochons ! Tandis que par ailleurs des millions de gens meurent de faim. Le pain français qui se dessèche est facilement jeté à la poubelle, 400.000 tonnes par an, l'équivalent de la consommation du Portugal. L'apport nutritionnel est quasi nul, sans minéraux, sans silice, sans nutriments essentiels, sans levain, ce pain n'est qu'une pâte de colle (glue) dans l'estomac – *Glue-ten* – à l'origine d'un nombre croissant de maladies inflammatoires liées au gluten – voir le chapitre 7.

POINT DE DÉPART DES ENGRAIS CHIMIQUES ET PESTICIDES

Dès après la deuxième Guerre mondiale, se fixant sur la nécessité, tout à la fois le prétexte, de nourrir des populations affamées, le lobbying chimique ayant à sa disposition d'énormes quantités de déchets issus de l'armement, notamment des nitrates, a incité à son utilisation massive, qui n'a pas cessé à ce jour. Certes les rendements ont augmenté, mais au détriment des matières organiques brûlées par ces nitrates, d'où l'incessante augmentation vicieuse des dosages. Or depuis cette époque la terre entière souffre d'un manque dramatique d'apport de matières organiques issues des déchets animaux herbivores, sous forme traditionnelle de fumiers de vaches, de chevaux, d'ovins...

CHAPITRE 5

L'EMPOISONNEMENT DES SOLS, JUSQU'À NOS ASSIETTES

L'empoisonnement des sols a commencé au milieu du XIXe siècle.

Le chimiste Justus Von LIEBIG, père de l'agriculture chimique, avait conclu à tort de l'utilité de l'apport d'éléments présents dans les cendres des plantes, qu'il avait fait chimiquement brûler : azote (N) – phosphore (P) – potasse, ou carbonate de potasse (K). Séduits par ses publications et ses conclusions, les agriculteurs du monde entier devinrent dépendants des mines de sels, de chlorure, de potasse. Pour les conditionner on leur disait qu'à court terme en l'absence de cette chimie leurs terres deviendraient stériles. Conditionnement mental réussi car cette triade NPK règne encore ce type d'agriculture artificielle.

La première Guerre mondiale interrompit les importations d'Allemagne, les affairistes se reportèrent sur le sol américain et les trusts US se lancèrent dans l'exploitation de ce filon lucratif. Si LIEBIG traitait les os des abattoirs avec de l'acide sulfurique pour obtenir un superphosphate, la découverte et l'utilisation de phosphate de calcium d'origine marine allait amplifier l'utilisation de cet engrais minéral.

Avant les conclusions erronées et l'opposition acharnée de LIEBIG, tous s'accordaient pour dire que la fertilité des sols étaient obtenue par l'humus d'origine organique, le bon vieux fumier des animaux, source principale d'alimentation des plantes, ce que LIEBIG finit par admettre 10 ans plus tard. Mais le mal était déjà fait, la chimie produite par les firmes multinationales avait envahi toutes les terres du globe. La première production fut l'acide sulfurique, encore le plus vendu aujourd'hui pour les teintures, médicaments, papier, explosifs. La deuxième était la soude soluble, utilisée tout d'abord pour les manufactures de savon et les verreries.

Par la suite, Friedrich August KEKULÉ, disciple de LIEBIG, fit la plus brillante prédiction de l'histoire de la chimie, ce qui lui valut d'être anobli. Il partait du constat que le benzène (hydrocarbure issu de la pétrochimie) était une molécule cyclique à six atomes de carbone, possédant chacune une liaison hydrogène. Ce qui entrouvrait une multitude de combinaisons en unissant carbone – azote – hydrogène – soufre – chlore… Ce qui annonçait l'âge d'or des apprentis sorciers de l'ère chimique.

LES PREMIÈRES APPLICATIONS DE LA CHIMIE AGRICOLE

Par la suite, les producteurs suisses et allemands de colorants découvrent qu'à partir du goudron de houille et autres déchets il est possible d'élaborer toute une pharmacopée. Assurément une source de grands profits pour eux, 8 milliards $ de chiffre d'affaires rien qu'aux États-Unis. En 1905, les autres applications furent les explosifs, Fritz HABER découvrit le procédé permettant de transformer l'azote de l'air en ammoniaque liquide. En 1915, il s'associa avec Karl BOSH pour créer la première usine d'ammoniaque synthétique du Reich au service du Kaiser. Le patriotisme poussa les firmes allemandes à s'unir pour produire des engrais, médicaments chimiques et des gaz toxiques qui firent près d'un million de victimes lors de la première Guerre mondiale.

Les années suivantes, les grandes quantités de matières chimiques transformables en gaz furent utilisées par pulvérisation à grande échelle contre les insectes, parallèlement à l'usage intensif d'azote. Le début d'un cycle infernal qui allait empoisonner toutes les composantes de la planète. Les firmes allemandes et américaines s'associèrent en 1925 pour former le géant IG Farben. Association incluant de grands industriels allemands FLICK, THYSSEN et de grands groupes nord-américains Ford, General Electric, Dupont de Nemours, ITT, la banque US Brown-Brothers & Harriman.

Ce milieu finança le parti national socialiste d'HITLER, puis la Wehrmacht, soi-disant comme rempart contre l'Union soviétique. C'est avec le pétrole de la US Standard Oil des ROCKEFELLER que les tanks nazis entrèrent en Pologne. À Auschwitz, IG Farben, utilisant les esclaves d'HIMLER, fournissait le gaz mortel qui décima des millions d'innocents.

Voir le schéma ci-dessous – extrait de notre livre « *L'Emprise du Mondialisme - Crise majeure Origine – Aboutissement* » et ce témoignage par l'image ; un document rare :
https://www.youtube.com/watch?v=ZYVVrVaf7xA#t=41

Outre Atlantique, les trusts de la pétrochimie utilisant pour base l'ammoniaque fabriquèrent le tonnage de bombes larguées sur l'Allemagne, en soutirant des millions de dollars aux contribuables nord-américains.

Soutien à l'idéologie nazie, au financement d'HITLER – À la secte Skull And Bones

https://www.youtube.com/watch?v=ZYVVrVaf7xA#t=41

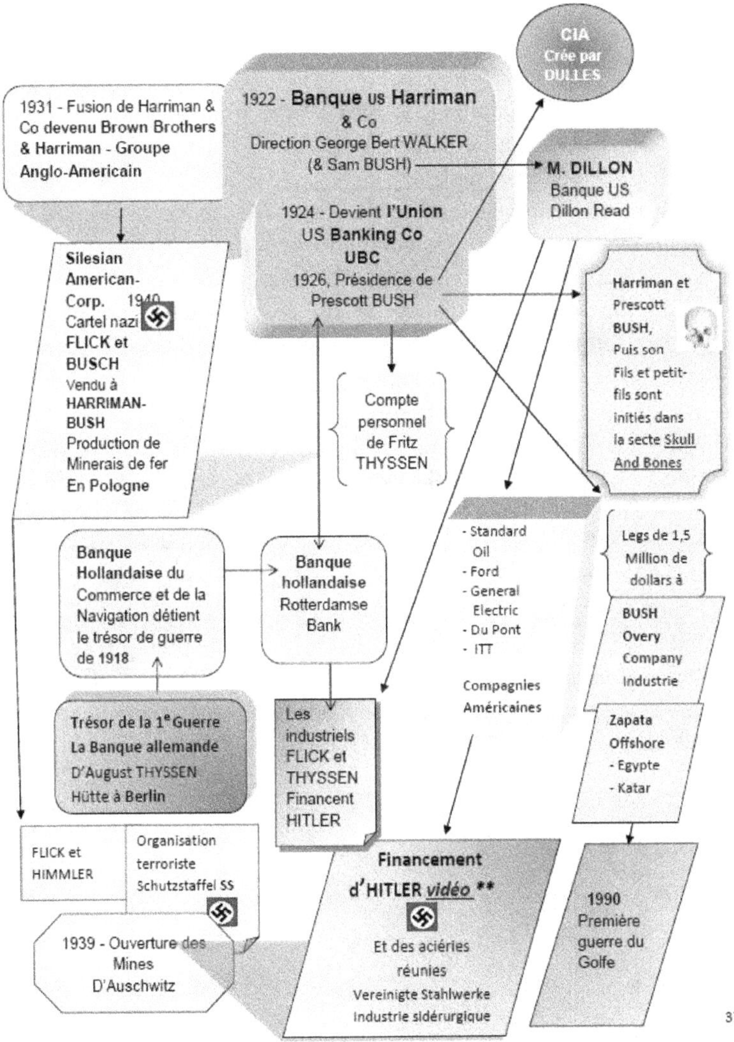

Production massive d'engrais et pesticides de synthèse

À l'issue de la Guerre, les producteurs d'ammoniaque imaginèrent d'autres débouchés. Dupont de Nemours, Dow, Monsanto, American Cyanamid… investirent leurs immenses profits dans la production massive d'engrais de synthèse.

La formulation chimique initialement prévue pour tuer les parasites des soldats fut révélée aux Alliés par son inventeur le suisse Paul MÜLLER. Ce qui allait devenir l'insecticide le plus puissant utilisé dans l'agriculture aussi abondamment que l'eau d'irrigation, le fameux DDT. Contraints par la perte des rendements et le pullulement des insectes, les agriculteurs à la recherche de solutions rapides sont tombés dans le piège du tout chimique mis en valeur par de nouvelles gammes de formules proposées en substitution de produits plus classiques.

Pour la plupart des hydrocarbonés chlorés, issus des résidus du pétrole, similaires au DDT : chlordane – heptachlore – dieldrine – aidrine – endrine – parathion –malathion. Contrairement aux prédictions mirifiques de ces affairistes, le tout chimique a fait chuter les rendements plus qu'auparavant poussant le milieu agricole à s'endetter lourdement pour acquérir de nouvelles terres, de nouveaux équipements et d'autres poisons. Dès les années 1940, les premiers pesticides de synthèse sont utilisés. Dans un premier temps, les résultats semblent très positifs sur les rendements agricoles. Vingt ans plus tard, les premières accusations d'atteinte à l'environnement et à la santé humaine tombent (CARSON - 1962).

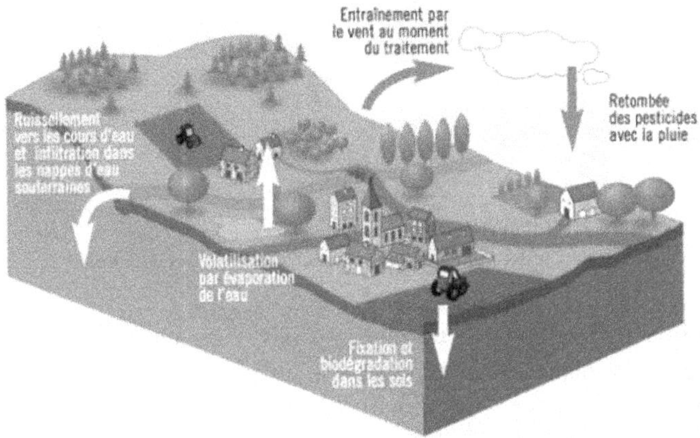

L'omniprésence des pesticides

LA CONSOMMATION MONDIALE DE PESTICIDES ET D'HERBICIDES.

La France est le 1er consommateur en Europe, puis l'Allemagne. Le Japon en utilise 12 kg à l'hectare – 3kg pour l'Europe et les États-Unis – 2,5 kg pour l'Inde qui est elle-même un gros producteur. La consommation est en augmentation constante depuis les années 1940, passant de 0,49 kg par hectare à 2 kg en 1961.

En Europe et Amérique du Nord, les herbicides représentent 70 à 80% des utilisations, particulièrement à cause des grandes étendues de maïs. Sous les tropiques 50% des poisons sont des insecticides. Selon la FAO, sous ces latitudes d'importants stocks de pesticides inutilisés ou périmés menacent la santé des populations. L'Ukraine en utilise 19.500 tonnes – la Macédoine 10.000 tonnes – la Pologne 15.000 tonnes. En Asie, sans inclure la Chine dont on ignore les données exactes, 6000 tonnes. L'Amérique latine et le Moyen-Orient en ont déclaré 10.000 tonnes.

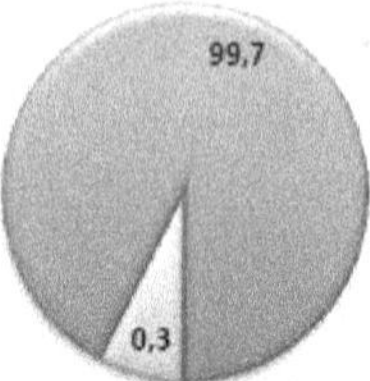

99,7 % des pesticides se dispersent hors des zones de culture

A minima, 2,5 millions de tonnes sont déversées chaque année sur les cultures de la planète. Les plus grands utilisateurs sont les États-Unis, le Japon, la France. Le citadin, le consommateur de fruits de légumes… pourrait penser que les épandages et les dosages de poisons sont ajustés de façon précise juste pour les besoins des cultures. Pas du tout, **la part qui entre en contact avec les organismes indésirables cibles est infime, moins de 0,3%,** les 99,7% autres se répandent partout ailleurs, dans l'air, le sol, les nappes phréatiques, les rivières, les lacs, les mers… Même si progressivement les substances les plus nocives sont interdites, la panoplie d'armes chimiques qui demeure est considérable. (PIMENTEL - 1995). 90% des pesticides sont à usage agricole, 10% sont utilisés pour le traitement des parasites dans la maison, traitement des bois, des textiles, des plantes d'intérieurs, de jardins, espaces verts.

LES ORGANOCHLORÉS

Le DDT est le plus connu, utilisé dès les années 1940, c'est un pesticide chimiquement stable utilisé massivement contre les insectes. Très tardivement l'on découvre sa nature non biodégradable, d'où la fixation permanente de ce poison dans tous les tissus de tous les organismes vivants des cinq continents ; mesuré jusque dans les chairs des phoques d'Antarctique.

De sorte qu'aujourd'hui aux États-Unis, l'on mesure que 99% de la population stocke du DDT ou dérivés dans ses tissus adipeux (4ppm) et dans le lait humain en quantité supérieure. Il en va de même pour l'Europe et partout ailleurs où cette pestilence a été répandue (JENSEN 1983) ; S'agissant d'un empoisonnement transgénérationnel, de la mère à l'enfant. Les organophosphorés produisent des effets neurotoxiques sur les vertébrés, mammifères et l'homme bien évidemment.

Les pyréthroïdes, sont des insecticides très toxiques pour les organismes aquatiques et la pollution des rivières… Idem pour **les carbamates**, incluant des fongicides. **Les phytosanitaires,** regroupent un grand nombre de produits de la famille des **triazines** ou de fongicides qui représentent plus de la moitié des 76.000 tonnes utilisées chaque année, seulement pour la France.

CONSÉQUENCES SUR LA MICROFLORE ET LA MICROFAUNE DES SOLS

Les pesticides épandus sur les plantes, pénètrent le sol et détruisent les bactéries, champignons, algues, insectes indispensables à la fertilité des sols (RUSSEL – 1973). Les vers de terre, principale biomasse animale du globe, sont empoisonnés par l'eau d'infiltration contaminée (EPPO – 1993) de même pour les autres invertébrés (HOLLAND et coll – 1994). Voir le chapitre 4.

CONSÉQUENCES SUR L'EAU

Pour exemple, selon l'IFEN, 90% des rivières françaises sont polluées. En 2004, le relevé porte sur la présence de 96% de pesticides. 61% pour les points de mesure des eaux souterraines, ou nappes phréatiques. En 2002 et 2011, aux États-Unis, selon un rapport de l'US Geological Survey 61% des sites testés en zone agricole sont un danger pour la vie aquatique. La situation s'est aussi dégradée en zone urbaine, 53% des sites étaient contaminés en 1992-2001 ; puis 90% en 2002-2011.

Dans les sites mixtes, les données sont stables sur les deux périodes à 45 et 46%. La famille des neonicotinoïdes est majoritaire (voir plus bas le témoignage par l'image – des pesticides dans nos assiettes). Les tests de cette enquête ne portent que sur 123 molécules ou formulations chimiques sur les 400 autorisées. En Chine, la pollution des cours d'eau est gravissime, en cause l'industrie pétrochimique, celle du photovoltaïque et les tanneries, les rejets sont du fluorure, des métaux lourds, etc. Selon la banque mondiale, cette pollution provoque 60.000 décès chaque année. Il est impossible de détailler la part des pesticides car le gouvernement chinois ne communique pas à ce sujet, comme pour bien d'autres.

La contamination radioactive des eaux et des sols est consécutive aux retombées de Tchernobyl, à celles de Fukushima en 2011, dont les produits de fission césium 134 et 137 sont 39 fois supérieurs à ceux de l'ex station Russe. Ils ont été dispersés dans l'océan par le Tsunami jusqu'à contaminer les côtes canadiennes et la côte ouest des États-Unis en 2014.

Il faut compter aussi avec les conséquences de la radioactivité au césium 137 et autres radionucléides répandus sur toute la terre à la suite des 2053 essais nucléaires[5] entrepris depuis 1944. Depuis plus de soixante-dix ans, les vents n'ont cessé de répartir tous ces éléments radioactifs sur l'ensemble du globe, lesquels se lient à la poussière et retombent avec la pluie jusqu'aux rivières, lacs, mers, pénétrant plus profondément dans les sols à chaque averse de pluie jusqu'aux racines des plantes, jusqu'aux nappes phréatiques, contaminant ainsi toute la chaîne alimentaire, en probable synergie avec les pesticides et autres polluants.

LES CONSÉQUENCES SUR LE VIVANT

1- Radioactivité – toutes les espèces végétales, animales, sont contaminées par cette pestilence absorbée par la nourriture, l'eau, la peau, les alvéoles pulmonaires. Impact carcinogènes, mutagènes, tératogènes, immunodépresseurs, pour l'homme et l'animal (HAYES – 1991). Le système immunitaire est endommagé (CULLINEY et al. – 1992). Perturbation de la régulation hormonale et symptômes variés (LEBLANC - 1995). Lien établi entre ce type de perturbation endocrinienne et un taux accru de cancers du sein – prostate – testicule – endométriose – malformations congénitales de l'appareil

[5] Voir cette étonnante vidéo http://www.dailymotion.com/video/xfktas_tous-les-essais-nucleaires-dans-le-monde-de-1945-a-1998_webcam

reproducteur masculin – réduction du nombre de spermatozoïdes (HILEMAN – 1994 ; Davis et BRADLOW ; KELCE et al. – 1995). Une argumentation suffisamment solide pour ceux qui considèrent les études de ce type insuffisantes.

2 - Pesticides – chaque année, dans le monde on répertorie plus de 3 millions d'intoxications accidentelles et intentionnelles, suicides de paysans, notamment en Inde, en Asie, à cause des pesticides, plus de 220.000 morts (LEVINE – 1991). Les plus exposés sont les ouvriers agricoles qui préparent ces poisons. Les études plus récentes précisent : 4 cancers de type hématopoïétique (malformation des globules sanguins) – tumeurs cérébrales – mélanomes – maladie de Hodgkin.

Augmentation du risque de développer la maladie de Parkinson, d'Alzheimer (l'aluminium en cofacteur) – sclérose latérale amyotrophique – troubles cognitifs – dysfonction thyroïdienne. Il faut compter aussi avec les maux de tête – troubles de la vue – crispations musculaires – sensations d'étouffement.

AUCUNE LEÇON N'EST TIRÉE

En septembre 2008, la Commission européenne a relevé le plafond des normes quantitatives de pesticides autorisés dans les aliments. L'entrée en vigueur prochaine du nouveau traité - Marché transatlantique – TAFTA – pourrait encore majorer les limites maximales. Les eurodéputés n'ont aucun moyen de débattre sur le contenu de ce traité opaque parce qu'il est sous la coupe absolue du lobbying international. Les dirigeants de l'UE placés sous l'influence dominante et l'effet corrupteur des trusts agrochimiques s'accordent pour une augmentation des limites maximales de pesticides – LMR – sur la base de la cotation du Codex Alimentarius, laquelle est plus élevée comparativement à celle de l'UE. Sans perdre de vue que ces poisons agissent sur l'organisme en deçà de l'échelle de la nanomole 10^9 – picomole 10^{12} – en deçà du milliardième de gramme.

Par exemple, pour les 12 millions de tonnes de pommes produites chaque année en Europe + le tonnage d'importation. Pour ce fruit si joli d'apparence sur les étals, le plus consommé, ce sont 30 traitements chimiques successifs, qui sont appliqués. Bientôt les normes LMR du Codex & TAFTA seront celles du tableau, ci-dessous.

Type de pesticides	**LMR USA**	**LMR UE**	**LMR Codex**	**LMR Codex/LMR UE** Mg / KG
Captan	25	3	15	X5
Clothianidine	1	0,4	0,4	=
Diazinon	0,5	0,01	0,3	X 30
Diphenylamine	10	0,01	10	X 1000
Malathion	8	0,02	0,05	X 2,5
Metomyl	1	0,02	0,03	X 1,5
Tebuconazole	0,05	0,3	1	X 3,3
Ziram	7	0,1	5	X 50
Le TAFTA permettra l'importation de 82 pesticides des USA, actuellement interdits en Europe				

LES CONTRÔLES SONT INSUFFISANTS

Comme le souligne la Cour des comptes française dans son rapport annuel 2014 – 02/14 – les contrôles sur la production agricole sont très insuffisants. En France, pour les produits phytopharmaceutiques (pesticides) et contaminants (métaux lourds, cadmium, mercure, dioxines) trois ministères : Agriculture – Économie – Santé – sont chargés de la sécurité sanitaire, par prélèvements, avant et pendant récolte.

Si le nombre de contrôles sur les intrants (ajout de molécules chimiques) a augmenté, le taux reste très faible à 1,2%. Les agriculteurs non bénéficiaires de la politique agricole commune – PAC – ne sont quasiment pas contrôlés. La Cour précise que le renforcement de la réglementation par l'application de teneurs maximales de produits nocifs ne permet pas de diminuer efficacement les niveaux d'expositions de la population générale ; d'autre part, les non-conformités essentiellement liées à l'utilisation de pesticides non autorisés sont rarement sanctionnées.

LE TONNAGE CONTAMINÉ QUI ÉCHAPPE AUX STATISTIQUES

La chaîne alimentaire s'est mondialisée, les traders des marchés financiers ne connaissent pas les entreprises, ni la chaîne de production, d'approvisionnement, avec lesquelles ils font de gros profits, moins encore le consommateur final dont ils n'ont rien à faire. D'ailleurs ni l'ONU ni l'OMC n'ont jamais voulu encadrer la spéculation sur les produits alimentaires et phytosanitaires. La fraude multiforme, sur l'origine des produits, les intrants chimiques, l'étiquetage… est d'une créativité sans frontière.

Qu'il s'agisse d'huiles d'olives mélangées avec d'autres corps gras moins couteux – de poissons d'aquaculture étiquetés sauvages – d'ajout d'oxyde pour colorer en rouge le thon – de colorants synthétiques pour embellir un produit – d'ajout d'eau et de sel pour gagner en poids – d'absence de mention d'apports de produits chimiques – de fausses certifications biologiques – de non OGM – de l'origine exacte de production – d'ingrédients non conformes, dénaturés, etc.

CHACUN DEVRAIT SE SOUVENIR

➤ 1981, l'huile frelatée d'Espagne faisait 600 victimes.

➤ 1990- 2002, la crise de la vache folle, très probablement liée à la vaccination des bovins, non pas aux farines animales mal cuites provoque un remous chez les consommateurs de viande.

➤ 2000, en Italie, retrait de 16.000 tonnes de beurre élaboré sans lait, altéré car non réfrigéré.

➢ 2007, en Chine et aux États-Unis, de la mélanine retrouvée dans le lait en poudre pour nourrissons d'où 300.000 cas d'intoxication grave.

➢ 2012, en Pologne, du sel destiné aux industries est utilisé dans l'alimentation.

➢ 2012 dans l'UE de la viande de cheval roumaine est utilisée en remplacement de la viande de bœuf, impliquant 200 entreprises agroalimentaires.

➢ Ainsi que des 23,5 tonnes d'haricots secs contaminés par des pesticides, dont la cypermethrine, 10 fois la norme admise, exportées vers l'Italie. Ceci n'est qu'un échantillon des trafics de ce genre.

LE LABEL BIOLOGIQUE EST CONCERNÉ

En 2009, l'organisme certificateur français Ecocert déclasse 100 tonnes de fruits rouges, origine Serbie, destination l'UE, portant le label biologique AB mais cultivés avec des pesticides. Certains exportateurs vendaient plus qu'ils ne produisaient. Puisque dans certains pays, dont la France, la production de l'agriculture biologique ne suit pas la demande, les exportations progressent.

La grande distribution, 45% des ventes en fruits et légumes, négocie à l'autre bout du monde des produits contre-saison (tomates en hiver) aux prix les plus bas, peu importe l'impact carbone du transport aérien. Sans discernement, les discounters importent des pommes de terre d'Israël, des oignons égyptiens, des poires d'Argentine alors que les productions nationales sont abondantes, cas de la France. L'on trouve en marques distributeurs des conserves d'haricots du Kenya, des tomates de Chine !

Depuis 2005 les membres de l'UE ont retiré 200 autorisations d'importation pour non-respect de la législation « bio » s'agissant pour l'essentiel de productions étrangères, spécifiquement celles vendues par les grandes surfaces européennes, notamment françaises. Parmi d'autres cas, citons aussi des baies roses de Madagascar poussées au DDT – du jus de pommes turc – des graines de lin chinoises aux pesticides, ayant un dosage bien au-delà des normes admises pour l'agriculture conventionnelle.

Les constats de fraude sont souvent réalisés à l'initiative d'importateurs, non pas par les services officiels d'État qui les prennent bien commodément à leur compte ultérieurement. Mars 2009, des baies de Goji, très à la mode à 50-70 € le kilo, sont révélées cultivées chimiquement, ce n'est que fin 2009 que la Commission européenne met fin aux autorisations accordées pour ces baies.

Les pays les plus accusés : n° 1 l'Espagne, dans les régions de Murcie et d'Almeria, centre de la culture intensive, des agriculteurs se sont convertis au « bio » avec opportunisme, mais sans en respecter les règles. Ils cultivent sous tunnel, en dopant les végétaux aux engrais organiques, au détriment des qualités nutritionnelles.

Même absence de règles pour certaines matières premières d'aliments et céréales destinés au bétail en provenance d'Italie et de Roumanie. Ce qui n'empêche pas ce dernier pays de vendre ses céréales « bio » à des importateurs italiens qui les revendent en Europe ; la corruption ayant étouffé toutes formes de contrôle.

Parmi les 200 retraits de la vente « bio » :

➢ Mars 2000, 50.000 tonnes de fausses céréales « bio » destinées à l'alimentation du bétail français, notamment pour les poules pondeuses. S'agissant d'un trafic impliquant 200 producteurs avicoles français, mettant en cause Central Soya basée en Bretagne.

➢ Octobre 2006, du riz OGM, origine USA, destiné à la France.

➢ Juillet 2006, des pommes argentines très contaminées aux pesticides destinées aux pays de l'UE.

➢ Mai 2007, des concombres d'Égypte retirés de la vente, en cause un insecticide très toxique.

➢ Novembre 2008, origine Chine a) de la mélanine dans des lots de soja b) 2009 - 2010 des baies de Goji chinoises cultivées aux pesticides c) 2010, idem pour du thé vert chinois.

➢ 2008, a) des abricots turques retirés des linéaires b) du jus de pomme turque contaminé par deux insecticides, bloqué aux frontières de l'UE.

➢ Octobre 2009, du blé argentin contaminé à l'insecticide vendu à la France et retiré du marché.

➢ 2010, 25.000 tonnes de maïs d'Ukraine contaminés à la dioxine, polluant cancérigène, à l'origine livrés aux fermes avicoles allemandes, les œufs nocifs furent retirés du marchés, mais combien de gens en ont consommé.

Le trafic de pesticides interdits, qui contaminent les fraises, abricots, carottes, concombre, radis, saturés de ces poisons interdits de longue date. Fin 2013, la DGAL a rendu publique l'analyse de 546 échantillons prélevés à la récolte comprenant 324 échantillons de légumes et 22 de fruits. 55 échantillons avec des résultats supérieurs aux LMR et substances actives proscrites sur le marché. Le plus inquiétant porte sur les fraises avec les poisons dénommés Imidaclopride, Pymétrozine, Acetamipride, Dicofol – interdits depuis 2010 par l'UE – l'Endosulfan, fut prohibé en 2008.

Des polluants persistants à l'origine d'irritations – d'hyperplasie – de thyroïde (cofacteur de la radioactivité ambiante) – diminution du taux d'hormones. Extrêmement toxiques pour les poissons d'eau douce, oiseaux, abeilles. Ce trafic estimé à minima à 30 millions € passe par les régions frontalières, notamment par l'Espagne. Finalement ils font l'objet de sanctions très légères, 1000 € d'amende, au regard des dégâts sur la santé des consommateurs.

À l'inverse, en 2013, un viticulteur de Bourgogne, sur ses 10 hectares cultivés en biodynamie, refuse d'utiliser un fongicide chimique imposé par à un arrêté préfectoral à toutes les vignes de la région Côte-d'Or. Ceci afin d'éradiquer un petit insecte, la citadelle, porteur de maladies très nocives pour le vignoble. Cet homme honnête est aussitôt pénalisé de 30.000 € d'amende et six mois d'emprisonnement !

Ces cas ne sont qu'une infime partie de l'immense problème des contaminations délibérément orchestrées par une part croissante de producteurs conventionnels et « bio » en connexion avec les réseaux de corruption, intermédiaires, traders, commerciaux, vétérinaires… autant de gens avides, corrompus, sans le moindre scrupule pour les conséquences de leurs agissements sur la santé publique.

PESTICIDES DE L'HYDRE

C'est la même image qui caractérise les trusts se régénérant après les attaques en justice et sortant plus puissants que jamais à l'issue des procès qui leur sont intentés. Sur les 8000 produits utilisables, certains ont été retirés du marché, mais aussitôt remplacés par d'autres soi-disant moins nocifs. Exactement comme les tentacules à venin de l'hydre qui repoussent après avoir été coupées.

En théorie, un délai doit être respecté entre le dernier épandage et la récolte afin de laisser le temps pour faire disparaitre les résidus. Rappelons-le, plus de 97% des pesticides se dispersent hors des zones de culture, dans tout l'environnement. En réalité, selon une étude de la direction de la santé européenne de 1999, la majorité des fruits et légumes sont recouverts d'une multicouche de ces poisons.

Depuis l'origine de la chimie, les formulations des pesticides ont évolué, elles sont plus néfastes que jamais, dites *systémique*s elles pénètrent jusqu'au cœur des cellules végétales. Plus de parade possible en lavant, épluchant les fruits et légumes, ou par trempage traditionnel des pois chiches, haricots… rien de cela n'aura la moindre utilité contre cette pestilence intracellulaire.

Désormais, ces toxines se retrouvent dans la graisse, le lait, le sperme, les organes génitaux, le fœtus, le foie, les reins des animaux, des humains. Ils sont à l'origine de dérèglements 1) endocriniens, hormonaux – *baisse du nombre de spermatozoïdes, malformations des organes génitaux, cancers du sein, de la prostate, du testicule…* 2) du système immunitaire – *asthme, entre autres…* 3) du système nerveux central – *spasmes, évanouissements, maladie de Parkinson…* Forcement on les retrouve dans les nappes phréatiques, dans les rivières, les lacs, et dans l'eau de consommation car les systèmes de traitement de l'eau ne sont pas conçus pour retenir ce type de molécules toujours actives après divers types de filtration classique.

Parmi les insectes, l'on constate également une atteinte du système nerveux central à l'origine de la disparition, par millions de toutes sortes de papillons, colonies d'abeilles… Il en résulte la perturbation de la polonisation, de cycles écologiques, de la nutrition des oiseaux, des mammifères, in fine des hommes.

Témoignage par l'image 1
https://www.youtube.com/watch?t=79&v=bbjP2_UHis0

2 http://blog.syti.net/video.php?id=637

LA PARTIE VISIBLE DE LA CONTAMINATION CHIMIQUE AGRICOLE

Le Chlordecone, l'insecticide des pommes de terre et des bananes a été utilisé massivement contre le charançon au point de saturer les sols devenus inutilisables pour des années, à l'exemple d'un autre organochloré le DDT. En 1976, du fait de sa forte toxicité, il est interdit aux États-Unis. Mais en France, de hauts fonctionnaires corrompus l'autoriseront simplement en changeant le nom en Curlone.

De 1990 à 1993 les ministres socialistes de l'agriculture MERMAZ et SOISSON signent en toute connaissance de cause une dérogation pour l'utilisation de cette pestilence dans les Antilles, afin d'écouler les stocks qui ont été renouvelés illégalement. En 1999, une étude officielle démontre la présence de ce poison dans tous les prélèvements d'eau autour de Basse-Terre ; bien tardivement car ce pesticide avait été détecté par l'institut national de l'agriculture –INRA – dès 1977, mais ce ministère avait classé ce constat « sans suite ».

Un pesticide très stable et perdurant au point de contaminer jusqu'à la racine des légumes. En 1993, le ministère de l'environnement et l'UNESCO commandent d'autres tests de contamination de la rivière Grand Carbet qui traverse des bananeraies. Le premier rapport restera secret, le deuxième alertera sur une contamination concentrée dans l'estuaire. Confirmation sera faite en 1999 par un niveau cent fois supérieur à une norme officielle, elle-même bien discutable. Dénuée de solution, le pouvoir administratif procède à la fermeture des captages d'eau les plus pollués et au mélange des eaux les plus polluées avec d'autres sources moins saturées pour tenter d'obtenir un taux contaminant plus proche des normes !

Dans la zone Caraïbe, apparent Éden d'azur au sol verdoyant, les terres, les productions agricoles, bananeraies… les nappes phréatiques, les bords de mer, tous les organismes vivants, toutes les générations d'autochtones, sont désormais irrémédiablement **contaminés pour des siècles** par une palette de pesticides qui détériorent le système nerveux. Pour pallier à la situation et pouvoir manger des carottes, pommes de terre, tomates, melons… l'on a eu recours à l'importation de divers produits agricoles dont la qualité sanitaire n'était pas sécurisée. Pour abreuver la population, pas d'autre solution que de récupérer l'eau de pluie ; quel désastre !

Aucune leçon n'est tirée car d'autres pesticides sont utilisés dans toutes les bananeraies du monde. Selon le rapport de l'ECERI – laboratoire européen indépendant crée par le professeur BELPOMME, cancérologue, dans les Antilles trois produits sur cinq dont le propiconazole, le difénoconazole, utilisés contre la cercosporiose, un champignon qui ravage les plantations, sont dangereux, cancérigènes et neurotoxiques par inhalation pour toute la population, à cause des fréquents épandages aériens.

Conclusion

Courbatures musculaires, tremblements, troubles de la vision et de la coordination, nausée, arythmie, cancer de la prostate, dépression nerveuse, maladie de Parkinson… sont le lot quotidien surtout d'un grand nombre d'ouvriers partout où l'on pratique la culture intensive de fruits et de légumes. Tout comme les autochtones des Antilles qui n'entrevoient aucune solution.

Mécanisme biologique de ces poisons

Pris isolément ou en synergie ils causent des dommages à l'ADN, dont la transcription des gènes, des mutations qui affecteront la survie des cellules. Conséquences : perturbation de la signalisation cellulaire – dérégulation de la mort cellulaire (apoptose) dès le développement embryonnaire et au cours de la vie – variation du statut oxydo-réducteur de la cellule (transfert d'électrons, d'énergie, au sein de la cellule et entre cellules) – perturbation du renouvellement des cellules du tractus digestif.

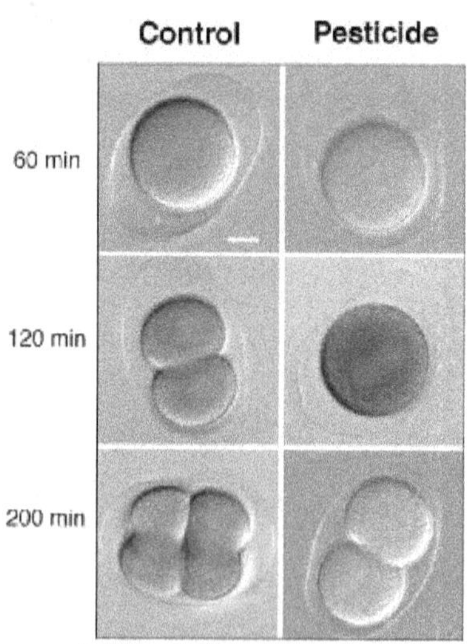

Conséquences cellulaires du Roundup - ***glyphosate*** *à 0,8%.*

Expérience conduite sur des embryons de cellules d'oursin dont la physiologie cellulaire est aussi réactive que celle de l'homme, trempés 10 minutes dans l'eau salée à 0,8% de glyphosate. L'on observe en 200 minutes l'évolution de la perturbation de deux protéines[6] logées dans le cytoplasme de la cellule. La première est une kinase – enzyme qui catalyse – *accélère* – les réactions entre l'Adénosine triphosphate – ATP – et des substrats spécifiques. La seconde est l'activateur de la première. En conclusion un infime dosage de glyphosate – désherbant, sous la marque Roundup de Monsanto suffit à perturber ce processus essentiel.

LE GLYPHOSATE ET SES ADJUVANTS

Le professeur SERALINI de l'université de Caen commentait le classement cancérogène par l'OMS de quatre pesticides, en mars 2015. Il étudie depuis longtemps le glyphosate et les autres poisons contenus dans les marques d'herbicides. Il précise que ce sont des produits bien plus toxiques qu'on ne peut le supposer car c'est la composition globale des désherbants de type Roundup qui est utilisée par les agriculteurs et les particuliers et non pas le glyphosate pris isolément de cette composition ; laquelle comprend des détergents, solvants, qui augmentent par le facteur 1000 sa toxicité.

Il ajoute « *Il faut exiger l'accès aux analyses de sang prises sur des rats, soi-disant inexistantes, à l'origine de l'homologation des désherbants car dans ce cas ce serait grave pour ces industriels. Sont en cause avant tout les experts qui ont validé ces produits* ». Il est temps de privilégier les produits non toxiques, par exemple un désherbant naturel à base d'huile de colza, sans effet préjudiciable sur l'homme, l'animal, l'environnement, élaboré par la société française JADE http://www.jade-international.fr/

Le glyphosate est largement utilisé dans le monde entier comme désherbant, c'est la base active de 750 produits utilisés en agriculture, entretien des forêts, du milieu urbain et des jardins privés. Ne pas oublier, Monsanto est le producteur de l'agent orange, un pesticide

[6] Ces deux protéines sont la découverte de Leland HARTWEL – Paul NURSE – Timothy HUNT – tout trois prix Nobel de médecine 2001 pour cette découverte.

déversé au Vietnam par 77 millions de litres sur 3 millions d'hectares afin de détruire les récoltes.

Une dioxine qui a fait des ravages parmi la population, jusqu'à 5 millions d'individus touchés encore aujourd'hui générationnellement par des maladies de peau, cancers, malformations… En juin 2015, la ministre française de l'écologie interdit la vente en libre-service de ce désherbant pour les particuliers. Un geste bien timide, parmi bien d'autres, au regard des tonnages utilisés à grande échelle dans l'agriculture.

Par contre, en 2015, un acte vraiment courageux d'interdiction du Roundup provient de la Colombie. Une première en Amérique du Sud, pour un pays de 47 millions d'habitants, le seul à pratiquer jusque-là l'épandage aérien pour éliminer aussi les cultures illégales de coca exploitées par les réseaux de cocaïne. Un procédé jugé inefficace par le directeur du Centre d'études sur la sécurité et drogues de l'université des Andes. La classification cancérogène de ces poisons a motivé Alejandro GAVIRIA, ministre colombien de la santé, de proscrire cet herbicide malgré l'opposition du ministre de la Défense.

Bonne idée, car les herbes traitées de la sorte deviennent résistantes, prolifèrent et croissent jusqu'à cinq centimètres par jour. Une étude de l'Académie américaine des sciences du 19 janvier 2010 décrit la façon dont l'amarante de Palmer, une mauvaise herbe a développé une résistance au glyphosate ; comme 32 autres espèces dans le monde, selon le département US de l'agriculture. Le phénomène s'étend aux États-Unis sur 250.000 hectares, surtout en Géorgie, Tennessee, Caroline du Nord et du Sud, Alaska. Le gène à la base de la synthèse de l'enzyme visée par l'herbicide s'est adapté à cette chimie en se dupliquant jusqu'à 160 fois. **Démonstration de l'échec de cette pestilence chimique** que les firmes se gardent bien de faire connaitre à leurs nombreux clients, moins encore au grand public.

Une multiplication inquiétante de cette forme de résistance à ce type d'herbicide ; mais ce qui n'a aucune sorte d'influence sur la décision des autorités européennes de prolonger dès 2016, pour les 7 années à venir, l'usage de ce poison. Tous ces technocrates, très influençables et corruptibles à souhait par les lobbies, sans la moindre connaissance pratique, ne favoriseront jamais un retour à l'agriculture traditionnelle ;

Incluant l'usage de produits et désherbants naturels, de fumiers animaux, de haies, oiseaux, coccinelles, abeilles, coquelicots… la vraie, la seule, solution pour assurer une agriculture durable et produire des fruits, légumes, céréales, viandes, de grande qualité nutritionnelle et gustative.

C'est très probablement l'objectif mirifique que la FAO et d'autres organisations feront bientôt miroiter au monde, dans le cadre de l'annonce de lois et modalités exceptionnelles édictées par un nouvel Ordre mondial. Lesquelles seront présentées comme les solutions nécessaires et incontournables pour régénérer la Terre.

Un moyen, parmi d'autres, de toucher la corde sensible des individus, des familles, très attachés à la possibilité de bénéficier d'une meilleure alimentation, d'une vie plus saine et beaucoup plus longue sans avoir à souffrir de maladies imputables à l'ère de la chimie. Assurément une des façons les plus subtiles de duper le plus grand nombre.

LES PESTICIDES DANS NOS ASSIETTES

La mort mystérieuse des abeilles, maillon essentiel de la vie, fait partie des signaux d'alarme qui ne sont ni perçus, ni entendus. Nez dans le guidon, dénués de centre d'intérêt, les gens sont majoritairement trop affairés à se débattre contre leurs propres difficultés, ou trop occupés à ne défendre égoïstement que leurs intérêts personnels pour se préoccuper des abeilles. D'autre part au plan mondial, la masse de problèmes de toutes natures est à ce point insoluble que bien au-delà de l'infortune subie par ces insectes, la situation générale les dépasse, saturant leur esprit embrouillé – Voir les chapitres 23 et 24.

En cause les niconicotinoïdes des firmes BASF, Bayer, Syngenta… Dans la proportion d'un sur trois, tous les insecticides vendus dans le monde sont de puissants neurotoxiques ; 5000 fois plus nocifs pour les insectes que le DDT. Ils se transmettent en polluant la chaîne alimentaire, ils affectent aussi à dose infinitésimale tous les autres insectes, leurs prédateurs, en somme toute la biodiversité.

Témoignage par l'image http://www.rts.ch/play/tv/temps-present/video/des-pesticides-dans-nos-assiettes?id=6339010#t=165

Le mix pesticides, autre polluants : métaux lourds – mercure – aluminium – cadmium – PCB - acrylamide – chlordecone – phtalates – bisphénols… sont les principaux polluants rejetés dans l'environnement par l'industrie et les fumées des véhicules terrestres, des avions, des bateaux, lesquels finissent invariablement dans nos assiettes.

Ils contaminent les fruits, légumes, poissons, viandes, lait, œufs. Les végétaux les plus traités au sol sont les plus consommés : Pommes – Fraises (jusqu'à 30 traitements différents, successifs) – Céleri – Épinards – Concombres – Laitue – Petits pois – Pommes de terre – Piments –Poivrons – Myrtilles – Pèches – Poires – Raisins – cerises – Nectarines – Tomates cerises.

Selon l'Autorité européenne de sécurité des aliments – EFSA – Plus de 97% des produits testés contiennent des résidus chimiques. Les aliments importés par l'UE dépassent le taux limite maximal – LMR. Côté de l'agriculture biologique, soumise inévitablement à la pollution ambiante, 3751 produits dépassent les LMR de 0,8%.

Pour les productions de l'agriculture intensive, ces chiffres sont largement sous-estimés, l'association Générations Futures – GF – a fait analyser en décembre 2010 tous les aliments qui composent les repas non biologiques au quotidien. Ils contenaient 128 résidus nocifs, soit 81 substances chimiques différentes, dont 36 pesticides, un cocktail d'effets nocifs qui entrent en synergie les uns avec les autres et provoquent de graves perturbations cellulaires, notamment au plan endocrinien. C'est la moyenne de ce qu'absorbent les consommateurs occidentaux au quotidien.

80% des français sont inquiets de la présence de ces résidus dans les fruits, légumes, céréales, des polluants contenus aussi dans la viande, le poisson. Un sur deux déclare que les autorités publiques de l'UE ne conduisent pas d'actions pour les protéger de ce risque. Par ailleurs, ces structures supra étatiques sont-elles actives et probantes dans le domaine de l'économie, de l'emploi, du logement, de la santé… !

En juillet 2013, GF a constaté que 91,83% des fraises vendues en France contenaient plusieurs pesticides, 71,42% étaient des perturbateurs endocriniens. En mars 2013, GF a démontré que la majorité des aliments à base de blé, biscuits au blé complet, céréales complètes, pain complet, pain de mie Harris, pâtes de semoule de blé, viennoiserie… contiennent des organophosphorés, des pyréthrinoïdes. Les céréales sont traitées à minima deux fois, d'abord dans le sol, puis dans les silos à grains contre les champignons.

En mars 2008, les associations du Pesticide Action Network Europe (PAN-Europe) ont publié les résultats d'une campagne d'analyses réalisées sur des vins d'Europe et du monde entier. 40 bouteilles de vin rouge ont été analysées – 34 étaient issues de l'agriculture intensive et 6 de l'Agriculture biologique. Les vins ont été sélectionnés parmi des marques à bas prix, aussi bien que parmi les marques les plus célèbres et les plus chères du monde. Les 34 premiers vins testés étaient contaminés par les pesticides jusqu'à 5800 fois plus que les niveaux autorisés pour l'eau potable ! Les vins biologiques ne contenaient pas de pesticides, excepté un échantillon, issu d'une vigne indirectement polluée par les pulvérisations chimiques du champ voisin.

En Colombie, 100% des échantillons de lait pasteurisé étaient contaminés aux organochlorés. En Martinique, Guadeloupe, l'institut français de l'environnement relève que le chlordecone utilisé contre le charançon dans les bananeraies a massivement pollué les rivières, les nappes d'eau souterraines, les sols, pour les 30 prochaines années ; Adieu à ces paradis d'antan. Triste exemple car malgré l'interdiction du chlordecone en Amérique du nord, il a été autorisé pendant des décennies aux Antilles par de hauts fonctionnaires français corrompus par le lobby de l'agrochimie.

« *L'argent jusqu'à ce jour est le fertilisant dans lequel pousse l'humanité de demain ; l'argent empoisonneur et destructeur est devenu le ferment de toute végétation sociale*, disait Émile ZOLA ».

La solution, c'est le passage d'une agriculture intensive du tout chimique à **l'agro écologie** pour aider à nourrir l'humanité et restaurer les normes climatiques originelles. Cela consiste en la protection et régénération de l'environnement naturel. Pour y parvenir, il faudra utiliser les techniques incluant 1) le contrôle biologique, lutte contre les maladies et les insectes indésirables par des prédateurs naturels. 2) l'agroforesterie, regroupant arbres et cultures sur les mêmes parcelles de terre. 3) le stockage naturel de l'eau. 4) les cultures intercalaires, le semis de plus deux types de plantes dans un même champ. 5) l'utilisation de fumiers biologiques. 6) le mélange culture et bétail.

Toutes ces techniques ont en commun la non utilisation d'intrants chimiques en terre et pesticides sur cultures. Elles permettent de renouveler les sols, encouragent l'usage de phytosanitaires naturels – neem – caelcedra – cassia amara – cendre de bois. Elles favorisent une fertilisation organique, la constitution de haies vives abritant la biodiversité – insectes – oiseaux – petits batraciens et lézards – et le reboisement des surfaces sans lequel il n'y a pas de production d'humus.

En conciliant un bon niveau de productivité agricole et le respect de l'environnement, les rendements sont bien plus importants comparativement à l'agriculture dite conventionnelle. L'agro-écologie peut doubler la production alimentaire en dix ans, c'est ce qu'assure Olivier De SCHUTTER, rapporteur de l'ONU dans un rapport présenté le 8 mars 2011 au Haut-commissariat aux droits de l'homme à Genève. Une position fermement défendue depuis longtemps par le mouvement paysan Via Campesina ou par l'agriculteur et philosophe Pierre RABHI.

Une pratique agro-environnementale largement expérimentée par 286 projets dans 57 pays couvrant une surface totale de 37 millions d'hectares. Les résultats ont été une augmentation moyenne des rendements de 80%, jusqu'à 116% pour les projets africains sur une période de 3 à 10 ans. Par exemple en Tanzanie, dans les provinces occidentales de Shinyanga et Tabora, réhabilitation de 350.000 hectares de terres sur 20 ans. Les bénéfices par couples d'exploitants ont augmenté de 500 $ par an.

L'agroforesterie utilisée au Malawi depuis 2005 a pu bénéficier à plus de 1,3 million de petits producteurs avec des rendements de maïs passant de 1 tonne par hectare à 2 à 3 tonnes. Les projets asiatiques en Indonésie, au Vietnam, au Bengladesh, ont enregistré une diminution jusqu'à 92% de l'emploi d'insecticides dans la culture du riz. Autant d'excellentes réalisations qui sciemment n'ont pas été relayées à la connaissance du grand public.

C'est avec une meilleure gestion des sols qu'il est possible de faire un meilleur stockage carbone, d'où la réduction des émissions de gaz à effet de serre. L'agro-écologie fait donc partie des solutions au changement climatique. D'autant mieux que ces méthodes de culture éprouvées au Malawi, Éthiopie, Inde, Pays-Bas, permettent de mieux supporter les épisodes de sécheresse et d'inondations.

Malgré les nombreuses contradictions des uns et des autres, le rapporteur de l'ONU encourage à une transition mondiale seulement en direction de l'agro-écologie afin de pouvoir nourrir durablement les 9 milliards d'humains prévus pour 2050. Il appelle les États à faire preuve de volonté pour réinvestir dans une agriculture durable.

Les immenses problèmes de la crise des prix alimentaires, exacerbés en 2008, de la faim dans le monde, du rapide changement climatique, ne peuvent pas être résolus sur la base de l'agriculture intensive des grandes exploitations industrielles. Reste l'unique solution de l'agro-écologie à mettre en œuvre qu'auprès d'une multiplicité de petits producteurs. D'autant plus utile à mettre en œuvre que l'agriculture intensive et la déforestation sont responsables à part entière de 33% à 40% des émissions annuelles de gaz à effet de serre.

CHAPITRE 6

LES CÉRÉALES ET LES OGM

PRODUCTION, CONSOMMATION, MONDIALE DE CÉRÉALES EN 2013

Maïs : 843 millions de tonnes, la céréale la plus cultivée au monde.

Blé : 653 millions de tonnes, la deuxième céréale la plus cultivée.

Riz : 468 millions de tonnes, la troisième céréale la plus cultivée.

Soja : 280 millions de tonnes, une production doublée en 20 ans.

80.000 kilos de céréales sont produits par minute, 2,3 milliards de tonnes par an au plan mondial. Depuis 2000, la récolte a diminué de 5% par habitant. La FAO pronostique une réduction significative des stocks céréaliers mondiaux. Le stock mondial ne correspond qu'à une dizaine de semaines de consommation seulement. Une condition très délicate en cas de guerre, cataclysmes, problèmes sociaux graves…

Production mondiale d'OGM : 1,7 milliard d'hectares cultivés en 1996 contre 181,5 milliards en 2014 + 106% en 18 ans. Sur 192 pays dans le monde, 163 ne cultivent aucun OGM, notamment la Russie qui s'y refuse absolument. Cinq pays en cultivent à eux-seuls 90% : États-Unis (50%) – Brésil – Argentine – Inde – Canada.

Si la Chine lançait une culture de riz OGM, la carte de production des céréales serait bouleversée. Les principales cultures OGM sont le soja, maïs, colza, betterave sucrière, luzerne, coton. Des plantes préparées pour résister à un herbicide afin d'en simplifier l'épandage, sans affecter leur développement, mais certainement sans aucune garantie de non toxicité pour l'homme.

L'Union européenne ne tient aucun compte de l'avis des populations. Si les pays de l'Union européenne – UE – ne cultivent pratiquement pas d'OGM (1% des terres), par contre depuis 1991 l'UE a accordé 18 autorisations de mise sur le marché, dont 16 effectives concernant des OGM pour l'alimentation humaine, malgré l'opposition de 71% de la population. 90% du soja importé dans l'UE est utilisé pour nourrir le bétail est OGM.

Finalement, les 500 millions de consommateurs européens retrouvent dans la viande, charcuteries, œufs, lait, fromage les **fractions trans des OGM importés**… Aucune autre autorisation n'a été délivrée depuis 1998, treize nouvelles demandes étaient toujours en cours d'examen, neuf ont été ajoutées en 2004. Pour sembler satisfaire l'opinion publique, ces nouvelles requêtes sont mises en standby. En 2013, fin du simulacre, la situation se débloque et 17 nouvelles sortes de maïs, soja, colza, coton, génétiquement modifiées sont autorisées à l'importation pour l'alimentation humaine et animale.

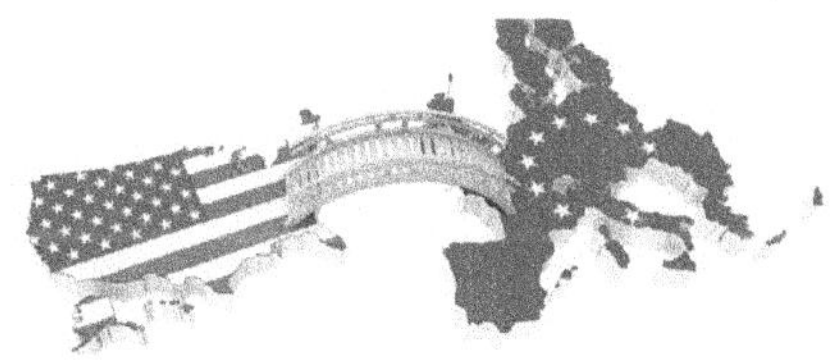

L'application imminente du traité transatlantique de libre échange – TAFTA – engageant l'Europe et les USA amplifiera considérablement la culture et la consommation d'OGM. Toutes sortes de matières premières, dont les semences et grand nombre de produits alimentaires nord-américains industrialisés pourront pénétrer librement le marché européen. Les conséquences porteront sur la santé des populations, l'environnement et l'économie nationale de chaque pays, en cisaillant sa production agricole et artisanale... Les multinationales exploiteront tout le potentiel commercial de ce traité sans craindre en retour la moindre opposition législative ou juridique de la part des États, ONG, associations de consommateurs.

Les autorités politiques européennes, singulièrement **la Commission européenne**, placées sous l'influence du lobbying international de l'European Round Table – ERT – puissant groupe de pression méconnu du grand public, **ont préparé l'introduction du traité TAFTA dès 2013**.

Le 6 mars 2013, le Commissaire Européen au Commerce, Karel de GUCHT, dans un entretien accordé au journal autrichien Die Presse affirmait que la législation encadrant les OGM ne modifiera pas sa politique en cas d'accord de libre-échange – TAFTA – avec les États-Unis « *Il y a des règles strictes mises en place en Europe sur l'autorisation de tels OGM et ces règles ne seront pas modifiées si un tel accord est signé* ».

Le 13 novembre 2013, revirement de situation, malgré l'intervention pédagogique de Greenpeace, la Commission européenne autorise la mise sur le marché de onze autres produits génétiquement modifiés pour l'alimentation humaine ou animale :

➢ Le pollen élaboré à partir du MON (Monsanto) 810, l'importation du maïs MON89034X1507 et ses huit combinaisons, ainsi que la variété Smartstax.

En 2015, les chercheurs du PRICE, dont l'INRA, opérant dans le cadre d'un programme incluant 14 équipes – 2011 à 2014 – concluent que la coexistence entre produits OGM et non OGM est possible dans le cadre de la législation actuelle de l'UE ; la facilitation d'accès au TAFTA est ainsi confirmée.

Le 24 avril 2014, la Commission européenne – CE – autorise la commercialisation de dix nouveaux OGM et renouvelle l'autorisation de 7 autres pour l'alimentation humaine et animale. Ces décisions ne concernent pas les cultures sur le sol européen, mais ouvrent l'accès aux importations US. En juin, l'Autorité européenne de sécurité des aliments - EFSA - rend un avis favorable de mise sur le marché des sojas modifiés tolérants aux herbicides – MON87708 et 89788 pour des usages alimentaires, à la suite d'importation. Ils considèrent qu'au niveau des effets potentiels sur la santé humaine, animale et sur l'environnement, ces sojas sont aussi sûrs que leur équivalent conventionnel.

http://www.efsa.europa.eu/sites/default/files/scientific_output/files/main_documents/4136.pdf

Le 19 juin 2014, avis positif de l'EFSA réitéré cette fois pour la mise sur le marché du maïs importé MON 87427, tolérant à l'herbicide glyphosate. Le 8 décembre 2015, nouvelle autorisation de la CE pour dix ans de deux maïs GM supplémentaires, le NK603 x T25 et MON 87427. Deux maïs de Monsanto tolérants aux herbicides entrant dans la composition du Roundup de Monsanto. Ils sont destinés à l'alimentation tant animale qu'humaine.

LES PRÉTEXTES À L'ESSOR DES OGM

L'on avance qu'il s'agit d'une possibilité a) de régénérer les terres endommagées b) de produire plus de biocarburants c) du seul moyen d'assurer l'alimentation pour sept milliards d'humains. Ce dernier point est en totale contradiction avec les observations de la FAO sur le potentiel de l'agriculture biologique, la seule 1) permettant de corriger 20 années de production agricole intensive ayant conduit à l'épuisement des sols, à une perte de productivité des céréales 2) à diminuer les traitements chimiques à l'origine de pollutions intenses – ftp://ftp.fao.org/docrep/fao/meeting/012/j9918f.pdf – Voir la fin du chapitre 5.

Les enjeux économiques. Le chiffre d'affaires annuel du marché mondial des semences est de 45 milliards $, celui des pesticides sur la période 2006 – 2011 pèse 44 milliards $. L'Europe en est le plus gros utilisateur 27,7% du CA total de ces deux marchés – l'Asie 26,3% – l'Amérique latine 23% – l'Amérique du nord 19% – l'Afrique 4%. C'est dire l'importance du marché européen. Toutes les multinationales qui élaborent et vendent des semences, commercialisent aussi des herbicides, pesticides, produits pharmaceutiques. Les principales sont Monsanto – Syngenta – Aventis – BASF – Dupont de Nemours – Dow.

Manipulation, mensonges, du marketing : A ce qu'ils disent, les OGM et pesticides savamment utilisés sont indispensables, complémentaires, ils permettent aux agriculteurs de ne plus subir de pertes consécutives aux maladies, aux nuisibles et mauvaises herbes, d'optimiser leurs récoltes. Ils sont présentés comme des produits spectaculaires, innovants, pour une nature domestiquée par l'homme et protégée par la chimie invisible. Le seul moyen viable de pouvoir faire face aux besoins nutritionnels de l'humanité ; *Quel esprit altruiste* !

L'HOSTILITÉ DU GRAND PUBLIC DÉNIÉE

Rappel utile, 71% des consommateurs européens ne veulent pas d'OGM. Malgré cette hostilité légitime, les États sont liés, ils ne peuvent pas s'opposer à leur importation car ils sont tributaires des décisions de la Commission européenne, elle-même soumise au lobbying de l'European Round table – ERT. Jusque-là les OGM n'étaient destinés qu'à l'alimentation du bétail, depuis le 24 avril 2015 l'autorisation s'étend à l'alimentation humaine.

Annuellement, 40 millions de tonnes de soja-trans + 6 à 8 millions de tonnes de maïs-trans sont importées des USA, du Brésil, plus qu'une incohérence politique c'est une consolidation du pacte signé avec les structures supranationales fidèles acteurs de la gouvernance occulte. Il s'agit du support permettant de finaliser la globalisation et d'assoir toutes les conditions et modalités du nouveau marché transatlantique – TAFTA.

Le comble c'est qu'il est possible en Europe de cultiver en toute autonomie, sur toutes les surfaces dormantes, les protéagineuses nécessaires au bétail : sorgho et pois, sans besoin d'utiliser le soja, une plante néfaste, très allergisante.

LES PRODUITS ALTERNATIFS ÉLIMINÉS

Sur le vieux continent, pour faire face à la diminution des récoltes de blé, maïs, betteraves, l'industrie de l'alimentation animale a eu recours aux farines animales. Après leur interdiction suite à l'épisode de la vache folle, *liée très certainement à la vaccination du bétail, générant des œdèmes cérébraux*, elle a importé du manioc – des patates douces – des noix de coco d'Indonésie, des philippines – de la pulpe d'agrumes venue du Brésil – du palmiste d'Afrique.

Mais les lobbyistes de l'UE, sous le prétexte fallacieux de traçabilité imprécise se sont organisés pour interdire l'importation de ces bonnes matières premières de substitution. Pris au dépourvu, tous les fournisseurs se sont efforcés de trouver d'autres débouchés pour vendre leur production. Sur le continent américain, de leur côté, les firmes ont usé de stratagème pour imposer leur soja et leur maïs GM.

CONDAMNATION DES AGRICULTEURS

Un grand nombre d'entre eux font l'objet d'enquêtes intrusives personnelles et incessantes. Dupont de Nemours a engagé une centaine « d'enquêteurs agricoles » pour contrôler les cultures en prélevant des échantillons de terre. Monsanto mène une enquête annuelle moyenne sur 500 grands exploitants. Des photos aériennes sont prises sur les grandes surfaces agricoles plantées en transgéniques, soit 88% du maïs et 93% du soja plantés aux États-Unis. Contrôle aérien également sur des terres cultivées en semences conventionnelles ou biologiques pour en évaluer l'évolution.

BASF, Bayer, dow, Monsanto, Pioneer, Syngeta... mettent leurs moyens en commun pour contrôler le marché, tous les intervenants, toutes les terres cultivés... Ils engagent des poursuites judiciaires pour violation de brevet, jusqu'à 85.000 $ d'indemnités, pour avoir conservé des semences GM de récoltes antérieures et les avoir semé par la suite. Monsanto a perçu ainsi 23,5 millions $ en 2012, à multiplier par 10 avec tous les contentieux réglés à l'amiable. Noter aussi le procès inimaginable gagné contre un agriculteur dont les semences Monsanto d'une exploitation voisine se sont dispersées sur son champ à cause de vents violents, produisant contre sa volonté du soja GM.

ÉPUISEMENT DES TERRES

En Inde, des rapports décrivent des fermes dans l'incapacité de produire des cultures après deux saisons consécutives de plantation de coton Bt. À contrario, l'étude de l'Andhra Pradesh a démontré le succès des agriculteurs de coton naturel ayant un rendement de 60% supérieur au Bt, lequel est associé à des infestations de cochenilles, de pourriture des racines, d'enroulement des feuilles, d'échec de la germination, de baisse de la qualité du coton.

Plus de 250.000 cultivateurs de Bt se sont suicidés, car appauvris et incapables de rembourser les prêts à intérêts élevés d'achat de semences, sans que les médias occidentaux ne s'en préoccupent. Même échec en Indonésie, surtout à cause des parasites et de la corruption d'hommes politiques indonésiens. Idem en Afrique du Sud où l'impact est très négatif sur le rendement des terres et l'économie paysanne.

CONDAMNATION DES TRUSTS

Aux États-Unis, en 2000, l'association AUDACE est à l'origine de sanctions pénales contre Monsanto pour fausses allégations de sécurité et de protection. En France, le 6 octobre 2009, sous le libellé « *biodégradable – sol propre* » Monsanto, firme emblématique des méfaits de l'agrochimie, est condamnée pour publicité mensongère par la Cour de cassation. Mais la tête coupée de l'hydre se reconstitue, la bête semble invincible.

Les producteurs de semences et les agriculteurs biologiques venus de tous les États américains ont porté plainte à titre préventif contre les effets néfastes des brevets de Monsanto sur le patrimoine végétal universel. Ils sont inquiets de voir leurs champs rapidement contaminés. Un procès actuellement en appel à Washington. En Argentine, Monsanto a confié la distribution de ses semences à Don Mario & Nidera – 80% du marché – qui est accusé de position dominante par les procureurs et organisations agricoles, plainte déposée devant la Commission nationale de défense de la concurrence.

Investigation par l'image « le monde selon Monsanto »
https://www.youtube.com/watch?v=cVngG592xKU

LÉGITIMITÉ DES OGM

L'autorisation de mise sur le marché d'aliments composés tout ou partie d'OGM n'a pas été assortie du principe de précaution permettant de mesurer les effets de nocivité ou de d'innocuité sur le long terme ; ceci parce ces produits bénéficient du principe « d'équivalence en substances ». Ils sont considérés par les autorités sanitaires semblables par essence aux aliments de base, aucune norme de sécurité supplémentaire n'est requise. Il s'agit d'une décision du Codex Alimentarius insufflée par le lobby agro chimique – voir le chapitre 28.

Toutefois une étude récente présente tous les arguments permettant de remettre en cause le principe d'équivalence en substance. Publiée dans la revue scientifique Food Chemistry, cette étude produite par une équipe scientifique du Centre de Biosécurité de l'université norvégienne de Tromø affirme que toute semence OGM n'a aucune correspondance de normalité avec une semence naturelle.

Les tests portent, entre autres, sur 31 lots de divers sojas cultivés dans l'Iowa, sur la base analytique de 35 critères différents, permettant aux chercheurs de faire précisément le distinguo entre le type conventionnel, l'OGM, le biologique. Faisant ressortir a) la spécificité des graines transgéniques à s'imprégner de glyphosate,[7] l'herbicide de Monsanto répandu sur toutes les cultures céréalières de la planète b) la perte en protéine, zinc, sucres, comparativement aux plantes biologiques c) la teneur plus élevée des OGM en fibres, acides gras saturés et polyinsaturés.

---

[7] Voir les effets cellulaires désastreux du glyphosate au chapitre 5 – mécanisme biologique de ces poisons.

Cette étude remet donc en cause le principe d'équivalence en substances appliqué si facilement aux OGM. Mais faut-t-il s'attendre à voir les agences et autorités sanitaires en prendre acte et en faire l'application ? Cela ne resterait envisageable qu'à l'annonce de l'abolition des cultures OGM, dans le cadre d'un renouveau du modèle agricole pour le millénium, sous une nouvelle gouvernance mondiale.

Du 12 au 16 octobre 2016, un collectif international de juristes, d'ONG, de mouvements citoyens et de diverses personnalités poursuivra en justice Monsanto devant la Cour pénale internationale de la Haye. Ville où siège aussi la Cour internationale de justice et d'autres institutions européennes. Chefs d'accusation : Pollution de l'eau, des sols, de l'air – Accélération de l'extinction de la biodiversité – Développement de maladies chroniques évitables : cancers, Alzheimer, Parkinson… Menace pour la souveraineté alimentaire des peuples par la mainmise de brevets sur les semences et la privatisation du vivant. Très bonne initiative, mais l'on peut craindre que le mal chimique ne soit déjà fait durablement sur la planète et sur l'espèce humaine.

Témoignage par l'image https://vimeo.com/148202856

Avril 2016, **Sept associations cessent toute relation avec le Haut Conseil des Biotechnologies** – HCB. Greenpeace, les Amis de la

Terre, la confédération paysanne, la Fédération Nationale de l'Agriculture biologique, France Nature Environnement, Réseau Semences Paysannes et l'Union Nationale française de l'Apiculture jugent que cette instance est aux mains des lobbyistes de l'agrochimie. Qu'elle dissimule toutes les données scientifiques défavorables aux OGM, avec le soutien du gouvernement français. De ce fait, elle fausse l'avis pro OGM de la Commission européenne. « *Nous ne ferons pas partie de cette mascarade qui veut faire croire à tous que ces nouvelles technologies ne sont que de simples mécanismes naturels de mutations. Nos organisations continueront à se mobiliser afin d'alerter l'opinion publique à ce sujet* ».

FIRMES ET MARQUES À BOYCOTTER

Celles qui selon le blog américain Collective Evolution utilisent des produits Monsanto pour leur production. Ces grands groupes ont tant de produits référencés en supermarché qu'il est difficile de tous les répertoriés.

Parmi eux : **Coca-Cola** et ses sous marques, Cherry, Minute Raid, Burn, Dr Pepper, Fanta. **Cadbury**, bonbons Carambar, Malabar, Régal'ad, chewing-gum Hollywood, la Vosgienne, chocolats Poulain. **Campbell**, soupes Royco et Liebig (contenant du glutamate, puissant neurotoxique). **Capri-Sun**, boissons pour enfants. **Carnation**, sous-marque de Nestlé, lait déshydraté, marque Gloria. **General Mills**, conserves Géant vert, crèmes glacées Haagen Dazs, les fafitas Old el Paso, yaourts Yoplait. **Heinz**, les ketchups.

http://www.comment-economiser.fr/ingredient-a-ne-plus-manger.html

Kellogg's, céréal Kellogg's Cornflakes, special K, Treso, Miel Pops, coco Pop's, Frosties, Extra, All Bran. **Knorr**, bouillons, sauces (glutamate). **Kraft Philipp Moris**, Côte d'Or, Carte Noir, Daim, café Maxwell, crème à tartiner Philadelphia, gâteaux Lu, chocolats Milka, Oréo (nanoparticules de titane), Suchard, Tang, Toblerone… **Lipton**, les thés. **Ocean Spray**, boissons à la cranberry. Les Cookies **Pepperidge Farms**. **Pepsico**, Pepsi-Cola, Tropicana, Alvalle, Gatorade, Seven Up, Lipton Ice Tea, les chips Lay's, Doritos, Ruffles,

Tostitos, gâteaux Quakers et gâteaux apéritifs Benenuts. Les **chips** Pringles. **Procter et Gamble,** avec ses 300 marques comme Pampers. **Schweppes** et boissons gazeuses. **Uncle Ben's** et son riz.

En conclusion, lorsqu'on observe dans les supermarchés tous les produits alimentaires préférés des gens qui entrent dans le caddy du consommateur moyen, il y a de quoi s'interroger, même s'effrayer. La propagande publicitaire, à coup de milliards de dollars, a réussi à infiltrer les esprits et générer les plus mauvaises habitudes de consommation qui soient. Le grand public ne sait ni analyser ce qu'il achète, ni faire le rapport qualité nutritionnelle/prix de tous ces produits transformés, additivés, dénaturés, finalement très chers au kilo, au litre. Lesquels impactent à coup sûr la santé et le QI des masses. La ferme décision de les boycotter, de les remplacer par des produits de base, frais et simples, pas plus chers, devrait être le meilleur des réflexes du consommateur intelligent et soucieux de sa santé.

L'EMPOISONNEMENT MONDIAL DU PCB DE MONSANTO

Un produit chimique chloré de grande stabilité chimique utilisé comme isolant électrique pour les transformateurs et condensateurs. Cette firme en découvre la nocivité en 1937, mais cache au grand public ses effets cellulairement destructeurs en muselant, corrompant, la presse. En 1969, après avoir recommandé aux utilisateurs de PCB de porter une combinaison adaptée, cette multinationale crée le Comité Aroclor Adhoc et précise sa volonté de poursuivre cette commercialisation tout en protégeant son image avec pour letmotiv « *Nous ne pouvons pas nous permettre de perdre un seul dollar* ».

En 2001, en Alabama, vingt mille habitants de la ville d'Anniston portent plainte contre Monsanto pour excès d'empoisonnement. Jusqu'à 1000 fois plus de PCB dans leur sang consécutivement au déversement de milliers de tonnes de ce poison par la principale usine sise à côté de cette ville, d'où la contamination de l'eau potable et de l'air environnant. À l'issue du procès, la firme est condamnée à verser aux plaignants 700.000 millions de dollars, à décontaminer le site et construire un hôpital spécialisé.

Toutefois les dirigeants n'ont pas été inquiétés à titre personnel, c'est une des caractéristiques avantageuses pour les grands bandits offerte par la législation américaine. Un drame qui a inspiré en 2000 Steven SODERBERGH le réalisateur du film « *Erin BROCKOVICH, seule contre tous avec Julia ROBERTS* ». Mais au final, la pollution aux PCB a contaminé le monde entier, notamment les eaux de rivières et la chair des poissons.

BREVETER LE MILIEU NATUREL

Ces trusts se proclament entreprises des « Sciences de la vie » le subterfuge tout trouvé pour breveter le vivant, les semences, plantes, légumes, molécules issues de la canopée brésilienne. Cela semblait impossible, mais ils l'on fait ! Le 25 mars 2015, la Chambre de Recours de l'Office européen des brevets - OEB - a dit oui en ces termes « *Si l'on découvre un lien entre une séquence génétique existant naturellement dans une plante cultivée et un caractère particulier de cette plante, l'on peut devenir propriétaire de toutes plantes qui expriment ce caractère*».

Cette décision de breveter une plante non-OGM est la réponse attendue pour les déposants du millier de demandes de brevets de ce type concernant des plantes dites classiques, ce qui rapportera une redevance, des royalties, la richesse, aux détenteurs. Pour Corinne LEPAGE, ancienne ministre et députée écologiste « *Cette décision de l'OEB est extrêmement contestable et contraire au droit communautaire de refus de brevetabilité du vivant* ».

Au plan mondial, la commercialisation des cultures OGM sur la période 1996 – 2010 a rapporté 65 milliards $; sachant que OGM et pesticides proviennent souvent des mêmes trusts doublement gagnants. Monsanto contrôle 23% des semences conventionnelles et 90% du soja, 80% du maïs GM. Depuis 2000, cette firme a racheté une douzaine de semenciers. Une augmentation brute des bénéfices de 250%, soit de 7,5 milliards $ pour la période 2007 à 2012. Un monopole que le gouvernement US et les concurrents, Dupont de Nemours en particulier, tentent de remettre en question. 25% des fermes mondiales, soit 17 millions d'agriculteurs sont pris en otages par ces monopoles.

Aux USA, 60 à 70% des produits agroalimentaires industrialisés sont issus de ce type de culture. Ils envahiront bientôt le marché européen sous couvert du TAFTA. Le CA des pesticides chimiques pèse 54 milliards $, contre 2 milliards pour les produits naturels. Pour s'y opposer, il suffit de boycotter toutes les marques partenaires de cet objectif hégémonique.

Voir les témoignages par l'image
https://www.youtube.com/watch?v=cSD7BZONepY

PRENDRE LE CONTRÔLE ALIMENTAIRE MONDIAL

Monsanto – Syngenta – Dupont-Pioneer – contrôlent 50% des semences mondiales. Vu que notre alimentation dépend essentiellement de produits agricoles issus de graines dont le nombre de variétés s'appauvri, il s'agirait de s'en préoccuper au premier degré.

Au-delà du profit financier, ce cartel aux ordres du pouvoir de l'ombre veut prendre le contrôle global de l'alimentation, aux dépends de la santé humaine et de la biodiversité. Le parcours pervers de Monsanto, producteur de l'agent orange utilisé massivement au Vietnam pour détruire la végétation et empoisonner durablement les populations, fabricant du PCB, de l'aspartame, de l'hormone de croissance… suffit à définir le dessein mortifère qui anime les dirigeants de ces firmes.

Ces hégémonistes sont sur le point de rendre l'humanité totalement dépendante puisqu'ils ont pris le contrôle de l'agriculture mondiale. Ce même milieu, ces mêmes élites, pour la plupart initiés à la cause grandiose d'un nouvel Ordre du monde, ont fait de même avec le pétrole, les places financières, les Banques mondiales, les banques dominantes, les monnaies fiduciaires (dollar – euro), l'hyper endettement de tous les États, jusqu'y compris la Chine ex pays communiste et tous pays émergents. Rien n'échappe à leur volonté absolue de domination et de remodelage de la société humaine, de remise en cause des droits de l'homme... C'est l'objet central de notre livre « *Crise économique Majeure - Origine et Aboutissement* ».[8]

La Commission européenne est un milieu diffus, composé de technocrates non élus sous l'influence corruptrice permanente de l'ERT. Un lobby fondé par Etienne DAVIGNON, membre central du Bilderberg group, le centre décisionnaire de la véritable gouvernance mondial occulte. L'European Round Table – ERT – regroupe les dirigeants des grandes multinationales auxquels sont soumis tous les politiques de Bruxelles exprimées servilement par les membres de la Commission européenne.

Dans ce cadre hégémonique, un projet de loi émane du Parlement européen visant à interdire le développement des variétés de légumes pour les petits agriculteurs, incluant les cultures biologiques, et à terme les jardiniers amateurs. Au titre IV, toutes les plantes devront être inscrites dans un registre national de l'Union, sous forme de suivi électronique ; ceci au nom de la soi-disant sécurité sanitaire ; un acte payant, taxé, pour tous les utilisateurs de graines. Voici une nouvelle forme de diktat du contrôle absolu, aux mains de scélérats, balayant ainsi 10.000 ans d'histoire agricole.

Témoignage par l'image
https://www.youtube.com/watch?v=0_6poBEJlOA - Adieu paysan.

Désormais, preuves à l'appui, tous les secteurs vitaux et économiques : énergie, technologie, santé, agriculture, alimentation, eau potable, monnaies, finance, sont en leur pouvoir. C'est bien pourquoi nos cinq livres ont pour thème central « L'Emprise du mondialisme » ; le même fil conducteur démontrant une volonté absolue de totale refonte de la société humaine.

[8] Disponible chez Omnia Veritas Ltd. www.omnia-veritas.com

ALLIANCE AGRA

L'emprise mondialiste de la Fondation GATES, dont 30% du fond de développement agricole sont destinés au développement des OGM, se confirme lorsqu'elle s'associe avec la Fondation ROCKEFELLER afin de promouvoir les semences GM dans les pays pauvres. Les chefs d'États-nation des États-Unis, Canada, Espagne, Corée du Sud et la Banque mondiale placés sous l'influence des directives du gouvernement mondial occulte se joignent à cette initiative dite de sécurité alimentaire dénommée « Global agriculture and food Security program ».

Sous couvert d'action humanitaire, les semences génétiquement modifiées et tous les produits chimiques des firmes Monsanto – Dupont – Syngenta – seront ainsi introduits sur le continent africain sous l'intitulé « Révolution verte ».

La coalition paysanne du Kenya pour la biodiversité réagit à cette intrusion forcée, disant « *AGRA est un poison pour notre système agricole et nos moyens de subsistance. Ce projet finirait par démanteler ce qui reste d'agriculture durable en Afrique* ». En 2009, l'Afrique du Sud a fait les frais de culture de maïs GM dont le faible rendement a appauvri des centaines de paysans à partir de semences prévues pour n'être fertiles qu'une seule fois ; dont le renouvellement passe obligatoirement par un approvisionnement chez Monsanto.

En Haïti, sous prétexte de solutionner la faim et la pauvreté, 35 millions de dollars ont été alloués pour inciter les paysans à n'utiliser que cette technologie corrompue. Monsanto leur a offert 475 tonnes de semences distribuées par l'USAID – l'agence américaine pour le développement international – laquelle a soutenu les pires dictatures. Dont l'administrateur Rajiv SHAH est un ancien collaborateur de la Fondation GATES ; dont le directeur du programme agricole, Rob HORSCH, n'est autre que l'ancien vice-président de Monsanto pour le développement international.

L'ONU, pourtant pro ROCKEFELLER et GATES, précise que 75% de la diversité génétique des plantes du monde a disparu à mesure que les paysans ont abandonné leurs semences natives pour n'utiliser que les variétés génétiquement modifiées. Cette homogénéité génétique rend les paysans plus vulnérables non seulement aux firmes avides, mais aux changements climatiques brusques, car les semences natives sont mieux adaptées aux différents microclimats. Le mouvement paysan « Papaye » tente de s'opposer à cette hégémonie agricole en marche.

Pendant que la presse entretient l'opinion publique sur nombre de sujets sans grande importance, à l'arrière-plan les élites mondialistes battent les cartes et font le jeu comme ils l'entendent. La Fondation GATES nantie d'un capital de 33,5 milliards $ afin de financer ses projets, présentés sous le faux jour de l'altruisme, s'est dotée de 500.000 actions de la firme Monsanto, ce qui en dit long sur ses objectifs mondialistes, jetant ainsi le masque de la philanthropie angélique. Pour sa part la Fondation ROCKEFELLER a investi 100 millions $ dans la recherche génétique, dont 27 millions pour des recherches sur des variétés GM de blé.

LA RÉVOLUTION VERTE

En 1945, la fondation ROCKEFELLER installe au Mexique un centre de recherche agronomique qui développe des variétés hybridées. Ceci en collaboration avec Henry WALLACE, ex ministre de l'agriculture et vice-président des USA en 1940. Il est le fondateur de Pionner Hi-Bred Seed Company, première entreprise mondiale de semences de maïs F1, rachetée ultérieurement par Dupont de Nemours, le géant de la chimie.

La révolution verte présentée au grand public comme la solution aux problèmes de la faim dans le monde ne fut que le premier jalon d'un plan hautement stratégique. Il s'agissait pour le clan ROCKEFELLER d'avoir le monopole sur l'agrobusiness, par là-même d'avoir la main mise sur les bases de l'alimentation mondiale. Comme le grand père du clan avait pu le faire dans le secteur pétrolier ; en commençant par vendre mensongèrement aux paysans des states un faux médicament à base de pétrole qui empoisonnait les braves gens.

Une seule voix officielle s'est élevée contre ces manœuvres monopolistiques, ce fut celle du courageux président John KENNEDY. En 1961, deux ans avant son assassinat, il dénonça la mainmise de la Banque centrale américaine – FED – sur l'État fédéral. S'agissant d'un monopole privé dirigé depuis 1913 par les richissimes barons de la haute finance, par le cartel de l'agrochimie, tous imposant leur diktat. Il compléta sa claire vision de la société américaine par son discours du 17/04/61 prévenant du danger absolu des sociétés secrètes, complotant sans relâche pour s'approprier l'appareil d'État US.

Son témoignage par l'image ici
https://www.youtube.com/watch?v=EB5_QASieoA

La théorie dite du complot, citée à tout bout de champ à l'encontre du petit nombre de ceux qui veulent expliquer les multiples manipulations des organisations occultes, est un terme passe partout cité pour la première fois en 1967 par la CIA, afin d'attaquer tout individu ou groupement qui conteste le « récit officiel ».

Puisque cette expression a été énoncée après la dénonciation officielle du président KENNEDY sur la sédition avérée des sociétés secrètes, elle n'a donc, aujourd'hui, plus le moindre sens, ni le moindre intérêt. Ne reste à disposition des individus pro système ou dont l'esprit obtus s'est émoussé que l'intention de nuire, la détermination farouche de dénigrer ceux qui avancent, preuves à l'appui, des vérités de premier plan déstabilisantes pour ceux que cela agace, dérange ; surtout les routiniers de la petite vie tranquille qui ne cherchent pas plus loin. Développement dans notre livre « *L'emprise du mondialisme II – Initiation & sociétés secrètes* »

PROJET AGRICOLE POUR LE NOUVEL ORDRE MONDIAL

Ceux-là mêmes qui imposent à toute la planète l'asservissement des semences et la panoplie de produits GM, préparent en secret un type d'agriculture traditionnel et naturel pour un autre système global, un nouveau monde, destiné qu'à une minorité de la population mondiale.

Cette conclusion s'impose car bien qu'il existe déjà plusieurs banques de semences réparties dans le monde, cette élite en a stocké d'autres dans un endroit sécurisé de l'archipel norvégien de Svalbard. Ce site comprend trois millions de variétés de semences natives provenant du monde entier afin de « *garantir la préservation de la diversité agricoles pour le futur* » disent-ils.

CORRUPTION ET COUPS DE FORCE

Pour parvenir à leurs fins et préparer la nouvelle gouvernance du monde, ils disposent de moyens financiers colossaux, largement de quoi corrompre un maximum d'acteurs placés à toutes les strates de la société. Si cela n'y suffisait pas, pour saper toute opposition, ils ont recours à diverses mafias ; ils font intervenir une phalange dénommée Xe Services, ex Blackwater. Révélation de l'article de Jeremy SCAHILL « *Opérations secrètes* » paru dans The Nation du 15 septembre 2010.

Il s'agit de la plus grande armée de mercenaires du monde composée de nombreux militaires et anciens officiers de la CIA. Elle est connue pour ses massacres de civils en Irak. Mais pour l'essentiel ce sont des spécialistes de l'information et du lobbying politique. Ils œuvrent entre autres monopoles ou élites pour Monsanto – Chevron – Barclays – Deutsche Bank… Pour exemple, en 2008, Cofer BLACK, ancien officier de la CIA, était mandaté par Monsanto pour espionner et infiltrer les organisations de militant anti OGM.

LES MULTINATIONALES ALIMENTAIRES SONT PRO OGM

En 2008, Peter BRABECK le président de Nestlé disait au Financial Times « *On ne peut pas nourrir la planète sans ce type de plantes, elles sont bien plus sûres que le mode biologique* ». Rien de surprenant, depuis longtemps, cette firme n'utilise aucun produit bio, mais beaucoup d'OGM. Immense mensonge à rapprocher de plusieurs études, dont une financée par l'ONU, relayée par la FAO ; toutes ayant démontré que ces manipulations de laboratoire ne sont absolument pas faite, ni crédible, pour solutionner la faim dans le monde.

Sous prétexte de solution au réchauffement climatique liée aux activités humaines – anthropique – Le milieu du business se lie avec les principaux soutiens de la gouvernance mondiale occulte. Parmi eux le pseudo écologiste Al GORE, l'homme des promotions OGM de Monsanto de 1993 à 2000. Ainsi que les promoteurs et dirigeants des plus grandes fondations ROCKEFELLER et Bill GATES. Cette dernière ayant opté ouvertement pour Monsanto en détenant, rappelons-le, 500.000 actions du monstre. Ces deux institutions s'évertuent, en anges de lumière, à tromper l'opinion publique afin d'ouvrir de nouveaux marchés au profit majoritaire de ces firmes et de la domination alimentaire mondiale.

Pour plus de crédibilité, ils s'adjoignent l'autorité et l'influence de l'ONU, du FMI, de la Banque Mondiale, de la FAO, de l'organisation AGRA pour l'Afrique. Tous œuvrent à une seconde révolution verte transgénique censément pour refroidir la planète et accroitre la production alimentaire de type industriel. Les premières conséquences de cette contrefaçon sont supportées par les agriculteurs soumis aux cultures OGM. L'exemple de l'Inde est frappant, en 10 ans, plus de 150.000 paysans se sont suicidés n'ayant plus capacité à financer l'achat de semences trans, ni de pesticides ; s'ajoute le malheur de récoltes minimales, misérables, contrairement à toutes les promesses commerciales des firmes.

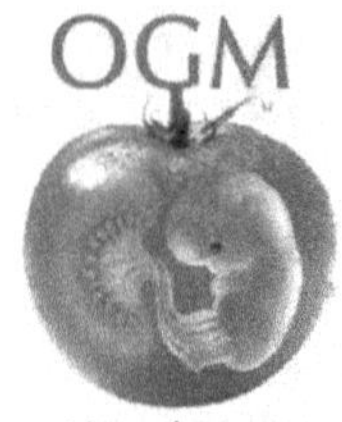

OGM définition : C'est un organisme dont le matériel génétique a été modifié selon un procédé qui ne se produit pas naturellement, dans lequel a été inséré un gène étranger et absent à l'état sauvage. Les gènes introduits proviennent de toutes sortes d'organismes. Ce procédé est applicable aux microorganismes, aux végétaux, aux animaux, aux humains au sein de laboratoires secrets.

Cela consiste à modifier le génome (l'ensemble du matériel génétique - ADN) d'un organisme vivant en y introduisant 1) le ou les gènes d'un organisme de la même espèce. 2) le ou les gènes d'une autre espèce végétale ou animale – transgénèse. 3) en modifiant, supprimant, le gène originel de chacune des espèces existantes. Pour tromper l'opinion publique, l'industrie agrochimique évoque le nom de « biotechnologie » terme évocateur d'une technologie développée pour censément favoriser la vie.

TRANSGÉNÈSE

Les techniques diffèrent selon ce que l'on cherche à modifier.

1) Pour les bactéries : les gènes sont insérés par une méthode de transformation consistant à les placer dans un milieu porteur de fragments d'ADN choisis, aptes à traverser la paroi bactérienne.

2) Pour les plantes : c'est l'injection de gènes dans la cellule à l'aide d'une micropipette ; s'en suit une mise en culture jusqu'à l'obtention de la plante à l'état adulte.

3) Chez les animaux : les fragments étrangers d'ADN sont injectés dans les cellules de l'œuf, dites zygotes car issues de la fécondation. Deux façons de procéder a) par micro-injection des transgènes en aval dans la cellule de l'animal à l'état adulte b) en amont directement dans le sperme ou l'ovocyte qui formeront par la suite une cellule-œuf de l'animal à naitre. Par exemple des ovocytes de souris (cellule sexuelle femelle) dans lesquels l'on transfère le gène de l'hormone de croissance d'un rat ou d'un humain…

UTILISATION DE VECTEURS

Cela consiste à utiliser des organismes-agents intermédiaires porteurs d'un gène. **a**) Les rétrovirus, ou virus ayant capacité à faire intégrer leur information génétique dans le génome de leur hôte, avec le risque de contamination par réplication. Par exemple le rétrovirus vivant d'origine simiesque M7 du babouin à l'origine de la conception du vaccin dénommé Rotateq (racine de rotavirus) destiné aux nourrissons de 6 semaines pour censément les protéger de la gastro-entérite.

Une Co-invention du Dr Paul OFFIT, reconnu comme expert sur la sécurité des vaccins, alors qu'il est impliqué dans le conflit d'intérêt pour les millions de dollars que lui rapporte son brevet sur ce vaccin, qui est à l'origine de l'infection de millions d'enfant au cours des dernières années, causant la mort et beaucoup de dommages.[9] Même processus pour l'autre rétrovirus de singe qui est à l'origine de la pandémie du SIDA – des thèmes largement développés dans notre ouvrage « *Hérésie médicale & Éradication de masse* ».

b) Le plasmide, une petite molécule, fragment circulaire d'ADN, capable de réplication autonome, apte à supporter l'insertion d'un autre fragment d'ADN.

c) Des bactéries intégrées dans les organites (mitochondries, chloroplastes) de la cellule eucaryote (humaine), jusqu'en son noyau. Opération dénommée endosymbiose qui a pour finalité de générer d'autres types d'organites dans la cellule.

d) Des enzymes qui coupent des liaisons de brin d'ADN afin d'introduire des mutations dans des gènes endogènes (internes à l'organisme). Ce qui provoque une invalidation génétique, jusqu'à l'inactivation totale d'un gène – une technique peu connue, dénommée Knock-out.

Dans la nature, à l'échelle de milliers d'années, des gènes se sont associés à d'autres, sans l'intervention humaine, ce qui a produit sans anomalie, sans la moindre nuisance, une richesse de diversité tant végétale qu'animale. Rien de comparable aux aberrantes manipulations de laboratoire produites dans un milieu artificiel avec des intrants dénaturés.

LES DEUX TYPES D'OGM LES PLUS RÉPANDUS

Le premier s'applique aux végétaux auxquels sont ajoutées deux principales propriétés 1) la tolérance à un herbicide 2) la production

[9] http://fr.sott.net/article/23365-Infections-a-retrovirus-ou-l-histoire-d-une-hecatombe-vaccinale

d'une toxine protégeant contre les insectes. Certaines plantes cumulent ces deux caractéristiques.

Par exemple, le soja tolérant à un herbicide est la plante GM la plus courante, la résultante d'un gène microbien introduit dans ses cellules. Le gène ajouté code pour l'enzyme EPSPS, dès lors, au cours de l'épandage, la substance active de l'herbicide pulvérisé va pénétrer les cellules de la feuille pour ne bloquer que l'enzyme végétale, pas l'enzyme microbienne ; de la sorte la plante devient tolérante aux herbicides. Ainsi lorsque les cultures doivent être traitées contre les « mauvaises herbes » les plantes GM ne meurent pas, elles y sont résistantes, pas les autres soi-disant mauvais végétaux. Banco pour les firmes d'OGM, elles sont aussi productrices de pesticides, cas de Monsanto.

Le deuxième type, le plus courant est celui de plantes qui produisent elles-mêmes une toxine insecticide censément pour limiter l'usage de pesticides. Un gène de la bactérie Bacillus thuringiensis est inséré dans les cellules embryonnaires de la plante – d'où l'appellation maïs « Bt ». Ce gène code (retransmet par voie chimique) une toxine insecticide nommée Cry. Lorsque les insectes mangent les feuilles, ils ingèrent la toxine qui se fixe à un récepteur de leurs cellules intestinales forcées de dépérir et d'entrainer leur mort. Un processus absent chez l'homme car il ne possède pas ce récepteur. Toutefois, l'être humain est tout aussi sensible aux nano poisons que les micro-animaux, l'abeille par exemple, cela a été largement démontré.

Mutagénèse définition : Cela consiste à créer parmi les espèces végétales ou animales des mutants en regroupant les techniques de modifications du génome, en association à l'utilisation d'agents physiques – rayons gamma – rayons X… (C'est le cas de virus et de bactéries introduits dans la préparation vaccinale) et l'utilisation d'agents chimiques (notamment des herbicides, dans le cas des plantes). Toutes les firmes agrochimiques et pharmaceutiques pratiquent ce type d'expériences contre nature.

Les domaines d'application : Production 1) de médicaments (l'hormone de croissance et l'insuline sont produites par des bactéries génétiquement modifiées...) – 2) de vaccins (incluant des cellules de fœtus humains avortés intentionnellement) – 3) de végétaux plus résistants aux insectes, aux pesticides... 4) d'aliments chimiquement élaborés – 5) d'animaux d'élevage plus productifs.

OGM - environnement - santé. « *Nous vivons une période de folie caractérisée par un progrès incontrôlé, incluant une série d'outils pour lesquels on ne donne aucun moyen d'évaluer leurs conséquences environnementales* ». Pierre Henri GOUYON, professeur, directeur de laboratoire au CNRS.

Le problème environnemental majeur est 1) Le croisement hybride de plantes GM avec d'autres espèces sauvages ou cultivées du fait de la dispersion de pollens transgéniques par les vents, la pluie. Par exemple le continent nord-américain est confronté à une contamination sans précédent du colza GM qui envahi les champs voisins, les bords des routes et des chemins. Puisqu'il est élaboré pour être résistant aux herbicides (glyphosate, glufonisate) il est quasiment impossible de le contrôler.

2) La mutation et la disparition d'espèces végétales et animales (microorganismes du sol, insectes, mammifères, poissons) endémiques à cause des effets mutagènes et destructeurs des pesticides et pollens transgéniques. 3) La pollution-contamination durable des sols, des nappes phréatiques, des rivières, mers. Les poissons d'eau douce des fleuves et lacs pollués au glyphosate développent des problèmes digestifs semblables à la maladie cœliaque à cause du blocage d'enzymes, de la perturbation de la synthèse des acides aminés, des carences en fer, cuivre, cobalt.

Fiction ou réalité, il est 7h00, mon chat cloné avec un gène de coq - *garanti 1 an* - chante cocorico. Super minou trans, modifié aux agrumes, pisse du jus mi- orange, mi- pamplemousse, uniquement le matin au petit déjeuner. Je chauffe mon bol de chocolat au lait directement sorti du pis d'une vache de synthèse clonée avec un cacaotier. Pendant ce temps, je regarde le petit cactus posé sur la fenêtre, il est tout fluo car il a été mixé avec un gène de méduse, réagissant par cette coloration dès qu'il manque d'eau. En buvant mon « *cacaogm* » j'écoute à la radio les nouvelles sportives, notamment la dernière performance du 100 mètres en 4,5 secondes réalisée par un super-sprinter-trans.

Pas si fiction que ça si l'on regarde le compte-rendu des expérimentations, statistiques, de l'International Service for the Acquisition of Agri-Biotech Application – ISAAA. Les surfaces cultivées en transgénique ne cessent de s'étendre. La révolution OGM ne cesse d'aller de l'avant. Selon Marianne LEFORT, chercheuse française à l'INRA, d'ici peu l'on pourra introduire tous types de gènes d'une espèce dans une autre. Il y aura des animaux aptes à produire des médicaments – Une sorte de laitue croisée avec de la tomate – du maïs injecté au thon, le tout pour manger en salade. Une adaptation de muscle de kangourou pour les sportifs sauteurs en hauteur. Une crinière de jeune poulain pour les chauves… dit-elle.

POUR LA PARTIE VISIBLE DES MUTATIONS

Sous prétexte de rendre service au progrès de l'humanité, les scientifiques du chaos ont créé des porcs géants dont la vitesse de croissance et la taille est 40% supérieure à la normale et l'alimentation 25% inférieure à celle des autres cochons. Des lapins géants, Bioprotein-Technologies-France élève des lapines-trans qui produisent des protéines humaines dans leur lait, probablement pour nourrir les nourrissons de demain dont les mères ne produisent pas assez de lait maternel.

Les faux amis de Bunny préparent entre autres du gène humain codant l'insuline pour l'intégrer dans le génome du lapin. Des millions de combinaisons protéiques sont ainsi élaborées chaque jour dans le monde. Ils se vantent de pouvoir guérir le cancer et bien d'autres maladies. « *Il y a mensonge sur les expérimentations, d'autre part toute manipulation conduit forcément à des contaminations, à des résistances, à terme à des catastrophes écologiques au plan mondial* » répond en écho Gérard LIEBSKIND de l'association OGM-Dangers.

Sous couvert de se préoccuper de la santé des gens, les laboratoires américains dans l'arrière-cour des universités, en liaison avec les autorités sanitaires et supranationales FDA, FAO, OMS, cherchent à créer du bacon sans cholestérol, du lait de chèvre proche du lait maternel, des porcs et des agneaux enrichis en oméga 3 – *les bons acides gras* – dont les déjections sont plus facilement biodégradables ; urinant 60% moins de phosphate, en intégrant un gène permettant de mieux assimiler le phosphore. Alors qu'en réalité, il suffit de nourrir les bêtes naturellement, de les laisser en liberté pour pacager et la viande sera bonne et assimilable, comme cela se faisait depuis des millénaires.

Des vaches-GM prémunies contre l'inflammation, l'infection, des mamelles (mammite), de surcroit qui produiront 1) du lait sans pathogène contenant de la lysostaphine, sachant que le lait de base en contient déjà (lysozymes et lactophérines), sachant que les vaches américaines sont déjà shootées aux hormones. 2) Du lait spécifique pour la production de yaourts, de fromages, contenant deux fois plus de kappa caséine. Jusqu'à la mise au point de bœufs à steak, hyper musclés, ressemblant aux culturistes de concours bourrés d'hormones de croissance et autres stéroïdes anabolisants.

Tout y passe, des insectes sont modifiés par irradiation, des modifications visent aussi leurs parasites, ce que l'on nomme paratransgenèse, il s'agit de réduire la transmission de maladies ou de supprimer des populations entières d'insectes. Des moustiques femelles GM qui s'accouplent avec des mâles sauvages produiront des descendants stériles, un moyen envisagé pour lutter contre plusieurs

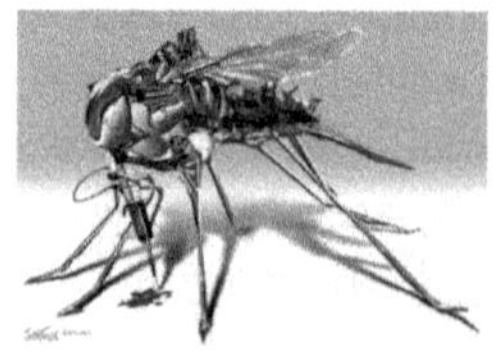

maladies tropicales, paludisme (malaria), dengue, une stratégie testée par le passé qui fut un échec. Alors qu'il suffirait de donner aux populations concernées par ces maladies les moyens de lutter contre l'insalubrité, contre la malnutrition, ce qui leur permettrait d'avoir un système immunitaire fort afin de ne plus subir ces maux.

L'apparition du nouveau virus Zika est très parlante. Il est transmis très probablement par des moustiques GM de type Aedes aegypti. Il s'est répandu dès 2014 dans la plupart des pays d'Amérique latine. Particulièrement au Brésil où 220.000 soldats sont déployés pour démoustiquer tout le territoire, sans que les responsables soient assurés de gagner la partie. C'est dans ce pays qu'opère la compagnie de biotechnologie OXITEC qui en 2012, dans un cadre expérimental, a élaboré de tels insectes pour soi-disant détruire les populations de moustiques porteurs de virus porteurs de la fièvre jaune et de la dengue. Or, c'est dans les zones où ces moustiques GM ont été dispersés que l'on rencontre la majorité des cas de Zika.

Cela rappelle qu'en Afrique, dans les années 1960, preuves à l'appui, des expériences secrètes de laboratoire ont été faites sur des singes. A la suite de quoi, une campagne de vaccination de masse a été organisée censément pour protéger les populations de la poliomyélite, à l'issue de laquelle campagne les premiers cas de virus du Sida sont apparus sur ce continent.

Des saumons à croissance ultra rapide, des poulets sans plume, des chèvres dont le lait produit de la soie, des saumons d'élevage monstrueux, gras et flasques. Des lapins avec un gène de méduse, fluorescents dans le noir. Des essais sur des chiots, des chats, des singes, soit disant pour solutionner Parkinson, Alzheimer… 268 maladies au total. Mais rien de concret n'est sorti de cette chimère, à coup de millions de dollars.

En 2012, deux brevets EP1456346 – EP1572862 sur des chimpanzés GM dont le système immunitaire a été humanisé ont été déposés en Europe par l'entreprise US de biologie synthétique Intrexon ; et EP 1409646 par Altor BioScience – genentech, filiale du groupe pharmaceutique suisse Hoffman-La Roche. En 2010, Bionomic avait obtenu le brevet EP 1852505 sur des chimpanzés modifiés pour souffrir de troubles épileptiques.

En 2011, à Dubaï, des chameaux GM étaient censés produire des protéines capables de traiter la plupart des maladies génétiques, diabète, emphysème, obésité… et servir à développer des organes pour la transplantation chez l'homme, ce qui est déjà le cas pour le porc, techniques confrontées à de nombreux rejets par le système immunitaire, contraignant le receveur aux médicaments anti-rejets, à vie.

POUR LA PARTIE INVISIBLE DES MUTATIONS

La revue Public Library of Science publie une nouvelle étude démontrant que des fragments protéiques d'ADN d'aliments GM porteurs de gènes complets pas entièrement fractionnés, ni dégradés en acides aminés, sont en présence suffisante pour traverser la barrière intestinale et entrer via le sang dans les ensembles cellulaires par un mécanisme inconnu. Un millier d'échantillons de sang humain ont été répartis auprès de chercheurs de quatre sites de recherche indépendants. Il ressort de cette analyse qu'à la lecture de plusieurs échantillons la concentration de l'ADN d'origine OGM est plus élevée que celle des cellules du sang. Point clé ●

La science du génome a progressé au point de révéler que **tous les organismes de toutes les espèces ont capacité à partager leurs gènes**. Par le passé l'on pensait à un partage des gènes uniquement entre individus de la même espèce, du fait de la reproduction. Les généticiens suivaient l'héritage – transcription – translation – des gènes en mode vertical, comme l'on peut suivre au fil des générations animales ou végétales le produit de la reproduction entre mâles et femelles. L'on estimait que les macromolécules alimentaires ne pouvaient pas entrer dans le système circulatoire. Les protéines de l'ADN étaient censées être fractionnées, puis dégradées, en acides aminés, constituants plus petits, aptes à être absorbés puis répartis, recyclés, ou détruits, sélectivement, dans les ensembles cellulaires, par la voie sanguine – via l'action enzymatique spécifique de la voie ubiquitine.[10]

---

[10] http://www.crbm.cnrs.fr/index.php/fr/43-recherche/equipes-de-recherche/team-olivier-coux/75-liens

Or, maintenant l'on constate qu'il n'existe aucune barrière génétique entre toutes les espèces animales et végétales. Ceci démontre que les fractions protéiques d'organismes génétiquement modifiés contenues dans le lait de vache, dans les céréales GM, dans la quasi-totalité des viandes d'animaux nourris aux OGM ne sont pas sans conséquences à court et long terme, comme ose l'affirmer impunément les trusts de l'agrochimie.

Puisqu'ils ont façonné l'antithèse du dessein originel, de ce fait ils sont la descendance du Diable, le premier rebelle et opposant au plan divin « *Que la terre fasse pousser de l'herbe, de la végétation portant semence, des arbres fruitiers donnant du fruit selon leurs espèces, dont la semence est en lui, sur la terre ; Et il en fut ainsi ; Alors Dieu vit que c'était bon ; Et Dieu se mit à créer les grands monstres marins et toute âme vivante qui se meut, selon leurs espèces, et toute créature volante ailée selon son espèce ; Et Dieu vit que c'était bon* ». Genèse 1 : 11 – 21.

DES MÉDICAMENTS PRODUITS PAR DES ANIMAUX GM

Autorisation américaine pour une protéine, l'ATryn, anticoagulante recombinante humaine – antithrombine – produite par des chèvres sous haute protection chez GTC Biotherapeutics, médicament autorisé dans l'UE depuis 2006. En Ecosse, PPL Therapeutics, cette fois pour traiter les hémophiles dépourvus de ce facteur de coagulation, utilise un extrait d'une protéine – le facteur IX – issu du lait d'une brebis clonée par transfert nucléaire. En Argentine, en 2008, Biotechnologies Biosidus à partir de quatre vaches a manipulé un lait qui lorsqu'il est mis au contact d'enzymes produit un précurseur de l'insuline humaine.

Dans un environnement saccagé, si dénaturé, ces plans insensés ne sont qu'un leurre pour le grand public continûment conditionné de toutes les façons possibles et inimaginables. Ces travaux de laboratoires ne satisfont que l'égo surdimensionné de scientifiques irréalistes dépourvus de saine vision prospective, mais largement rémunérés. Tous ces gens ne servent que le dieu de la science désormais cantonné dans ses derniers retranchements après tant d'échecs.

Pour régler la majorité de cas d'hyper coagulation, de diabète et de bien d'autres maux, il suffisait simplement de bien soigner les populations, de maitriser la pollution atmosphérique, en utilisant des technologies non polluantes[11] permettant de se débarrasser du pétrole, du nucléaire... de préserver l'agriculture traditionnelle, d'assurer à tous une alimentation dépourvue de poison.

LES TESTS

La majorité des tests d'innocuité s'opèrent sous le contrôle des firmes productrices de produits transgéniques. Reste les résultats de tests privés et l'observation de la flore, de la faune, des animaux d'élevage, soumis à ces poisons. L'insecticide du maïs Bt détériore les globules rouges (Pour la science – 2000). Le pollen et l'infiltration du Bt dans le sol affecte ou tue 1) divers insectes volants dont les abeilles, le papillon monarque d'Amérique du nord. 2) Les insectes, vers de terre et bactéries du sol. L'on assiste aussi à l'apparition d'insectes mutants résistants aux agents toxiques sécrétés par les plantes GM. Au Danemark, les éleveurs de porcs ont constaté la mort jaune, un mal nouveau, une maladie gastrique qui tue 30% des bêtes.

L'expérience du professeur de biologie moléculaire Gilles SERALINI, conduite dans le secret, porte sur dix groupes de rats non GM soumis à du maïs-trans NK603 et à de l'eau très faiblement additivée avec du Roundup présent dans les champs. Un groupe témoin était nourri avec du maïs non-trans, sans traitement à l'herbicide. Résultats : après 13 mois les groupes de rats soumis à ce poison furent frappés de pathologies lourdes. Chez les mâles, le foie et les reins, organes dépurateurs, étaient atteints d'anomalies sévères, deux à cinq fois plus que les rongeurs nourris du groupe témoin.

Sachant tout de même que le maïs conventionnel est à la base un monstre génétiquement multi-hybridé qui génère nombre de problèmes de santé chez l'homme, notamment au Mexique, l'un des pays plus grand consommateur. Chez les femelles, des tumeurs

---

[11] Thème développé dans notre livre « *L'emprise du Mondialisme - Le secret des hautes technologies* ». Omnia Veritas Ltd – 2015.

mammaires en chaine sont apparues, pesant jusqu'à un quart de leur poids. En fin de vie, 50 à 80% ont été touchées, contre 30% avec le maïs non GM, mais multi-hybridé.

Voir le témoignage par l'image relatant ces études scientifiques inattaquables : https://www.youtube.com/watch?v=dFN27TkwLlw

Les mêmes tumeurs surviennent plus vite chez les rats GM, eux-mêmes issus de manipulations génétiques ; vingt mois plus tôt chez les mâles GM, trois mois plus tôt chez les femelles GM, point notable sachant que l'espérance de vie du rat est de vingt-quatre mois. La mortalité prématurée est accrue de 50% pour les mâles, 70% pour les femelles – contre 30% et 20% pour le groupe témoin non GM.

Le Dr Joël SPIROUX, directeur adjoint de l'étude, conclut que tout cela peut se reproduire chez l'homme, ce qui nous parait évident. Des résultats remis en cause par les opposants qui pinaillent au sujet de la race de rats et de la richesse protéique de leur nourriture. Réponse du Dr SPIROUX « *nous avons utilisé la même catégorie de rats que celle de Monsanto, il faut donc interdire toutes les autorisations de mise sur le marché accordées à cette firme…* ».

OGM ET STÉRILISATION

L'étude russe de l'équipe du Dr Alexey SUROV conduite conjointement avec l'association nationale pour la sécurité génétique et l'Institut de l'écologie et de l'évolution, d'une durée de 2 ans, faite sur des hamsters de race Campbell très prolifique démontre l'effet stérilisant et mortifère des OGM.

Des animaux nourris avec du soja GM et touchés par la stérilité, par la mort de petits et la présence inédite de poils dans la bouche à la naissance. Il est facile de transposer ce constat avec l'augmentation d'avortements non désirés, de bébés mort-nés, observée dans les maternités. La revue « Public Library of Science a publié une étude qui souligne l'existence de preuves suffisantes du passage de fragments d'ADN trans dans l'organisme humain. Démonstration d'un très probable effet de stérilisation pour les prochaines générations humaines. Voir plus haut le sous-titre « Pour la partie invisible des mutations – point clé ».

OGM ET RÉGLEMENTATION EUROPÉENNE, UN EFFET D'ANNONCE

« *Ce produit est fabriqué à partir d'OGM – Ou contient des ingrédients issus d'OGM* » voici, depuis 2004, l'actuelle formulation d'étiquetage obligatoire dans tous les circuits de distribution, pour les pays de l'UE. Ceci n'est qu'un effet d'annonce puisque l'étiquetage de la viande, du lait, des œufs en est exempté. L'UE soumise au lobbying des multinationales, de l'ERT, ne peut se soustraire à ses contradictions en acceptant l'importation de millions de tonnes de soja et de maïs GM utilisés pour le nourrissage des animaux, porcs, volailles, vaches, dont les gènes passent la barrière des espèces.[12] C'est pourtant ce que les millions de consommateurs européens et nord-américains retrouvent au quotidien dans les charcuteries, viandes, œufs, fromages, laitages, plats cuisinés.

---

[12] Voir plus haut le sous-titre « Pour la partie invisible des mutations – point clé ».

CHAPITRE 7

DES CÉRÉALES ANCESTRALES À CELLES D'AUJOURD'HUI

CHANGEMENT DE STRUCTURE

Depuis l'origine de l'agriculture, les céréales ont subi **de nombreuses modifications dues à 1**) une sélection initiale, parmi les populations sauvages de graminées, l'homme a choisi pour les domestiquer des formes adaptées à son mode culture productiviste. Le cas particulier des épis solides n'égrenant pas (BONJEAN et PICARD 1990) **2)** à une sélection massale qui consiste à semer uniquement pour l'année suivante les grains provenant des plus beaux épis (*n'égrenant pas*) portés par les plus belles plantes. Or ces grains plus volumineux sont la résultante de mutations génétiques, leurs protéines diffèrent de celles des grains ancestraux.

3) Aux hybridations successives faites pour engendrer des plantes plus vigoureuses, offrant un meilleur rendement, notamment au cours des cinquante dernières années, cas particulier du blé et du maïs **4)** à la transplantation dans un autre milieu, une céréale venue d'Asie ou d'Amérique sera cultivée en Europe ou inversement, donc confrontée à un environnement différent (sol, climat) ; dans ces conditions nouvelle les pressions exercées par le milieu naturel vont sélectionner les variants les mieux adaptés.

CARACTÉRISTIQUES DES CÉRÉALES ACTUELLES

Le blé, le kamut, l'épeautre, le seigle, l'avoine, l'orge, y compris ceux provenant de cultures biologiques, sont tous issus de semences multi-hybridées, objet de manipulations génétiques successives, notamment depuis un demi-siècle – se reporter au tableau plus bas - le petit épeautre fait partiellement exception. Le maïs et le soja – *plus proche du légumineux que de la céréale* – sont majoritairement des OGM. En gardant son génome originel au fil des siècles, le riz se distingue de toutes les autres céréales, la production transgénique de riz est marginale, même en Chine, très grand consommateur.

LA MAINMISE ILLÉGITIME SUR LE NATUREL

Après la seconde guerre mondiale, les firmes produisent une première génération de croisement qui donnera des **semences hybrides non GM dites F1**. Dès 1945, le maïs, la betterave, le coton, sont cultivés en F1 aux États-Unis, en Europe. L'argument mis en avant, des variétés plus vigoureuses, mais plus chères et non reproductibles d'une année sur l'autre. Donc, une grande source de profit par rapport aux améliorations apportées précédemment aux variétés anciennes.

Les sélectionneurs **F1** ont visé les propriétés avantageuses de différentes plantes mais **dans la limitation d'une seule génération**, de sorte que l'agriculteur soit dans l'obligation de racheter chaque année sa semence. Si la semence d'un maïs F1 est ressemée l'année suivante, la descendance donnera peu d'épis, ou des plantes mal formées. S'il existe quelques variétés F1 de blé et de soja, ces deux espèces restent reproductibles uniquement par autofécondation (autogame) ; ce que le paysan ne sait pas faire. C'est donc le meilleur moyen de poser **un verrou biologique** à la pratique paysanne ancestrale basée sur la biodiversité des espèces, permettant à cette industrie d'avoir la mainmise sur la production et le commerce des semences.

Par contre, les semences **GM non hybrides** comme le soja sont autogames, donc reproductibles. Un agriculteur utilisant du soja Roundup Ready peut mettre en réserve une partie de sa récolte et l'utiliser l'année suivante. Ce qui explique le développement rapide des sojas GM au Brésil, en Argentine. Ces deux pays n'ont pas imposé de droit de brevet sur les semences, les paysans sont libres de reproduire leur semence à la ferme. Inconvénient majeur, une fois devenues adultes, les plantes adultes GM diffusent leur pollen ; conséquence, la contamination des plantations conventionnelles.

Inversement, une semence **GM hybride** n'est pas reproductible, elle reste stérile. Depuis 1998, les firmes Syngenta – Dupont de Nemours – Monsanto – BASF en lien avec diverses universités et le département de l'Agriculture – USDA – ont développé des plantes pour produire des graines qui germeront puis deviendront stériles. Une **technologie de type Terminator** qui supprime aux agriculteurs le droit de conserver et de replanter les semences issues de leurs récoltes, d'où la **dépendance aux semenciers**. Assurément une menace pour les droits naturels de l'agriculture, pour la sécurité et la souveraineté alimentaires.

RIZ OGM

En 1996, autre essai de l'Institut de recherche pour le développement - IRD - en collaboration avec l'université Davis en Californie sur une variété résistante à la bactériose, maladie de pourrissement causée par des bactéries parasites, par transfert à l'aide d'un canon à particules du gène Xa21du riz Oryza au riz Orysa sativa et deux autres variétés. Des études conduites sur plusieurs années, assurent du non risque biologique. Même si le rendement s'en trouve réduit, cet OGM est cultivé sur 22 millions d'hectares dans le monde. Des alchimistes américains et chinois ont testé sur des enfants chinois une variété dite « dorée » visant à réduire des carences en vitamine A fréquentent en Asie. Expérience suspendue pour un temps par les autorités chinoises, suite à la plainte de Greenpeace qui l'a met en cause.

La gastro-entérite, inflammation marquée par diarrhées dues au rota virus, provoque la mort de plus de 700.000 nourrissons chaque année dans les pays pauvres. Outre la perfide vaccination, en 2013 des alchimistes japonais ont élaboré un riz transgénique produisant des anticorps pour réduire l'ampleur des diarrhées sur des souris. Or il suffirait de prélever quelques millions $ sur les trillions de milliards d'opérations financières pour obtenir les conditions sanitaires, eau potable, écoulement des eaux usées, hygiène, bonne alimentation pour mettre fin définitivement à cette maladie typique de la pauvreté, sans besoin d'utiliser cette chimie contrefaite.

En 2006, le département américain de l'Agriculture informe les autorités européennes de l'existence d'un riz retrouvé sur le marché américain, contaminé par un OGM illicite (LLRICE601) produit par la firme Bayer CropScience élaboré pour résister à l'herbicide Liberty. À partir de cette information, la Commission européenne impose que les importations US de riz long grain soient accompagnées d'une certification garantissant l'absence de ce mutant (2006/601/CE). Décision abrogée par la suite (2010/315/EU) au profit d'une possible autorisation du riz LLRICE62 commercialisé librement en dehors de l'Europe.

En Chine, certaines variétés de riz transgéniques sont en développement depuis 1999. Du fait d'une législation laxiste, la première conséquence porte sur la contamination de variétés conventionnelles. En 2006, Greenpeace et les Amis de la Terre annoncent avoir trouvé du riz Bt63 dans divers produits importés de l'empire du milieu. Il a fallu deux ans pour que la Commission européenne se décide à intervenir (2008/289/CE). D'autres variétés GM non approuvées dans l'alimentation humaine et animale sont en cours de développement.

En 2014, il semblerait que Pékin prenne ses distances avec les OGM, le ministère de l'agriculture refusant le renouvellement de certificats biosécurité accordés à des fins expérimentales en 2009 à deux variétés de riz et maïs GM. Un coup de frein à une future commercialisation, les raisons porteraient 1) sur la faible productivité à l'hectare, en vue d'autosuffisance 2) sur le problème, lié au précédent, du faible ratio de 7% de terre arable pour nourrir 22% de la population mondiale 3) sur le lien étroit de la population avec ce type de culture conventionnelle, millénaire. Par ailleurs, cette prise de position est à l'origine d'un conflit portant sur le refus d'importer en 2013 du maïs GM-US par centaines de milliers de tonnes.

Toutefois Greenpeace n'a cessé de répertorier des cas de cultures et de distribution illégale de riz GM Bt dans ce pays où l'application mesures répressives est très improbable tant la corruption est grande. Constat corroboré par un reportage de la Tv Chinoise du 26 juillet 2013 sur la découverte de riz transgénique dans les supermarchés des provinces du Hubei et du Hunan. En aout 2013, un lanceur d'alerte chinois, Chen YIWEN de la China Association for Disaster Prevention, rattachée au ministère de la technologie, a dénoncé le lien entre une recrudescence de cas de leucémie et la consommation de riz Bt dans la cantine de l'université fréquantée par des étudiants de Huazhong. En octobre 2013, le débat télévisé qui l'a opposé à des experts partisans d'une agriculture plus élargie aux OGM pour le coton, papayes, tomates, poivrons, n'a jamais été autorisé à la diffusion.

Origine du riz, asiatique et africaine. En Inde il s'agit d'Oryza glaberrima – riz des marais – dont dérivent Oryza montana – riz des montagnes et Oryza glutinosa – riz glutineux. Introduit en Occident par Alexandre le Grand, puis par les Arabes, les Portugais, il a été transplanté dans certaines régions au climat tempéré chaud comme la vallée du Pô au nord de l'Italie, la Camargue en France, une partie de l'Espagne.

C'est la nourriture de base des Asiatiques, il occupe une place de plus en plus importante dans nos pays. C'est la céréale la plus cultivée au monde après le blé, la seule qui existe aujourd'hui à l'état sauvage. Il possède 12 paires de chromosomes, offre une particularité qui le distingue des autres céréales car lorsqu'il est soumis à diverses manipulations, non pas génétiques faites en laboratoire, mais d'hybridations faites par les agriculteurs, alors il se transforme pendant quelques générations, mais revient à son état sauvage (HIGHAM 1989). De ce fait, **le riz actuel est à peu près semblable à son modèle ancestral**. C'est la base quotidienne de l'alimentation pour 3 milliards d'individus. Le seul problème c'est l'usage intensif de pesticides dans les plantations, d'où l'intérêt de consommer des riz biologiques.

En 2005, le décryptage du génome du riz Orysa sativa a demandé six années de travail aux chercheurs de l'Institut pour la recherche génomique – TIGR. Il se compose de 430 millions de base d'ADN formant 37.544 gènes répartis sur douze chromosomes, quelques milliers de plus que ceux de l'homme. C'est le plus petit génome comparé à celui du maïs, 5 fois plus gros, et comparativement à celui du blé 40 fois plus gros. Pour les généticiens, le riz est une référence, un modèle génétique, un sésame, une pierre de rosette, permettant d'étudier le génome de toutes les autres céréales – point clé ●

Succession des hybridations de la téosinte originelle à gauche jusqu'à l'épi actuel à droite

LE MAÏS

Il n'existe plus aujourd'hui de maïs sauvage. À l'origine, les premiers maïs ont été plantés dans la région de Mexico. Plus tard, ils se retrouvent au Guatemala, au Pérou, en Bolivie, aux États-Unis. Il descend de la téosinte dont il se différencie par cinq mutations majeures et plusieurs mineures. Il y a 7000 ans, le maïs était une petite plante avec des épis longs de 2,5 cm de la dimension d'un grain de riz. À la suite de multiple sélections et hybridations, le maïs actuel est formé d'épis de 7 cm, et mesure de 2 à 6 mètres. Cet hybride est dangereux pour la santé, surtout s'il devient la base de la nourriture, comme c'est le cas des populations du Mexique. Il est mis en cause dans plusieurs maladies (SEIGNALET – 2004).

LE BLÉ

Apparu il y a environ 10.000 ans dans le croissant fertile de la Mésopotamie à l'Égypte, **le blé sauvage n'existe plus aujourd'hui**. Tous les blés dits rustiques, dont le blé Renan, le kamut, utilisés en agriculture biologique pour produire de la farine, du pain, de la semoule… n'échappent pas à ces manipulations dont les conséquences néfastes sur le fonctionnement cellulaire de l'homme manifestes ont été largement démontrées. Le génome de ces sous-espèces résulte aussi de ce même montage génétique complexe décrit sur le tableau ci-dessous.

Il y a 10.000 ans, le blé ancestral ou petit épeautre avait la taille d'un petit grain de riz – Triticum monococcum de génome A – ayant 7 paires de cromosomes.

Première hybridation avec une herbe folle l'Aegylops speltoïdes de génome B – ayant 7 paires de chromosomes, ce qui donne un hybride stérile AB diploïde ou Triticum dicocoïdes – avec 14 paires de chromosomes

À la suite de mutations et recombinaisons, il s'est produit Triticum dicoccum ou amidonnier. D'autres sélections ont abouti à Triticum turgidum d'où sont tirés **les blés durs** actuels – Triticum durum, un tétraploïde ayant 14 paires de chromosomes en deux séries (AA BB) de 4 assortiments, chaque série ayant 7 paires de chromosomes (AA 14 + BB 14 = 28). Il inclut le blé Kamut que l'on fait passer faussement pour ancestral.

Se forme aussi Triticum spelta hexaploïde en trois séries AA 14 + BB 14 + DD 14 = 42 chromosomes. Une multi hybridation des graminées, notamment depuis la révolution verte des années 1945 – voir le chapitre 6. De nombreuses ressemblances pour ces hybridations, démontrent que ces graminae : blé sous toutes ses dénominations, ainsi que l'épeautre, kamut, seigle, avoine, descendent d'un ancêtre commun.

En biotique, l'étude du milieu vivant, **dans la nature** à l'état natif **la quasi-totalité des plantes et des animaux** sont formés de cellules dont **le génome est diploïde**. Ceci inclut naturellement de multiples combinaisons séquentielles du génome, toutefois chaque série, par exemple A, n'est composée que de **7 paires de chromosomes.**

Les premières manipulations d'hybridation remontent à l'Égypte ancienne, avec les premières conséquences décrites au chapitre 3. Depuis la Révolution verte des années 1945 et 1960, le blé a été l'objet de nombreux réarrangements génétiques pour censément augmenter les rendements. Le blé était doté à l'origine de 7 paires de chromosomes, comme tous les végétaux originels. Aujourd'hui, à minima il en possède 28 paires pour le blé dur utilisé pour la fabrication des pâtes et de la semoule ; et 42 paires pour le blé tendre ou froment utilisé pour la fabrication du pain, des pizzas, croissants, gâteaux, biscuits, biscottes et la farine de blé.

Le pain, aliment de base de nombreux peuples, se compose de grains d'amidon, sujet à gonflement lorsqu'ils sont chauffés en présence d'eau et de protéines du cœur de blé. Un ensemble qui lors du pétrissage va former un réseau nommé **gluten**, des protéines prolamines insolubles de deux types a) les gliadines composées d'une seule chaîne protidique b) les gluténines composées de plusieurs chaines protidiques reliées par des ponts disulfures, unies par des liaisons dityrosine.

LES FARINES INDUSTRIELLES – L'APPARENCE D'UNE BELLE FARINE BLANCHE ET PURE EST TROMPEUSE

Au cours de la culture, les grains de blé, de seigle, d'orge… sont enrobés d'un fongicide avant d'être semés en terre. Pendant la culture, en terre, le blé reçoit de deux à six traitements de pesticides + un traitement aux hormones pour en raccourcir les tiges, afin d'assurer leur rigidité, empêchant qu'elles ne se courbent contre le vent, la pluie. S'ajoute une dose massive d'engrais de synthèse composé de 240 kg d'azote, 100 kg de phosphore, 100 kg de potassium par hectare – voir le chapitre 5.

Après récolte, dans le silo, les grains sont traités pour prévenir contre les larves, insectes, microchampignons, + une fumigation au tetrachlorure de carbone et au bisulfide de carbone + une pulvérisation de chlopyriphosmethyl. À la sortie du silo, au cours de la mouture, pour blanchir la farine, l'on ajoute du chlorure de nitrosyl, puis de la farine de fève, un surplus de gluten, en plus de celui contenu dans le blé, et de l'amylase.

Le système digestif et cellulaire de l'homme n'est pas adapté à de telles manipulations génétiques et chimiques ; d'autant que pour les seuls besoins techniques de l'industrie agro-alimentaire la proportion de gluten dans le blé a été augmentée par manipulation génétique. Souvent du gluten est surajouté par les meuneries industrielles pour obtenir une meilleure tenue de la pâte à faire du pain et autres types de panification. Le gluten – *colle en latin – à l'origine du mot glue* – est un liant qui donne à la pâte gonflée par la cuisson son moelleux, un atout visuel, gustatif, indispensable au succès commercial, peu importe les conséquences sur la santé des gens.

Dans la nature les graines ou les pépins sont enveloppés de gliadine – elle constitue la protéine de l'enveloppe du grain de blé. C'est une matière cellulosique indigeste qui protège la graine lors de l'ingestion par un animal, pour qu'elle puisse être évacuée intacte dans les excréments afin de pouvoir pousser plus loin. L'intestin de l'homme n'est pas conçu pour traiter ce type de protéine initialement prévue pour résister à toutes les enzymes digestives.

Dans l'alimentation humaine, ces protéines sont broyées ensemble avec la graine puis mélangées à de l'eau et portées en cuisson à haute température plus de 250 °C ce qui les dénature davantage par réaction physico-chimique (réactions de Maillard). Pour conséquence la production de substances, dont l'acrylamide, inexistantes à l'état naturel, que notre système enzymatique ne peut traiter, ni assimiler. Ce qui occasionne des dégâts sur les parois extrêmement fines de l'intestin, d'où la pénétration et la diffusion anarchique de ces cellules protéiques dénaturées dans tout l'organisme.

Après cuisson, l**e gluten** du pain, des pâtes, des pizzas… n'est ni reconnu, ni assimilable par une autre série enzymes – la voie ubiquitine.[13] C'est pourquoi le gluten se fixe dans les villosités intestinales jusqu'à produire des failles au niveau des jonctions serrées des entérocytes. C'est ainsi qu'au fil du temps diverses macromolécules issues d'une alimentation dénaturée vont pourvoir traverser la barrière intestinale, passer dans le sang et envahir progressivement les

---

[13] http://planet-vie.ens.fr/content/voie-degradation-ubiquitine-dependante

ensembles cellulaires et tissulaires de l'organisme - voir au chapitre 6, le point clé du sous-titre « Pour la partie invisible des mutations ».

La fragilité physiologique de l'intestin n'est pas la seule en cause. Les microorganismes indésirables de la flore intestinale, du microbiote, notamment les microchampignons candida albicans qui se nourrissent de gluten et autres protéines déconformées vont rejeter leurs toxines, ou métabolites, dans l'intestin. Cette incursion toxinale va activer le système immunitaire à des degrés divers jusqu'à provoquer un état inflammatoire qui conduit à diverses pathologies, faussement nommées auto-immunes car un organisme nourrit en toute conformité, avec des aliments génétiquement non modifiés, non additivés, ne génère aucun anti corps nocif contre lui-même – point clé ●

Aucun organisme, si fort soit-il, ne peut y résister. Tôt ou tard les conséquences du gluten se feront sentir dans les proportions variables selon les individus, de l'enfant au vieillard, y compris pour ceux dont les tests d'allergie au gluten sont négatifs. C'est ce qui explique, conjointement aux effets délétères des métaux lourds – mercure, aluminium... des pesticides, des médicaments chimiques... la montée en flèche de l'intolérance au gluten. Une intolérance décriée par un nombre sans cesse croissant de gens désorientés par la situation, parmi tous les pays occidentaux. Les céréales contenant du gluten sont : le blé – Seigle – Épeautre – Avoine – Orge – Triticale, un hybride du seigle et du blé.

MONSANTO PRÉPARE DISCRÈTEMENT LE PREMIER BLÉ TRANSGÉNIQUE

Ce trust monstrueux a préparé une espèce de blé conçue pour résister au Roundup, le puissant désherbant chimique. En 2013, les autorités US ont enquêté sur la présence mystérieuse de blé GM dans l'Oregon. Monsanto a dû reconnaitre qu'il testait une nouvelle génération de blé trans dans le nord des États-Unis. En 2005, la firme avait stoppé un programme sur le blé Roundup Ready face au désintérêt du secteur agricole. En 2009, après le rachat de WestBred spécialiste dans la recherche et l'élaboration de semences de céréales, Monsanto a relancé ce secteur. Ces semences de deuxième génération plus résistantes à la sécheresse et à de multiples désherbants sont différentes du blé GM retrouvé en Oregon.

En 2011, de nouveaux tests de blé de printemps ont été réalisés, cette fois dans le Dakota du Nord. Monsanto n'a pas pu donner de cause précise sur l'apparition récente d'OGM de première génération retrouvés dans l'Oregon. Par contre elle a précisé que l'interruption de ce type d'essai a été faite douze années plus tôt, que toutes les graines correspondantes ont été détruites, ou expédiées au centre de stockage du ministère de l'agriculture. Pour autant, il n'y a pas de piste plus précise sur ces essais. C'est dire comment ces lobbies dissimulent, mentent, trament sans cesse le mal contre la santé publique.

Ce nouvel OGM une fois admis sur le continent nord-américain, sera consommé par les européens en plus du blé multi-hybridé F1 actuel, car la qualité du blé cultivé sur le vieux continent est si mauvaise qu'elle impose l'importation en Europe d'un quart du blé US ou canadien surtout pour la fabrication du pain.

LE BLÉ BIO GM

Les farines biologiques dites RENAN consommées abondamment par les amateurs d'alimentation naturelle sont issues de blés dont le génome a été modifié de façon tout aussi artificielle que la transgénèse. Les variétés de blés dits rustiques, dont le Kamut, sont la résultante de techniques qualifiables de transgénèse primitive – voir plus haut le tableau des hybridations successives.

CONCLUSION :

Rien ne sert de se voiler la face, il faut admettre les faits et tirer les conséquences de cette folie manipulatrice. Depuis une cinquantaine d'années, mis à part le riz, la quasi-totalité de la production mondiale de céréales est désormais composée de semences multi-hybridées et/ou transgéniques. L'on entend souvent « *On ne peut plus rien manger* ». C'est en grande partie vrai à cause d'une dérive alimentaire très marquée depuis les années 1970, due au laxisme des Etats incompétents et corrompus.

Ni l'ONU, ni la FAO, n'ont su endiguer la montée en puissance et le diktat de l'industrie agro chimique. Bien au contraire ces institutions ont soutenu, favorisé, toute cette dérive et cet empoisonnement collectif en éditant le Codex Alimentarius. Tout ceci au profit exclusif d'une minorité de lobbyistes récompensés par l'enrichissement aussi longtemps qu'ils soutiennent les directives apparemment bienveillantes de ces structures supranationales, aux ordres de la véritable gouvernance mondiale.

Il était inévitable qu'autant de dénaturations génétiques associées aux effets cellulaires foncièrement néfastes[14] des pesticides, herbicides, additifs chimiques, mettent en cause le blé et le maïs dans plusieurs maladies.

- Polyarthrite rhumatoïde : la réintroduction de blé réveille les arthrites dans 54% des cas. Le maïs a le même effet dans 56% des cas (DARLINGTON 1986).

- La Sclérose en plaques est plus fréquente chez les Anglo-Saxons et les Scandinaves, de grands consommateurs de céréales (BESSON 1994).

- La maladie cœliaque et la dermatite herpétiforme sont la conséquence d'une réponse immunitaire contre un peptide (partie d'une protéine) commun à la gliadine du blé (GJERTSEN et coll. 1994), à la secaline du seigle, à l'hordéine de l'orge (LOGGINS et coll. 1996). L'exclusion de ces trois céréales permet la guérison.

- La maladie de Crohn est souvent mise en rémission par la nutrition artificielle (par voie intraveineuse). La réintroduction de certains aliments peut déclencher une rechute, parmi les plus redoutables figurent le blé et le maïs (RIORDAN et coll. 1993).

---

[14] Voir ce témoignage par l'image :
https://www.youtube.com/watch?v=JXaYQ8WFOzs

➢ Certaines migraines persistantes sont liées à la consommation de blé. Elles disparaissent avec l'arrêt (MONRO et coll. 1984).

➢ Les dépressions nerveuses endogènes (sans causes sociales, affectives, professionnelles) ont un lien causal avec le blé (BURGER 1988).

➢ Schizophrénie, une étude menée sur 45 populations a révélé une corrélation frappante entre la fréquence de la maladie et la quantité de blé, orge, seigle, consommée par habitant (LORENTZ 1990).

➢ Le diabète sucré juvénile est aussi lié à la consommation de farines de céréales (KOSTRABA et coll. 1993).

LE PAIN DE BLÉ ET CÉRÉALES APPARENTÉES

Le gluten est la protéine du blé, de l'épeautre, kamut, seigle, orge, avoine. Elle rend ce type de farine panifiable caractérisée par son l'élasticité, comme du chewing-gum. Lors du pétrissage, le gluten emprisonne le gaz carbonique et fait lever la pâte. Sans gluten il est difficile de réussir un pain à la mie aérée. On le retrouve en supplément comme additif introduit dans diverses farines de blé et d'autres céréales, car un ajout de gluten permet de fabriquer du pain plus rapidement avec moins de farine. On le trouve aussi dans beaucoup de produits pour améliorer le goût, stabiliser, épaissir.

Le gluten omniprésent surtout en occident on le retrouve dans une multitude de produits, les plus facilement repérables sont : les farines, pains, biscottes, biscuits, gâteaux, pâtisseries, semoule, pâtes, pizzas. Le pain de petit épeautre en contient un minimum. Éviter les pains et les pâtes à base de maïs.

Du fait de ses propriétés de texture, d'élasticité, l'industrie alimentaire utilise largement **le gluten caché.** Il est ajouté à la fabrication de hamburgers – aux préparations panées – diverses sauces comme épaississant – poudre de lait malté – sirop de glucose – chips de maïs – barres de céréales – bonbons – toutes sortes de plats préparés – boites de conserve – mélanges d'épices – bières… Même en lisant attentivement les étiquettes, le consommateur qui cautionne les produits industriels ne peut s'en préserver. **Le gluten est devenu l'ennemi alimentaire n° 1.**

LE PAIN INDUSTRIEL

Des millions de gens en consomment trois fois par jour, on leur parle d'excellent aliment, très sûr du point de vue de l'hygiène puisque la chaleur du four à 250° C détruit les microbes éventuels. De même, les risques connus de champignons, de mycotoxines correspondantes, de bactéries, sont aussi écartés par le passage à haute température.

Le stockage de la farine pose le problème des insectes. Rassurez-vous consommateurs dociles, les pouvoirs public veillent sur vous ; pour les résidus de pesticides, fongicides… les meuniers disent pouvoir les contrôler eux-mêmes, la répression des fraudes dit qu'elle en fixe les quantités acceptables. Mieux s'informer avec exactitude en lisant ci-dessus « *Les farines industrielles* » afin de bien intégrer les multiples traitements avant et après récolte.

Pour obtenir une résistance aux maladies et aux insectes ravageurs, les semenciers procèdent par sélection variétale et par mélange en culture de variétés diverses. La qualité du blé a évolué vers des variétés plus riches en gluten, donc plus facilement planifiables. Cinq adjuvants autorisés sont ajoutés dans le pain courant : la farine de fève, de soja pour blanchir la mie, la farine de malt de blé pour la fermentation et la couleur, les amylases fongiques, les enzymes améliorant la conservation et la fermentation par levure. Parmi les 14 autres additifs autorisés : l'acide ascorbique, la lécithine de soja E322, les mono et diglycérides d'acides gras E471 pour la conservation, et le gluten sec.

Faut-il croire les firmes qui vantent le pain industriel et disent surtout, manger de ce pain pour rester mince ! Le programme National Nutrition Santé, pro lobby, retient le pain parmi les aliments valorisés contre l'obésité. Les français en consomment 165 grammes par jour au lieu des 300 g recommandés. Le pain complet disent-ils est riche en fibres et en germe de blé, les nutritionnistes parlent d'un cocktail bénéfique de vitamines et de sels minéraux rares. Les fibres en se combinant avec les minéraux contribuent à abaisser le taux de cholestérol et de sucre. Ce n'est pas tout, les céréales complètes semblent protéger contre les maladies de cœur, certains cancers, le diabète et le surpoids, *waouh tout ça* ! Il suffirait de suivre ces conseils aveuglement pour creuser plus vite sa tombe et celle de ses enfants !

LES PÂTES À CUISINER, À BASE DE BLÉ, PRÊTES À L'EMPLOI

Faites pour gagner du temps mais assurément pour perdre en santé. Elles sont composées de céréales de culture intensive, additivées au gluten, aux antioxydants, conservateurs… les corps gras sont de mauvaise qualité, souvent hydrogénés. Il faut les boycotter. Tout est fait pour blanchir le pain, « *c'est un désastre nutritionnel* » dit Christian REMESY, directeur de recherche à l'Institut national de la recherche agronomique – INRA – il réclame un nouveau décret PAIN.

L'après Seconde Guerre fut le déclenchement d'une recherche effrénée de pain blanc, puisque pendant ce conflit la population était lasse de manger du pain d'aspect gris. Dans une France rurale, les nombreux boulangers de campagne faisaient uniquement du pain à l'ancienne, au levain, pétri à la main. Ces artisans furent déstabilisés par la nouvelle exigence du pain blanc, nombre d'entre-deux incapables de s'adapter à cette exigence fermèrent boutique.

Depuis cette époque, tout est fait pour blanchir le pain à partir de blés hybridés F1, de farines type 55 produites par des moulins à cylindres, soumises à un pétrissage intensif, additivées de farines de fèves oxydantes pour gagner en volume, en légèreté. Des pâtes levées avec de la levure chimique, plutôt qu'avec du levain. Il faudra attendre les années 1990 pour tenter de renouer avec du vrai bon pain, sans pour autant solutionner le défaut de la manipulation génétique.

Le pain véritable. Ce fut un aliment naturellement complet, la base de la nourriture jusqu'au XIXe siècle ; 1000 grammes par jour, par personne, contre 165gr aujourd'hui. On le trempait dans la soupe de légumes, il faisait partie des bases toutes simples des repas avec les oignons, l'ail, les pommes et quelques légumes et fruits de saison. À cette époque, les gens étaient très solides, et pour cause les terres n'étaient pas traitées chimiquement et l'eau des nappes phréatiques n'était pas empoisonnée. Jusqu'aux années 1950, les céréales ont été préservées des multi hybridations de type F1.

Elles étaient stockées dans des silos ventilés sans que les charançons et champignons prolixes en milieu anaérobie ne puissent se développer. Avec ce type de stockage, il était inutile de traiter chimiquement les grains après récolte, ni dans les silos, ni dans les farines. Pas besoin de moudre les farines à l'avance dans des moulins modernes qui les échauffent et les dénature à 90° C.

Rien de comparable à une mouture fraîche de 48 heures maximum, obtenue avec une meule en pierre à rotation lente, sans échauffement, assurant ainsi la conservation des enzymes, des vitamines et l'assise protéique de l'écorce du grain ; même si celle-ci est plus difficile à assimiler par l'intestin à cause de la cellulose.

L'eau du pétrissage était pure, sans résidus chimiques, sans chlore qui empoisonne et tue partiellement le levain indispensable à l'assimilation du pain. Ce dernier était obtenu par fermentation spontanée d'une pâte non ensemencée, contenant de nombreux micro-organismes, inexistants sur les préparations à base de levure.

La différence tient au niveau plus acide du pain au levain au pH de 4,5 ; moins d'acidité qu'avec les pains à la levure au pH de 5,5 à 5,8. En laissant le son de l'écorce, les farines de couleur grise contiennent beaucoup d'acide phytique qui se combine au calcium, au fer, donnant des sels insolubles. Pour ce type de pain intégral, le levain est indispensable car il fait une sorte de prédigestion de la farine, comme le fait l'organisme des animaux granivores.

Pour ne pas être nocif, cette pâte à pain ne doit pas être cuite au-delà de 160° C ; à ne consommer que le lendemain afin d'éviter les crampes d'estomac, il se conserve dans un linge, au frais, une semaine, 15 jours si l'on adjoint un peu d'huile d'olive sur la pâte avant cuisson.

Seul le vrai levain décompose l'acide phytique pour rendre disponible le calcium et le fer. Or, de 1939 à 1948 le pain distribué était fait à la levure, c'est pour cela qu'à l'époque la population grande consommatrice de pain fut gravement carencée en calcium et fer. D'où la mauvaise réputation du pain noir ou pain de la guerre. Le gouvernement en pris conscience et promulgua un décret pour ajouter à la farine de blé du phosphate de calcium afin de stopper le rachitisme de l'après-guerre.

LEVAIN OU LEVURE

L'homme a fait du bon pain pendant des millénaires sans même imaginer l'existence de micro-organismes. La pâte crue augmente de volume sous l'action de bulles de gaz carbonique emprisonnées. Ce gaz est le résultat d'éléments vivants – bactéries (lactiques) ou levures (champignons microscopiques unicellulaire), c'est la composition du levain. La pâte lève aussi sous l'effet de la décomposition de substances synthétiques ; le bicarbonate de soude produisant du gaz carbonique est la base de la levure chimique. Les principales fonctions de l'agent levant consistent à transformer les sucres de l'amidon en acide lactique et acétique.

À l'origine, ce type de fabrication se faisait uniquement à partir de ferments naturels. Le pain véritable n'est fait qu'avec du levain, issu de la symbiose de levures et de bactéries lactiques actives dans le mélange de farine et d'eau. L'acidité particulière du pain au levain est le fait de l'acide lactique et acétique produit par les bactéries lactiques. Avant la cuisson, le boulanger met de côté une petite portion de pâte levée qui servira de levain pour la préparation suivante. Certains levains sont renouvelés et utilisés de la sorte depuis plus de vingt ans.

Le son ou l'enveloppe du blé, contient de l'acide phytique, une fois ingéré cet acide s'associe à des minéraux de l'intestin pour former des phytates insolubles qui bloquent l'assimilation d'autres minéraux, calcium, magnésium, issus des autres aliments ingérés au quotidien, ce qui conduit à un état de déminéralisation. Le levain d'une pâte suffisamment levée contient une enzyme, la phytase, qui neutralise l'acide phytique, permettant ainsi l'assimilation des minéraux essentiels à l'organisme. L'index glycémique de ce pain est moins élevé car le levain a modifié la structure chimique de l'amidon, le goût, l'acidité et la conservation en sont améliorés ; Ce qui n'est certainement pas le cas de toutes les préparations boulangères faites à base de levure et d'autres additifs chimiques.

Les premières utilisations de panification avec de la levure remontent au XVIIIe siècle. Dans les grandes villes, le pain à la levure avait remplacé l'utilisation du levain car la texture finale était plus souple, moins compacte, moins dense. Le produit plaisait aux citadins, pour le boulanger la panification était plus facile, plus rapide. Plus de levain à préparer, plus de risque d'échec de la fournée. Au cours de la Seconde Guerre mondiale la levure fut utilisée à nouveau, cette fois à grande échelle avec des conséquences désastreuses sur les populations, d'où la mauvaise réputation du pain noir, ou pain gris, mais sans que l'on sache expliquer pourquoi.

Concluons avec le seul boulanger de France, Jean François BERTHELOT qui cultive du blé ancestral sans engrais chimique sur 40 hectares. Il s'est procuré à l'INRA une espèce de semence abandonnée, génétiquement proche du petit épeautre, céréale originelle de nature génomique diploïde avec 7 paires de chromosomes, avec une faible teneur en gluten de 7%. La profession juge son blé non panifiable, mais ce boulanger, défenseur de vraies valeurs, prouve le contraire, car dit-il « *depuis des siècles l'on a fait du pain de cette façon, qualifié aujourd'hui de non panifiable* ! ».

Témoignage par l'image
https://www.youtube.com/watch?v=p81dpWHeXSE

Point clé ● – **Le blé ancestral n'existe plus**. Au cours des 60 dernières années, lors de la Révolution verte et pour satisfaire aux exigences de rentabilité de l'industrie agroalimentaire, les généticiens, notamment Norman BORLAUG, augmentent la productivité du blé par rétrocroisement génétique. Les rendements seront multipliés par dix en quelques décennies, mais préjudice majeur le génome[15] des blés originels sera profondément modifié, en particulier la déconformation protéique du gluten (de surcroit, du gluten est surajouté à la farine de

[15] Le génome est l'ensemble du matériel d'une espèce, il est souvent comparé à une encyclopédie dont les différents volumes seraient les chromosomes. Les gènes seraient les phrases contenues dans ces volumes, écrites dans un langage codé.

blé lors de la panification). Lequel sous l'effet du glyphosate des désherbants dégrade l'intestin, tandis que sa nature opioïde altère le cerveau.

Mais à force d'hybridations successives, en moins d'un demi-siècle, le blé, la céréale la plus consommée au monde est devenue **un mutant monstrueux**. Pas surprenant que sa consommation quotidienne affecte la santé, le bien-être, la capacité de réflexion, d'une moitié de la population mondiale. Une céréale d'autant plus inadaptée à la santé publique qu'elle est cultivée sur des terres épuisées par la mono culture et l'action foncièrement néfaste des engrais chimiques, sols dont les couches profondes sont désormais privées de l'activité irremplaçable de la microflore et de la microfaune.

La qualité de cette céréale est si mauvaise qualité pour la production de pain industriel que 1) les meuniers français sont dans l'obligation d'importer une majorité de blé tendre hexaploïde (42 paires de chromosomes) des USA, du Canada 2) les meuniers sont tenus d'y ajouter de la farine de soja GM, et de fève – des sous-produits pour les cochons. D'ajouter de la lécithine de soja et nombre d'additifs, conservateurs pour finalement ne produire qu'un pain sans valeur qui colle à l'estomac.

Donnant au consommateur juste l'impression de satiété, sans apporter les valeurs nutritionnelles dont l'organisme a besoin. Il ne vous reste qu'à découvrir les quelques artisans boulangers producteurs de bon pain, selon les critères précités. Sinon, mieux vaut manger du riz comme des milliards d'Asiatiques, des millions d'Africains, de préférence de qualité, biologique, ainsi mieux vous porter.

GLYPHOSATE ET INTOLÉRANCE AU GLUTEN

Tous les champs de blés, de seigle, avoine… sont de saison en saison de plus en plus désherbés au glyphosate de type Roundup et similaires, parce que les soi-disant mauvaises herbes à éliminer deviennent de plus en plus résistantes à ce poison. En 2013, l'association les Amis de la Terre est à l'origine d'une étude d'analyse d'urine de citoyens européens démontrant un marqueur positif au glyphosate dans 44%

des cas. Un résultat très controversé par tous les soutiens inconditionnels de l'agrochimie.

Depuis quelques décennies, la montée en puissance de l'intolérance au gluten s'explique aussi parce qu'elle est liée aux effets cellulaires du glyphosate. Des tests démontrent que le glyphosate largement utilisé par le milieu agricole et par les jardiniers particuliers agit sur les cellules à dose infinitésimale – *au-dessous du milliardième de gramme* – induisant des enzymes destructrices qui les éclatent, les étouffent progressivement, amputant la fonction de la respiration cellulaire, provoquant au préalable des carences en fer, cuivre, cobalt.

Témoignage par l'image
https://www.youtube.com/watch?v=JXaYQ8WFOzs

Le gluten par lui-même est à l'origine d'un grand nombre de dysfonctions et maladies. En France, plus de 500.000 personnes sont concernées par les pathologies liées au gluten – Maladie Cœliaque (*1personne sur 100 en Europe et aux États-Unis, une maladie peu et mal diagnostiquée*) – Autisme – Crohn… Le New England Journal of Medecine en liste 55, notamment le côlon irritable, maladies inflammatoires de l'intestin – ostéoporose – anémie – aphtes – arthrite rhumatoïde – cancer– lupus – la plupart des maladies dites auto-immunes et psychiatriques, neurologiques - anxiété – migraine – dépression endogène (sans cause sociale, affective…) – schizophrénie – démence – épilepsie – neuropathie – autisme…

GLUTEN AUX MULTIPLES EFFETS

On peut se demander pourquoi le gluten isolément ou en combinaison avec la caséine du lait touchent la sphère mentale ? Parce qu'il a été démontré, à partir d'études faites spécialement pour l'autisme, que les peptides (protéines) de gluten contiennent 16 molécules opioïde (de la même nature que l'opium issu du pavot) qu'après avoir passé facilement la barrière intestinale ils entrent dans la circulation sanguine générale et se diffusent dans l'organisme.

Les peptides de structure moléculaire variable une fois dans le sang vont se fixer au premier rang sur des cellules possédant des récepteurs adaptés qui peuvent être trompés (vraie-fausse lecture génétique) par la nature étrangère de certains peptides. De sorte que les cellules vont capter ce type de peptide le faisant sien (vrai-faux passeport d'entrée) en l'englobant dans un vésicule jusqu'au cytoplasme (pinocytose), au cœur de la cellule.

➢ Le peptide A1 ira se déposer dans les récepteurs neuronaux, se transformera en peptide opioïde, engendrant sous l'effet d'un dérivé morphinique (morphine) une saturation de ces récepteurs qui conduira à diverses dysfonctions et maladies du système nerveux central : difficulté d'apprentissage, d'affectivité, de socialisation – dépression nerveuse endogène, sans réelle cause psychique et/ou sociale – jusqu'à initier une schizophrénie, selon l'étude de DOHAN.

Lequel en étayant ces études sur de solides arguments, désigne dans la genèse de cette maladie débilitante des peptides issus de céréales et ayant un tropisme (attraction) pour le système nerveux. Les rats nourris au gluten perdent leurs facultés d'apprentissage, les chats adoptent un comportement bizarre, les chatons, chiots, poussins, ne pleurent pas lors du sevrage – voir l'étude suédoise sur la schizophrénie au chapitre 23.

➢ Le peptide B2 ira se déposer sur les récepteurs des cellules intestinales, provoquant une allergie, puis un état inflammatoire générant des lésions tissulaires à l'intestin, voire la destruction complète des villosités intestinales. Ce qui impacte l'assimilation des bons nutriments tout en augmentant le passage dans le sang de macromolécules nocives, incluant divers peptides. Finalement le système immunitaire réagit comme s'il s'agissait de corps étrangers et provoque une réaction dite faussement auto-immune, à l'origine de nombreuses pathologies.

➢ Le peptide C3 ira entraver le fonctionnement de certaines cellules, entrainant un vieillissement prématuré de l'organe atteint (accélération de l'apoptose – mort cellulaire).

➢ Le peptide E4 ira déverrouiller et/ou stimuler certains gènes dangereux (oncogènes), ce qui conduit à une transformation maligne de la cellule, avec une issue cancéreuse ou leucémique, après une phase inflammatoire qui peut durer des décennies.

GLUTEN – CHIMIE ET INTESTIN

C'est l'organe-clé contenant une population de cellules et de glandes spécialisées dans la production des acides, hormones, enzymes, neurotransmetteurs – 100 millions de neurones y forment un véritable calculateur considéré comme un deuxième cerveau. Il contient des millions de milliards de bactéries – Microbiote – bien plus que la somme de toutes les cellules de l'ensemble du corps humain. Lesquelles assurent l'assimilation des aliments.

Tandis que sa muqueuse sert de barrière entre le milieu intérieur de l'organisme et les divers éléments de l'environnement, notamment les éléments nutritifs du bol alimentaire. L'intestin grêle d'une longueur de 5 à 7 mètres est formé d'une structure permettant de déployer une surface de contact maximale du fait de ses gros replis en forme de saillies. Une sorte de moquette dont l'implantation serrée d'innombrables fibres d'un millimètre lui donne un aspect velouté, caractéristique de la muqueuse intestinale.

Les villosités intestinales ou bordure en brosse sont comme des fibres revêtues d'une couche de cellules dénommées entérocytes d'à peine 4/100 mm d'épaisseur. Le tissu de soutien sous-jacent est parcouru par d'innombrables vaisseaux sanguins microscopiques (au total, 40.000 km de capillaires dans le corps humain). Le sommet de chaque entérocyte est revêtu d'une structure semblable à un micro chapeau de plumes. En additionnant la surface des gros replis + celle des fibres + celle des plumes, c'est égal à 250 m², la surface de deux terrains de tennis.

C'est une zone immense où s'achève la digestion, à travers laquelle sont traitées les substances nutritives qui de façon sélective entreront dans l'organisme où seront éliminées dans les selles. Les entérocytes produisent des enzymes qui préparent l'entrée de ces substances en les fractionnant. Ainsi les glucides sont fractionnés en sucres simples, les graisses en acides gras, les protéines en acides aminés, chacun d'eux passera ensuite dans la circulation sanguine générale. Cette zone est très fragile du fait de l'extrême minceur de cette surface globale 4/100 mm et de la courte durée de vie des entérocytes.

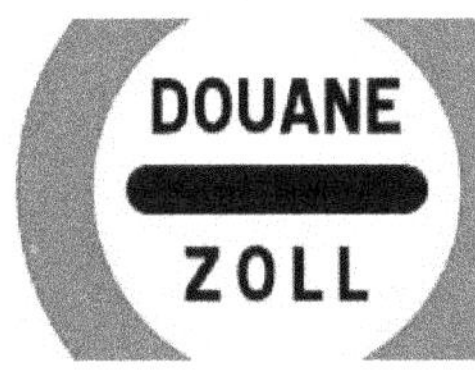

La perméabilité intestinale, mieux que la surveillance minutieuse d'un poste de douane. L'intestin forme une barrière sélective de haute précision. Sa paroi n'accepte que le passage de macromolécules issues de la digestion, mais bloque l'accès aux molécules indésirables, bactéries, molécules néfastes, non reconnues par ce haut niveau de surveillance. L'entrée dans le sang est soit passive, par diffusion, soit active au niveau de chacune des membranes des cellules entérocytes de cette paroi. Le contrôle de la perméabilité est assuré par la fonction de la jonction serrée, l'espace très étroit entre chaque entérocyte, qui assure le rôle de barrière douanière hypersophistiquée permet de refouler toutes substances nocives.

Chez l'individu en bonne santé, les jonctions serrées intactes, sous surveillance optimale de la signalisation cellulaire adjacente, forment une barrière dont le rôle protecteur est essentiel au maintien d'un bon état de santé. La signalisation est optimisée par la zonuline, une protéine-hormone produite par la muqueuse, sorte de tête chercheuse, qui régule aussi le passage des globules blancs dans le sang, d'où son rôle clé dans l'immunité. Par contre lorsque ces jonctions s'altèrent, diverses molécules et bactéries traversent la muqueuse, induisant des dysfonctions cellulaires, tissulaires, caractérisées par des allergies, l'état inflammatoire, les maladies dites auto-immunes, le cancer.

Or, il s'avère que les produits chimiques ingérés, ceux des additifs alimentaires, des antibiotiques, des médicaments, des pesticides, fongicides, notamment le glyphosate des désherbants, combinés au 1) gluten 2) à la structure génomique multi hybridée du blé et du kamut, épeautre, seigle, avoine, orge, maïs 3) aux protéines déconformées pour l'homme issues du lait animal de vache, bufflonne, brebis, chèvre, s'ils sont consommées au quotidien, déstructurent et rongent rapidement les jonctions serrées de l'intestin.

Conséquences en chaîne 1) Surproduction locale de zénoline induisant un état inflammatoire de l'intestin grêle et du côlon 2) Pénétration dans le sang de bactéries et macromolécules néfastes qui dérégulent le système immunitaire 3) qui induisent diverses pathologies inflammatoires dont un grand nombre d'allergies, de maladies dégénératives, chroniques, auto-immunes ; face auxquelles la médecine conventionnelle ne répondant qu'à grand renfort d'antiinflammatoire est totalement désarmée.

PRINCIPALES CONSÉQUENCES DE L'INTOLÉRANCE AU GLUTEN :

Effets sur la mémoire et l'apprentissage – Problèmes d'écriture – Dyslexie – Manque de confiance en soi – Diminution de la socialisation – Troubles de sommeil – Dépression nerveuse endogène – Modification de la vie sexuelle – Anémie – Constipation – Diarrhée – Gaz intestinaux – Problème de régulation de la température corporelle – Ralentissement des mouvements péristaltiques – Autisme – Maladie cœliaque – Maladie de Crohn – Arthrose – Polyarthrite rhumatoïde - Sclérose en plaques…

Gluten, l'erreur. Beaucoup de gens continuent à consommer du gluten sous couvert d'un test d'insensibilité. C'est une grossière erreur d'appréciation car tôt ou tard les conséquences se feront sentir. 91 des 115 maladies inflammatoires chroniques sont guérissables ou mises en rémission par le simple suivi d'une diététique appropriée, excluant à 100% tous les aliments qui en contiennent.

Témoignage de Jacqueline LAGACÉ,[16] auteure du livre « *Comment j'ai vaincu la douleur et l'inflammation* ». Elle dit *« J'ai rédigé ce livre avant tout pour informer ceux qui souffrent de douleurs chroniques afin de participer à leur redonner par la nutrithérapie la qualité de vie à laquelle ils ne croyaient plus ».*

« **Jacqueline précise** : Vu l'intensité de mes douleurs aux mains, je n'avais rien à perdre à essayer de me soigner par l'alimentation plutôt qu'avec la prise de médicaments aux effets secondaires néfastes. La curiosité de la chercheuse que je suis a certainement joué un rôle déterminant dans ma décision de tester ce régime. Mes attentes pour ce type de régime étaient très modestes ; dans le meilleur des cas j'espérais tout au plus une diminution sensible de mes douleurs aux mains.

Mais seulement après 10 jours, mes douleurs arthritiques s'étaient complètement éteintes. À partir du troisième mois, j'ai pu graduellement plier une à une les différentes articulations bloquées de mes doigts. La prise de conscience des progrès réalisés se faisait généralement lors du déverrouillage matinal. Après une année, je constatais des améliorations sensibles dans les articulations des genoux et de la colonne vertébrale affectées par l'arthrose, respectivement depuis plus de 3 et 20 ans ».

Ce sujet crucial de santé est développé gratuitement dans ce livre en PDF :
http://www.lezarts.org/02Kiosque/Bienetre/01BienEtre_Pdf/L'alimentation%20ou%20la%20troisi%C3%A8me%20m%C3%A9decine.pdf

MONTÉE EN PUISSANCE DU NOMBRE D'INTOLÉRANTS

En France, l'on estime que 10% de la population, soit 6,6 millions de gens sont sensibles plus rapidement que les autres au gluten. Aux États-Unis, selon les derniers chiffres disponibles du NPD de 2013, 105 millions d'individus sont concernés, soit un nord-américain sur trois obligé de fuir les aliments contenant du gluten en raison d'une maladie corrélée ou supposée corrélée au gluten.

---

[16] Professeure-chercheuse, directrice de laboratoire universitaire de recherche en microbiologie – immunologie au Québec.

Ce mouvement sans précédent a pris de court les industriels, les obligeant à reformuler la composition de leurs produits ou carrément les éliminer du référencement des supermarchés. Les firmes, General Mills, Kellogg, font disparaitre de leur gamme certains produits à base de farine de blé et de sirop d'orge. Les restaurants sont de plus en plus nombreux à proposer une carte sans gluten. Les brasseurs modifient la composition de leurs bières en éliminant diverses céréales.

Le marché du sans gluten a progressé de 4,4 milliards en 2012 à 6,6 milliards $ en 2016. Ce sont de relatives bonnes nouvelles pour les américains souffrant de maladie cœliaque ou de sensibilité au gluten, car jusqu'à une époque récente, il était difficile pour eux de faire leur marché. Reste que la majorité d'entre eux subissent encore toute la panoplie de la chimie alimentaire.

Selon les chiffres du ministère US de l'agriculture, la consommation de blé est à son plus bas niveau depuis 22 ans. Malgré l'évidence des faits, ce mouvement est opposé par toutes sortes de contradicteurs à toutes les strates de la société, particuliers, médecins, journalistes, industriels, pris de court par ce mouvement sans précédent, et statiques sur leurs positions rétrogrades. Le même constat de déni est observable en France et dans la plupart des pays européens.

LES CÉRÉALES ET FÉCULENTS, SANS GLUTEN, *CONSEILLÉS* :

Le **riz**, neutre, équilibré ; il convient à tous, particulièrement aux personnes sédentaires, dont l'organisme est intoxiqué. Les sortes, façons, de le préparer sont très nombreuses.

Le **millet** appartient à la même famille que le mil africain. Il est riche en magnésium, silice, fer, manganèse, vitamines A et B. Il est facile à digérer, n'est pas encrassant pour l'organisme.

Le **sarrasin** est une semence, non pas une graine, traditionnelle en Bretagne et Russie, très riche en magnésium. Utilisé sous formes de crêpes, pâtes, pain en mélange avec la farine de riz…

Le **quinoa** surnommé par les Incas la mère de toutes les graines est un aliment santé. Il soulage les ventres ballonnés, les foies encombrés. Il contient des fibres insolubles qui absorbent l'eau dans l'intestin stimulant l'activité intestinale. Pour 125 ml ou grammes, c'est autant de fibres qu'une tranche de pain complet.

Le **fonio** (surtout pour remplacer la semoule de blé à couscous…) cultivé en Afrique de l'Ouest depuis des siècles. Céréale aux petits grains ayant une qualité gustative et nutritionnelle. Riche en magnésium, calcium, zinc, manganèse, acides aminés soufrés, avec ses éléments insulino-sécréteurs, il est conseillé aux diabétiques et obèses.

L'arrow-root, une fécule très fine, très digeste, riche en amidon, issue des rhizomes de la plante tropicale Arundinacea. Utilisée quotidiennement aux Antilles en bouillie, potage, crèmes, flans, c'est aussi un liant pour les préparations culinaires à la place de la gélatine d'origine animale.

L'amarante, d'origine mexicaine, une des espèces les plus anciennes cultivées par l'homme. Ses feuilles, *brèdes parentières*, sont appréciées comme légumes à l'île de la Réunion, à Madagascar. Toutes les variétés sont comestibles, 80.000 petites graines par pied, les fleurs d'une couleur pourpre spectaculaire portent le même nom. Riche en fibres, en lysine, un acide aminé essentiel, plus riche en protéine que les céréales, source de calcium, fer, magnésium, potassium, cuivre, manganèse, sélénium, phosphore, potassium, zinc, lécithine pour le système nerveux.

Elle convient bien aux femmes enceintes, personnes âgées, convalescents, végétariens, enfants en pleine croissance. Taille des graines 1 à 2 mm plus petites que celles du quinoa. Il faut les laver avant une cuisson douce d'une vingtaine de minutes. En farine, en mélange à 25%, dans les recettes de pâtisseries sans gluten qui de la sorte seront plus moelleuses et plus sucrées.

Autres : châtaignes – lentilles – pois chiches – haricots – fèves – pomme de terre – patate douce. Largement de quoi se protéger des effets très néfastes du gluten, sans se priver de quoi que ce soit.

Le **petit épeautre** est la céréale, panifiable, proche du blé, mais avec seulement 7 à 10% de gluten, donc plus facilement assimilable. Les intolérants au gluten peuvent la tester progressivement en commençant par de petite quantité.

CHAPITRE 8

FRUITS ET LÉGUMES HYBRIDÉS ET EMPOISONNÉS

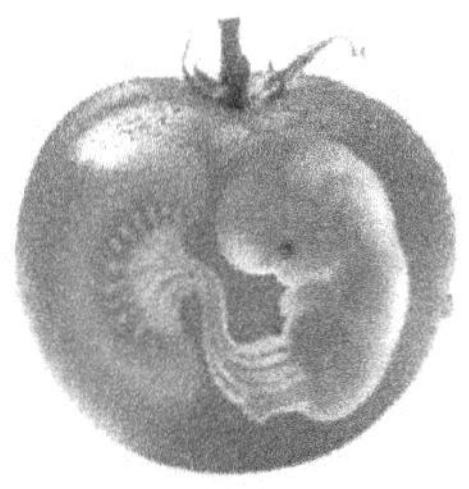

L'ANORMALITÉ S'ASSOCIE À LA DÉVIATION

LEGUMES F1. Même dénomination et mêmes manipulations génétiques de multi hybridation que celles faites sur les céréales au cours des 80 dernières années. Globalement, les graines F1 sont l'objet de nombreuses manipulations d'autofécondations forcées qui conduisent à une extrême pauvreté génétique et perte marquée de diversité, faisant disparaitre des variétés traditionnelles originelles. Le jardinier amateur doit les boycotter.

En culture, elles demandent plus d'eau et de matières nutritives, d'où le recours aux engrais chimiques solubles immédiatement assimilables par la plante. S'agissant de clones, les plantes F1 de la même espèce sont de même taille, les parcelles sont donc au carré ; ce qui favorise la mécanisation de grandes productions standardisées. Impossibilité de réensemencer avec ces graines l'année suivante, sans subir une perte de rendement, d'où la dépendance totale aux semenciers et à prix plus élevé.

Tomates FW13 couleur tournesol qui ne pourrissent pas, présentées comme un progrès. Ce sont des variétés conçues expérimentalement, issues du croisement entre deux souches, avec recherche d'homogénéité de taille, au goût souvent médiocre. Les amateurs de vraies tomates s'en plaignent constamment. F1 est similaire à un athlète dopé capable en phase de croissance d'un développement rapide et supérieur à la moyenne ; mais semblable à un vieillard au niveau des échanges cellulaires.

À qualité de terre égale, lors de la maturation, au sein de la plante, les transferts cellulaires de substances depuis les racines vers les tiges, feuilles, fruits, graines, constitués de substances simples (nitrates, monosaccharides) vont se transformer en substances complexes (protéines, polysaccharides, acides gras, esters aromatiques, vitamines, minéraux…).

Autant d'éléments générateurs de texture, d'arôme, de saveur, de qualités et valeurs nutritionnelles, pour le grain, le fruit, le légume, après récolte. Par contre pour les plantes F1 cette transformation cellulaire sera considérablement perturbée, générant au final des végétaux de qualité bien inférieure.

Conséquences. Les hybrides produisent des plantes appauvries caractérisées par davantage de teneur en eau, moins d'échange chlorophyllien, moins de force solaire, moins de consistance, moins de conservation. Une grande teneur en molécules simples. Au plan gustatif, goût douçâtre, au détriment de la saveur. Au plan nutritionnel, nette diminution de la teneur en molécules complexes riches en vitamines, minéraux, silice, acides gras, huiles essentielles, en flaveurs, donc moins de conservation. Ce sont des expériences[17] comparatives faites en petit nombre entre variétés hybrides et non hybrides qui sont à l'origine de ces constats. Ce que les sélectionneurs de F1 se sont bien gardés de faire, moins encore de publier.

---

[17] Réseau Semences Paysannes 47190 Aiguillon contact@semencespaysannes.org - ☎ 05 53 84 44 05.

FRUITS

Les alchimistes auront essayé de tout permuter, de tout pervertir. Ils changent la forme des pastèques, les mettent au carré, mélange des agrumes pour en tirer un goût qui ne ressemble ni à l'un, ni à l'autre… Rien de comparable avec l'hybridation naturelle produite depuis des millénaires par l'effet des vents et des abeilles chargés de divers pollens.

Parmi toutes leurs manipulations, l'on trouve la pineberry, une fraise blanche issues de multiples hybridations, avec un goût d'ananas, d'où son autre nom de Fragaria ananassa. Le pluot est un mélange de prune 75% et 25% d'abricot, au nom évocateur d'œuf de dinosaure. La soi-disant non-OGM pastèque sans pépin. L'ananas AusFestival au goût de coco. Le citron sanguin, invention australienne, un hybride à base d'un autre hybride, la mandarine mis-orange d'Ellendale.

La pastèque de forme carrée que les australiens ont fait pousser dans des cases, elle tient sur la table sans rouler, plus facile à transporter. Peu de gens connaissent l'arbre greffé aux 40 variétés de fruits à noyau de l'université de Syracuse aux États-Unis ; ils ont tenté la plénitude génétique, mais ce n'est toujours pas le nouveau jardin d'Eden !

Yaourts à la fraise synthétique, dans lesquels il n'y a pas une seule cellule de fruit ou molécule de vanille… uniquement des arômes artificiels, largement utilisés car ils ne sont pas soumis à réglementation d'agrémentation. Tous les produits laitiers sous forme de mousses, de crèmes, incluant les formules allégées, sont additivés avec de la gélatine de porc (E441). Comble du mensonge, parfois les industriels y ajoutent des vitamines de synthèse pour donner une image de « *produit santé* ».

Tomates GLK2. Bien rouges d'apparence, mais vertes à cœur et jamais portées à maturation. Ceci afin de pouvoir conserver le fruit trois semaines sans qu'il ne murisse, ne pourrisse ! En France, 95% des tomates ont été génétiquement sélectionnées pour donner une pigmentation rouge, mais sans murir, en inactivant le facteur de transcription GLK2.

Tomates de contrefaçon. L'association française CLCV dénonce la fausse appellation « *Cœur de bœuf* » pour des tomates hybrides ayant une belle apparence côtelée, mais insipides, dont la chair est farineuse. Sur la base d'un étiquetage trompeur, elles sont vendues 30% plus cher que les catégories classiques. Au total, c'est un panel de 9000 consommateurs fortement déçus à 56% par la médiocrité des fruits et légumes des étalages de supermarchés.

Poivrons Ethephon. Ce légume importé d'Espagne contient un régulateur de croissance, puissant neurotoxique. Idem pour l'ananas de côte d'Ivoire où l'Ethephon est appliqué sur les fruits quelques jours avant récolte pour accélérer et homogénéiser artificiellement la coloration.

Pastèques explosives, tellement dopées aux produits chimiques qu'elles explosent. En cause le forchlorfenuron, engrais utilisé pour accélérer la croissance des plantes.

Cerises momifiées. Les cerisiers reçoivent chaque année entre dix et quarante traitements de pesticides. À la récolte, les fruits sont décolorés à l'anhydride sulfureux, puis recolorées de façon uniforme à l'acide carminique ou à l'érythrosine ; enfin les cerises sont plongées dans un bain au sulfate d'aluminium.

À la sortie du bain, en guise de peignoir de bain, elles sont passées au sorbate de potassium (E202) et au sucre de betteraves issues d'un procédé on ne peut plus chimique. Voyez ce que peut donner l'association de yaourts industriels au lait de vaches nourries aux OGM, avec des cerises lucifériennes. Des desserts évoquant la pureté des produits dégustés par de belles femmes pour les films de publicités Tv.

TRAITEMENT CHIMIQUES DES LÉGUMES ET FRUITS

Cela inclut les insecticides, fongicides, herbicides. 1970, premiers traitements, 40 ans plus tard c'est devenu la pratique idéale. L'autorité européenne de sécurité alimentaire – EFSA – dans l'obligation d'analyser chaque année 70.000 aliments liste 338 pesticides différents dans les légumes ; 319 dans les fruits ; 93 dans les céréales ; 34 dans les produits animaux.

LES MOINS CONTAMINÉS, *SI L'ON PEUT DIRE* !

Oignons, échalotes, ail – 13,6% des échantillons testés contiennent des pesticides. Ce faible pourcentage faible s'explique uniquement parce que ces végétaux riches en soufre et en ester aromatique repoussent naturellement les insectes et les microchampignons. Par contre, pour les conserver après récolte ils sont traités par irradiation au cobalt – *voir le chapitre 17*.

Les épinards, les asperges, poireaux, 25% contiennent des pesticides. Les légumes racines, pommes de terre, radis c'est 26%. Les insecticides pulvérisés en surface ne pénètrent en terre qu'avec l'arrosage et l'eau de pluie, c'est pourquoi les légumes racines sont relativement moins contaminés. Les avocats – maïs doux – petits pois – choux – aubergine – brocolis – tomates – ananas – mangues – kiwis – papayes – pastèques – melon – sont relativement moins pollués.

Les plus contaminés sont : les poivrons – céleri – choux frisé – laitue – carottes – pêches – pommes – nectarines – fraises – cerises – raisins – poires. Les leaders de la contamination sont la pomme et la fraise jusqu'à 39 traitements différents. Fini l'adage « *une pomme chaque jour éloigne du médecin* » !

En 2015, Greenpeace a enquêté dans 11 pays européens, signalant que 83% des pommes vendues en grande surface sont traitées avec des pesticides toxiques pour les consommateurs. 126 échantillons ont été testés par des laboratoires indépendants, au total 39 substances chimiques différentes, dont des pesticides très résistants pour l'écosystème et agressifs pour la santé. Un constat à l'identique dans tous les pays occidentaux. L'organisation appelle tous les intervenants à promouvoir les pommes de culture biologique.

POISONS À LARGE SPECTRE

Dans l'obligation de diminuer le dosage de certains pesticides après l'intervention de groupes de pression, les producteurs de légumes ont trouvé la parade pour atteindre les limites légales de dosage. Notamment ceux du Sud de l'Espagne grands utilisateurs de poisons sous serre. Ils expédient 2,6 millions de tonnes de tomates et de courgettes, immatures, insipides, à travers toute l'Europe. Ces impies multiplient le nombre de pesticides tout en diminuant le dosage de chacun. Finalement, c'est l'organisme du consommateur qui aura à subir l'interaction de ces pesticides multiples à large spectre d'empoisonnement.

CHAPITRE 9

LES ALIMENTS À BASE ANIMALE

LES VIANDES

Un aliment clé consommé depuis des millénaires pour son fer, ses protéines, la carnitine, acide aminé essentiel. Comme par le passé, **le bœuf** ne devrait aujourd'hui manger que de l'herbe, du foin l'hiver. Le cahier des charges de certaines races à viandes de type Aubrac, Blondes d'Aquitaine, charolaises, limousines, Salers, s'en rapproche. Par contre la grande majorité de la viande rouge de boucherie des supermarchés provient de vaches laitières de réforme, non pas de race à viande.

Frauder pour valoriser faussement une catégorie plus noble est une pratique courante. Par exemple, un agriculteur français de la Manche a accusé l'abattoir Kermené du groupe Leclerc d'avoir étiqueté en juillet 2012 « race à viandes » des carcasses qu'il avait vendues comme « race laitière ». Une fraude qui permet de gagner jusqu'à 1200 € par bête. Aux États-Unis, les bovins sont tous nourris aux OGM et dopés aux hormones de croissance – *voir le chapitre* 1.

250 MILLIONS DE VACHES LAITIÈRES, AU FORCING

Elles font l'objet d'une sélection génétique pour produire plus de lait. De ce fait, après quelques décennies, l'on risque de perdre les ressources génétiques existantes depuis 10.000 ans. Dès l'âge de deux ans, chaque année, elles sont inséminées artificiellement pour la naissance d'un veau afin de stimuler la production de lait jusqu'à 8400 litres par an, y compris pendant la gestation. Au total une production de lait trois fois supérieure qu'en 1950.

Le veau est séparé de la mère dans les 24 heures ce qui occasionne un stress immense et des cris de chagrin à fendre le cœur. 950.000 veaux meurent prématurément chaque année en France. Ils subissent la castration et la coupe de cornes sans anesthésie, ils souffrent de troubles respiratoires et digestifs. Leurs mères au troisième vêlage, après avoir subi divers troubles métaboliques liés aux OGM, à la vaccination, aux hormones de croissance. Elles finissent à l'abattoir et leur viande finira dans l'assiette de 99% des consommateurs.

Nourrissage, si le maïs multi hybridé n'est pas du tout fait pour nourrir les ruminants car totalement inadapté à leur métabolisme ; que dire alors du maïs GM à plus forte raison du soja GM plus allergisant encore pour l'animal et pour l'homme (effets trans). Des céréales, pour majorité importées des USA, largement ajoutées dans la portion du nourrissage des animaux destinés à l'abattage.

Ne pas oublier la composition chimique des granulés largement utilisés en plus des OGM par tous les élevages. Ils sont additivés avec des antibiotiques – flavophospholipol (F712) – monensin-sodium (F714) + de l'alpha-tocophérol de synthèse (F307) + du buthyl-hydrox-toluène (F321) ou l'ethoxyquine (E324) + des émulsifiants comme l'alginate de propylène-glycol (F405) ou le polyéthylène glycol (F496) + des conservateurs comme l'acide acétique, l'acide tartrique (E334) – l'acide propionique (F280) et ses dérivés (F281 à E284) + des composés azotés chimiques comme l'urée (F801) ou le diurédo-isobutane (F803) + des agents liants comme le stéarate de sodium + des colorants comme F131 ou F142 + un appétant, le glutamate de sodium puissant neurotoxique afin que les vaches puissent manger ce mélange inimaginable pour un esprit normal. Pour produire plus de lait et plus de viande grasse, aussi avant abattage, les vaches sont aussi nourries avec des farines sur-protéinées composées de tourteaux de soja et de maïs GM

L'on se trouve à mille lieues de bêtes paisibles qui pâturent de l'herbe non polluée dans une prairie verdoyante, à proximité d'une rivière bordée de beaux arbres où chantent de petits oiseaux ! Pourtant c'est bien l'image qui est promue mensongèrement par cette industrie.

Aux USA, le prix du maïs non subventionné a tant augmenté pour les éleveurs indépendants au point d'acheter les rebuts de fabriques de bonbons, chocolats, sucettes, marshmallows, gommes… Ils les mélangent au fourrage. « *En donnant des bonbons à mes vaches, j'ai gagné 1,5 litre de lait par jour* » dit Mike YODER éleveur « *l'élevage est une question d'économie par centimes* ».

Une vaccination intensive et une alimentation si dénaturée pour un ruminant provoquent fréquemment des diarrhées, une acidose tissulaire caractérisée par un état inflammatoire, cystite des ovaires, nécrose, infection des mamelles (mammite)…

Aux États-Unis, les bovins sont dopés à l'hormone de croissance (rBST). Produite dès 1970 par Monsanto en isolant le gène de cette hormone et en l'introduisant dans la bactérie Escherichia coli (colibacille) qui peuple communément la flore intestinale des mammifères. Les premiers essais débutèrent en collaboration universitaire dans les fermes expérimentales de la firme, avant l'homologation de la FDA et la production à grande échelle.

L'injection de rBST-Posilac deux fois par mois permet un rendement laitier de + 15%. Pour conséquences, un état inflammatoire caractérisé par une série d'effets secondaires dont la mammite quasi généralisée. L'impossible sevrage de vaches en état de manque, droguées par le Posilac ; S'en suit de nombreuses malformations monstrueuses à la naissance des veaux.

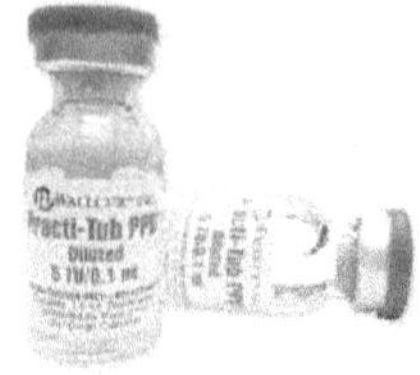

Pour tenter d'y remédier, tous les éleveurs européens et nord-américains ont recours aux injections fréquentes d'antibiotiques à titre préventif et curatif, dont les traces mêlées à celles du pus des mammites se retrouvent dans le lait. Dès 1983, la communauté scientifique s'alarmait et faisait parvenir une pétition à la FDA afin de bannir l'utilisation d'antibiotiques. En 1994, un numéro téléphonique d'assistance permettait aux éleveurs de témoigner sur cette pestilence. Malgré les nombreux témoignages, la FDA n'a pas pris ses responsabilités en laissant faire. Idem en Europe.

Voici un avant-goût de ce qui attend les consommateurs européens lorsque d'ici peu sous la coupe du TAFTA ils seront contraints d'accepter le surplus de poisons utilisés outre Atlantique dans l'alimentation humaine et animale. Autant de produits qui seront bientôt librement importés en Europe, sans que quiconque, États, ONG, associations de consommateurs, ne puissent s'y opposer. Au premier trimestre 2016, tout cela est en cours de négociation dans le plus grand secret pour aboutir, d'ici peu, à l'accord funeste du traité transatlantique – TAFTA.

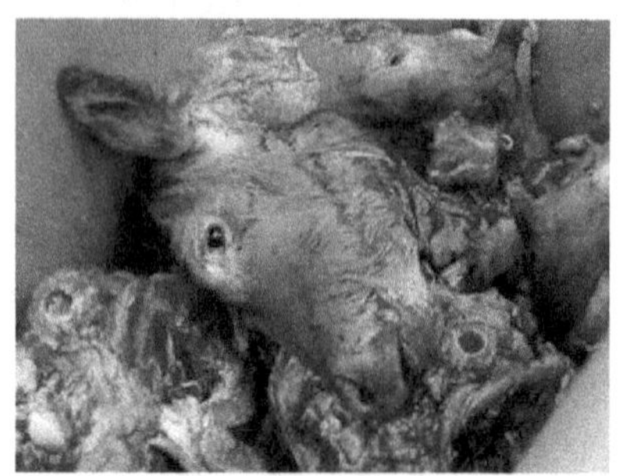

Les farines animales écœurantes sont toujours utilisées

LES FARINES ANIMALES

Depuis l'affaire de la vache folle des années 1990, les consommateurs quelque peu naïfs croient qu'elles ont été totalement proscrites de l'alimentation animale. Grande bévue ! En Europe, chaque année, 2.800.000 tonnes sont commercialisées pour les non-ruminants –

monogastriques – **porcs, moutons, volailles de chair et pondeuses** ; depuis 2013 pour les **poissons d'élevage**. Dans les fermes mixtes, qui pourrait vraiment contrôler si les exploitants n'en profiteraient pas pour nourrir aussi les ruminants, avec des protéines à si bon prix, sans que personne ne le sache !

Ces farines[18] se composent de cadavres de ferme, de tous les déchets d'abattoirs et de boucheries : graisses de récupération – peaux – os – cornes – sabots – poils – peaux – plumes – sang. Aussi de tous les organes : cœur – foie – reins – poumons – cervelles – estomac – boyaux – vessie – verge. S'ajoutent toutes les glandes : pancréas – vésicule biliaire – testicules – capsules surrénales – thyroïde. *On ne peut pas faire plus écœurant* !

Témoignage par l'image :

« *Non aux farines animales* »
http://www.dailymotion.com/video/xjs4rr_michele-rivasi-non-aux-farines-animales_news - durée 3 minutes.

« *Les coulisses des farines animales* »
http://www.dailymotion.com/video/xxko32_doc-farines-animales-les-coulisses-d-une-enquete-2002_news - durée 51 minutes.

La solution acceptable, les races à viandes

Ne pas consommer de bœuf si vous ne pouvez pas retracer précisément son origine, son mode d'élevage, son alimentation. Elle doit être naturelle faite de pâturage en été, de foin en hiver. D'où une graisse plus saine, plus riche en oméga-3. Toutefois, attention à certaines zones de pâturage car les pesticides environnants se déposent dans l'herbe et se concentrent dans la chair animale à un niveau 14 fois plus élevé que celui contenu dans les végétaux.

[18] http://www.senat.fr/rap/l96-131/l96-1312.html

LES CHARCUTERIES

Autrefois elles étaient élaborées avec de bonnes viandes issues de porcs nourris à l'herbe, aux céréales non traitées, vierges de pesticides, d'herbicides. C'était un aliment de base pour les pauvres qui n'avaient pas les moyens de payer la viande fraîche et de la conserver.

De nos jours, le marché de la charcuterie ne cesse de progresser. La production française de type industriel occupe sur plusieurs mètres des rayons entiers de produits préemballés dans les supermarchés. Consommation d'environ 31 kg par français et par an, en 2014. En Allemagne, plus de 80 kg par personne. La charcuterie traditionnelle faite avec du porc fermier, nourri depuis sa naissance 100% végétal, pendant 182 jours, majoritairement au blé et à l'orge, sans farine, ni graisse, animale, sans ajout de produit chimique, est très rare.

Depuis les années 1960, les viandes de porc, de volailles, multi vaccinées, sont produites avec des céréales transgéniques, sur des terres polluées et épuisées par une agriculture intensive. Toutes ces substances nocives se stockent dans les graisses largement utilisées en charcuterie. La préparation culinaire des charcuteries avec des nitrites, la cuisson oxydative à haute en température, ont été expérimentées sur des rats. L'étude de l'INRA démontre le lien entre obésité – consommation excessive d'Omégas 6 – maladies cardiovasculaires et cancer du côlon du fait de la fermentation des toxines dans l'intestin.

Une étude suédoise démontre le risque de cancer de l'estomac, du pancréas, corrélé aux nitrites – E250 – largement utilisés comme agent de conservation, fixateur de couleur, des arômes, dans les hot-dogs – corned beef – bacon – salami – jambon – viande fumée – poisson fumé… *British Journal of Cancer 12 January 2012.*

Selon la revue BMC Medicine, l'étude conduite en Europe dans 10 pays, sur une période de 13 ans, auprès de 448.568 individus, confirme le risque cardiovasculaire + 72% et de cancer + 44% pour les amateurs avalant plus de 160 gr de charcuterie par jour. Autres pathologies associées : maladie obstructive pulmonaire – mutations génétiques (ADN) – tumeur du cerveau chez l'enfant dont la mère a mangé beaucoup de charcuteries au cours de sa grossesse…

LAIT DE VACHE, BLANC D'APPARENCE, NOIR DE TOXINES.

Production mondiale 2012, plus de 770 millions de tonnes. Génétiquement c'est l'aliment spécifique à la croissance rapide du veau, mais totalement inopérant et néfaste pour l'homme.

Par contre, la propagande du Programme National Nutrition Santé – PNNS – de l'ONU, largement relayé par l'industrie agro-alimentaire, insiste sur la nécessité absolue de consommer des produits laitiers chaque jour pour couvrir le besoin des os en calcium et l'entretien de la santé. Ceci est l'un des immenses et nombreux mensonges du lobbying industriel.

Dans la nature, mis à part l'homme, aucun autre mammifère ne consomme de lait de son espèce ou d'une autre espèce après l'âge du sevrage. En devenant adulte, l'homme perd la capacité de digérer le lactose puisque la production des enzymes lactase et rennine disparaissent progressivement après l'âge de 5 à 7 ans. Si après avoir consommé du lait et céréales de type corn flakes, vous ressentez des ballonnements, flatulences, douleurs intestinales continuelles, ventre lourd, fatigue, besoin de s'allonger, interrogez-vous !

CONSERVATION

95% du lait de vache produit est conservé après traitement à ultra haute température – HUT à 135°C pendant 4 secondes pour détruire les germes, puis le lait est immédiatement, rapidement, refroidi. En plus de la non-conformation génétique, le traitement par la chaleur du lait dénature la structure et les propriétés physiques des 30 protéines qu'il contient. En particulier le lactosérum et la caséine par rupture de certaines liaisons – pont disulfure.

Les quelques enzymes et vitamines issues d'un lait de qualité biologique qui pourraient être utiles sont aussi détruites par la chaleur. Pour autant, le chauffage par pasteurisation ou par UHT ne détruit pas les **facteurs de croissance** présent dans le lait. Le lait déshydraté sous forme de poudre, écrémé ou non écrémé, celui en boite de conserve, en tube, additionné de sucre ou pas, sont plus nocifs encore.

FACTEURS DE CROISSANCE

Le premier groupe concerne les trois hormones de croissance du veau naturellement contenues dans le lait : IGF – EGF – TGF. Ce groupe de trois assure le développement rapide du veau qui à l'issue de sa première année pèsera 350 kg de muscles. L'on remarque ici l'inadaptation entre le lait de vache et celui de la femme contenant sept facteurs de croissance axés sur le développement du système nerveux – NGF – Nerve Growth Factor – à condition d'un allaitement d'une durée minimale de six mois.

Témoignage par l'image du professeur Henri JOYEUX

https://www.youtube.com/watch?v=fPlqVmmd-Fg

Le deuxième élément est une hormone de synthèse – HS - produite depuis 1994 par Monsanto, largement utilisée en Amérique du nord, permettant de produire 40 à 50 litres de lait contre 14 antérieurement. S'ajoutent les traitements aux antibiotiques, cent fois plus qu'en 1980 – 23.000 tonnes fabriqués aux USA, la moitié est utilisée pour le bétail. A raison de 15 gr environ par injection, ce sont des millions de coups de seringue d'antibiotiques dans les muscles des bovins ; de même pour toutes les autres espèces de boucherie… 80% des vaches souffrent de leucémie, un grand nombre d'inflammation des pis…

Aux États-Unis, en Europe, les conséquences de la consommation de produits laitiers sont occultées.

➢ Les facteurs de croissance du lait + OGM du nourrissage animal + pesticides et antibiotiques qu'ils contiennent + tabac + stress chronique = Grand nombre de cancers de la lymphe, du pancréas, de la prostate.

➢ Le lactose et les graisses saturées du lait = Inflammations articulaires – risque de diabète.

➢ Les hormones artificielles de la pilule contraceptive, s'ajoutant aux facteurs de croissance du lait = cancer des organes génitaux, notamment du sein, chez une femme sur trois, selon une étude approfondie de l'université de médecine d'Harvard.

➢ Pour évaluer précisément, gratuitement, votre risque de cancer du sein, vous rendre sur le blog http://www.professeur-joyeux.com/ à la rubrique «Cancer-Risks».

Ces éléments de risques, pourtant disponibles dans les revues scientifiques internationales, ne sont pas pris en compte par l'OMS, ni par les autorités sanitaires nationales, simplement parce qu'elles sont partenaires à part entière du lobbying laitier.

LES MENSONGES SUR LE CALCIUM

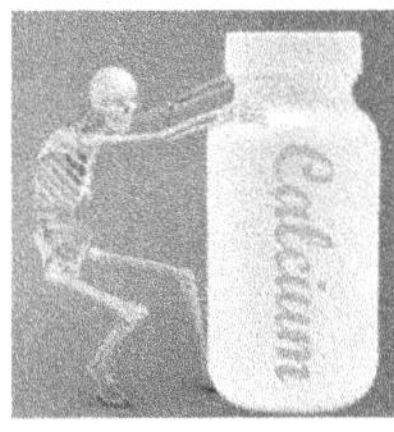

L'image frappante du squelette qui s'accroche à son pot de lait ou de comprimés de calcium pour ne pas risquer de se désintégrer ! Avoir des os solides, le lobbying du lait ne cesse de répéter « *Consommez des produits laitiers chaque jour* ». En ne cessant de marteler ce besoin, à coup de milliards de budget publicitaire, le marketing a réussi à conditionner l'esprit non averti du grand public anxieux à l'idée de manquer de calcium et de ne pas pouvoir faire de vieux os !

Or ce n'est pas l'élément le plus important de la constitution de l'os. Les glycosaminoglycanes, l'acide hyaluronique, l'eau – H2O – l'hydroxyapatite, les phosphates de magnésium, le collagène, les protéoglycanes en sont les principaux constituants dont le lobby laitier ne parle jamais.

Le calcium du lait animal composé de grosses molécules est quasiment inassimilable pour l'homme. Tous les produits laitiers sont très acidifiants. L'organisme régule, compense, cette acidité en prenant le calcium nécessaire dans ses propres réserves (os, tendons, muscles..), pour tamponner, absorber, l'excès d'acidité et garder le pH à son niveau normal.

Les consommateurs sont assidus aux produits laitiers parce qu'ils sont conditionnés par les campagnes de propagande du marketing agroalimentaire du type « *Ce sont vos amis pour la vie* » ; et parce que le corps médical conseille d'en consommer au quotidien. Mais à terme tous subissent la situation exactement opposée à celle qu'ils recherchaient. Déminéralisation musculaire, tendineuse, osseuse, suivie d'une série de maux articulaires inflammatoires, calculs, kystes, polypes seront le lot de tous les amateurs de lait ; l'ostéoporose pour les femmes qui voulaient la prévenir en consommant des laitages.

YAOURTS & FROMAGES

Les yaourts, sont préparés avec du lait industriel en poudre, déshydraté à haute température. Les protéines du lait hyper-déformées par la chaleur sont très difficilement assimilables au niveau cellulaire, s'ajoute l'encrassement du lactose. C'est pire pour **les fromages**, riches en graisses saturées, dont la pâte est obtenue après une longue cuisson pour coaguler le lait.

Le professeur français Didier RAOULT du laboratoire de bactério-virologie de la Timone à Marseille a fait une expérience sur des poussins d'une semaine, leur donnant journellement du Lactobacillus Fermentum, le probiotique utilisé comme ferment lactique par Danone pour ses yaourts. Quatre semaines plus tard, les poulets étaient devenus monstrueux, dépassant de 30% la taille normale. Tout aussi surprenant, leur comportement était devenu agressif.

Le professeur s'interroge : « *ces produits laitiers boostés aux probiotiques très consommés par les jeunes auraient-ils un effet d'obésité ?* ». Exactement l'inverse de l'effet minceur recherché, notamment par les jeunes femmes. D'autant plus que les français consomment 20 kg de yaourts ACTIVA – bifido-bactérium – et ACTIMEL – lactobacillus casei, par an et par personne.

Combien de femmes soucieuses de leur ligne se retreignent de prendre un repas normal à midi ou le soir, juste une pomme et deux yaourts, sans le moindre féculent. Mais cette volonté de bien faire est inopérante, car ces femmes non seulement ne maigrissent pas, mais se plaignent d'être cellulitées et boursouflées. Comment pourraient-elles se rendre compte de leur erreur alimentaire sans disposer d'une information scientifiquement fiable et désintéressée.

FROMAGES & ADDICTION

L'étude récente de l'université du Michigan précise que la dépendance aux fromages est une réalité comparable à celle des drogues, tabac, alcool. Au plan comportemental, est-ce une réelle surprise, lorsque l'on constate que les amateurs invétérés n'ont pas la volonté d'y résister, d'en finir la moindre miette à la fin de chaque repas. Suite à un conseil nutritionnel bien ciblé, combien de fois entend-on « *Moi je ne peux pas me passer de fromage* ! ».

Cette fois, la science confirme le lien passionnel avec le fromage. Parmi les articles de la US National Library of Medicine l'on comprend pourquoi certains aliments deviennent addictifs, quels sont les mécanismes biochimiques à la base de cette dépendance. Par exemple l'analyse des comportements alimentaires de 500 étudiants éclaire le sujet, l'aliment auquel ils sont le plus dépendants est la pizza. CQFD toutes sont garnies d'une épaisse couche de fromage coulant, comme la majorité des hamburgers, nuggets…

En cause, la graisse animale et surtout la caséine, une protéine du lait. Pendant la digestion, la caséine à un effet comparable à celui des opiacés sous l'action d'un composant chimique bien nommé la casomorphine. Exacte Similitude avec le gluten très opioïde. Compréhensible, le fromage est un concentré de lait. De surcroit il est chauffé d'où une déformation structurelle, spatiale, des protéines sous l'effet de la cuisson.

Cette difformité spatiale des protéines du lait animal entrave l'action de reconnaissance faite par des enzymes spécifiques de la voie ubiquitine, ne sachant quoi faire de ces protéines difformes, les détruire, les recycler ? D'où 1) une assimilation laborieuse 2) une dispersion anarchique de ces protéines sous forme de micro cristaux se déposant sur les os, tendons, muscles, à l'origine de nombreux problèmes articulaires...

Probablement se déposant aussi sur le cerveau sous forme de plaques bêta amyloïdes, ressemblant à de la crépine de porc au-dessus de la matière grise. Au final, à l'obésité s'ajoute la longue liste : d'acidose – décalcification – arthrose – caries – adénome prostatique – mastose des seins – plaques bêta amyloïdes – inflammations ORL…

Opposez-vous fermement aux recommandations du corps médical sur le calcium des produits laitiers ; ainsi qu'au bourrage de crâne des publicités de toutes sortes : besoin de fluor – de vaccins… Faites exactement l'inverse pour préserver votre santé, laissant, entre autres poisons, le lait de vache pour le veau en espérant pour cet innocent qu'il ne contienne ni OGM, ni pesticide, antibiotique.

À LA RECHERCHE DU CALCIUM ASSIMILABLE

C'est un large choix qui s'offre à vous : Légumes verts, asperge – avocat – chou – cresson – brocoli – épinard – petits pois – persil. Aussi les oléagineux : amandes – noisettes – graines de sésame – noix de cajou – noix de pécan… Les légumineuses : haricots – fèves… Les fruits secs : abricot – datte – figue – raisin… Les bananes… Toutes ces sources végétales sont aussi riches en magnésium.

Du calcium aussi dans les anchois – sardines – maquereaux… Certaines eaux minérales, Courmayeur, Contrexéville, Badoit, qui contiennent aussi du magnésium assimilable, à consommer non pas tous les jours, mais en cure de 15 à 21 jours, deux à trois fois par an. Donc, plus de souci de calcium assimilable avec toute cette gamme d'aliments.

ÉTUDES DU LAIT À GRANDE ÉCHELLE

L'université de médecine d'Harvard a réalisé par le passé une macro étude pendant dix ans auprès de 21.000 hommes exerçant le métier de médecin dans l'État de New-York. Tous ceux qui consommaient deux portions 1/2 de lait, par comparaison à ceux qui se limitaient à moins d'une demi-portion journalière, augmentaient de 34% le risque d'un cancer de la prostate.

« *Si ce n'était qu'une seule étude, on y porterait pas beaucoup d'attention* » dit Walter WILLET de la Harvard School of Public Health. « *Mais il y a plusieurs études qui ont démontré un risque accru de cancer de la prostate lié à une grande consommation de lait. On croyait que c'était dû à la présence de gras saturé. Mais en y regardant de plus près on a découvert que c'était le calcium des produits laitiers qui était impliqué car il diminue le niveau actif de la vitamine D, laquelle bloque la croissance des cellules malignes ; l'autre hypothèse se rapporte aux facteurs de croissance du lait (notamment IGF – semblable à l'insuline) qui agissent de même*».

Source https://ici.radio-canada.ca/actualite/decouverte/reportages/2001/05-2001/lait.html

En 2014, l'étude suédoise, conduite sous la direction du professeur MICHAELSON, d'une durée de vingt années, a rassemblé 61.400 femmes âgées de 39 à 74 ans et 45.000 hommes de 45 à 79 ans. Tous devaient indiquer leur consommation journalière de lait, fromage, yaourt ; Résultat :

➢ Risque de fracture de hanche, 60% plus élevé chez la femme qui boit trois verres de lait par jour, risque minoré pour celles qui consomment uniquement du fromage, yaourt.

➢ Risque de mortalité, 90% plus élevé chez la femme qui boit trois verres de lait par jour, risque minoré pour celles qui consomment uniquement du fromage, yaourt. Ce risque est majoré de 15% au-delà du premier verre de lait.

➢ Chez les hommes, les cas de fracture, le taux de mortalité (3%) ne sont pas notables pour ceux qui boivent trois verres de lait par jour.

En cause, le D-galactose présent sous forme de lactose (sucres du lait) qui accélère le vieillissement cellulaire sous l'effet du stress oxydatif ; jusqu'à provoquer une faille entre les jonctions étanches des cellules entérocytes de l'intestin grêle ; Processus aggravé avec l'effet du gluten. Ouvrant ainsi la voie de la circulation du sang à toutes sortes de molécules néfastes issues d'une alimentation dénaturée. Pour finalement provoquer une inflammation chronique des tissus, l'étape préalable à l'apparition d'une série de cancers.

CONSTAT ENVIRONNEMENTAL

Au plan mondial, 75% des individus sont intolérants au lactose, jusqu'à 100% en Asie ; continent où les cas d'ostéoporose sont rares, contrairement à l'Amérique du nord qui en compte le plus ; suivent les pays du Nord de l'Europe, Scandinavie – Pays-Bas – Suisse – Angleterre – Irlande – Croatie où la consommation de lait par habitant dépasse 150 kg ; Contre 10 à 30 kg en Afrique centrale – Asie du Sud-Est – Bulgarie – Turquie – Ukraine. Bien d'autres études comparatives sont disponibles sur ce sujet.

LES AUTRES LAITS ANIMAUX

Celui de brebis, de chèvre dont la teneur en acides gras saturés est plus faible ; Toutefois ils sont comparables au lait de vache, car non conformes à l'organisme humain. Le lait de jument est celui le plus assimilable pour l'enfant en cas de substitution au lait maternel, toutefois une fois chauffé il perd la plupart de ses qualités nutritives.

ALLERGIES ET PATHOLOGIE DU LAIT

Les trente protéines du lait chauffé ou non chauffé sont potentiellement allergisantes. La caséine est impliquée dans les allergies durables de nature digestive (50 à 60% des cas), cutanés (10 à 39%), respiratoires (20 à 30%) ; Ceci dès avant l'âge de 6 mois. Contrairement au lait humain, le lait de vache riche en acides gras saturés est à l'origine de problèmes inflammatoires et d'affaiblissement du système immunitaire.

Du haut vers le bas, il cause : rhinite –laryngite – trachéite – acné – eczéma – psoriasis – bronchite – sigmoïdite – tendinite – ostéoporose –douleurs articulaires – gastrite – colite – cystite – maladies cœliaque – Crohn – maladies dites auto-immunes, dont le diabète, la dépression endogène, l'autisme.

Rappel : Tous les résidus nocifs, pesticides, antibiotiques, divers polluants… se retrouvent dans le nourrissage des bêtes, donc dans le lait. De même dans tous les végétaux produits intensivement, dans les aliments industriels préparés avec ces bases. Ils sont cellulairement actifs à l'état de trace, nanomole 10^9 – picomole 10^{12} – en deçà du milliardième de gramme.

Exactement comme pour le gluten de blé, les macromolécules des produits laitiers crus ou chauffés passent la barrière intestinale et interagissent avec les ensembles cellulaires, l'effet trans en sus s'agissant de bêtes nourries avec des OGM – voir au chapitre 7 : La perméabilité intestinale.

TROMPERIE DU LAIT DE SOJA

La plupart des gens cherchent à compenser le lait animal par du lait végétal. Le premier réflexe du néophyte c'est consommer du lait et des yaourts de soja, qu'il trouve à tous les parfums en maison diététique, en supermarché. L'un des porte-paroles de l'industrie du soja disait « *la façon la plus rapide d'attirer la confiance de l'acheteur dans les couches de population les moins aisées consiste à élaborer un produit consommé par les plus riches en raison de ses grands mérites* ». Il s'agissait de transformer cette légumineuse allergisante, insipide, en produit-miracle prévenant le cancer et les maladies cardiovasculaires, éliminant les bouffées de chaleur et solidifiant les os. Jusqu'à le promouvoir au rang d'aliment miracle, aux multiples vertus.

NOCIVITÉ DU SOJA

La plante contient naturellement de grandes quantités de toxines pour se protéger de ses prédateurs. Dans l'édition de 1913 du Manuel du ministère de l'Agriculture US le soja n'était pas considéré comme un aliment, seulement comme une culture industrielle. Il contient de puissants inhibiteurs bloquant l'action d'enzymes de la digestion – dont la trypsine – sous forme de grosses molécules de protéines repliées, non désactivées après cuisson qui est censée améliorer leur digestion. D'où la carence en acides aminés et des troubles gastriques pour ceux qui l'utilisent en remplacement des protéines animales.

Concentré en acide phytique, ce même acide qui n'est pas neutralisé dans le pain industriel fait à base de levure – voir le chapitre 6. C'est une biomolécule qui bloque l'absorption de minéraux essentiels : calcium – magnésium – cuivre – fer – particulièrement le zinc indispensable au cerveau, au système nerveux, à la production de collagène, à la régulation du sucre sanguin, du système immunitaire.

Les végétaliens qui consomment du tofu - dérivé de la fève de soja – s'exposent à de sévères carences minérales, observées dans les pays du tiers monde grands consommateurs de soja. Par ailleurs, certains moines bouddhistes consomment exprès du tofu pour diminuer leur libido.

Strictement contre-indiqué pour l'enfant, le Dr Mary G ENIG, présidente de l'association des nutritionnistes du Maryland dit « *Un bébé nourri avec du lait maternisé à base de soja reçoit l'équivalent en phyto-œstrogènes de cinq pilules contraceptives par jour* ». Avec le risque d'anomalies morphologiques des organes sexuels pendant la gestation et la lactation. Pour elle, il s'agit d'un grave problème de santé public, d'autant plus que l'industrie du soja a connaissance depuis longue date des toxines de cette légumineuse, censément éliminées au cours du processus de fabrication.

Puisque la nocivité du soja conventionnel ou GM a été démontrée par diverses études de premier plan, le marketing a joué à contrepied le joker menteur de substances bénéfiques à plusieurs titres. Les associations écologistes conscientes de la féminisation observée chez certains animaux, de la baisse de la qualité du sperme chez l'homme ont été frileuses pour dénoncer le soja GM, ne rejetant la faute que sur les perturbateurs endocriniens d'origine chimiques – Phtalates – Bisphénols A… et sur les pesticides ; occultant la génistéine du soja sous prétexte qu'il s'agit d'un phyto-estrogène d'origine végétale, naturelle.

Premiers soupçons en 1991, Richard JAMES, éleveur d'oiseaux en Nouvelle–Zélande utilise une nouvelle marque d'aliments à base de protéines de soja. En temps normal les oiseaux fixent leur couleur de plumage qu'après une maturité sexuelle de 9 à 24 mois selon l'espèce, mais avec le soja, en quelques semaines seulement. Une précocité connue de ce fabricant d'aliment puisqu'il utilisait cet argument pour vendre son poison. Lequel provoqua par la suite une baisse de fertilité, des goitres, des malformations du bec, des os, des troubles du système immunitaire. Les jeunes oiseaux avaient un comportement agressif ; Une similitude avec les poulets du professeur RAOULT nourris aux probiotiques des yaourts !

L'autopsie révèla une désintégration complète du tube digestif. Le toxicologue Mike FITZPATRICK confirme la mise en cause du soja en se basant sur des études des années 1950 démontrant le rapport entre la teneur élevée en génistéine et les perturbations hormonales chez les animaux. Après avoir stoppé cet aliment, les oiseaux retrouvèrent un cycle de reproduction et de comportement normal.

En 1991, des chercheurs japonais établissent le lien entre une faible consommation de soja – 30 grammes par jour – pendant un mois et l'accroissement de l'hormone de stimulation de la thyroïde – TSE – générant un goitre diffus et une insuffisance – hypothyroïdie – de la production d'hormones thyroïdiennes. En 1998, l'équipe du Dr Rao L DIVI du NCTR met en évidence l'impact des isoflavones de protéine de soja dans la formation du goitre. En 1999, les professeurs Daniel SHEEHAN et Daniel DOERGE, également du NCTR, présentent des résultats d'études sur les effets négatifs de l'alimentation à base de soja, soulignant que la génistéine causait les dommages irréversibles aux enzymes de la synthèse de l'hormone thyroïdienne.

Ces équipes ont discrédité la mention « Santé » pour les produits à base de soja. Plus tard, le Pr Claude HUGUES de Chicago a décrit les conséquences de la génistéine sur une descendance de rats ayant à leur naissance un poids inférieur à la normale, dont la puberté était plus précoce chez les descendants mâles. Il parle pour l'homme de malformations fœtales importantes, d'anormalité du développement de l'enfant du fait de modifications subtiles du comportement psychique, d'amputation de la fonction immunitaire, de la teneur en hormones sexuelles.

Jean-Marie BOURRE membre de l'académie de médecine, auteur de *bien manger : vrais et faux dangers* parle d'un Canada dry de lait blanc qui ne contient ni calcium ni oligo-éléments. Soi-disant anti-cancer du sein. Or, tout au contraire, le soja est une escroquerie nutritionnelle bourrée de phyto-œstrogènes similaires à l'œstradiol – hormone féminine - perturbateurs hormonaux favorisant le développement des cancers hormono-dépendants.

Même l'agence française de sécurité alimentaire – AFSSA – avait averti en 2000 sur le risque de graves lésions intestinales liées au soja, surtout chez l'enfant. En 2005, l'avertissement portait sur la prolifération de tumeurs mammaires. En 1996, le Dr Nicolas PETRAKIS démontre que les femmes consommant du soja présentaient un risque accru d'hyperplasie épithéliale, un état préalable à la formation de tumeurs malignes.

Le soja peut être consommé sans risque qu'après une lacto-fermentation. En France, seule la marque Sojami propose des barquettes de soja lacto-fermenté en maison diététique. L'autre gamme lacto-fermentée se présente sous forme de sauce brune salée, ce que les chinois produise depuis 3000 ans. Mais combien de gens savent tout cela pour s'en prémunir !

Le **porc, mouton, poulet**, **canard**, sont sensiblement nourries de la même façon que le bœuf. L'élevage traditionnel a quasiment disparu. Sélection génétique des espèces les plus productives et concentration des animaux dans des lieux clos, absence de paille, sols en béton, pour une croissance et un engraissage rapides sont le lot pour ces animaux. Pour **le porc**, la castration est faite à vif ainsi que la coupe des queues et des dents, la station sur caillebotis provoque la boiterie, 96% sont élevés en cage ou d'autre espace clos.

Le **poulet** souffre de problèmes aux pattes et d'insuffisance cardiaque à cause d'une croissance trop rapide, les reproducteurs sont mis en situation de famine. À cause du rythme élevé de ponte, les poules font de l'ostéoporose, le calcium étant mobilisé pour la coquille, au détriment des os ; les becs des poules sont épointés pour éviter les blessures entre-elles. Les poulets au label rouge, ou bio, élevés en plein air échappent à ces souffrances, mais il persiste un doute sur la qualité du nourrissage et sur la pratique de la vaccination pour certains fraudeurs. Quant aux **canards** ils subissent des diarrhées et des insuffisances cardiaques à cause du gavage au maïs.

Pour tous ces animaux, surutilisation systématique d'antibiotiques qu'ils soient malades ou non. Utilisation d'anxiolytiques car les bêtes sont contraintes par la promiscuité et malmenées cruellement lors des transports. Autant de produits chimiques, agissant à dosage très faible pour l'homme, que l'on retrouve dans les viandes, dans les eaux usées qui se répandent dans les terres, les eaux souterraines, les rivières, l'eau potable.

LES ŒUFS

Les gens se laisseront influencer par la publicité faite d'images de la volaille en plein air qui gambade dans l'herbe en mangeant des graines. Rien de cela ne correspond à la réalité. Ceux qui ont eu des grands-parents à la campagne, savent que poulets et poules n'ont jamais été végétariens ni consommateurs de grains. Leur met préféré c'est le ver de terre dodu, les insectes, les asticots. A défaut ils picoreront des herbes, plantes vertes, petites pousses, racines et occasionnellement des graines. Voilà ce qu'il faut à la volaille pour être heureuse et en bonne santé.

Qu'en est-il du label « élevés en plein air » et de l'étiquetage attrayant montrant poulets et poules picorant à leur aise dans un pré d'herbe verte, sous un beau soleil ? Pour obtenir cet agrément, un accès extérieur et 4 m^2 de terrain par bête suffisent. Or les exploitations se composent généralement d'un hangar de tôle ondulée de 150 mètres de longueur où des milliers de bêtes s'entassent dans un état de puanteur, de stress, d'agressivité. Au point de ne même pas oser emprunter le petit passage obligatoire de 40 cm de côté qui donne sur un terrain extérieur où l'herbe à disparu depuis longtemps ! Une majorité n'en sortira jamais, ayant peur de le franchir, stationnant donc dans ce milieu infecte à l'odeur fétide, sans lumière du jour.

L'œuf provenant de poules bien nourries est un très bon aliment contenant les acides aminés essentiels – AAE - et source de vitamine D, B2, B12, choline. Les œufs de la filière Oméga 3 en contiennent plus, car l'alimentation des poules est composée pour partie de graines de lin riche en acide alpha-linoléique AAL, utile pour compenser une alimentation saturée en Oméga 6. La quasi-totalité des œufs du commerce sont issus d'élevages intensifs. Tous les aliments industriels mayonnaises, pâtisseries, gâteaux secs, flans et autres desserts contiennent ce type d'œuf. Les poules sont nourries avec des granulés, des céréales GM et d'ignobles déchets animaux utilisés par milliers de tonnes – voir chapitre 9 – la composition des farines animales.

POISSONS D'ÉLEVAGE

Plus de 50% de la consommation mondiale. Une autre aberration de surconcentration et de nourrissage composé de petits poissons de taille ou de catégorie impropre à la consommation humaine ; pour obtenir 1 kg de poissons d'élevage il faut 5 kg de poissons sauvages. Ces farines pour poissons contiennent aussi des résidus d'élevage, plumes, sang, soja, blé, maïs et soja GM et parfois de la dioxine. Les rejets internes à l'élevage, excréments, urines, polluent les eaux, les poissons, provoquant des maladies traitées avec beaucoup d'antibiotiques que l'on retrouve dans les chairs.

Le saumon autrefois met de luxe est devenu accessible à tous. Les pays nordiques exploitent à fond cette opportunité, faisant miroiter dans leur publicité un cadre idyllique. Derrière cette façade mirifique, l'on trouve des salmonidés transgéniques difformes et très gras soumis aux mêmes conditions de tous les autres élevages intensifs. Le gouvernement norvégien s'est résolu à reconnaitre que le saumon d'élevage en plus des métaux lourds – mercure, cadmium… contient des polluants nocifs, PCB – dioxine – du diflubenzuron un insecticide permettant de lutter contre les poux de mer qui infestent ces poissons, produit reconnu hautement toxique en 2009, interdit en Europe.

Daurades, Bar, crevettes ou Gambas… d'élevage sont aussi à proscrire. Notamment le **Panga,** poisson à chair blanche, sans arrêtes, sous forme de filets, provenant du Vietnam. Pour pallier à une difficulté de ponte en captivité, les éleveurs injectent aux femelles de l'urine déshydratée de femmes enceintes contenant l'hormone HCG. Méthode artificielle stimulant la ponte des œufs et la production de 500.000 alevins, tout au long de l'année ; contre 2000 alevins à l'état naturel dans le Delta du Mékong, seulement pendant 8 mois, d'avril à novembre.

Les farines animales utilisées dans tous ces élevages n'offrent aucune garantie de traçabilité. Ces poissons élevés dans une eau très polluée sont saturés de DDT, de résidus industriels toxiques, de métaux lourds, arsenic, PCB... Exportation annuelle 1,5 million de tonne vers les pays occidentaux.

Le **Tilapia** lui vient de Chine, il est nourri avec toutes sortes d'excréments. C'est l'espèce la plus vendue au monde avec le Panga, sous forme de filets, 21.500 tonnes vendues en cumul juste pour les États-Unis. Il entre dans de nombreuses préparations industrielles.

Dans tous les cas, préférer la consommation espacée à deux à quatre fois par mois de petits poissons de mer - océan, anchois, sardines, maquereaux... moins pollués aux métaux lourds et autre dioxine que les poissons plus gros positionnés en fin de chaîne alimentaire.

LES POISSONS RECONSTITUÉS

Ou **Surimi**, une composition de poissons dont on ignore l'origine. Requin, espadon... saturés de métaux lourds, Tilapia, Panga et autre immondices du fond des mers ou issues d'élevages immondes. En mélange avec des arômes artificiels, des protéines de soja, de blanc d'œuf, très allergisantes, du polyphosphate, du glutamate ou du ribonucléotide disodique, puissants neurotoxiques. A boycotter sans hésiter.

DÉGRADATION DU MODÈLE FRANÇAIS

Il est surprenant de savoir que l'alimentation des Français est plus riche en acides gras saturés de type Omégas 6 comparativement à celle des Nord-Américains. Six fois plus de fromage, de charcuterie, trois fois plus de viandes et d'œufs, quatre fois plus de viennoiserie qu'aux USA. Par contre les français mangent de façon plus diversifiée, pas entre les repas, consomment beaucoup moins de sucres que les Américains accros à cinq fois plus de sodas, trois fois plus de jus de fruits industriels, et plus de sédentarité.

Ceci permet d'expliquer 35% d'adultes obèses en Amérique contre 15% en France. Toutefois, pas de quoi se satisfaire car les jeunes Français mangent trop de sandwichs, d'hamburgers, de barres chocolatées, peu de fruits et de légumes. L'impact de la Junk food est un fait de société, sans connaissance ni éducation sur ce sujet essentiel, il faut s'attendre à ce que les conséquences se révèlent redoutables.

CHAPITRE 10

SUCRES RAFFINÉS, ÉDULCORANTS

LE SUCRE BLANC

Le procédé de raffinage consiste : 1- à l'épuration, pour ce faire le jus de betteraves transgéniques, celui de la canne à sucre, est mélangé à de la chaux, puis à de l'anhydride carbonique. 2- Clarification faite avec de l'anhydride sulfureux. 3- Décoloration sur du noir animal composé de particules d'os calcinés d'animaux + traitement au sulfoxylate de sodium + passage dans des colonnes de résine. 4 – La déshydratation s'effectue par chauffage en addition d'alcool isoprophylique et d'acétate de sodium. 5 – le blanchiment ou azurage est réalisé avec de l'aluminoscilicate de sodium polysulfuré - E554 - à base d'aluminium, puissant neurotoxique.

Un arsenal de produits chimiques qui détruisent les substances organiques, protéines, enzymes, sels de calcium. Une dépense en énergie carbone considérable lors de la fabrication. **Le sucre blanc ou saccharose** est consommé massivement dans le monde, 180 millions de tonnes et 20 kg/an par habitant. Deux kg/an de bon sucre par individu en 1700, contre quatre-vingt kg/an en 2015.

Surconsommé, on le retrouve partout, en morceaux, sirop, confiseries, confitures, sodas, glaces, plats préparés… Le sucre roux « *dit de canne ou cassonade* » et la vergeoise issus du même type de raffinage sont des leurres du marketing et sont tout aussi nocifs. Ceci comparativement au sucre de canne non raffiné, peu chauffé, qui conserve minéraux, vitamines, phosphore, zinc, fluor.

LES DIFFÉRENTS SUCRES INDUSTRIELS

Le fructose industriel en poudre porte un nom trompeur car ses effets sont aussi néfastes que ceux du saccharose.

Le saccharose : *Canne à sucre et Betterave = sucre blanc ou roux cristallisé.*

Saccharose, sucrose, ou sucralose, sont issus de la betterave sucrière ou de la canne à sucre. C'est le constituant du sucre blanc, riche en calories vides, car complètement dénué de vitamines et de minéraux. Comme tous les aliments blanchis et raffinés à l'index glycémique - IG - élevé : farines, pâtes, pain, riz… tous les sucres industriels imposent à l'organisme de compenser leur effet acidifiant – pH acide – en puisant dans ses réserves de calcium, de minéraux, d'enzymes – ce que l'on nomme

« Effet tampon », tout comme pour les effets acidifiants du lait animal. Plus l'organisme tamponne les aliments acides, plus il se déminéralise, plus les problèmes osseux et autres maladies du métabolisme s'installent, dont le diabète ; Et l'addiction au sucre au même titre que la cocaïne – Point clé ●

LES EXPÉRIENCES DÉTERMINANTES

Tout d'abord celle faite en 2007 à Bordeaux, au CNRS, par l'équipe de Serge AHMED, démontrant chez le rat les effets du sucre industriel raffiné, semblables à ceux des drogues dures, elles aussi objet d'un raffinage.[19]

90% des rongeurs préféraient boire de l'eau sucrée leur donnant plus de satisfaction, plus de plaisir, que la drogue mise à leur disposition tout à côté du sucre. Cette préférence est observable aussi chez des animaux déjà sensibilisés au préalable aux effets de la cocaïne après une prise continue de cette drogue. Même phénomène surprenant avec l'héroïne dont le potentiel addictif et la dangerosité sont plus élevés.

Le goût de ce type de sucre augmente chez les mammifères la production de dopamine dans le striatum ventral – zone du cerveau correspondant au centre de la motivation – et la libération de peptides (fraction de protéine) opioïdes, sorte de morphines endogènes agissantes sur les différentes composantes du neuro-circuit de la récompense et de la motivation.

Témoignage par l'image :
http://www.dailymotion.com/video/x2i5lv7_l-autre-poudre-blanche_tech

Une autre série d'expériences très convaincantes provient des travaux de Bartley HOEBEL de l'université de Princeton, démontrant la réaction anxieuse, couplée à une chute de la dopamine, de rats sevrés après un régime riche en sucre. L'anxiété liée au manque de sucre résulte d'une augmentation de neuropeptides du stress dans l'amygdale, une région cérébrale fortement impliquée dans les effets affectifs négatifs, consécutivement au manque de drogue.

En 2010, l'équipe italienne de Rossella VENTURA de l'European Center for Brain Research a montré qu'après consommation de chocolat, peu sucré, des souris étaient capables d'endurer des décharges électriques pour en obtenir davantage, d'où le constat de consommation compulsive. Cela a pour origine une hyperactivité de la noradrénaline dans le cortex préfrontal. Des effets similaires ont été observés après un régime riche en graisse ; ce qui suggère que le goût sucré n'est pas le seul à être mis en cause, il y a aussi les accros à la

---

[19] Voir le chapitre 23 - drogue contemporaine - point clé●

caséine des fromages – voir le chapitre 9, sans oublier les inconditionnels des fast-foods – voir le chapitre 13.

Faux sucre roux et cassonade. Ne pas s'y tromper, ce n'est pas du 100% pure canne, mais du sucre blanc raffiné simplement coloré par caramélisation, rien à voir avec du vrai sucre de canne biologique. *Bien lire les emballages*.

Sucre glace, c'est du sucre blanc raffiné, broyé additionné d'amidon – hyper acidifiant pour l'organisme.

Sucre de fructose, il est issu de la fermentation de grains de blé, de couleur jaune doré, au goût assez neutre, au pouvoir sucrant 2 fois supérieur au sucre raffiné – hyper acidifiant.

Le sirop de fructose. Le marketing use de tromperie en cachant son origine industrielle à partir de l'insuline du sirop de maïs « 100% glucose » qui est transformé en une molécule chimiquement proche du fructose naturel. Le glucose est chauffé, transformé en fructose à 90% sous l'action d'une enzyme génétiquement modifiée. Obtention de High-Fructose Corn Syrup – HFCS90 pour un sirop à 90% de Fructose chimique, ou HFCS55 pour les sodas. Autres appellations : Fructose-Glucose – Sucrose – Isoglucose.

À terme il provoque une résistance à l'insuline donc pas de régulation possible du sucre sanguin par le pancréas ; La porte ouverte au diabète et ses multiples conséquences désastreuses ; C'est aussi un apport de graisses autour du cœur, jusqu'à 15 fois plus. Ce faux fructose plus facile à fabriquer que le sucre blanc est largement utilisé dans les aliments industriels.

Le sirop de maïs ou Isoglucose, ou glucose-fructose. À l'issue de la seconde Guerre mondiale, l'on a fabriqué un sirop à partir d'amidon de maïs cultivé massivement aux États-Unis. Son pouvoir sucrant est supérieur au sucre de betterave (saccharose), qu'il a progressivement remplacé dans de nombreux aliments. Si l'on compare dans la nature comment le fructose des fruits s'associe aux fibres, vitamines, phytonutriments, comment il va de pair avec la satiété et une bonne assimilation. Pour le sirop de maïs, c'est tout l'opposé s'agissant d'un sucre à haute teneur en fructose artificielle issue de la chimie, de l'alchimie destructrice.

Avec initialement 40% du marché des édulcorants aux États-Unis, le sirop de maïs entre dans la composition d'une multitude de produits partout dans le monde : sodas, céréales, confitures, gâteaux, yaourts, crèmes dessert, bonbons… C'est un sous-produit bon marché issu du maïs, céréale hybride, monstre génétique, multi additivée aux pesticides. Nos papilles ne font aucune différence entre les sucres naturels et l'Isoglucose dont l'index glycémique est très élevé. D'où le risque de gain de poids surtout abdominal, de hausse des triglycérides, d'obésité, de diabète.

Le lactose : *galactose ou glucose du Lait animal*

Un sucre inadapté pour l'homme, l'intolérance se manifeste par des diarrhées, ou constipation, ballonnements, douleurs et crampes abdominales, dans les minutes ou plusieurs heures après absorption, tant il bouleverse le microbiote intestinal. Jusqu'à la fatigue, l'abattement, l'humeur dépressive, les vertiges, maux de tête, troubles de la concentration, eczéma…

Le maltose : sirops ou malt de céréales - sirop de riz ou de blé, d'orge, de maïs… son IG est de 100, il n'est pas bénéfique. Idem pour le sirop d'agave – IG 15 – mais contenant 90% de fructose néfaste.

La Stévia est une plante brésilienne qui contient un édulcorant naturel – rébaudioside A – au pouvoir sucrant très supérieur à celui du sucre, mais au goût désagréable d'amertume. Longtemps interdite, ce pseudo sucre a éveillé bêtement l'intérêt des consommateurs. Pour satisfaire à la demande grandissante, l'industrie ne l'utilise qu'après plusieurs traitements chimiques pour enlever cette amertume, pure elle serait inconsommable. Autre astuce, des arômes chimiques sont ajoutés, ainsi que d'autres édulcorants, si bien que le pourcentage de stévia restant est inférieur à 5%. L'image marketing de « *produit naturel* » accommode si bien les firmes qui cherchent à ouvrir un nouveau créneau de vente afin de faire diversion en contrant la mauvaise image de l'aspartame.

LES SUCRES NATURELS

Le glucose : Amidons des hydrates de carbone de l'alimentation. C'est le produit du processus métabolique de l'alimentation ingérée chaque jour. Tous les aliments du bol alimentaire non additivés de sucre, par exemple le riz nature semi-complet, sont transformés en glucose. Puisque l'organisme produit le sucre dont il a besoin, logiquement la consommation de sucre raffiné est totalement inutile et même néfaste, voire dangereuse.

Le fructose : Fruits et miel. C'est un sucre simple à l'état naturel, contenu dans les fruits, dont l'indice glycémique est bas (20). Il est parfaitement assimilable car il est associé aux fibres, aux antioxydants, aux sels minéraux, des fruits mûrs et frais, c'est le résultat naturel d'une synthèse chlorophyllienne. Il n'a que peu d'effet sur la glycémie, sa consommation raisonnable n'a pas d'incidence sur le diabète, l'obésité, contrairement au saccharose et autres sucres synthétiques – Point clé ●

Le miel, produit de la transformation du nectar des fleurs des abeilles butineuses, mélange de fructose, de glucose. Plus le miel est liquide, plus il est riche en fructose, une fois cristallisé il est plus riche en glucose. À consommer modérément car son IG est de 90. Il est métabolisé par le foie, à l'inverse du glucose alimentaire métabolisé par l'insuline du pancréas.

Le miel pur est antiseptique. Hippocrate, le père de la médecine prescrivait du miel pour soigner la fièvre, les maux de gorge, les ulcères, les plaies purulentes. Aujourd'hui au Ghana, Nigéria, Inde, la médecine traditionnelle l'utilise de diverses manières. En 2010, des chercheurs Néerlandais ont identifié l'un de ses composés les plus actifs, notamment sur la bactérie Escherichia coli et sur des entérocoques résistants aux antibiotiques, dont le méthylglyoxal 40 fois plus actif dans le miel de Manuka. Avec 1 à 2 ml de miel pour 10 ml de milieu de culture, aucun type de bactéries n'y résiste.

En Angleterre, aux États-Unis, en Allemagne, dans les dispensaires et les hôpitaux, le miel est utilisé pour faire des pansements aux gens dont les plaies cicatrisent difficilement. En France, le professeur Bernard DESCOTTES, au CHU de Limoges, a créé un service pour soigner divers type de brûlures, notamment avec du miel de thym.

Vu l'hécatombe des colonies d'abeilles partout dans le monde, les apiculteurs les nourrissent avec un sirop de sucre de maïs – HFCS – bon marché, issu du maïs GM, lequel affaiblit leur système immunitaire et les rend plus vulnérables et dépendantes comme des esclaves.

Les abeilles sont les principaux pollinisateurs permettant aux plantes de se reproduire. 35% de ce que l'on mange dépend directement d'elles. En Europe, ces amies permettent la reproduction de 84% des plantes cultivées. Sans elles et sans leurs cousins les bourdons, plus de pommes, poires, citrons, carottes, haricots, oignons, amandes, entre autres. Depuis ces dernières décennies les abeilles sont malades. Aux États-Unis, 35% des ruches disparaissent chaque année ; En Europe 24% des abeilles domestiques sont menacées d'extinction ; en France, depuis 1995, 300.000 ruches périssent chaque année, la production de miel national est passé de 33.000 tonnes à 10.000, perte de 70%.

Rapprochement évident avec de nouveaux insecticides commercialisés en 1995, les neonicotinoïdes censés assurer de meilleurs rendements pour les cultures, pas pour les abeilles dont le système nerveux est attaqué par ces poisons. Jusqu'à perdre tout sens de l'orientation ne retrouvant pas leur ruche, ni même ne sachant plus quoi butiner. En éradiquant les coquelicots et d'autres soi-disant mauvaises herbes, les pesticides comme le Roundup suppriment leur alimentation naturelle. L'arrachage systématique du trèfle à entraîner la disparition de 80% de la population du Bombus Cullumanus, un bourdon autrefois très répandu en Europe.

Aux USA, chaque année, à l'automne, 1million 600.000 ruches sont rassemblées en Californie par convoi de camions semi-remorques. Des dizaines de milliards d'individus, la plus grande migration du règne animal, sont ainsi acheminés afin de polliniser les 320.000 hectares d'amandiers de la vallée de San Joakim. En 2013, ces arbres ont produit 40 millions de tonnes d'amandes. Soit 80% de la production mondiale, grâce aux butineuses confrontées à des plantations multi-traitées aux pesticides. Mais peu importe leur santé, ce qui compte c'est les 153 milliards € que cela rapporte aux firmes.

Impossible de se passer de la pollinisation, en Chine après des années de pulvérisation de pesticides, ce sont les ouvriers qui pollinisent les fleurs à la main. Perchés dans les arbres, ils font le travail que les abeilles ne font plus pour assurer la récolte de l'année suivante – *Hommes-abeilles*, quelle drôle d'aberration. Une fois que les abeilles auront disparu et avec elles une grande partie des plantes, l'homme pourrait bien être le prochain sur la liste.

LE SUCRE DE CANNE

Pendant longtemps, les Français ont consommé ce type de sucre en provenance des colonies. Cherchant à contourner les Anglais, gêneurs du commerce maritime français, Napoléon a imposé la betterave sucrière. Comme pour le pain blanc, l'ultra blancheur et la pureté du sucre blanc devinrent rapidement un symbole de richesse qui perdure depuis cette époque.

Aujourd'hui, l'on peut trouver un « *Pur Canne Intégral* » du pur jus de canne de culture biologique, non raffiné ni cristallisé, très riche en sels minéraux et acides aminés de la canne à sucre. Contrairement à tous les sucres industriels, il n'est pas acide au contact des bactéries de la bouche et des intestins, il protège même des caries et fortifie l'organisme. D'un goût assez prononcé caramel-réglisse- canelle, moins sucré que le sucre roux cristallisé, il rehausse le goût des fruits acides, des tartes, crumbles, du chocolat.

Le sucre de palme, plus rare en France, originaire du Cambodge, c'est un sucre complet non raffiné, sous forme de pain de sucre ou de pâte tartinable.

Le sucre d'agave – sirop, un nectar au goût subtil composé de fructose à 70%, plus neutre que le miel. C'est une sève extraite du cœur de l'agave bleue du Mexique, aussi appelé miel de cactus, riche en minéraux, utilisé par les anciens Aztèques. Un pouvoir sucrant plus élevé que le sucre raffiné, beaucoup moins calorique – à n'utiliser que ponctuellement.

Le sirop d'érable d'Amérique du Nord, tiré de la sève des érables, concentré par évaporation. 40 litres de sève donne 1 litre de sirop. Sa composante est le saccharose. Il est très apprécié avec les plats salés, nappage de volaille, glaçage des navets… bien connu pour napper crêpes et pancakes – à n'utiliser que ponctuellement.

Le Xylitol est extrait de l'écorce de bouleau, de même pouvoir sucrant et de même saveur que le saccharose, d'apport calorique plus bas. C'est un additif alimentaire naturel E967. Il entre dans le protocole de détoxification du mercure dentaire, voir notre site http://protocoles.jimdo.com/

LE SUCRE ET LE CANCER

Le docteur Otto Heinrich WARBURG (1883 - 1970), est un médecin physiologiste et biochimiste allemand, docteur en chimie. Il fut lauréat du Prix Nobel de physiologie et de médecine en 1931 pour sa découverte de processus-clés de la respiration cellulaire et des processus enzymatiques. Il a démontré le changement de métabolisme des cellules cancéreuses en un état anaérobie – sans besoin d'oxygène. Son hypothèse : le cancer ne se développe pas dans un milieu riche en oxygène. Par contre, les cellules privées d'oxygène accumulent de l'acide pyruvique ; Ceci étant la conséquence du métabolisme incomplet d'un glucide synthétique.

D'où la mort prématurée de certaines cellules, ou leur transformation en cellules cancéreuses. Dès lors, le lien fut établi entre la consommation de saccharose et le milieu intracellulaire cancérisé. Aujourd'hui, les examens modernes d'imagerie nucléaire corroborent les travaux de WARBURG car ils permettent de visualiser les foyers de cellules consommant trop de sucre ; c'est la caractéristique d'un milieu cancéreux en expansion rapide, nécessitant plus d'énergie pour se développer anarchiquement.

LE SUCRE, JUSQU'AUX CONFINS DE LA TERRE

Dans les pays froids, au Canada, en huit ans, de 1959 à 1967, les Inuits – Esquimaux – ont augmenté leur consommation de 11, 8 kg à 47,3 kg. Dans les pays chauds, en Afrique du Sud, en onze ans, de 1953 à 1964, les Zoulous ont augmenté leur consommation de 3 kg à 27 kg.

Sur la base de ces constats, s'agissant d'une puissante addiction, il est facile de comprendre pourquoi une majorité de gens réagit très vivement lorsque l'on parle simplement du sucre. Il est courant de voir des gens réagir violemment si l'on exprime la nécessité pour eux d'en diminuer ou d'en supprimer la consommation. Le sucre livre la race humaine à la déchéance sociale, physique, morale, intellectuelle, depuis 400 ans - voir les chapitres 23 et 24.

LE SUCRE, LE SURPOIDS, L'OBÉSITÉ

Retrouver un poids de forme devient le souci, l'obsession d'un grand nombre de gens. C'est aussi un énorme business pour les industriels et divers groupes donnant des conseils bien rémunérés, surtout aux femmes. Pour y parvenir en 10 points, c'est très simple :

➢ S'abstenir de toutes sortes de sucres solides et liquides. L'organisme est conçu pour transformer les aliments en énergie, sans besoin de sucres ajoutés. Ce qui nécessitera beaucoup de volonté pour y parvenir, autant que de cesser de fumer tant l'addiction est puissante. C'est l'épreuve de force pour la grande majorité des gens qui veulent exclure les sucres. Il s'agit de l'étape essentielle, une fois ce cap franchi la suite sera aisée. Lorsque le poids de forme sera acquis, il sera possible de consommer juste un peu de sucre naturel, de miel.

➢ S'abstenir de tous les aliments industriels, notamment les farineux une source importante de déchets colloïdaux qui encombrent les ensembles cellulaires et la lymphe.

➢ S'abstenir de tous les produits laitiers d'origine animale, de charcuteries cuites, de viandes issues d'élevages intensifs, de viandes trop cuites.

➢ Limiter la consommation de céréales biologiques, éviter le pain, exclure les biscottes, biscuits… en faisant siennes les explications de ce livre, au septième chapitre. Limiter au maximum le sel.

➢ Cesser de fumer et réduire au plus bas la consommation d'alcools forts.

➢ Associer aux céréales des légumes, sous forme de crudités, de salades vertes, en début de repas ; sous forme de cuisson douce à la vapeur, al dente, au cours des repas. Moins les aliments sont cuits, plus ils sont assimilables, mieux l'on se porte. Pour stopper les fringales, manger autant de bananes biologiques que vous voudrez.

➢ Manger très lentement, à minima 15 minutes par repas, en position assise et dans le calme.

➢Dormir suffisamment, en limitant les excitants, thé, café… En favorisant le sommeil continu par la consommation de plantes apaisantes, la griffonia simplicifolia, le basilic sacré, le bacopa, dans les cas de dépression (recapture de la sérotonine).

➢ Pratiquer régulièrement la marche à pied à un rythme normal, puis rapide si cela vous est possible, alterner les deux, mais sans s'essouffler au point de perdre haleine ; puis faire des exercices respiratoires, hors des zones polluées. Exclure le jogging nocif pour le dos, les articulations ; exclure les sports violents ou extrêmes.

➢ Suivre tous les conseils nutritionnels et de vie contenus dans ce livre.

Conclusion : contrairement aux bienfaits du sucre naturel des fruits, légumes, qui se combine à la sève, chlorophylle, ferments, vitamines, sels vitalisés, des cellules végétales – point clé ● – le saccharose (99,8%) du sucre blanc de densité atomique 98.4 à 99.5, classé poison, est à l'origine du diabète – de l'obésité – de l'accoutumance – il est tout aussi dangereux que le tabac et l'alcool. Sinon plus sournois car sa consommation semble être un acte anodin, un plaisir simple au quotidien pour la grande majorité des gens. Les firmes l'ont compris depuis longtemps, c'est pourquoi elles en ajoutent à une multitude de produits industriels pour rendre dépendant, addict, et surtout fait vendre.

Ce poison irrite les membranes des muqueuses, des vaisseaux sanguins, des tissus et glandes (surtout le pancréas), paralyse le péristaltisme (contractions) de l'intestin soumis à une fermentation excessive, d'où l'affaiblissement du système immunitaire, car l'intestin en est le siège.

Il augmente par cinq la pression osmotique du tissu dentaire situé à 7 Atomes et déminéralise les tissus : dents cariées – ostéoporose – arthrite – arthrose… Il conduit au rachitisme, surexcite les centres nerveux, provoque des insomnies, peurs nocturnes, nervosisme, si fréquents chez l'enfant en bas âge. Mais sans que les parents ne sachent pourquoi, après leur avoir donné au cours de la journée, pour les nourrir et/ou les récompenser, une succession de bonbons, gâteaux, barres chocolatées… et même un biberon d'eau sucré avant de les coucher.

LES SEULS AVIS À PRENDRE EN COMPTE

En 1912, le docteur Robert BOESLER dit « *La fabrication moderne du sucre a entraîné des maladies complètement nouvelles. Le sucre du commerce n'est rien d'autre que de l'acide cristallisé. Si par le temps passé le sucre était le luxe exclusif des gens riches à cause de son prix, par contre aujourd'hui il a entraîné la dégénérescence du peuple. Il est temps d'exiger une mise en garde nationale. La perte d'énergie par l'usage du sucre au siècle dernier et au début de ce siècle ne pourra* *jamais être rattrapée car elle a laissé sa marque sur notre race. Ce qui a été détruit par le sucre est perdu et ne pourra jamais être retrouvé* ».

En 1925, le sucre industriel est reconnu comme une cause importante de maladie et d'obésité. Dans les années **1940**, l'on parle d'attrait excessif, de calories vides et de véritable dépendance. **En 1950**, on déclare officiellement qu'il est la cause première de la carie dentaire – *c'est un acide.* **En 1960**, l'on démontre qu'il diminue la résistance du corps aux maladies. L'on découvre la relation entre son usage l'affaiblissement du système immunitaire, les infections staphylococciques de type pneumonie, méningite bactérienne, septicémie, furoncle, anthrax, panaris, méningites, infections urinaires, endocardites, gastro entérite. Des maladies multi résistantes aux antibiotiques.

En 1970, le docteur John YUDKIN dit : « 1) *il n'y a aucun besoin physiologique pour le sucre. Tous les besoins de la nutrition humaine peuvent être entièrement comblés sans avoir à prendre une seule cuillerée à café de sucre blanc, de sucre brun ou de sucre brut, tel quel, dans les aliments ou avec les boissons.* 2) *Si seulement une petite fraction de ce qui est déjà connu au sujet des effets du sucre devait être révélée au grand public, il serait promptement interdit* ».

En 1980, le Dr Abram HOFFER précise « *le sucre produit une assuétude* (addiction) *aussi grave que n'importe quelle autre drogue. La différence tient au fait que le sucre est disponible, consommable partout, mais sa dépendance est tout aussi forte que celle de l'héroïne. Les symptômes du sevrage sont aussi graves que toute autre drogue, c'est pourquoi la majorité des gens réagissent avec agressivité lorsqu'il s'agit d'en stopper la consommation* ». Addiction et comportement – Voir les chapitres 23 et 24.

LES PÂTES CHOCOLATÉES

Si les 13% noisettes sont bonnes, les 55% sucre, 20% d'huile de palme, 6% de lait en poudre et arômes ne le sont pas. Le sucre industriel de betterave ou de canne cela a été largement démontré est un poison, les acides gras saturés de l'huile de palme et le lait sont nocifs. Les français en sont les plus grands consommateurs avec 84.000 tonnes, 26% de la production mondiale, devant les Allemands et italiens. C'est une des compositions industrielles qui encrasse le plus les ensembles cellulaires. 100 grammes = 530 mauvaises calories, loin devant le cheeseburger 267, la pizza Margarita 216, le cassoulet 159.

Selon le reportage d'Arte du 27 juillet 2010, Nutella contient du DEHP, le phtalate le plus dangereux interdit dans l'industrie des jouets, même en Chine. Une chimie qui agit à l'état de trace comme un leurre hormonal, provoquant des dérèglements hormonaux, atteignant le fœtus et entravant le développement des testicules. Désormais, chez les enfants, grands consommateurs de ces pâtes à tartiner, produites à plus de 300.000 tonnes/an, on y retrouve 5 types de phtalate. Les pâtes à tartiner même de qualité biologique contenant du lait écrémé et des huiles de palme sont à proscrire.

LES CHEWING GUM

La gomme de base contient de l'acétate de vinyle qui ne se dissout ni dans l'eau, ni dans la salive, de nature cancérigène + Aspartame + Acesulfame très toxiques + émulsifiants dont la composition est tenue secrète + Hydroxyanisole butyle (BHA) + une multitude d'agents et additifs + aérophagie, ballonnements, crampes… Nul besoin d'imiter les premières stars du cinéma hollywoodien !

CHAPITRE 11

LES NANOPARTICULES

Les nanoparticules. Ce sont des particules de taille microscopique, inférieure à 100 nanomètres (nm), celle d'un cheveu est de 80.000 nm d'épaisseur – d'un globule rouge 7000 nm – de l'ADN 2,5 nm. Elles permettent d'établir un lien, un pont, entre des matériaux, des matières premières à l'échelle de leurs structures moléculaires ou atomiques.

Issues des nanotechnologies, c'est une des dernières applications pour les produits de grande consommation, sans que les gens en aient la moindre idée. D'autant plus qu'aucune réglementation n'en impose la mention sur l'étiquetage, malgré le risque considérable sur la santé publique. 200 firmes et marques de l'agroalimentaire, parmi elles : Kraft – General Mills – Hershey – Nestlé – Mars – Unilever – Smucker's & Albertsons y ont beaucoup investi, le marché des nano-aliments devrait atteindre plus de 20 milliards $ en 2020.

Les nano-métalloïdes des nanoparticules à base d'argent ou de dioxyde de titane – zinc – d'oxyde de zinc se retrouvent dans les produits agricoles, l'alimentation, la complémentation alimentaire, les enrobages et emballages alimentaires.

RÔLE DANS L'ALIMENTATION

Les nanoparticules intensifient les arômes, ont un rôle de conservateur, d'épaississant, de colorant… sont utilisées pour purifier l'eau, (les sels d'aluminium ajouté au traitement de l'eau du réseau public ont la même fonction). Elles servent aussi d'agent antiagglomérant et gélifiant. On les utilise massivement, sans aucun principe de précaution, sans aucune règlementation plausible. Les États ne s'empressent pas de légiférer à ce propos, à l'image alchimique des OGM, le laxisme prévaut. On évaluera les risques plus tard !

Elles sont utilisées pour le glaçage des sucreries ; pour l'enrobage de fruits, légumes, viandes, afin de prolonger la durée de conservation en formant une barrière isolante contre l'humidité, l'oxydation. Ainsi qu'en mélange avec d'autres additifs afin d'améliorer la couleur, l'apparence plus attractive, goût, texture, du produit final.

A minima 800 produits alimentaires concernés, parmi lesquels : les chewing-gums dragéifiés Hollywood – les dragées mentholées Mentos – les bonbons guimauves – sucettes… Elles sont introduites avec les divers additifs, dans les M&M's, le glaçage de pâtisseries industrielles en mélange avec divers colorants ; par exemple les cookies Oreo portés par une expansion commerciale jusqu'en chine, un marché de 8 milliards $.

Aussi dans les glaces – cookies – beignets – sirops – produits et sirops à base de chocolat – flans – yaourts – céréales pour petit déjeuner – popcorn – barres sucrées – mayonnaises – huiles – assaisonnements pour salades – fromages fondus ou à la crème – purée de pommes de terre lyophilisée – boissons à base d'amandes, de riz, de soja – et boissons pour sportifs – crackers…

EFFETS SUR LA SANTÉ

La recherche – MIT du Harvard School – dit qu'elles sont toxiques, dangereuses, pour la santé humaine en provoquant, par la production de radicaux libres réactifs à l'oxygène et par accumulation dans les tissus, des perturbations, mutations, cassures, sur l'ADN, à l'origine de cancers. Les chercheurs se sont fixés sur les nanoparticules utilisées au stade industriel, sous forme d'oxyde : argent – oxyde de zinc – titane –

(l'oxyde de fer, oxyde de cérium et le silicium ou silice, sont les moins génotoxiques, mais ne sont pas inopérantes, inoffensives).

Elles peuvent être bio réactives en ayant une réactivité nocive avec d'autres molécules de l'organisme et celles issues de l'alimentation (synergie). Du fait de leur nano dimension, elles pénètrent facilement la barrière intestinale jusqu'aux ensembles cellulaires, tissulaires et peuvent générer une dysfonction du système immunitaire, provoquant des pathologies spécifiques, ou mixtes, sur le moyen terme. Notre organisme confronté à de tels poisons est impuissant. En 2009, une étude de Roel SCHINS de l'Institut de recherche sur la santé de Düsseldorf révèle la nocivité des nanoparticules de silice, de dioxyde de titane, sur les cellules intestinales, provoquant la maladie de Crohn et des lésions sur l'ADN. Point clé ●

La poudre de nano-silice est utilisée pour faciliter l'écoulement de produits alimentaires, comme agent de clarification des bières, des vins, et pour l'enrobage. L'on en retrouve dans le foie et l'intestin de rats après administration orale, dans les mêmes proportions que celles incluses dans les aliments industriels précités, sans qu'elle puisse se dissoudre ; jusqu'au fœtus par transfert placentaire.

Nano-argent, le Woodrow Institute dit qu'il est omniprésent : biberons – contenant et emballages alimentaires – planches à découper – saladiers – appareillage de cuisine – coutellerie – bacs à glaçons – dispositif de filtration – désinfectant – production volaillère – agriculture – aquaculture. Sa forme nano favorisant son accumulation par adhérence aux surfaces extérieures des ensembles cellulaires et tissulaires du corps humain, jusqu'au cœur de la moelle osseuse, des tissus nerveux ; Au point qu'il est impossible d'éviter d'y être exposé.

AUTRES APPLICATIONS

Les nano particules d'argent ont des propriétés de conservation, d'apparente fraîcheur des aliments, d'une capacité supérieure à celle des conservateurs traditionnels, pour leurs propriétés antimicrobiennes, mais sans tenir compte des dommages sur l'ADN. Les nano argent sont aussi ajoutées aux jouets, au dentifrice, aux vêtements, souvent en

complément du titane... **Les nano de silice** – d'oxyde de silice (E550 – E551) sont utilisées pour la consistance fine du sucre, sel, farine, poudre de cacao, pour une texture onctueuse des sauces, mayonnaises, ketchup, soupes, yaourts... 3) **Les nano d'oxyde zinc** utilisées souvent dans les écrans solaires pour bloquer les rayons UV, elles endommagent l'ADN.

http://www.beurk.com/dossiers/bonbons-guimauves-et-glaces-au-dioxyde-de-titane

Nano titane. C'est un agent de blanchiment et de brillance dans toute une gamme d'aliments. Selon l'Institut fédéral allemand des risques de santé – IFARS – il est peut perturber les fonctions cellulaires, interférer avec les cellules de l'immunité en absorbant et faisant transiter (via l'intestin, puis via la circulation sanguine) des fragments de bactéries, générant un état pro inflammatoire, jusqu'à des lésions du rein, du foie.

Les nanoparticules de titane E171 sont utilisées sous forme de bioxyde ou dioxyde, TiO2, E171, elles sont très toxiques**.** Un marché colossal de 2000 milliards $ pour 14.000 tonnes produites annuellement. Lesquelles sont utilisées comme colorant blanc – peinture blanche – ciment – revêtement de route – pour les textiles – produits cosmétiques (crèmes solaires, mascara, vernis à ongles, fards à paupières, fonds de teint, rouges aux lèvres, colorants capillaires, déodorants, *pénètre la peau par transfert*) – dentifrice (élément abrasif pour blanchir)... Une foule d'applications ignorées du grand public.

Cancérigène possible et risque d'endommagement de l'ADN. Les plus exposés sont les enfants de 2,5 à 5 ans car la majorité des sucreries en contiennent. En 2007, une étude du centre international de recherche sur le cancer – CIRC – classe le dioxyde de titane cancérigène possible. En 2011, une étude de la section biochimie du CEA – Commissariat à l'énergie Atomique – démontre qu'il peut passer la barrière encéphalique protégeant le cerveau.

Nano oxyde de zinc. Un enrobage de surface qui selon le Comité scientifique de la Commission européenne provoque des lésions du foie, du pancréas, du cœur, de l'estomac, une inflammation des poumons par inhalation des produits à pulvériser. **Nano cuivre**. Selon l'IFARS, effets nocifs sur les reins, la rate, le foie. Cela contrairement aux microparticules de cuivre, sans danger apparent.

Suppléments alimentaires à base de nanoparticules et de nano-additifs. Le centre de recherche sur les nanotechnologies du Royaume-Uni alerte des effets imprévisibles du nombre croissant de ce type de compléments alimentaires.

Emballages alimentaires. Les nanomatériaux migrent probablement, en synergie avec les autres additifs chimiques comme le Bisphénol A et les phtalates, par transfert vers l'aliment, mais peu d'études s'y intéressent.

Environnement. Inévitablement, comme bien d'autres poisons chimiques, l'on retrouve ces nanoparticules dans les terres, l'eau, les algues, les tissus des animaux, notamment les truites et le black bass de rivière confrontés à des perturbations et détresse respiratoire, aussi les puces d'eau, les crustacés. Ces animaux d'eau douce sont les premiers à être utilisés comme indicateurs écologiques par les autorités de réglementation. Des études préliminaires précisent le souci d'accumulation de ces nano poisons par assemblage avec d'autres molécules nocives, dont les effets sont ainsi amplifiés dans les organismes, tout au long de la chaine alimentaire.

En 2010, un groupe de scientifiques américains estimait qu'au plan mondial 310.000 tonnes de nanomatériaux étaient déversées dans plus de 60% des décharges, 30% dans les sols et plans d'eau, 2% dans l'atmosphère. Le marché global est de 11 millions de tonnes. Ces substances entrent en synergie avec tous les pesticides, antibiotiques, toute la chimie ambiante. C'est une contamination néfaste supplémentaire pour les micro-organismes du sol, les plantes, les nématodes et vers de terre, les empêchant d'accomplir leur rôle de la fixation d'azote.

CHAPITRE 12

LES SODAS À BASE DE COLA – LE JUS D'ORANGE

SODAS, À BASE DE COCA

Chaque jour 1,7 milliard de boissons sont vendues dans plus de 200 pays. En 2010, chiffre d'affaires 26,5 milliards € + 45% sur 2006. Composition apparemment anodine : eau gazéifiée – sucre industriel – colorant, caramel E150d – acidifiant, acide phosphorique – arômes dits naturels, extraits végétaux, caféine. Une cannette de Coca = 7 morceaux de sucre, une bouteille de 2 litres = 212 grammes de sucre soit 42 morceaux de mauvais sucre.

L'acide phosphorique du Coca lui donne un pH de 2 à 3, l'organisme est au Ph 7, ce qui irrite l'estomac. L'organisme réagit en tamponnant cette acidification par du calcium pris dans le sang. Le sang appauvri en calcium compense en le puisant à son tour dans les muscles, tendons, os, afin de maintenir les fonctions musculaires et cérébrales, tout en épuisant le système immunitaire. L'association quotidienne de lait, produits laitiers, bonbons, gâteaux sucrés et de sodas Coca est le plus sûr moyen de fragiliser l'ossature de l'enfant au vieillard et d'entrer dans la spirale de la maladie.

Boisson **light** à base de **Coca**, contenant de l'Aspartame, Acesulfame, de puissants neurotoxiques. Du **caramel** non pas celui que l'on obtient chez soi en faisant fondre du sucre dans une casserole, mais obtenu par réaction chimique de sucre + ammoniac + sulfite (anhydride sulfureux - SO_2 puissant neurotoxique), ce mélange une fois porté à haute température est à lui seul une bombe cellulaire.

Le directeur du Centre US de Science d'intérêt public – CSPI à Washington DC – estime que puisque les alternatives plus naturelles à base de betterave et de carotte pour cette coloration n'ont même pas été envisagées par Coca-Cola et Pepsi, il demande à l'autorité sanitaire américaine – FDA – que ces boissons soient interdites à la vente.

À partir de + 30°C, l'aspartame composée de 50% de phénylalanine, 40% d'acide aspartique et 10% d'ester de méthyle se transforme en alcool méthyle ; C'est donc un poison actif à 37 °C, la température du corps humain. Il agit aussi sous forme de molécules neurotoxiques de formaldéhyde ou de méthanol. Ceci entraîne la mort des cellules synaptiques, placées à la base des terminaisons nerveuses pour transmettre l'influx nerveux dans le cerveau, puis ce sont les neurones qui implosent. La sur-stimulation de ces cellules par l'effet cocaïne entraîne une dépendance qui oblige à un sevrage, d'ailleurs il existe 7 cliniques de sevrage à l'aspartame dans le monde, aucune en Europe.

Pendant la guerre du Golfe, les soldats en mission sous le soleil torride du moyen orient n'ont pas été privés de leurs habitudes. Avant d'être réfrigérées, les centaines de palettes de Coca et Pepsi light ont été stockées à une température de plus de + 40°C. La chimie de l'aspartame surexposée à la chaleur a sur-réagi en provoquant d'innombrables maux et malaises parmi tous les militaires.

En avril 2015, face aux craintes et la baisse de consommation de la clientèle des sodas light, Pepsi abandonne l'aspartame pour le sucralose, commercialisé en France sous le nom de Canderel. S'agissant aussi d'un sucre synthétique tout aussi nocif, une façon de laisser le Diable pour prendre un démon !

En 2015, selon une enquête du New York Times, le groupe Coca-Cola finance des études afin de redorer l'image des sodas. Puisque les ventes baissent, sa nouvelle association « *Global Energy Balance Network* » basée au sein de son siège d'Atlanta mène campagne pour faire croire que la seule cause de l'obésité est le manque d'exercice. La firme dément avoir soudoyé à hauteur de 5 millions € des scientifiques influents pour cautionner en sa faveur des études dans les revues médicales. Pourrait-on la croire alors qu'elle triche aussi sur ses revenus. Une enquête de cinq ans, finalisée en septembre 2015, conduite par les services du fisc

– IRS – demande à la firme un redressement fiscal de 3,3 milliards $ pour avoir minoré ses revenus de 2007 à 2009.

Le vice-président de cette association, chercheur reconnu, assure qu'il n'existe aucune preuve convaincante entre la mauvaise nourriture, les boissons des fast-foods et les problèmes de santé correspondants ! Tous les experts médicaux honnêtes se dressent contre de telles affirmations, rappelant que la pratique du sport a peu d'impact sur la santé comparativement à l'importance d'une alimentation saine ; accusant la firme de chercher à corrompre les bases acquises dans ce domaine de recherche.

La firme est confrontée à l'augmentation incessante des taxes sur les boissons sucrées, à l'interdiction d'orienter la publicité vers les enfants et la vente aux écoles, à la chute des ventes de 25% en vingt ans aux États-Unis. Elle veut rassurer la clientèle en minimisant cette mauvaise image, depuis plusieurs mois elle cherche à innover avec une boisson non gazeuse à base de fruits sur le créneau santé, sans réel succès. Elle veut se donner une image de Dame blanche en se positionnant aussi sur le créneau des produits laitiers.

Selon la revue Bloomberg, aux États-Unis, pays du soda, la consommation chute pour la onzième année consécutive, jamais un niveau de ventes aussi faible, depuis 1985. Les consommateurs se tournent davantage vers les boissons rafraîchissantes de type jus de fruits, thés glacés et boissons énergisantes, parce qu'ils sont sensibles aux risques annoncés de mauvaise santé et de mortalité.

Mais le grand public est doublement leurré, une première fois parce que les grands groupes de sodas ont élargi leur gamme afin de se prémunir contre une baisse des ventes sur ce segment de marché. Coca Cola distribue aussi les jus de fruits Minute Made depuis plus de 50 ans et Powerade la boisson pour sportifs, les thés glacés Honest Tea depuis 2011. Pepsi Co fait de même avec les jus de fruits Tropicana et Gatorade pour sportifs. Une deuxième fois parce que ces autres boissons non gazeuses ne sont que d'autres mauvais produits dénaturés.

RETENIR

Les sodas comme toutes les autres boissons industrielles sont inutiles sur le plan nutritionnel. De l'eau de mauvaise qualité, des sucres industriels dévitalisés, des acidifiants, des pesticides dans les jus de fruits concentrés, des additifs très dangereux dont le caramel synthétique, dont le fluor utilisé dans l'eau potable des réseaux publics. Des substances qui augmentent le risque de dépendance, d'obésité, de diabète, qui provoquent l'ostéoporose car ils acidifient l'organisme qui réagit en puisant dans ses propres réserves de calcium et autres minéraux pour tamponner, absorber, ce type d'acidité.

SODAS & MORTALITÉS.

Selon une étude menée par des chercheurs de l'université des sciences de nutrition de Boston et publiée dans la revue américaine *Circulation*, les effets dévastateurs des sodas sont à l'origine de 184 000 décès par an dans le monde.

Afin de déterminer la consommation moyenne de sodas, l'équipe a passé en revue 62 enquêtes diététiques portées sur 611.971 personnes entre 1980 et 2010, dans 51 pays. Il ressort que 133.000 personnes sont mortes du diabète, 45.000 de maladies cardiovasculaires et 6450 de cancers en 2010 ; autant de maladies provoquées par la consommation de boissons édulcorées.

Le Dr Dariush MOZAFFARIAN participant à cette enquête, dit « *ces chiffres sont tellement inquiétants qu'ils devraient inciter les gens à réduire leur consommation, voire la supprimer totalement. De nombreux pays enregistrent un nombre élevé de décès résultant d'un seul facteur diététique, à savoir les sodas. Une forte réduction de leur consommation ou leur élimination devrait être une priorité planétaire* ».

En 2015, le New York Times du 8 novembre annonce qu'un bouleversement des habitudes alimentaires se produit. Depuis 1998, les ventes de sodas ont régressé de 25% par Nord-américain, préférant le retour à l'eau.

LE JUS D'ORANGE

Pourquoi au cours des précédentes décennies la consommation a-t-elle si fortement augmenté, 27 litres/an par personne ? Est-ce pour sa jolie couleur, ses vitamines, pour un petit déjeuner équilibré à base de fruits, parce que ce jus est le reflet d'une boisson saine ? Probablement parce qu'il s'agit d'un transfert de consommation des sodas vers les jus de fruits offrant une meilleure image aux consommateurs.

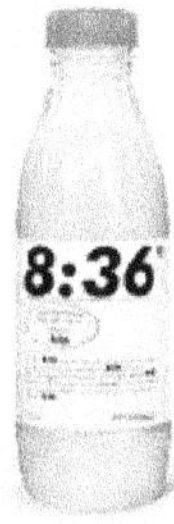

Le jus d'orange basique, sait-on d'où il vient ? d'Espagne, du Maroc, pense-t-on. Non, il est provient à 80% du Brésil, la plus grande orangeraie de la planète détenue par des géants de l'industrie. Rien ne correspond à la publicité si attractive, si mensongère, où l'on voit le seul producteur biologique de la région tâter et cueillir une à une les oranges les plus mûres pour les vendre ensuite à une petite coopérative du commerce équitable, un cas très marginal dans ce pays. Rien de comparable aux immenses orangeraies composées de millions d'arbres soumis à des cultures intensives multi pulvérisées de pesticides.

Pour exemple, dans l'usine de Coutral, l'un des géants américains de ce business, 42.000 oranges sont pressées à la minute. Les deux tiers des fruits sont issus de petits producteurs locaux mis à mal par des prix d'achat toujours plus bas. Regroupés en association, ils disent que ces firmes veulent les faire disparaitre pour un contrôle total du marché. Plus de 2000 cessations d'activité par an, plus de 22.000 au total. Tous sont contraints de revendre leur terre à ces multinationales organisées en cartel. Les cueilleurs des firmes ne sont payés qu'au poids. Ils travaillent souvent sous pulvérisation de pesticides, leurs vêtements sentent le poison, disent-ils. Les fréquents accidents du travail ne sont pas reconnus. Ce sont des conditions d'esclaves.

PROCÉDÉ DE FABRICATION

Le jus est déshydraté en usine jusqu'à obtenir un concentré pâteux qui a perdu toutes ses propriétés gustatives et vitaminiques. Puis il est transporté vers les pays consommateurs. Là, il est réhydraté à 50% avec de l'eau du réseau public traitée aux sels d'aluminium et additivé en arômes artificiels, sucre industriel, vitamine C de synthèse. Un tout présenté au grand public comme un passeport santé.

En fait ces produits, reconstitués et sur-concentrés en mauvais sucre – 8 carrés de sucre blanc raffiné pour un verre de 20 cl – même teneur qu'un sodas, sont très acidifiants pour l'émail dentaire, comme s'il s'agissait de l'action de micro-marteaux piqueurs sur vos dents « *Attention chantier* ». Très nocifs pour la santé publique, il ne reste qu'à les boycotter et presser soi-même d'un tour de main de bons agrumes non traités.

Toujours selon le New York Times du 8 novembre 2015, sur la même période, les ventes de jus d'orange se sont écroulées de 45%. Le grand public comprend que ce concentré de sucre et de pesticides est tout aussi néfaste que les sodas.

CHAPITRE 13

LES FAST-FOODS

La photographie des dirigeants de McDonald's faisant avec la main droite un signe apparemment anodin. Il s'agit du signe de VOOR qui est fait pour avoir le soutien de forces occultes - https://en.wikipedia.org/wiki/Sign_of_the_horns

Une pratique courante parmi les personnages du spectacle : Randy JACKSON – Michael JACKCON – Les Beatles. Parmi les leaders politiques : Barak OBAMA président des USA – Hillary et Bill CLINTON – George BUSH – Nicolas SARKOZY – le prince HARRY d'Angleterre, sataniste avéré qui a posé avec des insignes nazis – John KERRY, membre à vie de la secte skull and Bones, actuel Secrétaire d'État américain aux affaires étrangères, ami intime d'Anton LAVEY le fondateur de l'église de Satan ; la liste est très longue…

Autre pratique commune aux élites du système le positionnement des doigts de la main pour former le signe 666. D'abord en joignant le pouce, l'index tout en relevant et courbant le majeur pour former le premier 6, puis en relevant et courbant l'annulaire et

l'auriculaire pour former les deux 6 suivants. Ce n'est pas une posture de la main faite au hasard ; c'est le signe trisextile du six cent soixante-six permettant d'invoquer les forces occultes. L'objectif, assurer conjointement la pleine réussite de ses affaires, de sa carrière, de son enrichissement, de son pouvoir, de sa séduction... Ce que SARKOZY et bien d'autres leaders du système réalisent souvent pour invoquer l'appui des forces occultes. Un sujet parmi bien d'autres que nous développons dans notre ouvrage « *L'emprise du mondialisme II – Initiation & sociétés secrètes* ».

Pour eux, c'est le moyen assuré d'être influents, de faire partie durablement de l'élite du monde par l'avantage que leur confère la marque de la bête sur le front. Signe distinctif pour cette classe de puissants qui fut décrit prophétiquement il y a 2000 ans dans le livre de la Révélation de Jean 13 : 17 « *Et pour que personne ne puisse acheter ou vendre, sauf celui qui a la marque, le nom de la bête sauvage ou le nombre de son nom* [...] *car c'est un nombre d'homme ; et son nombre est 666* ».

McDonald's corporation est la plus grande chaîne de restauration rapide au monde avec 64 millions de clients chaque jour. Revenus 21,6 milliards $ en 2007, bénéfices 3,5 milliards $, soit 36,2%. En 2010, la firme possède 32.737 fast-foods dans 117 pays, 12.000 aux États-Unis, 1200 en France. Elle possède des participations dans d'autres chaînes de restaurants – Boston Market – Chipotle Mexican Grill – et Prêt À Manger. La France vieux pays de la gastronomie est paradoxalement l'un des marchés les plus dynamiques et les plus rentables, l'on y sert 1,7 million de repas par jour. Le restaurant ayant le plus gros CA au monde se trouve à Marne-la-vallée, en Seine et Marne dans la zone commerciale de Disney Village, il dépasse 25 millions € fin 2011.

En 2014, la multinationale est soupçonnée de fraude fiscale pour 2,2 milliards €, accusée d'organiser depuis 2009 des transferts d'importantes liquidités vers la Suisse et le Luxembourg. De son côté la filiale française, comme bien d'autres firmes américaines installées à l'étranger, ne s'acquitte pas de ses impôts. La même année, la firme accepte de dévoiler, aussi subtilement qu'elle le peut, la liste de ses ingrédients et additifs. Un scoop qui n'a pas été repris en Europe par les grands groupes de presse, sous tutelles des lobbies.

En 1999, un restaurant Mcdo en construction dans l'Aveyron est démoli par des membres de la Confédération paysanne. Une action commando pour affirmer l'interdiction d'importation en Europe de viandes américaines aux hormones. En représailles, les USA augmentent les frais de douanes des fromages au lait cru français, dont le célèbre Roquefort d'Aveyron. Le nouveau traité transatlantique à venir – TAFTA – lèvera tous les interdits sur l'importation en Europe de toutes sortes de produits US, dont la viande aux hormones de croissance, le poulet au chlore, les produits alimentaires GM, etc.

Les fournisseurs habituels de la firme se sont implantés en Europe, dans le même temps que l'implantation de la chaîne de fast-foods, parmi eux Keystone pour la viande, Cargill pour la volaille, East Balt pour les pains, McCain pour les frites. Quelques sous-traitances sont accordées sur place pour les sauces, l'équipement des restaurants.

L'on pourrait supposer que les ingrédients sont de bonne qualité, tout simplement de la viande de bœuf, des pommes de terre, de l'huile végétale, du sel, du poivre, afin de préparer sainement des bases de repas rapidement servis. Pas du tout, cat il n'y a pas de place pour l'angélisme avec ces industriels de la barbaque.

LES HAMBURGERS ET FRITES QUI NE POURRISSENT PAS !

Un artiste a lancé le Happy Meal Poject afin de démontrer que la bouffe des fast-foods ne se dégrade pas dans le temps. Le menu commandé le 10 avril 2010 ne se dégrade pas et semble toujours intact – voir les photographies ici http://www.nikopik.com/2013/01/un-menu-macdonalds-intact-apres-979-jours-a-lair-libre.html.

En Russie, les journalistes du Komsomolkaïa Pravda ont fait l'expérience de conserver, un menu Happy Meal cette fois au réfrigérateur en le photographiant tous les jours pendant six mois. Dans cet endroit humide, propice aux bactéries, ni les hamburgers, ni les frites ne se sont couverts de moisissures après 180 jours.

Plus tard, ils ont acheté les mêmes produits McDo + des ailes de poulets KFC Rostik + un Star Dogs hot-dog les ont déposés sur la table de leur cuisine, ont installé une caméra vidéo pour suivre leur évolution et posé à côté d'eux un sandwich témoin fait maison pour voir la différence. Leur sandwich s'est rapidement dégradé, se couvrant de moisissures, alors qu'aucune dégradation ne fut constatée pour la série des trois barbaques, finalement données à un rat qui les a dédaignés !

Après découverte du sujet par des promoteurs de santé naturelle, de grands médias ont relayé l'histoire vraie des hamburgers d'Happy Meal et des frites de McDonald's qui ne se dégradent pas, même après six mois de mise au placard d'une cuisine. Ça n'est pas possible, c'est exagéré direz-vous ! Pourtant, c'est le constat du Washington Post, repris par CNN, la malbouffe des chaînes de fast food ne se décompose pas, ne pourrit pas !

Le musée d'Hamburgers existe aux USA vous y trouverez le célèbre bionic burger, vieux de 14 ans, conservé dans une pièce non réfrigérée. Vous constaterez à l'aide de carton de datation son évolution année après année. A peu de différence près, c'est le type même d'hamburger vendu par toutes les d'enseignes de fast-food : McDonald's – Burger King – Quick – Subway – Wendy's… Témoignage par l'image https://www.youtube.com/watch?v=6rxAXzWDZwQ

Faites vous-même l'expérience de les conserver à température ambiante, ils se momifieront ! Comment est-ce possible ? Ils sont si additivés que les microorganismes, moisissures, n'osent même pas s'y attaquer !

COMPOSITION DU PETIT PAIN MOMIFIÉ :

➢ **Pâte** pour la majorité des pays : Farine de blé raffinée, farine d'orge malté + gluten de blé + niacine + mono nitrate de thiamine + riboflavine + acide folique + enzymes + agent de panification (stéaroyl lactylate de sodium azodicarbonamide E927 – phosphate monocalcique – peroxyde de calcium – farine de soja GM).

➢ **Mélange de liaison** : Eau + sirop de maïs à haut niveau en fructose + sucre industriel de betterave + huile de soja hydrogénée + sel industriel additivé aux antiagglomérants + sulfate de calcium (E156) + carbonate de calcium (colorant blanc E170).

➢ **Stabilisants** : Sulfate et chlorure d'ammonium (E517 + E510) + stéaryl de sodium lactylé (E418)

➢ **Émulsifiants** : Esters mixtes acétiques et tartriques des mono et diglycérides d'acides gras (E472) + mono et diglycérides (E471) + mono diglycérides éthoxyles (E488) + orthophosphate monocalcique (E341) + enzymes + gomme de guar (E488) + peroxyde de calcium (E930) + – azodicarbonamide +

Conservateurs propionate de calcium et de sodium (E 281 – E282).

Comment est-ce possible de dénommer « PAIN » cette liste chimique interminable ! Mis à part le consommateur nigaud, ni les souris, rats, insectes, microorganismes de la moisissure, ne veulent s'en approcher !

SAUCES

Big Mac Sauce et similaires : Huile de soja + condiment de cornichons en cubes aux arômes de glutamate monosodique (puissant neurotoxique) + sirop de maïs à haut niveau de fructose + sucre industriel + chlorure de calcium (509) + gomme de xanthane (E415) + sorbate de potassium (E202) + Extraits d'épices au monooléate de polyoxyéthylène de sorbitane + eau + jaunes d'œufs industriels + poudre d'oignons (probablement irradiée) + graines et son de moutarde (conservation avec sulfites, neurotoxique) + sel + alginate de propane (E405) + sodium benzoate (conservateur) + poudre d'ail (probablement irradiée) + protéine végétale hydrolysées (donc avec glutamate monosodique ou disodique) + couleur caramel (E150 – se reporter à sodas chapitre 12) + extrait de paprika et de curcuma (juste pour colorer) + disodium de calcium d'EDTA, un conservateur d'arôme (E385).

Particularité pour le **Canada** et les **USA** : Utilisation 1) du polysorbate 80 (E433) également utilisé dans la composition des vaccins 2) du phosphate de sodium-aluminium que l'on retrouve dans les sauces tartares, cornichons, filet de poulet croustillant, crème fouettée 3) du Peroxyde de calcium (E930) pour tous les pains 4) sel industriel additivé au silicoaluminate (E554).

Particularité pour la **Suisse** : Utilisation 1) du dioxyde de titane (E171) – voir nanoparticules, chapitre 11) 2) Bleu brillant (E133) – voir chapitre 20, colorants 3) Ester glycéroliques de l'acide diacetyltartrique et d'acides gras (E472) pour tous les pains.

VIANDE DES BURGERS

Selon Time magazine du 2/02/2011 et USA today du 27/01/2011, la viande utilisée par de nombreux fast-food provient des restes de viande de vaches de basse qualité, provenant d'élevages intensifs incluant un nourrissage à base de maïs et soja génétiquement modifiés. Les bêtes y sont multi vaccinées aux antibiotiques et piquées aux hormones de croissance, pratique systématique aux USA. Il est très probable qu'une proportion de viande de cheval soit utilisée et renforcée aux arômes synthétiques GMS de bœuf.

Les rations de viande sont aussi en cause. Exemple représentatif de tromperie, suite à une plainte déposée par une cliente du fast food Taco Bell ayant consommé du tacos à la viande de bœuf haché épicé (seasoned ground beef), après test, le tacos contenait 35% de bœuf, la moitié de ce que le Département de l'Agriculture considère comme normal pour valider l'appellation de bœuf haché soit 70% de viande maigre + 30% de matière grasse.

Tandis que le président de Taco Bell prétend à un dosage aux normes de 88,28% validé par le même Département. Il dit aussi que sans épices, sans liant et additifs la viande n'aurait que peu de goût et serait coriace ; s'agissant comme additifs, d'extrait de levure, autrement dit du glutamate monosodique (GMS), de la lécithine comme émulsifiant pour empêcher la graisse de se séparer du mélange, du caramel chimique de la maltodextrine (amidon pour empêcher la séparation des différents ingrédients) du dioxyde de silicone (poudre très fine de sable ajoutée pour rendre fluide certains additifs – voir nanoparticules, chapitre 11) et bien d'autres additifs cachés…

Petit interview de Mcdo

À la question[20] « Utilisez-vous du glutamate disodique 10 fois plus nocif que le monosodique (GMS) pour rendre les clients accroc» ? La firme McDonald's[21] répond « *non aucun GMS, seulement des protéines végétales hydrolysées* – PHV[22] – *très utilisées dans l'industrie alimentaire* ; D'ailleurs poursuit-elle « *quantité d'ingrédients des supermarchés, tomates, parmesan, champignons, contiennent des niveaux élevés de glutamate libres à l'état naturel aptes aussi à provoquer une réaction chez les personnes sensibles, nos Sauces contiennent le conservateur E 300 hydroxyanisole butylé* ».

Toutes ces firmes utilisent la même méthode pour embrouiller le public non averti sur les additifs nocifs. Ici l'argument porte sur la présence naturelle de GMS dans certains aliments et dans la composition d'un grand nombre de produits de supermarché. Le bon moyen de justifier l'utilisation d'une chimie nocive, en l'occurrence l'ajout de neurotoxiques dans les hamburgers, sauces salades, desserts…

Les Frites McDonald's

En 2014, Grant IMAHARA, journaliste scientifique américain a réussi à filmer une usine de conditionnement. Pour tenter de contrecarrer et

[20] http://vosquestions.mcdonalds.ca/questions/15275

[21] Site web de Mc do http://www.mcdonalds.ca/ca/fr/food/nutritioncalculator.html

[22] Le site officiel de Santé Canada indique clairement comme nous-même que les PVH sont l'équivalent du glutamate de sodium. http://www.hc-sc.gc.ca/fn-an/securit/addit/msg_qa-qr-fra.php

de minimiser la teneur de ce reportage, Mcdo en jouant la transparence a mis en ligne cette vidéo.[23] La liste des additifs[24] est inimaginable :

Huile de canola, de maïs et de soja hydrogénées (acide gras trans) – acide pyrophosphate de sodium pour empêcher la pomme de terre de noircir, substance utilisée dans les dentifrices et les détergents domestiques – dimethylpolysiloxane, un dérivé du silicone, substance pour éviter à l'huile de friture de mousser, utilisée aussi dans les shampoings – Dextrose ou sucre industriel pour l'aspect doré des frites – de l'arôme de bœuf, dit naturel, comme agent de saveur pour assurer un goût constant aux frites – le buthylhydroquinone tertiaire, un antioxydant dérivé du pétrole. Les engrais chimiques utilisés pour la culture des pommes de terre ne sont pas dévoilés. Mcdo affirme que l'usage de ces additifs diffère d'un pays à un autre !

LES NUGGETS MCDO

En octobre 2013, le professeur Richard DESSHAZON, chercheur à l'université de médecine du Mississipi précisait que les nuggets vendus dans les chaînes de fast-food sont composés au mieux de 50% de viande. Le reste est constitué de graisse, de nerfs, de cartilage, de micro morceaux d'os, de vaisseaux sanguins et de sang. Même tactique, la firme tourne une vidéo dans une de ses usines et indique n'utiliser que du maigre et peau de poulet, enlevant les pilons et les ailes, sans ajouter de pâte ressemblant à du chewing gum rose que l'on voir sur ce témoignage par l'image.[25]

Depuis avril 2014, McDonald's Europe permet à ses fournisseurs d'utiliser des sojas et maïs GM pour nourrir la volaille utilisée par les restaurants ; explique une porte-parole de la firme au quotidien Der Spiegel. Dernier coup de bluff de la firme, plus d'œufs issus de poules élevées en batterie pour les 16.000 restaurants nord-américains du

---

[23] https://www.youtube.com/watch?v=x6RBtx4JU3c#t=95

[24] http://www.sciencesetavenir.fr/sante/20150122.OBS0521/video-mac-donald-les-19-ingredients-contenus-dans-les-frites-reveles.html

[25] Témoignage par l'image http://www.dailymotion.com/video/x1avskc_comment-mcdonald-s-prepare-vos-nuggets-pate-rose-rumeurs_news

groupe. En fait, c'est le nourrissage des poules qui prime, sachant que tous les élevages industriels utilisent du soja et des céréales GM, des farines animales composées de tous les déchets d'abattoirs et de cadavres d'animaux. Cette mesure, cet effet d'annonce, ne s'appliquera réellement qu'en 2025, car 99% des 12 milliards d'œufs utilisés annuellement par la firme proviennent de batteries !

Selon le New York Times du 8 novembre 2015, le chiffre d'affaires moyen des restaurants McDonald's aux USA est en chute significative depuis trois ans. Le grand public aurait-il compris la nécessité d'abandonner la Junk food !

Les pains de Subway ne sont pas en reste d'additifs, il utilisait entre autre chimie de l'azodicarbonamide pour donner du moelleux. Dans l'industrie, ce produit est ajouté au caoutchouc des chaussures, des matelas en latex, pour en augmenter l'élasticité. La vive réaction des clients appelant au boycott a permis l'interdiction de cet additif en Europe, Australie, Singapour, puis au Canada.

Selon une enquête universitaire, le niveau calorique des sandwiches Subway est l'équivalent des autres produits concurrents. Puisque ce sont les clients qui choisissent eux-mêmes la composition de leur repas, ils sont bluffés par le choix de légumes, crudités, par une campagne marketing de soutien contre l'obésité conduite stupidement par Michelle OBAMA, la femme du président US. En réalité, les consommateurs se chargent tout autant de lipides et de mauvaises calories avec ces mauvaises sauces et mauvais corps gras, ces tranches de fromages industriels et ces boulettes de viande dont ils ignorent la composition.

GRANDE ARNAQUE FINANCIÈRE

Par comparaison à McDonald's et Burger King, les dirigeants de cette enseigne ne sont pas propriétaires des 44.000 sandwicheries dans le monde. La pleine charge de l'investissement revient aux gérants de l'enseigne. Mal-attentifs aux termes du contrat, ils sont surexploités, plient lourdement sous le poids des 12,60% de royalties, le double de la moyenne des autres franchisés, ce qui les conduit pour la plupart à la faillite.

En Europe, le siège social a su détourner la fiscalité en faisant converger le montant de toutes les royalties de l'UE vers les pays bas, pays qui n'impose pas fiscalement ces transferts. Avec cette plaque tournante, elle peut faire virer annuellement une centaine de millions € vers l'adresse d'une villa du Liechtenstein qui fait office de siège social. Source agence Reuters et spécial investigation. Plus de détails avec ce témoignage par l'image.[26]

GLAÇONS CONTAMINÉS

Des journalistes du quotidien britannique Dailly Mail se sont rendus dans 10 grandes enseignes de fast-foods, McDonald's – Burger King – Starbuck – KFC… afin d'y prélever, avec la participation d'employés, des glaçons et des échantillons d'eau des toilettes qu'ils ont déposé dans des contenants stériles. Cet échantillonnage a été analysé par le laboratoire Microtech accrédité par le gouvernement. Résultat surprenant, dans 6 cas sur 10 les glaçons contiennent plus de bactéries que l'eau des toilettes. À l'origine, les machines à glaçons peu nettoyées, les mains souillées des employés. KFC et Burger King sont les plus en cause. McDonald's avec sa mauvaise foi habituelle conteste l'étude et refuse d'appliquer de nouvelles mesures d'hygiène.

[26] https://www.youtube.com/watch?v=NEpdfRS8Ht8

Conséquences de la Junk food. En 1995, le monde comptait 200 millions d'obèses, 300 millions en 2003, puis 500 millions en 2012. En 2016, un tiers de la population occidentale est concernée par l'obésité. Du territoire nord-américain, le mal s'est étendue à tous les continents, jusqu'à ceux en voie de développement où les bébés issus de mères mal nourries développent in utero des mécanismes pour économiser les nutriments. Une fois adultes, ils sont souvent sujets à l'obésité Dès lors, les pathologies se profilent, maladies cardio-vasculaires, diabète, certains cancers… Un danger multi générationnel pour la santé publique.

Le phénomène d'obésité est une pandémie mondiale consécutive aux aliments industriels riches en mauvaises graisses, mauvais sucres et sels, multi additivés de chimie et d'additifs neurotoxiques. Manger sainement devient un art de vivre qui n'est plus une habitude du quotidien. Un américain sur quatre entre dans un fast food, lorsqu'il mange à l'extérieur. En 1972, les gens consacraient 3 milliards $ aux produits de la junk food, c'est 110 milliards $ aujourd'hui. En France 5 à 10% des repas du soir pour les adultes sont du fast food. Chez Mc Donald's, plus d'un million de repas sont servis chaque jour. Entre 1983 et 2002 la consommation par les enfants de boissons sucrées a augmenté de 64% au Royaume-Uni ; celle de fritures, chocolat, chewing gum, bonbons, de 68%. Bien d'autres chiffres alarmants pourraient être alignés les uns après les autres.

En 2016, la récupération d'une bonne nuit de repos est mise en cause par L'American Academy of Sleep Medicine. Cette académie de médecine spécialisée dans les troubles du sommeil explique qu'une alimentation riche en graisses saturées présentes notamment dans le fromage, les viandes grasses, charcuterie, plats et sucres industriels, impactent et raccourcissent la phase de sommeil profond. Ce qui provoque des réveils nocturnes fréquents, affectant la sécrétion d'hormone de croissance chez l'enfant. C'est aussi une diminution d'efficacité des défenses immunitaires et l'affaiblissement de l'ancrage de la mémoire pour toutes les tranches d'âge.

De l'enfant au vieillard, toutes les performances physiques, cognitives, intellectuelles, comportementales, sont amputées par la nourriture industrielle des supermarchés et celle de la restauration rapide. La grande majorité des consommateurs de junk food ne peut pas se soustraire aux conséquences tant au plan physique que mental. Jusqu'à ressentir le mal être qui en résulte, cette sensation étrange et pénible d'être mal dans sa peau, dans son entourage, dans la société. Des sujets développés aux chapitres 23 et 24.

Conclusion. Le grand public dit tout ceci n'est qu'une question d'argent, de profit. C'est exact, mais incomplet, car il existe un objectif caché, pourtant effectif qui consiste à ajouter à l'alimentation des neurotoxiques afin d'agir, d'interférer, sur le cerveau des masses humaines. L'objectif avéré consiste à les manipuler, à les empêcher de penser clairement à la situation mondiale en plein délitement. Pour cela les firmes disposent de plus de 4000 substances chimiques toxiques, sans besoin réglementaire d'en justifier l'utilisation, ni nécessité légale d'en faire mention sur l'étiquetage.

Agissant de la sorte, les dirigeants de ces industries alimentaires deviennent volontairement les complices de la gouvernance occulte. Ils continueront à prospérer, à s'enrichir, même en période de récession économique, tant qu'ils resteront loyaux envers ce cartel, acceptant d'être marqué au front avec la marque de la bête.

CHAPITRE 14

LES BOISSONS, CAFÉ, THÉS, VINS, BIÈRES…

Le café produit industriellement, annuellement 400 milliards de tasses. Deuxième production mondiale après le pétrole, il fait vivre environ 2 milliards de familles dans plus de 50 pays en développement. La quasi-totalité des récoltes sont issues d'une agriculture intensive utilisant massivement des pesticides, insecticides, au détriment de la biodiversité, disparition des oiseaux, des insectes, des plantes, appauvrissement des sols, de la santé des ouvriers agricoles exposés sans protection contre cette chimie.

La main-d'œuvre est exploitée, la plupart des employés des firmes n'ont pas de salaire décent leur permettant de faire vivre leur famille, ils n'ont aucune couverture sociale, ni droits à la retraite. De leur côté, les producteurs touchent 5,5 milliards $ soit 8% des 70 milliards générés par cette filière. Les consommateurs grands amateurs de ce breuvage très aromatique absorbent ce cocktail chimique qui se cumule à tous les autres poisons de l'industrie alimentaire.

Le café industriel **en capsule**, en plus des pesticides, il contient un niveau anormal de furane, un composé polycyclique proche du benzène, de l'acrylamide, reconnu cancérigène du foie, de la vésicule biliaire, chez le rat. Javier SANTOS spécialiste de chimie analytique de l'université de Barcelone explique simplement « *Préparer un café dans une cafetière traditionnelle, ce n'est pas la même chose qu'un expresso, surtout à capsules, du fait du niveau élevé de furane : 111 à 244 nano grammes par millilitres contre 20 à 78 ng/ml avec une* cafetière à filtre ».

C'est un composé volatile incolore cancérigène qui s'échappe des aliments transformés par un traitement thermique au-delà de 120°C ; S'ajoutent les composants chimiques et/ou l'aluminium des capsules qui passent par transfert thermique jusque dans la tasse. Ceci à un prix au kilogramme trois fois supérieur au café traditionnel en grain ou moulu ; un bon coup du marketing. Vaut mieux un moulin à grains de bonne qualité et faire le café soi-même. La torréfaction du café, du cacao, la stérilisation des conserves jusqu'aux petits pots avec viandes et légumes pour bébés contiennent du furane.

Le décaféiné industriel, issu de cafés cultivés avec la panoplie chimique, le déca va en recevoir davantage puisque la caféine est enlevée à chaud avec un solvant chimique, chlorure de méthylène et acétate d'éthyle. La caféine extraite est revendue comme agents aromatique, ou additif des médicaments.

Le déca biologique. Les grains sont simplement passés à l'eau avec du dioxyde de carbone – CO2 – puis à la vapeur, finalement trempés dans de l'eau claire avec circulation de CO2 pour dissoudre la caféine, bonne dégustation.

Le café biologique équitable, par exemple Max Havelaar. Ce label représente la moitié des ventes. L'acheter à un prix sensiblement identique aux marques industrielles, permet non seulement d'éviter la charge chimique pour soi, pour les oiseaux, les insectes. De plus, les conditions de vie, de santé, des ouvriers agricoles se sont améliorées avec ce label…

Le thé. Les amateurs savent que c'est tout un art, un moment de plaisir renouvelé. Pas de sachet jeté à la hâte dans une tasse si fine soit-elle. En 1908, thomas SULLIVAN, marchand de thé américain, cherchant l'économie, utilisa de petits sachets de soie cousus main à la place de boites métalliques plus chères à l'achat et au transport. Lorsque les clients recevaient les sachets, ils les utilisèrent directement dans la théière sans les déballer ; ainsi le thé en sachet fut découvert.

En 1929, Adolf RAMBOLD le confectionna avec 15 cm de papier plié en deux poches, fermé avec une agrafe et une petite ficelle. Les sachets sont blanchis au chlore et les thés qu'ils contiennent sont souvent de mauvaise qualité, contenant des brisures, de la poussière, à la place de feuilles entières. C'est une formule à la va-vite pour amateurs non avertis ; Rien ne remplace les feuilles en vrac de véritable origine biologique.

Pesticides et polluants. Les thés verts de chine, d'Inde, d'Afrique contiennent des centaines de produits phytosanitaires utilisés pour repousser les nuisibles, insectes, microchampignons + des herbicides pour détruire les « *soi-disant mauvaises herbes* » + divers produits chimiques, solvant de colle par exemple, à cause de la perméabilité des emballages + la pollution environnante provenant d'autres polluants utilisés sur des cultures voisines, répandus par les airs, les sols, les eaux + l'aluminium et la radioactivité ambiants que les feuilles absorbent tout particulièrement. C'est pourquoi l'on retrouve jusqu'à 40 substances chimiques étrangères au thé. Ce sont des charges toxiques significatives allant bien au-delà des normes en vigueur.

Le thé, la boisson la plus consommée après l'eau. Dans un rapport d'avril 2012, Greenpeace met en cause neuf grands producteurs chinois, ainsi que les thés Lipton en sachet les plus vendus en Chine. 29 types de pesticides, incluant des substances interdites, ont été répertoriés dans les provinces du Fujian et du Zhejiang – première région pour le thé vert. De 10 à 220 € le kg toute la gamme de prix est concernée par cette chimie. Greenpeace affirme « *Lipton dispose d'un vaste réseau d'achats et de ventes de thé dans le monde, aucune certitude pour que les thés produits en Chine ne soient pas exportés à l'étranger* ». Rien de surprenant dans ce pays corrompu où les scandales sanitaires se multiplient : lait pour enfant contaminé à la mélamine, chlore dans le Coca-Cola, riz au cadmium…

Pour l'agence canadienne d'inspection des aliments – ACIA – cinq des dix marques populaires de thé contiennent des pesticides dépassant les limites maximales. Deux ans plus tard, en 2013, même analyse et même constat. La présence excessive de pesticides s'explique par la pratique standard du goût, « *Yellow Label* » chez Lipton, consistant en un mélange d'une cinquantaine de thés différents afin d'obtenir une saveur constante. Ce goût identique prime sur la façon dont ces thés ont été cultivés et additivés en pesticides. Une méthode aux antipodes de ce que recherchent les amateurs attachés au goût spécifique d'une plantation. La marque Red Rose fait exception, étant vierge de contaminant.

LA SOLUTION

Les thés biologiques. En Chine, premier producteur avec 30% volume mondial, la culture biologique ne représente qu'un faible pourcentage de la production. Pour approcher la pureté, sans métaux lourds, notamment l'aluminium, choisir la provenance du haut plateau du Yunnan, proche du Tibet.

LE VIN

Le breuvage le plus noble depuis des millénaires. **Au moyen âge** et à la Renaissance c'était la boisson principale car l'eau souvent contaminée de souillures pouvait donner la dysenterie. Jusqu'au XVIe siècle le titrage en alcool était faible, moins de dix degrés, la qualité était médiocre, la conservation moins d'une année. Il était mélangé à l'eau, rarement consommé pur. Ou préparé en macération avec des fruits, des plantes, on faisait aussi la piquette, un mélange de raisin, d'eau et de sucre. Dès le XIe siècle, les épices importées des croisades sont ajoutées afin de masquer l'acidité du vin. Le moyen aussi de le valoriser lors de festivités organisées par les Seigneurs où l'on présentait aux convives le vin de sauge, d'anis, de romarin…

Ces vins épicés furent aussi utilisés dans la diététique médiévale et intégrés à la pharmacopée de l'époque surtout pour soigner les problèmes gastriques. Les gens très pieux suivaient le conseil biblique contenu dans 1 Timothée « *Ne continue point à ne boire que de l'eau ; mais prends un peu de vin, à cause de ton estomac et de tes fréquentes indispositions* » Bible Crampon 1923.

La recette du fameux Hypocras : 200 grammes de miel pour 3 litres de vin avec les épices royales de cannelle, clous de girofle, gingembre… Une préparation mise en macération quelques jours, puis filtrée, mise en bouteille, conservée plusieurs années. Recette très appréciée d'Henri III, de Gaston Phoebus, de Louis XIV, de Rabelais… aujourd'hui en passe d'être redécouverte. Dès le XVIIe siècle les macérations se font aussi avec des oranges, pommes, citrons, amandes… l'ancêtre de la Sangria.

RICHE EN ANTIOXYDANTS

Le vin naturel, issu de l'agriculture biologique, contient des flavonoïdes ou polyphénols, des molécules à l'origine des couleurs rouges, brunes, bleues des fleurs et des fruits. Tous les organes du système végétal en contiennent, des racines jusqu'aux écorces, tiges, fleurs, fruits. Les polyphénols sont des phyto-micronutriments qui protègent la plante des agents pathogènes – virus – bactéries – moisissures – et des rayonnements ultra-violets.

Ils contribuent à la reproduction et à la survie des espèces. Ils sont composés de pigments, d'arômes, de tanins astringents, donnant la caractéristique de goûts, de couleurs aux plantes. Ils entrent dans les propriétés organoleptiques et goût des vins, jus de fruits, cidre, thés, cafés, cacao, fruits, légumes. Pour l'organisme humain, ils ont des propriétés anti-oxydantes, des effets protecteurs et dilatateurs des vaisseaux sanguins, une action fluidifiante du sang

Au XXe siècle, la chimie envahie les vignes et les laboratoires d'œnologie. En France, les 783.000 hectares de vignes représentent 3,7% de la surface agricole totale pour 20% des pesticides utilisés, soit 10.000 tonnes, en majorité des fongicides, contre les divers champignons des pieds de vigne, le Mildiou est le plus connu d'entre eux. Il s'agit de la plus grande proportion de substances chimiques utilisées à l'hectare agricole.

Les vignobles sont à ce point traités aux pesticides que des vétérinaires dissuadent leurs clients de s'y promener s'ils tiennent à la vie de leurs chiens. Pour les familles à proximité, selon l'association Générations futures, il vaut mieux limiter l'ouverture des fenêtres, espacer les repas sur la terrasse, éviter de cultiver un potager.

Quant aux ouvriers viticoles ils sont pris de nausées, maux de tête, saignements de nez… En 2012, avec la participation du laboratoire Kudzu, l'association Générations futures a organisé une enquête basée sur l'analyse de cheveux de 15 salariés viticoles, dont 6 n'étaient pas exposés directement aux pulvérisations chimiques, et celle de 5 voisins habitant à moins de 250 mètres des vignes. Cette enquête a révélé la présence dans le sang d'une dizaine de molécules classées cancérigènes.

Cas flagrant en Gironde à Villeneuve et Léognan, un petit village de 402 habitants entourés de 250 hectares de vignes jusqu'au pied des habitations, de la mairie et de la petite école primaire. C'est là que 23 enfants et le professeur ont été pris de malaises le 5 mai 2014 après un épandage de fongicides sur les parcelles voisines. Colère pour cette incursion de la chimie aux portes des écoles et inquiétudes tant le vin est un sujet sensible, au cœur de l'économie et du prestige de la région. Par arrêté, le Préfet de Gironde a interdit l'épandage à moins de 50 mètres des 164 écoles du département, mais seulement au moment des entrées et sorties d'élèves. Le Gouvernement chercherait à étendre cette mesure sur tout le territoire en faveur des crèches, hôpitaux, maisons de retraite. C'est dire à quel point la pestilence est omniprésente.

S'ajoute **la panoplie de l'œnologie**, comprenant 300 pratiques et traitements avant mise en bouteille. Les chimistes utilisent des acides, bases, conservateurs, agents anti-brunissement. Agents de collage à base de blanc d'œufs industriels, de caséine de lait, de peau et cartilage de poissons. Agents de clarification à base de gélatines issues du porc, de la vache… Ils ont le choix parmi les 47 produits chimiques et 200 arômes existants de fruits, de bois, de fumé… pour modifier la nature, couleur, saveur, odeur, conservation, des vins. L'objectif primordial, obtenir un produit stable au pH constant. L'assurance absolue contre le retour de vins instables, mal conservés, impropres à la consommation et l'insatisfaction du client final.

L'anhydride sulfureux ou dioxyde de soufre – E220 à E 224 – E226 à E228 – utilisé comme conservateur du vin, le plus dangereux des additifs, est également ajouté aux bières, vinaigre, moutarde, fruits secs, charcuteries, confiseries, fruits confits, confitures… Pour ce seul additif, puissant neurotoxique, la dose admissible est dépassée journellement pour un million de Français. Mis à part cet intrant, aucune législation n'impose de mentionner sur l'étiquette toute la panoplie chimique utilisée pour la vinification – point clé ●

Autant de poisons que l'on retrouve forcément dans les vins consommés et exportés par millions de litres. En 2008, le Journal Chemistry Central diffuse ses conclusions sur des vins en bouteille provenant de cinq pays, dont la France, ils présentaient un niveau élevé et dangereux de métaux lourds, sur la base d'un verre chaque jour. Les associations Pesticides Action Network Europe confirment que tous les vins issus de l'agriculture non biologique sont contaminés par un niveau élevé de pesticides nocifs pour la santé, y compris les bouteilles à 200 € pièce.

En 2012, l'association française 60 millions de consommateurs révèle les résultats d'analyse sur 92 vins. L'on retrouve la présence de 29 substances nocives, sachant qu'il n'existe aucune limite maximale de résidus de pesticides – LMR – pour le vin, seulement pour les raisins de cuve, une aberration du règlement européen CE 396/2005. Les vins blancs sont les plus chargés, 242 µg/kg en moyenne contre 114 µg/kg pour les rouges et 95 µg/kg pour les rosés. Moyenne globale 150 microgrammes de résidus par kilo soit 300 fois le seuil admis pour l'eau potable. *Plus d'adage santé pour ce type de vin* !

Record dans le bordelais pour le vin blanc 2011 château Roquetaillade Le Bernet 3364 fois plus de résidus que l'eau potable à 0,5 µg/kg. Le Mouton Cadet rouge 2010 qui réunit à lui seul 14 molécules différentes, dont du carbendazime interdit en France, probablement une fourniture de contrebande ; s'agissant de la marque la plus diffusée dans le monde avec 12 millions de bouteilles/an. Cette pollution est si diffuse qu'elle pénètre les cépages biologiques dont les vins en contiennent d'infimes traces, mais huit fois moins en moyenne que les autres.

LA BIÈRE

Breuvage de tradition, aux allures naturelles. Vers 1400, première production à base d'orge maltée, d'eau, de levure. Au XVe siècle, les marchands flamands et hollandais ont ajouté le houblon dans le brassage pour en augmenter l'amertume. Légèrement opaque ce type de bière contenait beaucoup de protéines – peptides – et de glucides. L'on dit « *une bière vaut deux tranches de pain – Si le brasseur passe, nul besoin du boulanger* ». Au moyen âge cette boisson était considérée plus saine que l'eau car elle était préalablement portée à ébullition.

Aujourd'hui, la production de 1400 millions d'hectolitres nécessite d'énormes quantités de céréales issues de cultures intensives chargées de pesticides. De plus, les peptides issus de la fermentation de l'orge, à l'instar du gluten, détériorent les jonctions serrées de l'intestin et passent la barrière intestinale, induisant les allergies et pathologies caractéristiques des céréales dénaturées, déconformées.

FABRICATION DÉVOILÉE

Pour toutes les marques industrielles : l'on y trouve du sirop de maïs GM à haute teneur en fructose – du maïs GM – du propylène glycol – du glutamate monosodique – de l'ichtyocolle comme clarificateur obtenue à partir de vessie natatoire de poisson, souvent de l'esturgeon ; de la gélatine de peau de porc – de la protéine de lait de vache (caséine ou caséinate de potassium) – de l'albumine tirée du sang animal – des traces d'arsenic[27] –

QUELQUES PARTICULARITÉS PAR MARQUE :

Pour *Newcastle brown* : du colorant caramel cancérogène issu de l'ammoniaque. Pour *Budweiser* : du maïs GM – Greenpeace y a découvert du riz GM expérimental. Pour *Michelob Ultra* : de l'édulcorant GM - dextrose. Pour *Guinness :* de la colle issue de vessie natatoire de poisson. Pour *Coors Light* : du sirop de maïs GM. Pour *Pabst Blue Ribbon* : du maïs et sirop de maïs GM. Pour *Budweiser*, le géant Anheuser-Busch qui la produit ne veut pas divulguer sur son site la liste de ses ingrédients en une seule fois.

---

27 http://www.sciencedaily.com/releases/2013/04/130407183550.htm

CHAPITRE 15

L'EAU

L'eau. Les rejets chimiques des différentes pollutions agricoles, industrielles, se retrouvent dans l'eau courante. Tous les traitements à base de dioxines, phtalates, bisphénol, parabène… tous les traitements médicamenteux, anxiolytiques, hormones contraceptives, via les urines, matières fécales… se retrouvent dans les eaux usées. Toute cette pestilence s'écoule dans les rivières, les mers car la conception des stations d'épuration ne permet pas de les éliminer avant la consommation au robinet. Les poissons, les femmes enceintes, les jeunes enfants, sont les plus vulnérables.

S'ajoute le traitement insensé de l'eau potable au **sel ou sulfate d'aluminium** pour la clarifier, utilisé souvent au-delà du niveau requis par l'OMS. Une exception, l'eau de Paris qui est traitée au chlorure de fer. Grenoble est un exemple remarquable pour la qualité, le prix et la gestion publique de l'eau. Si ce traitement sans aluminium est applicable aux 2,2 millions de parisiens, pourquoi n'est-il pas le même pour les autres français. Il ne reste qu'à s'organiser pour faire une pétition nationale afin que cela soit étendu à tout le territoire ; ce qui a été fait avant la parution de ce livre – voir ici

https://www.change.org/p/minist%C3%A8re-de-la-sant%C3%A9-%C3%A9liminer-l-aluminium-du-traitement-de-l-eau-potable-en-france

Avec notre ouvrage, le grand public pourra se rendre compte de la *combinatione, façon mafia* , existante entre les dirigeants politiques de la majorité des nations et les leaders lobbyistes de l'industrie pharmaceutique, chimique et agroalimentaires. Témoignage par l'image https://www.youtube.com/watch?v=t00IQlVOwpM

La relation entre aluminium et Alzheimer a été démontrée à maintes reprises par diverses études, internationales, dont celles de l'INSERM, du CNRS, mais elles ont toutes été déniées par les pouvoirs publics. L'aluminium de l'eau se cumule à celui de la vaccination dès l'enfance et à celui de la vie au quotidien, farine de blé blanchie à l'aluminium, feuille alu de cuisine, canettes de boisson, déodorant... Voir ce témoignage par l'image https://www.youtube.com/watch?v=-gAsSR6g7SU Point clé ●

Aux États-Unis, au Canada, depuis 50 ans, l'eau potable est additivée aussi de **fluor**, soi-disant pour assurer la santé dentaire. En 2013, de nombreux Québécois se sont opposés à cette pratique. Une trentaine de pays en ajoutent à l'eau du réseau public au détriment de 400 millions de gens. Parmi eux, le Royaume –Uni, le Chili, la Corée du Sud, Singapour, l'Espagne, l'Irlande, Israël, le Brésil, la Malaisie, le Vietnam, l'Australie, la Nouvelle Zélande, Hong Kong. La France n'en ajoute qu'au sel de table, d'où l'intérêt du sel gris non raffiné, non traité.

http://webcache.googleusercontent.com/search?q=cache:bmdNwaZTwT4J:santesaglac.com/medias/fluoration_eau_potable_QR_MSSS.pdf+&cd=10&hl=fr&ct=clnk&gl=fr

C'est aussi l'un des plus grands mensonges sanitaires car les autorités savent pertinemment que le fluor chimique détériore l'état des dents (coloration, porosité) et des os. Les nazis d'IG Farben l'utilisaient pour rendre la population docile, malléable, à la propagande hitlérienne, mais cela ne les dissuade pas de l'utiliser.

En Amérique du nord, au Japon, du **lithium,** utilisé en psychiatrie pour le trouble bipolaire – ou psychose maniaco-dépressive, est aussi ajouté dans l'eau qui à l'état naturel en contient une infime partie. Soi-disant pour réduire le risque de suicide, sachant qu'il s'agit d'un produit actif qui au-delà des normes naturelles engourdi le cerveau. Tout ceci dans le même but de conditionnement mental des masses humaines.

L'aluminium, le fluor, le lithium ajouté à l'eau potable + tous les additifs alimentaires, notamment les neurotoxiques ajoutés à un grand nombre d'aliments industriels. Pour le pouvoir de l'ombre c'est la façon la plus sournoise, la plus efficace, de poser une camisole chimique sur le cerveau d'une majorité d'individus qui ne peuvent plus penser clairement par eux même car leur facultés intellectuelles sont minorées.

SOLUTION

La présence d'aluminium hautement toxique dans l'eau peut être retenue par la filtration de type DOULTON. L'omniprésence de ce métalloïde dans tous les produits alimentaires et non alimentaires du quotidien peut être éliminée en grande partie en utilisant de la silice d'ortie, ou de la silice minérale disponible en flacon dans les magasins diététiques – www. huebner-vital.de. Ou par la consommation d'eau minérale dosée à + de 30 mg/l de silice, dans les deux cas, en cure de trois mois, deux fois par an.

LES EAUX TROP MINÉRALISÉES

Il faut éviter de boire des eaux trop minéralisées, avis du professeur SCHROEDER, autorité mondiale dans ce domaine. L'excès de minéraux perturbe les échanges extracellulaires en modifiant la pression osmotique des liquides interstitiels – *entre les cellules.*

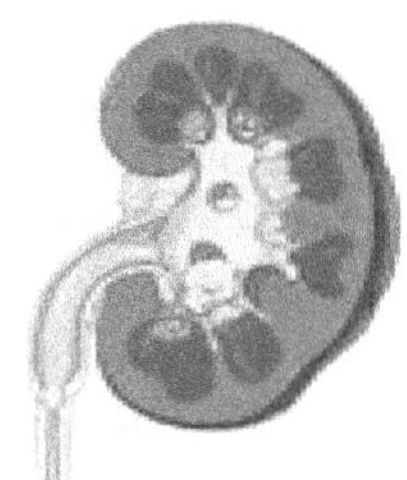

Par exemple un rein fonctionnant avec de l'eau trop minéralisée enfle, gonfle, car la charge minérale provoque une poussée osmotique à cause de laquelle les ensembles membranaires se ferment, rompant tout équilibre. En revanche, une eau pure, peu minéralisée, assure l'équilibre des échanges osmotiques. L'ouverture et la fermeture des membranes est normalisée, le rein n'est soumis à aucune dilatation – travaux du Dr DAMOOR – 1917.

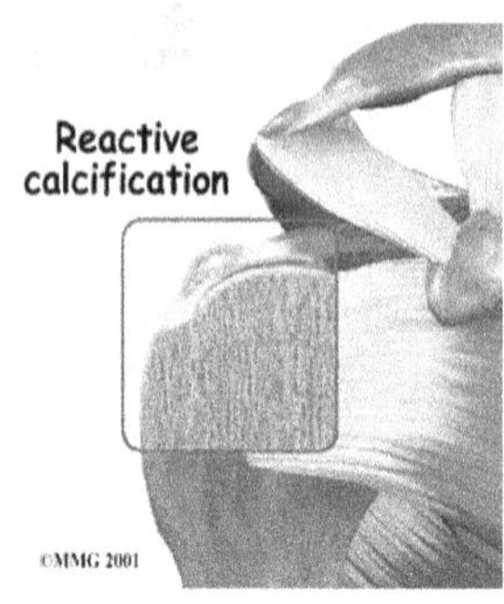

TOUT COMMENCE PAR LES TISSUS VASCULARISÉS

Les minéraux en excès contenus dans les eaux minérales, combinés au 1) calcium laitier 2) aux protéines croisées d'une alimentation déconformée 3) au fonctionnement cellulaire perturbé, encombrent progressivement les 40.000 km de capillaires nourriciers. En résulte la formation de micro cristaux qui se déposent sur les filets nerveux – myéline – de la membrane synoviale, rose et lisse, l'organe de glissement articulaire par excellence. D'où une série de réactions en chaîne sous forme de dégénérescence synoviale qui induit une primo calcification – *car le corps cherche à réparer, mais de la mauvaise façon* – laquelle induit à son tour une primo inflammation. Au final, le niveau d'acide tartrique augmente produisant d'avantage de dépôts calciques.

Effets sournois. Les maladies et blessures articulaires consécutives à l'excès de minéralisation et d'encombrement cellulaire apparaissent généralement dans l'ordre de la réaction cellulaire en chaîne : 1- tendinopathie réactive 2- tendinite dégénérative par micro-rupture du tendon 3- capsulite et/ou simultanément des déchirures musculaires. Des problèmes fréquents chez les sportifs amateurs ou professionnels. Plus encore chez ceux ayant subis d'anciennes blessures musculaires, articulaires, dont les tissus sont particulièrement fragilisés.

L'eau du robinet peut être traitée et débarrassée à domicile de la plupart des polluants avec le système de filtration DOULTON* le meilleur de sa catégorie. L'excès de **nitrates** est dangereux pour la santé car il se transforme en nitrite dans l'organisme. La concentration maximale en France de l'eau courante est de 50mg/litre, ce seuil devrait être de 10 mg/litre, il existe des testeurs pour en évaluer la teneur et une filtration domestique spécifique* aux zones géographiques où la teneur en nitrate de l'eau est trop élevée. De même pour la présence de pesticides, antibiotiques, hormones, chlore.

Boire 1,5 à 2 litre par jour, c'est **la forme de propagande des firmes** d'eaux minérales et le conseil stupide du corps médical. De sorte que tout le monde est convaincu de faire ainsi. Combien de « *boit-sans-soif* » voit-on avec une bouteille plastique à la main ! Dans les pays très chauds + 50° à l'ombre, les gens sont en bonne santé, ne buvant que quelques tasses de thé dans la journée, sans que les vieillards ne meurent de déshydratation. De même, les pratiquants de la diététique macrobiotique, généralement sveltes, boivent très peu, souvent du thé Mu-Yang.

Ceux qui ont une connaissance de l'organisme savent 1) que l'épuration de la lymphe et de ses colloïdes s'obtient par un jeûne sec, sans manger, ni boire, pendant 48 heures. 2) Que l'on rétablit la néphrite en mettant les reins au repos de la même façon. Par contre les buveurs d'eau à l'excès ont souvent à souffrir de jambes lourdes, de prise de poids, par rétention d'eau, de cellulite, de pesanteur abdominale, de sensation de gonflements, en fait de tout ce que l'on cherche à éviter en suivant la propagande et les conseils stupides de ce milieu.

Les reins fonctionnent pour nettoyer le sang, l'intestin, pour épurer la lymphe. Lorsqu'un des deux circuits est défaillant, quel interlocuteur nous ferait croire qu'il faille le surcharger ! Le milieu médical dit « *buvez davantage, bien au-delà de la sensation de soif !* ». Pour savoir si vous buvez suffisamment en fonction de votre activité physique, votre urine doit-être de couleur jaune paille. Si elle est foncée, peu abondante, possiblement brûlante, c'est que l'hydratation est insuffisante. Si l'urine est semblable à de l'eau, c'est que vous buvez trop. Si vous buvez beaucoup et urinez peu, c'est que vous faites de la rétention d'eau, il est temps d'arrêter les dégâts ! Le Dr Georges POURTALET, une autorité médicale, est du même avis, son ouvrage « *Le corps fixe ses besoins que la médecine ignore* » – Ed. Dauphin.

L'EAU DOUCE UNE RESSOURCE RARE

Cette raréfaction concerne la production vivrière. La plupart des pays utilisent 40% de leur ressource en eau pour l'irrigation des cultures. Le changement climatique exerce des pressions supplémentaires sur cette disponibilité en eau. Les projections indiquent un fléchissement général des précipitations dans les zones semi-arides qui s'étendent partout sur le globe, une plus grande variabilité de la répartition des pluies, une fréquence accrue des phénomènes météorologiques extrêmes et une hausse des températures. L'agriculture tropicale et subtropicale sera la première touchée. Voir le chapitre 4.

Une grave diminution du débit des cours d'eau et de la charge aquifère est observée dans tout le bassin méditerranéen, en Afrique australe, en Australie, sur le continent nord-américain ; les pénuries d'eau sont donc imminentes. Une situation contrastée avec certaines crues dans les zones semi-arides et la montée du niveau des océans impactant les systèmes naturellement irrigués qui dépendent de la fonte des glaciers, tels le Punjab, le Colorado et le delta des plaines tels que l'Indus, le Nil, et le Brahmapoutre-Gange-Meghna, le dernier delta ayant la plus forte densité de population du monde. Dans les tropiques semi-arides, l'on prévoit un accroissement des sécheresses et des inondations. Globalement, le changement climatique touche en particulier les populations les plus pauvres.

LA PLUS GRAVE CRISE DANS L'HISTOIRE DES ÉTATS-UNIS

Sur une période de 1000 ans, le 20e siècle fut le plus humide pour l'ouest de l'Amérique du Nord. Toute la pluie tombée le siècle de la conquête de l'Ouest est un fait exceptionnel dans l'histoire, non pas la norme. Cette immense zone fait l'objet de cycles climatiques caractérisés par un état désertique pendant de longues périodes de temps. Rarement par l'alternance spécifique du 20e siècle caractérisée par une abondance de pluie ; ce qui a permis, jusque-là, de faire de la Californie un grenier à fruits et à légumes.

Actuellement, la population de 50 millions de californiens et celle d'Arizona, du Nevada, subissent le retour de l'ère désertique qui peut durer des siècles. Quatrième année de sécheresse en Californie, réduction obligatoire de 25% de la consommation d'eau, les vols du précieux liquide se multiplient. Durant l'été 2015, le territoire de l'État fut la proie de gigantesques incendies incontrôlables malgré le déploiement de 10.000 soldats du feu.

Le fleuve Colorado, puissant et boueux, dont dépendent 40 millions d'individus de Denver à Los Angeles, n'atteint plus le Golfe du Mexique. Le pompage massif d'eau par d'innombrables forages positionnés sur les bords du fleuve épuise d'autant plus sa capacité naturelle et font s'effondrer les terres de surface. Même type de réaction au centre de l'État où les agriculteurs pompent l'eau aquifère d'Ogallala qui s'épuise rapidement, idem dans les High Plains. Les restrictions à venir pourraient bien déclencher une réaction inverse par peur de manquer d'eau. Cette situation peut provoquer un effondrement économique et l'exode massif de populations confrontées à une guerre de l'eau, à une catastrophe humanitaire, sans précédent sur ce continent.

S'ajoute le risque imminent du Big One, le tremblement de terre terrifiant auquel l'on ne veut même pas penser. Dans les trois ans à venir, Los Angeles sera touchée par un puissant séisme estimé à 5,1 sur l'échelle de Richter, ce que prévoit la NASA, avec une précision de 99,99%.

CHAPITRE 16

LES CORPS GRAS

LE RAFFINAGE DES HUILES BIOLOGIQUES

1- Réception des graines : Contrôle visuel – analyse du taux d'acidité et d'humidité – contrôle de certification biologique du lot – acceptation et enregistrement du lot – 1er triage par séparateur avant stockage en silo.

2- Préparations des graines : Décorticage mécanique – dépoussiérage par séparateur, triage, brossage et aspiration des poussières.

3- Triturations des graines : À partir d'une presse à vis sans fin, à vitesse lente, obtention de l'huile en première pression, à basse température – récupération des tourteaux – Décantation en cuve souterraine.

4- Filtration : À partir d'un filtre sur papier buvard, élimination des cires, clarification de l'huile.

5- Conditionnement de l'huile en bouteille teintée, inscription du n° de lot et de la date limite d'utilisation – DLUO.

Conclusion : contrairement au raffinage industriel, le procédé traditionnel ne fait aucun usage de solvants chimiques, ni de hautes températures jusqu'à 240°C, ni d'acides, de soude, de centrifugation, de bichromate de potassium, de colorants… Toutes les propriétés nutritionnelles et gustatives des huiles ne sont pas altérées, notamment les acides gras essentiels que l'organisme humain ne peut pas synthétiser lui-même.

LE RAFFINAGE INDUSTRIEL

1- Après pressage ou extraction mécanique des graines oléagineuses comme le tournesol, l'arachide… et les tourteaux restants après pressage, le procédé utilise des solvants chimiques comme l'hexane, dangereux pour la santé et l'environnement, pour extraire les 15 à 20% d'huile restante.

2- Démucilagination ou dégommage des huiles brutes : application d'un traitement à l'eau, aux acides citriques ou phosphoriques, à la soude afin d'éliminer les phospholipides et matières mucilagineuses. L'objectif est d'éliminer les problèmes de coloration de l'huile au cours du chauffage et d'éviter toute perte au raffinage.

3- Neutralisation : L'huile est débarrassée de ses acides gras libres par saponification avec une lessive à base de soude à 85°C. Passage à la centrifugeuse pour séparer l'huile neutralisée des savons. En sortie de la première centrifugeuse, le résidu de savons est éliminé par un ou deux lavages successifs à 85°C. Chaque lavage est suivi d'une centrifugation.

4- Séchage : l'huile est séchée sous vide. Cette étape de neutralisation est polluante puisque elle génère des effluents basiques et une quantité importante de savons qu'il faut traiter par cassage acide avant de les utiliser pour l'alimentation animale ou en savonnerie.

5- Décoloration : L'huile est débarrassée de ces pigments avec des terres décolorantes, avec ou sans charbon actif, avec ou sans produit chimique comme du bichromate de potassium, à 90/110°C, dans un agitateur, puis l'huile est refroidie, filtrée et recolorée à la curcumine.

6- Désodorisation : Injection de vapeur d'eau dans l'huile chauffée à haute température – 180 / 240°C – sous un vide très poussé. Par entrainement de la vapeur d'eau, les composés volatils à l'origine des flaveurs de l'huile sont éliminés ainsi que les résidus de pesticides et de mycotoxines. Au terme de cette étape, l'huile présente un goût neutre, puis elle est conditionnée en bouteille plastique, sous azote pour la protéger de l'oxydation.

Conclusion, tout ce que ce raffinage élimine des graines : phospholipides – pigments – flaveurs – acides gras ; Tous ces traitements aux acides, à la soude et ces phases de chauffage de 110°C jusqu'à 240°C sont le plus sûr moyen d'éliminer tout ce qu'un corps gras de qualité peut contenir de composants précieux pour la santé. Notamment les acides gras essentiels mono, poly insaturés et la vitamine E. Au final, ce sont aussi les composants chimiques du contenant en matière plastique qui passent par transfert vers l'huile.

Les huiles raffinées sont à ce point stabilisées, qu'au niveau de l'intestin grêle le sang ne peut les dissoudre. Ce sont ces corps gras dénaturés par le raffinage qui dissolvent le sang ; jusqu'à trouver des poches d'huiles dans des tissus qui entourent le cœur, lors d'autopsie.

Quant au gout, il suffit de tester une huile de tournesol ou d'arachide biologique et de la comparer avec le modèle industriel pour être définitivement fixer sur l'hérésie du raffinage industriel.

L'étude de l'ONG EWG révèle que les aliments manufacturés, *néfastes food*, contiennent *des* ***corps gras trans*** à l'origine de l'encrassement cellulaire, de maladies cardiovasculaires. Plats préparés, pizzas, viennoiseries, biscuits, particulièrement les fritures, croissants, popcorns, tartes surgelées.... Au total, surtout dans les pays occidentaux, 84.000 produits de supermarchés ont été examinés, près de 30% d'entre eux sont concernés par ce poison.

HUILE DE PALME

Elle est extraite par pression à chaud de la pulpe des fruits du palmier à huile. Cet arbre a le meilleur rendement, 100 kg de fruits donnent 22 kg d'huile, dix fois plus que le soja et à un cout inférieur. C'est un ingrédient traditionnel des cuisines d'Afrique, d'Asie, d'Amérique du Sud, intéressant pour sa texture et sa conservation. Les premières utilisations remontent à l'Égypte des pharaons. L'industrie l'a accaparée à 80% pour l'agroalimentaire, 20% pour les cosmétiques. Une majorité d'aliments sont concernés : margarines, céréales, chips, biscuits, pains industriels, crèmes glacées... Non traitée, ni raffinée, elle contient 15 fois plus de vitamine A que la carotte. Très riche en acides gras, consommée en petite quantité, elle ne présente aucun risque pour la santé.

Le problème est double, la dénaturation du raffinage pour la santé des consommateurs et la surexploitation du palmier à huile au détriment de l'environnement des pays qui le cultivent. Ceci pour assurer une production mondiale annuelle de 25 millions de tonnes. Une demande si forte qu'elle représente une menace importante pour de nombreuses forêts situées dans la zone intertropicale car des milliers d'hectares sont détruits pour laisser place aux plantations de palmiers. Nombre d'animaux en subissent les conséquences, par exemple 90% des Orang Outans de l'île de Sumatra ont disparu en un siècle.

L'HUILE DE COCO

La véritable est extraite à froid de noix de coco mures et fraîches, sans utiliser de solvant. Sa douce odeur de noix de coco et son goût sont inimitables ; elle contient de l'acide laurique pour prévenir le tartre et les caries. Ceci contrairement à l'huile de coco blanchie, désodorisée, hydrogénée, un poison parmi tant d'autres. L'huile vierge de coco est à la base de l'alimentation de nombreux peuples, 56% des apports en calorie pour les Tokelauans du sud Pacifique, sans incidence sur le taux de lipides sanguins, sans cas d'affection cardiaque. Même constat chez les Kitavien en Mélanésie.

Si l'usage externe est bien connu pour la peau, les cheveux, la protection solaire, le grand public ignore les nombreuses études scientifiques conduites sur les bienfaits de la consommation régulière d'huile de coco. C'est un moyen très simple de régénérer les cerveaux endommagés suite à des dégénérescences neurologiques. Une partie du corps médical la décrivait dangereuse pour le système vasculaire, l'artériosclérose, c'est un point de vue entièrement faux. Maintenant cela est remis en question car cette huile végétale, sous condition qu'elle ne soit pas hydrogénée et chauffée au-delà de 180 °C, composée de 60% d'acides gras, à chaîne moyenne ayant moins de 15 atomes de carbone, est très bénéfique.

Les organismes de malades atteints de maladies dégénératives : Autisme, asphyxie à la naissance, privation d'oxygène, dystrophie musculaire, lésions traumatiques cérébrales, maladie de Cushing, de Huntington, Myasthénie gravis, Myopathie mitochondriales, Sclérose en Plaques, déficience cognitive, troubles de la mémoire du vieillissement, Alzheimer et autres formes de démences, souffrent d'une assimilation réduite de glucose dans les neurones. Idem pour les électro-hypersensibles en souffrance cérébrale par manque d'oxygénation du cerveau. Pour tous ces cas, il a été démontré par des expériences que l'huile de coco (pure) palie à l'insulino-résistance ou à l'insulino-déficience qui caractérisent ces pathologies et ces états.

LES MARGARINES

Depuis 1902, l'hydrogénation est un procédé industriel permettant aux huiles liquides de devenir solides en leur ajoutant de l'hydrogène. D'où une modification des molécules des acides gras insaturés, transformés par l'hydrogène en **acides gras trans** plus stables et plus résistants à la chaleur, mais très néfastes pour la santé, favorisant les maladies cardiovasculaires. En pratique, ne pas consommer les produits contenant de l'huile, graisse, margarine hydrogénée ou partiellement hydrogénée – shortening d'huile végétale. Il existe des margarines de qualité biologique, non hydrogénées.

LE BEURRE LAITIER

Il est obtenu à partir de la crème de lait additionnée de ferments lactiques pour la faire épaissir et développer ses arômes, puis battue afin de séparer les grains de beurre du babeurre en éliminant l'eau résiduelle. S'il est issu d'un élevage biologique, il offre du goût, de l'onctuosité, du phosphore, vitamines A – D – B1 – B2 – B6 – B12 – E – KE – calcium – carotène. Aucun rapport avec le mauvais cholestérol. Il est préférable de l'utiliser cru et ne pas le chauffer au-delà de 80°C. Éviter les beurres allégés ou aromatisés, incluant des émulsifiants, conservateurs, épaississants, d'origine chimique, qui le dénaturent.

OMÉGAS 3 & 6

Ce sont des acides gras polyinsaturés essentiels, indispensables à l'organisme humain qui ne peut les produire par lui-même. Les **Omégas 6** sont présents dans le maïs, majoritairement transgénique, consommé par les animaux d'élevage dont l'homme se nourrit à son tour. La moitié des lipides consommés proviennent de la viande et des produits laitiers. Les **Omégas 3** sont présents dans les végétaux, les graines de lin, le colza et les poissons gras comme la sardine, le maquereau (ne pas consommer de saumon d'élevage très contaminé aux métaux lourds). La tendance générale consiste à consommer trop d'Omégas 6, insuffisamment de d'O3.

L'obésité observable est consécutive à une augmentation de calories ingérées (35 à 40%) sous forme d'Omégas 6 + 250% au cours des quarante dernières années, tandis que la part d'Omégas 3 a baissé de 40%. Aux États-Unis, la consommation de mauvais produits industriels et d'ingrédients de type fast-food conduit à un rapport de 40 Omégas 6 pour 1 Oméga 3. Des recherches faites sur quatre générations de souris soumises à un régime alimentaire de type occidental, dans le même rapport anormal d'Omégas 6 et 3, ont permis d'observer une augmentation progressive de leur masse adipeuse transgénérationnelle – *de mère en fils* – au fil des générations. Ainsi que des troubles du métabolisme caractérisés par une insulino-résistance. C'est l'étape vers le diabète de type 2 et la stimulation, de nature inflammatoire, de l'expression de gènes impliqués dans l'obésité.

Bien évidemment ce sont des données occultées par l'industrie agro-alimentaire et par le corps médical. Ce dernier est dans son ensemble solidaire de ce lobby du fait de la corruption d'une grande partie de l'élite médicale. Quant au corps médical intermédiaire, les médecins de ville, puisqu'ils n'ont reçu aucune formation en biochimie, nutrithérapie, non enseignées dans les universités de médecine, qu'ils ne cherchent pas à en savoir plus, ils sont ignorants en la matière et consomment au quotidien autant d'aliments industriels dénaturés que la grande masse des consommateurs de supermarché.

LES MENSONGES SUR LE CHOLESTÉROL

« *Mon analyse de sang indique un niveau élevé de LDL. Mon docteur dit qu'il s'agit du mauvais cholestérol sanguin, je suis très inquiet pour mes artères, mon cœur, pour ma santé* ». Voici le slogan que l'on entend à longueur de journée, les gens sont très inquiets à cause du cholestérol. L'angoisse touche les séniors, mais à cause de la propagande anti-cholestérol, les juniors eux-mêmes se traquassent sur ce sujet, plus que pour la cigarette, le téléphone portable, les hamburgers de McDo, le Coca-cola, la contraception…

Fausse inquiétude, le cholestérol est une substance noble, essentielle, vitale, pour les membranes de toutes les cellules animales, pour la production d'hormones, pour le cerveau. Il est absent des cellules végétales, des bactéries, il ne concerne que les animaux dits supérieurs. En aucun cas il est ou agit comme un poison, comme un encrassant des artères, à l'exemple du calcaire qui se dépose en agrégat sur les conduites d'eau – point clé ●

Pourtant, le corps médical dans son ensemble n'a pas su discerner ce sujet essentiel. Il est entièrement conditionné par Big Pharma assuré que le cholestérol est le pire des maux à l'origine d'artères obstruées, d'embolie, d'accident vasculaire cérébral – AVC… Pourtant, il suffisait de se documenter en consultant des articles médicaux de pointe pour savoir que les crises cardiaques ne sont pas du tout corrélées à un niveau élevé de cholestérol.

Confirmation faite récemment au cours d'un colloque de la British Medical Association par le Dr MALCOM. Même conclusion sur la base des données du projet Monica piloté antérieurement par l'OMS, sur un panel de 15 populations diversifiées.

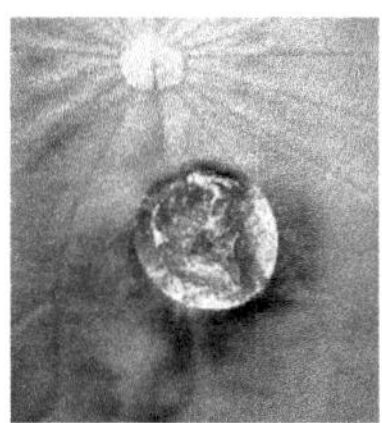

En réalité, la formation progressive de plaques artérielles (micro-agrégat) est la conséquence de la présence de radicaux libres, ces substances inflammatoires, oxydantes, qui agressent les artères, contre lesquels l'organisme se protège. La résultante 1) de déchets cellulaires consécutifs à une mauvaise alimentation 2) de la pollution atmosphérique consécutive aux gaz d'échappement, à l'ozone, au tabac, aux ondes d'hyperfréquence de type wifi…

Ces molécules nocives, dans cet environnement pollué, comme l'oxygène qui corrode le fer, rongent les parois artérielles jusque-là protégées par une fine couche lubrifiante permettant au sang de circuler, tout comme l'eau de pluie peut ruisseler librement sur les feuilles lisses des arbres à caoutchouc, sans laisser la moindre trace.

L'organisme va réagir à cette dégradation en réparant les microfissures avec un mélange de cholestérol, de calcium… Une réaction innée qui assure la survie mais qui sans correctif va provoquer des plaques dites athéromateuses. Au lieu d'y répondre par une alimentation de saison saine riche en antioxydants, polyphénols,[28] l'industrie pharmaceutique une fois de plus a saisi l'occasion de faire peur aux gens, de les conditionner à consommer cette fois des anti-cholestérols à base de

[28] Légumes non dégradés par une cuisson poussée et fruits mûrs, verts et rouges, bleus (myrtilles, mûres, cassis, aubergines, vin rouge) et compléments : jus de grenade au rayon frais - vitamine E - surtout l'acide ascorbique (vitamine C) en association avec le coenzyme Q10, ou COQ10 et du jus déshydraté d'herbe d'orge pour nettoyer, entre autres, les effets de la pollution atmosphérique.

statines, pour effet de faire le plus grand bénéfice commercial jamais réalisé par cette industrie, peu importe la santé publique.

En 1990, la firme Merck savait qu'il suffisait d'ajouter aux statines la substance naturellement produite par l'organisme le CoQ10 pour limiter les effets secondaires ; découverte brevetée, puis abandonnée.

Les traders du marketing à l'origine des anti-cholestérols à base de statines ont poussé la propagande jusqu'au bout en disant au grand public qu'il s'agissait du meilleur moyen de se prémunir des maladies de cœur en prenant à vie ce médicament salvateur. Voilà la bonne affaire, un produit qui depuis ce plan initial de parfais business est devenu leader mondial du marché des médicaments.

Cette désinformation a même réussi à impressionné les plus jeunes, apeurés à l'idée de mourir avant la quarantaine. Pour parvenir à ce résultat, ce lobby a organisé la falsification de tous les tests obligatoires avant mise sur le marché, occultant tous les effets secondaires empoisonnés des statines : baisse de production d'énergie cellulaire impactant la fibre musculaire, notamment celle du cœur (myocarde) – douleurs musculaires – diminution des capacités cognitives, sexuelles – augmentation du risque de la vision, de dépression nerveuse, de cancer…

Témoignage par l'image
https://www.youtube.com/watch?v=1G2ANXEifhg
https://www.youtube.com/watch?v=DT2pPvVUnV0

CHAPITRE 17

SEL – ÉPICES – IRRADIATION DES ALIMENTS

Le sel, blanc et fluide de votre salière est un produit industriel qui n'a rien de comparable au sel naturel. Il est traité chimiquement avec un antiagglomérant, du silicoalumate (E554) un agent de coulabilité, additivé avec du fluor – *nocif pour le cerveau* – de l'iode, du nitrite *nocif pour l'estomac.*

L'industrie le traite de cette façon car le sel est sensible à l'hygrométrie, au taux d'humidité de l'air, souvent très élevé en bord de mer ou des marais salants ; ce qui l'agglomère, le colle et le rend difficile à traiter mécaniquement jusqu'au conditionnement en boite individuelle. Le consommateur est habitué depuis longtemps à ce que le sel s'écoule facilement de la salière, à ce qu'il ne colle pas aux doigts. Alors que **le véritable sel** est gris, d'aspect légèrement collant car il n'est pas lavé après récolte, ni traité chimiquement d'aucune sorte.

L'IRRADIATION DES ALIMENTS

Aux États-Unis, dès 1963 le premier traitement par irradiation fut celui des farines, puis celui des pommes de terre ; 1983 celui des épices, du porc ; 1986 celui de certains fruits et légumes ; 1992 celui des poulets ; depuis le 21 novembre 1997 celui de la viande rouge.

Une technologie très utilisée pour détruire les microorganismes et insectes dans la viande, les fruits, légumes, épices... La source radioactive est un faisceau d'électrons à très haute énergie. Ce procédé faussement appelé « *pasteurisation à froid* » a aussi pour effet de ralentir le murissement, d'inhiber la germination et de donner aux aliments une apparence de plus grande fraîcheur.

Les centres civils d'irradiation pour les aliments sont répertoriés pas les pouvoirs publics au même niveau de risque que les centrales nucléaires. Deux techniques sont appliquées 1) l'irradiation au cobalt 60 2) l'irradiation au césium 137. Ces deux sources radioactives émettent des rayons gamma, mortels. Dans le premier cas, les tubes de cobalt qui dégagent des reflets de couleur verte sont entreposés dans une eau dé-ionisée d'où ils émergent pour ioniser les aliments.

Le césium 137 n'a pas besoin de bassin d'eau, c'est pourquoi son usage est plus pratique une fois intégré sur camion, dans une mini centrale nucléaire mobile. Il est alors possible d'intervenir en se déplaçant d'une usine alimentaire à une autre, selon les contrats en cours. Ce césium provient de rebuts de missiles nucléaires déclassés et bradés par l'US Army, donc bien moins onéreux que le cobalt, mais plus instable.

Selon la Criirad, organisme européen de recherche indépendant sur la radioactivité « *les doses délivrées aux aliments, dites faibles, sont mortelles pour l'homme après une exposition de deux minutes* ». D'autre part, ce type de traitement produit des déchets radioactifs !

Le propriétaire d'un restaurant en Floride a volontairement acheté le même jour, en même quantité de la viande découpée de poulet irradiée et non irradiée. Cinq jours plus tard, le poulet non irradié avait mauvaise apparence au point d'être jeté, tandis que le poulet irradié est resté intacte plus de trois semaines.

LE POIVRE ET LES ÉPICES ATOMIQUES

En Europe, ces produits sont traités par rayonnement gamma afin de les stériliser. Pour l'industriel, c'est l'assurance de réduire les coûts de production, de commercer à l'international sans le moindre risque bactériologique, sans risque de perte. Par ailleurs, les autorités sanitaires du monde enquêtent pour déterminer l'origine d'ajout de poudre de cacahuètes allergisante, dans le piment doux, le paprika, le cumin, très consommés aux USA. L'irradiation est utilisée pour augmenter le temps de conservation au rayon du magasin et dans la cuisine des gens et des restaurants, tout en leurrant le consommateur par un effet de plus grande fraîcheur apparente.

La couleur éternelle des abricots secs, pourquoi sont-ils toujours aussi orange alors qu'ils sont secs ? C'est l'irradiation, et/ou un traitement à l'anhydrite sulfureux SO2 très nocif qui le permettent ; tandis que l'abricot naturel devient brun sans perdre ses qualités gustatives. **Sont irradiés :** la plupart des salades emballées sous sachet plastique, bon plan pour les gens fatigués de laver eux-mêmes leurs légumes ! Un grand nombre de fruits, légumes, parmi lesquels certaines productions de pommes de terre, afin de stopper la germination, notamment toutes celles destinées aux frites de nombreux fast-foods.

Ainsi que la viande de volaille – 410 tonnes en 2010 – la plupart des fraises – un grand tonnage de céréales et leurs germes – la farine de riz – la plupart des crustacés frais ou surgelés, des mollusques surgelées – la plupart des fruits et légumes secs – La quasi-totalité des épices et herbes aromatiques – les oignons, ail, échalotes – la soupe en sachets – certaines sortes de nouilles en sachets ou en bol micro-ondable – le blanc d'œufs – le camembert au lait cru – les cuisses de grenouille – le sang séché – la gomme arabique – La caséine, caseïnates et ovabulmine comme additifs alimentaires…

Voici le symbole international de l'irradiation des aliments. Pour le consommateur, c'est l'image bien trompeuse qui évoque faussement la chlorophylle, les fleurs des champs.

Toutefois le consommateur n'imagine même pas de quoi il retourne. Parce qu'il ne cherche pas à savoir, aussi parce que la réglementation précisant l'usage de ce procédé sur l'étiquetage n'est ni précise, ni dissuasive. Le nombre de centres d'irradiation alimentaire ne cesse d'augmenter dans une soixantaine de pays qui pratiquent ce procédé, notamment en Chine, Inde, Mexique, Outre Atlantique, les États-Unis signent des accords bilatéraux pour échanger des produits irradiés.

En France, officiellement, les cinq centres français d'ionisation déclarent traiter seulement un millier de tonnes par an. En 2003, l'ensemble des pays européens en produisent quarante mille tonnes/an, le double qu'en 2002. Depuis, l'on n'en sait pas plus ; mis à part pour L'Allemagne où l'on irradie dix fois moins qu'en France. S'ajoute le tonnage à l'importation, d'autant plus facilement que les contrôles sont très succincts.

En 2007, en Allemagne, si le taux de 1,50%, de fraude est relativement faible c'est parce que le nombre d'échantillons, 3744, importés et testés sur une année pleine est très insuffisant. En France, c'est pire car l'on relève 5,15% de fraude sur seulement 117 échantillons importés et testés. Docilement aux ordres des élites du Codex Alimentarius, les gouvernements successifs préfèrent mobiliser le contrôle des fraudes sur les produits biologiques !

RÉGLEMENTATION

Actuellement, **en Europe**, la seule catégorie d'aliments autorisés à l'irradiation concerne les herbes aromatiques, les épices séchées. Les condiments végétaux doivent obligatoirement présenter sur l'étiquetage la mention « *Traité par ionisation – ou traité par rayonnement ionisant* ». Cependant de **nombreuses dérogations** permettent à des pays de l'UE, exemple la France, de traiter un grand nombre d'aliments : oignon, ail, échalote, les légumes et fruits secs, les volailles, crevettes…

Selon le magazine – UFC Que Choisir – l'on trouve en France des substances radioactives aussi bien dans les aliments que dans certains produits de construction pour la maison. C'est une infraction au code de santé publique de 2002, en violation de la loi française du 28/06/2006 ; C'est aussi ne pas tenir compte de l'avis défavorable de l'Autorité de sûreté nucléaire sur la gestion des matières et déchets radioactifs. Une totale irresponsabilité des pouvoirs publics de ce pays laxiste. Les traitements ionisants sont interdits en agriculture biologique. Ci-dessous, le logo que l'on devrait trouver sur tous les produits atomiques.

Si ce logo, même de couleur chlorophylle, était utilisé, les consommateurs sauraient ce qui les attend !

Conséquences. L'irradiation détruit par bombardement d'électrons toutes les vitamines A – B1 – B6 – B12 – C – E – K – PP et l'acide folique. Elle induit des modifications cellulaires dans la matière vivante, dont l'altération de l'ADN, à l'origine de cancers multiformes ; elle altère le goût du fait des transformations chimiques intracellulaires par radiolyse, le seul test gustatif détectable sur l'aliment irradié est un léger goût de rance.

Le cas des chats australiens. En 2009, la livraison d'un producteur de croquettes a pu être exemptée d'un délai d'observation d'une dizaine de jours aux douanes australiennes parce que ces croquettes avaient été irradiées avant l'importation. Par la suite, dans le pays, de nombreux chats furent touchés par des tremblements et une forme de paralysie, ou la mort. Via des mots clés sur internet, une centaine de propriétaires de ces animaux se sont contactés concluant que la cause était la nourriture. Depuis, l'irradiation d'aliments destinés aux chats est interdite en Australie, mais autorisée pour les humains ! De nombreux scientifiques évoquent le risque cellulaire de mutagénèse et de cancérogénèse chez l'homme.

CHAPITRE 18

USTENSILES DE CUISSON

Le principe de la cuisson : c'est l'agitation des molécules des aliments, du milieu qui l'entoure, l'eau de cuisson par exemple, mais aussi celles de l'ustensile que l'on utilise.

LES USTENSILES LES PLUS UTILISÉS

1- L'acier dit inoxydable est un alliage de fer, carbone, chrome, nickel, molybdène, vanadium. Ce métal est très réactif du point de vue chimique, mais son oxyde forme une véritable peau à la fois transparente et protectrice. L'alliage de fer, nickel chrome, fixe la formation d'un composé de surface oxydé capable de ralentir ou même d'arrêter totalement la corrosion. Témoignage par l'image https://www.youtube.com/watch?v=NRQM6oxJfOo

2- Le revêtement antiadhésif – qu'est-ce que le Téflon ?

Le premier revêtement antiadhésif, le plus répandu est fait à base de polytétrafluororéthylène – PTFE – tiré du pétrole, dont l'un des noms de marque est le téflon, entré dans le langage courant. Produit inventé de façon accidentelle en 1938 par Roy PLUNKETTE pour la firme américaine Dupont de Nemours. Les applications sont très nombreuses en architecture, chimie, optique, plomberie, pneumatiques, en lubrification industrielle pour éviter l'usure des pièces mécaniques en mouvement et soumises à la chaleur ; Pas conseillé pour les moteurs thermiques automobiles.

En 1954, l'ingénieur français Marc GREGOIRE motivé par son épouse Colette dépose le brevet de la poêle en aluminium recouverte d'un film de téflon. En 1956 avec Louis HARTMANN il fonde la société TEFAL – contraction de téflon et d'aluminium. Sachant que les particuliers comme les professionnels de la restauration étaient agacés de rater certaines cuissons à cause d'aliments attachés sur le fond des poêles, ces hommes d'affaires ont vu là une formidable opportunité de nouveau marché. Effectivement, depuis les années 1960, des centaines de millions d'ustensiles de cuisines antiadhésifs ont été vendus chaque année, sans que les autorités de santé, ni les gouvernements disposant d'informations scientifiques officielles sur leur grande nocivité, ne s'y opposent.

Il a fallu attendre 45 ans pour qu'en 2005, l'Agence américaine de protection de l'environnement – EPA – officialise la dangerosité de l'acide perfluorooctanoïque – PFOA – considéré, entre autres nocivités, cancérigène. **Le mal était déjà fait** puisqu'en 2011, les Centres officiels US de contrôle et de la prévention des maladies – CDS – confirmèrent que **le sang de 95% de la population américaine était contaminé au PFOA**. Dans l'obligation de s'exécuter Dupont de Nemours principal fabricant mondial de téflon en annonce la suppression en 2015. Tandis que l'Agence française de sécurité alimentaire, de son côté toujours favorable au lobbying industriel et pharmaceutique, considère ce risque comme négligeable.

Pourtant l'attention sur l'EPA avait été attirée bien avant, en 1986, par un réseau de vétérinaires à cause de la mort inquiétante de perruches et de canaris, 300 dans la ville de Chicago. Les rapports d'autopsie indiquaient toujours la même cause, hémorragie interne par inhalation de fumées toxiques issues du Téflon. Les oiseaux sont en effet très sensibles aux fumées toxiques. Au siècle dernier, les mineurs mettaient de petits oiseaux dans une petite cage qu'ils amenaient avec eux au fond de la mine, les sachant très fragiles aux émanations de gaz mortels et inodores fréquents dans ces lieux souterrains, les observer régulièrement pouvait leur sauver la vie.

Les chercheurs de l'université du Missouri ont mesuré la libération de fumées toxiques issues de PFOA à une température de 160° C. Pour la validité de l'expérience, 1000 canaris ont été utilisés et pas un n'a survécu. La température moyenne de cuisson sur brûleur est de 170° C, tandis qu'un four classique peut atteindre 240°C. La première mise en examen juridique a montré que dès 1980, ces informations étaient connues des fabricants et intentionnellement masquées. La société

Dupont a toujours démenti que les températures normales d'utilisation de poêles ou de plats en Téflon pouvaient entraîner la libération de fumées toxiques et de résidus de particules. Selon eux, pour qu'une toxicité se dégage, il fallait atteindre la température de 315° C.

Dans les faits, l'on retrouve ce poison dans la nourriture, dans le sang. Selon l'EPA, on retrouverait des traces de PFOA dans l'organisme de façon permanente, à vie – *c'est un des 350 à 700 composants de la charge chimique corporelle.* Ils sont considérés comme des polluants qui s'accumulent dans l'environnement sans possibilité de dégradation. Stockés dans l'organisme, ils sont cancérigènes, perturbateurs endocriniens, nocifs pour au moins neuf types de cellules qui régulent le système immunitaire, sont aussi responsables de malformations et d'anomalies de développement chez les humains. Particulièrement pour le fœtus, en juillet 2004, un groupe de citoyens a intenté un procès à Dupont de Nemours, l'EPA ayant démontré depuis 1981 que le PFOA passe la barrière placentaire et peut générer des déformations faciales chez l'enfant. On en retrouve des traces dans presque tous les organismes humains jusque que chez les animaux des sphères arctiques.

Selon le ministère des Affaires indiennes du Nord Canada, le sulfonate perfluorooctane – PFOS – comme le PFOA est un acide perfluoré détecté en 2005 dans les tissus du foie et le sang d'ours blancs et de phoques de l'Arctique, notamment dans certains échantillons provenant du Nunavut. La présence de ces substances chimiques dans l'environnement de l'Arctique suscite beaucoup de préoccupations, car les acides perfluorés sont des toxiques très persistants dans l'environnement, dans les organismes vivants, sans pouvoir se dégrader. Ils génèrent des cancers, entraînent l'augmentation du foie, influent sur la fertilité des animaux sauvages et de l'homme. C'est dire l'étendue des pollutions chimiques à l'échelle de toute la planète.

Ce type de substance est toxique pour les mitochondries – les moteurs énergétiques des cellules. Ce poison nuit à l'intégrité des membranes cellulaires, empêchant les cellules de communiquer entre elles – signalisation cellulaire. Elle augmente la production de radicaux libres et d'estrogènes dans le corps. L'acide perfluorooctanoïque cause aussi l'hypothyroïdie – l'atrophie de la glande thyroïde – entraînant un déséquilibre métabolique : obésité, résistance à l'insuline. Une contamination chimique qui s'ajoute à bien d'autres, dans une société de consommation, de malbouffe, où ces toxines atteignent la majorité de la population à un stade extrême.

Janvier 2005, l'EPA ouvre une enquête sur le PFOA, principal additif du Téflon, produit phare de Dupont, firme fondée en 1802. L'agence lui reproche d'avoir caché pendant des décennies les malformations congénitales, les cancers… induits par son produit. De son côté, le Chicago Tribune rapporte que la firme Dupont de Nemours a été poursuivie par un regroupement de 60.000 personnes habitant près d'une usine de Téflon, en Ohio. Leur eau potable était contaminée par les effluents de l'usine. La compagnie a versé 345 millions de dollars pour faire cesser les poursuites juridiques. Depuis, elle dit avoir réduit ses effluents de 95%.

3- Le four à micro-ondes – M-O – Lors de la seconde Guerre mondiale, les ouvriers se réchauffaient les mains, puis préparaient le thé, avec les radars qu'ils testaient. À la fin du conflit, les fabricants de magnétrons furent confrontés à un stock important, qu'en faire ! L'ingénieur Percy SPENCER les utilisa pour créer et breveter le premier four à M-O en 1945. Ces nouveaux fours made in USA n'étaient pas sécures, mais ils emportaient l'image d'une avancée technologique. Depuis, c'est l'inverse qui s'est produit, une part grandissante du grand public les abandonne.

Principe de fonctionnement. Production d'ondes électromagnétiques de haute fréquence (micro-ondes) à 2,45 gHz, soit une longueur d'onde de 12 cm, émises par un magnétron ou émetteur. Elles pénètrent rapidement au cœur des aliments en excitant les molécules à la vitesse de 2 à 4 milliards de fois par seconde.

Action sur la matière vivante. L'action des M-O porte essentiellement sur l'hydrogène de l'eau et sur les acides aminés. La disposition spatiale des molécules d'eau en est modifiée, l'angle de liaison hydrogène est déformé de 30% selon les travaux du professeur Marc HENRY. L'eau est devenue bio incompatible, même une fois refroidie – selon les travaux du Dr OHLMANN, du CIRDAV-Strasbourg et ceux du biophysicien P.J GAREL. Cela modifie aussi la forme spatiale des acides aminés originels, les briques de la vie – *proline en particulier* – de type L – ils se transforment anormalement en type D. Dès lors, le système d'assimilation, enzymatique, ne les reconnaissant plus, ne peut plus les fractionner normalement pour ensuite les assimiler.

RÉSUMÉ DES DIVERSES ÉTUDES

➢ Les aliments perdent 60 à 90% de leur champ d'énergie vitale en accélérant leur désintégration et en générant des radicaux libres.

➢ La chimie des aliments est altérée, d'où des désordres digestifs, dysfonctionnement du système lymphatique et dégénération du système immunitaire, ce qui favorise le processus de croissance d'un cancer.

➢ Les statistiques indiquent un pourcentage élevé de sujets porteurs de cancers des voies digestives et excrétoires, suite à une dégénération générale du tissu cellulaire périphérique.

➢ Diminution d'assimilation des vitamines B – C – E et de nombreux minéraux.

➢ Dans les années 1970, des chercheurs russes ont constaté des troubles sur des techniciens exposés aux M-O : Troubles cardiovasculaires – tension artérielle. Troubles du comportement : fatigabilité – céphalées – vertiges – somnolence – irritabilité – insomnie. Perturbations du transit intestinal. Perturbations glandulaires, notamment de l'hormone de croissance qui à son tour induit diverses maladies dégénératives.

Expérience conduite par le Dr SEIGNALET, de l'université de médecine de Montpellier, sur des souris. Le premier lot, composé de souris nourries avec des aliments cuits aux micro-ondes. Deuxième lot, des souris nourries avec des aliments cuits à la cocote minute, en surpression. Troisième lot, des rongeurs nourris avec des aliments cuits à la vapeur douce. Après inoculation de cellules cancéreuses, 100% de cancers pour le 1er lot – 50% sur le 2e – aucun sur le 3e lot.

Conclusions d'une équipe autrichienne – LUBEC et all – parues dans The Lancet en 1990 : observation de modifications dans le sang de volontaires ayant consommé des aliments cuits aux micro-ondes, impliquant une diminution des taux et proportions d'hémoglobine et du cholestérol. Diminution des taux de lymphocytes – globules blancs – d'où l'affaiblissement du système immunitaire.

4- Four traditionnel – Il en existe trois types – 1- Catalyse – 2- pyrolyse – 3-non autonettoyant. Les parois du premier sont grisâtres, poreuses, les matières chimiques du revêtement se désagrègent à la chaleur normale de fonctionnement et pénètrent les aliments, plus encore avec la fonction autonettoyante à 250 ° C, il faut le proscrire.

2- Les parois du deuxième sont en émail, d'aspect lisse, elles se nettoient seules, sans produits de nettoyage, avec la fonction auto nettoyage à plus de 450° C, c'est à ce stade de surchauffe que des composés volatiles encombrent votre maison, que l'émail se fragilise et devient progressivement poreux.

3- Le four le plus sécure est celui dont les parois sont revêtues d'émail et qu'on utilise à la température de cuisson maximale de 160 °C, le nettoyage sera manuel suivi d'un rinçage à l'eau claire.

5- Les ustensiles de cuisson dangereux, à proscrire – Tous ceux dits antiadhésifs revêtus de téflon – PFOA. Tous ceux en aluminium, y compris les moules à gâteux. Ceux en fonte d'aluminium, en particulier les cocottes à mijoter présentée à la vente comme s'il s'agissait de fonte d'acier. Les récipients clos sous pression, dits « *Cocotte-minute* » non pas qu'ils soient dangereux en soi, mais parce qu'ils détériorent toute la qualité nutritionnelle des aliments soumis à ce type de cuisson en surpression. Tous les moules à pâtisserie en silicones peroxydés, interdits en Suisse, et les moules à base de platine apparemment plus fiables. La législation française ne permet pas de les distinguer. Ce type d'ustensile est à proscrire à cause des transferts de substances chimiques jusque dans la nourriture.

6- Les ustensiles de cuisson les plus sûrs – a) En verre vitrocéramique, à défaut en verre borosilicate, la marque pyrex est la plus connue parce que les ustensiles sont plus résistants aux chocs thermiques. b) en acier inoxydable. c) En fonte émaillée de très haute qualité (pas en fonte d'aluminium). d) En fonte d'acier avec revêtement certifié ; pour la toute première utilisation, rincer l'ustensile à l'eau chaude, badigeonner l'intérieur avec un peu d'huile végétale, chauffer à feu doux 3 à 4 minutes.

d) Poêle à frire en acier ou en tôle bleue, d'épaisseur variable, à laver à l'eau très chaude, sans détergent. e) Ustensiles en acier inoxydable de bonne qualité, par exemple en France la marque CRISTEL. d) En céramique, un antiadhésif de haute qualité, à n'utiliser que ponctuellement à un niveau de température 1/3 plus bas que celui d'une poêle à frire en inox ou en acier. Laver la céramique sans détergent, à l'eau chaude, mais seulement une fois que l'ustensile est refroidi, à température ambiante. **Boycotter tous les ustensiles made in China.**

LES MODES DE CUISSON

Le plus adapté aux aliments c'est à l'étouffée, sans addition de liquide, au-dessous de 100° C, en obtenant des aliments fermes sous la dent « *Al dente* ». b) À la vapeur, sans appareil multi-étagés, sans surpression, sans dépasser 100 ° C ; cuisson *Al dente.* c) Dans l'eau à 100 ° C ; cuisson *Al dente.* d) Dans un four traditionnel fait de pierres réfractaires ; plus généralement dans un four aux parois d'émail, sans aller au-delà de 160 °. e) Au barbecue, en cuisson verticale, de sorte que la graisse de la viande puisse tomber dans le feu, ainsi les produits carnés ne cuiront pas dans leur graisse.

Proscrire :

- Toutes les fritures, les cuissons à haute température, les cuissons longues, occasionnellement.

➢ Les plats cuisinés que l'on réchauffe très fort une fois sortis du réfrigérateur, du congélateur. Alors qu'il faut les réchauffer faiblement, à la vapeur douce – au bain marie.

➢ Les cuissons dites en papillotes avec du papier aluminium ou avec du papier sulfurisé industriel. Ce type de support est remplaçable par du papier de même type composé de papier brun naturel, élaboré par traitement mécanique des fibres, sans produit chimique, disponible en magasin diététique.

CHAPITRE 19

ALIMENTS POUR ANIMAUX – UN AUTRE SCANDALE

Il est utile de surveiller la composition de l'alimentation de votre chat et chien car d'elle dépend la qualité de vie et la longévité de votre animal. Mais l'industrie du pet-food entretient l'imprécision sur le contenu des produits, notamment « *les viandes de réforme et sous-produits de viandes, farines animales, majoritairement utilisés* ». C'est un marché annuel de 35 milliards $ avec un millier de références produits. L'objectif des usines à croquettes est purement financier, l'aspect santé, malgré les arguments marketing apparemment protecteurs, est relégué au second plan. Les sources d'approvisionnement sont inépuisables puisque ce sont les matières premières à petit prix, non utilisables pour l'alimentation humaine.

ANIMAUX MALADES = VIANDES AVARIÉES

La partie carnée et les graisses animales pour la fabrication des croquettes et des boites proviennent de sociétés d'équarrissage, sans que cela apparaisse sur l'étiquetage. Et pour cause puisqu'il s'agit non seulement de déchets de l'industrie de la boucherie, mais aussi d'animaux de fermes malades traités aux divers médicaments et antibiotiques, ou euthanasiés pour diverses raisons, quelque fois en phase de pré-putréfaction. Dans certains pays, il s'agit même des chats et chiens euthanasiés par les vétérinaires. S'ajoutent les divers produits périmés de supermarché. Tubes de plumes, peaux, cornes, os, tous les organes et glandes, sang, urines, matières fécales font partie intégrante de ces farines animales.

DÉCHETS DIVERS

Ce sont des lots déclassés à cause de mauvaise conditions de stockage – humidité – moisissure – des céréales à l'origine de la mycotoxicose – des moisissures qui induisent des problèmes rénaux, des tumeurs des voies urinaires, jusqu'à une intoxication alimentaire potentiellement mortelle. Pour les rendre stériles ces farines sont traitées à très haute température, d'où la perte des nutriments. Sont ajoutés les glutens de blé, de maïs, provenant des minoteries, impliqués, nous l'avons expliqué, dans un grand nombre de pathologies. Les farines de soja GM comme apport protéique, obtenues après extraction d'huiles souvent rances. Les déchets de brasserie. L'on trouve de la mélanine, produit chimique, utilisée frauduleusement pour augmenter le taux de protéines, et du BHT conservateur cancérigène, du glutamate monosodique, exhausteur de goût puissant neurotoxique…

Conclusion, les procédés de fabrication dégradent tant les substances nutritives restantes, que les industriels sont dans l'obligation de complémenter leur production en minéraux, vitamines sous forme synthétique, de colorants chimiques, d'exhausteurs de goût. Cette nourriture industrielle est souvent la cause de la mauvaise odeur du pelage, de l'haleine, des flatulences, des matières fécales. C'est un poison qui altère la santé et la longévité de nos animaux, une motivation suffisante pour la boycotter et la remplacer par une alimentation de qualité équivalente à la consommation humaine ou biologique, en cherchant de petits fabricants dignes de confiance qui élaborent des aliments prêts à l'emploi de bonne qualité, certifiés d'un label reconnu ou du label biologique.

Autre option, préparer soi-même leur nourriture : riz blanc ou semi complet biologique ou moitié de chaque, cuisson ferme – cuisse, blanc de poulet, découpés en cubes, crus ou à peine cuits si l'animal est sujet à diarrhées – alterner avec du cœur, foie, gésier, de canard – pas d'os – carottes découpées en cubes, crus ou à peine cuites – épinards ou brocolis frais ou surgelés, découpés, crus ou à peine cuits – huile de colza biologique, huile d'olive, graisse de canard comme appétant – gruyère râpé – levure en paillettes, en maison biologique – complément alimentaire du commerce : calcium, vitamines, oligoéléments. Une alimentation digne de nos amis !

CHAPITRE 20

LA PANOPLIE DES ADDITIFS

Les **colorants azoïques aux couleurs vives**
sont la classe chimique la plus importante

Ils sont produits à base de moisissures. Jaune citron – E102 tartrazine et E104 combiné au bleu donne la couleur verte. Jaune orange – E110. Rouge – E122 azorubine, amarante, érythrosine... Rouge cochenille – E124. Rouge allura – E129.

Utilisés surtout pour les bonbons multicolores, ils sont très nocifs pour les enfants, provoquant des allergies, troubles de la concentration, fortes agitations motrices, atteinte du foie, cancers. Sous la forme insoluble, ces mêmes colorants sont utilisés dans l'industrie textile et pour teinter les cheveux. Interdits en Allemagne depuis 1966, certains sont autorisés en France, à l'origine de maladies professionnelles.

Gélatine E441 – Faite avec de la couenne, peau, de porc, bovins, poissons. Obtenue par bain des os et de la peau animale dans un bain d'acide chlorhydrique, puis dans un bain alcalin de lait de chaux pendant plusieurs jours. 320.000 tonnes/an sont produites au plan mondial. La gélatine est massivement utilisée dans l'industrie agroalimentaire. Elle représente 5 à 12% du produit fini, utilisée pour servir de gélifiant, épaississant, émulsifiant, moussant, liant, viscosifiant, filmant. Elle donne une texture comparable aux graisses et mousses onctueuses.

Toutes les firmes préfèrent des sous-produits malsains car faciles à utiliser et à faible coût. Alors que des produits nobles sont disponibles pour proscrire la gélatine : l'Agar Agar, une algue à l'effet semblable à la gélatine, sous forme de paillettes, de poudre. L'avocat comme épaississant, émulsifiant, pour remplacer le beurre, les œufs, la mayonnaise. Le beurre de cacao, pour remplacer le beurre, la graisse animale dans les sucreries, en mélange avec de la lécithine pour la consistance de desserts moelleux et sains ; L'huile de coco avec de la lécithine pour remplacer les mauvaises graisses ; Le Chia-Lin, riche en Omega 3, sous forme de poudre, comme liants, épaississants, émulsifiants…

On retrouve la gélatine de porc partout dans les bonbons souples, la majorité des mousses sucrées, la quasi-totalité des produits laitiers allégés – yaourts – crèmes – liégeois – viennois – flans – Danette – mousse – Gervita – Jockey Petit encas – Aussi dans la famille des « *Taille fine* » à la pulpe de fruits – et brassé nature – et mousse au fromage blanc sur lit de fruits – fondant au fromage blanc – Ultra doux nature…

La gélatine est largement utilisée dans le Nutella – les glaces light – les Toppas de kellog's – les vins mousseux – certains sodas – Fanta – les produits weight watchers – les gélules pharmaceutiques – les shampoings… La gélatine est un sous-produit, nocif car la peau animale concentre toutes les toxines du nourrissage animal industriel. Sans oublier les résidus cellulaires de la vaccination intensive des bêtes, les fractions d'OGM, les polluants de l'environnement, les pesticides, les métaux lourds. Les allergies, l'encrassement cellulaire, en sont la résultante.

Le benzoate de sodiom – E211 – un antifongique fréquemment utilisé pour éviter la formation de moisissures dans les aliments, associé à d'autres additifs il produit du benzène cancérigène agissant sur les mitochondries – organites cellulaires producteur d'énergie, privant ainsi les cellules d'oxygène. Il provoque un trouble d'attention, surtout chez l'enfant. L'E211 est ajouté aux jus de fruits, cornichons, vinaigrettes, moutarde, condiments…

Le **BHA E230** – *hydroxyanisole butylé* – et le **BHT E321** – *hydroxytoluène butylé* – sont des antioxydants chimiques allergènes et cancérigènes, les plus utilisés dans l'industrie alimentaire pour éviter l'oxydation des huiles et des graisses. Alors que la vitamine E est l'alternative naturelle, utilisée pour les produits au label biologique. Les BHA et BHT sont ajoutés aux chips – céréales transformées – saindoux – beurre – conserves de viandes – bière – biscuits – chewing-gum.

L'huile végétale bromée E443 – à base de brome, identique à celui des extincteurs de feu, est un émulsifiant et stabilisant des boissons gazeuses. Elle est ajoutée au GATORADE et aux autres boissons dites favorables aux sportifs. C'est un poison à l'origine de troubles cardiovasculaires, de la tyroïde… interdit en Union Européenne, au Japon, Australie, mais autorisé en Amérique nord et dans le reste du monde

L'acrylamide est un poison cellulaire qui résulte de la cuisson à haute température, au-delà de 150°C. Particulièrement présent dans les aliments passés en friture, les chips, tous les produits apéritifs préalablement frits et la fumée de cigarette… D'où l'intérêt de ne jamais pousser ou multiplier la cuisson des aliments, notamment au four.

Point clé ● – La face cachée des additifs. Toute cette chimie est une manne pour les firmes. En les utilisant largement elles font d'énormes profits car elles se dispensent d'acheter des matières nobles. Parmi lesquelles, la vanille, le cacao, les arômes obtenus par réduction de viandes, par concentration de fruits… Autant de vrais produits que l'industrie remplace par une panoplie de molécules de synthèse.

Les dirigeants de ces firmes n'ont aucun scrupule, aucun sens moral, ni civique, ils siègent en Seigneurs à la Table ronde des industriels européens – ERT.[29] À partir de cette position dominante ils influencent à leur guise le milieu politique composé de commissaires et technocrates européens. Qui à leur tour imposent leurs directives à tous les pays de l'UE. L'influence de l'ERT porte surtout sur la Commission européenne, dont les membres tout en duplicité,

[29] http://www.ert.eu/members

complicité, ne cessent d'œuvrer en leur faveur, notamment en matière de protection et de permissivité, au plan législatif.

La réglementation européenne autorise officiellement 400 additifs alimentaires. L'on s'attend à pourvoir les retrouver sur l'étiquetage des produits vendus en magasin. En réalité, même pour le consommateur averti il est très difficile de s'y retrouver. L'exemple du glutamate monosodique, poison caméléon – voir le chapitre 23 – est caractéristique de ce dédale d'intrants chimiques. Acidifiants, arômes, exhausteurs de goût, conservateurs, colorants, les nommer un par un et détailler leur composition et leurs effets néfastes, jusqu'à remplir un livre entier serait inutile, pourquoi ?

Parce que **l'industrie agroalimentaire**, à l'exemple des armes bactériologiques secrètes de l'armée, **dispose d'un arsenal 4000 additifs** et enzymes de toutes sortes, que les chimistes n'ont de cesse de tester et d'utiliser à leur convenance. Sans la moindre restriction, sans qu'aucun règlement sanitaire, ni législation ne s'y opposent, **sans obligation de signaler leur présence sur l'étiquetage**.

TROMPER LE CONSOMMATEUR

Pour se valoriser et mieux confondre les consommateurs, cette industrie met en avant plusieurs milliers de produits « *dits de Santé* » c'est simplement un trompe l'œil qui consiste à ajouter des vitamines synthétiques A – B – C – E... La filiale américaine du groupe Danone qui était sûre de pourvoir embrouiller le consommateur yankee aussi facilement qu'en Europe, forte de sa publicité mensongère sur les qualités nutritionnelles mirifiques de ses yaourts ACTIVIA a été condamnée en 2010 à verser l'amende record de 21 millions $ à plusieurs États US.

LE HAUT LIEU DE L'ALCHIMIE

Les firmes utilisent des procédés ultra sophistiqués, microparticules, nanotechnologies, échauffement diélectrique, bioréacteur... Le pendant moderne de toutes les expériences des alchimistes d'autrefois. Du côté obscur, toute cette alchimie est difficilement définissable en terme compréhensible pour le grand public. Au final, ce sont les populations qui en font les frais en termes de mal-être, de fatigue inexpliquée, de perte de lucidité, d'allergies multiformes, de maladies diverses, de montée en flèche des cancers, etc.

En Europe, la chimie des additifs, les procédés de fabrication dénaturants, l'irradiation des aliments, les pesticides, herbicides, fongicides, les OGM et les mauvaises habitudes alimentaires sont un énorme problème de santé publique qui coûte à minima 100 milliards € à la société civile. Même niveau de conséquences outre Atlantique, en Chine...

DES GROUPES DE PRESSION PLUS EFFICACES AUX USA

Contrairement à la France, aux États-Unis de nombreuses initiatives sont prises et médiatisées par divers groupes de pression contre ces poisons. De fait, une partie croissante de la population est mieux informée des dangers qu'elle encourt à les consommer. Les ventes de céréales du petit-déjeuner ont baissé de 25% depuis 2000. Pas tout à fait suffisant pour émouvoir les firmes. Pour elles, c'est l'évolution du marché, les parts de marché et les habitudes de consommation qui priment.

Dans ce dernier contexte, le géant Kellog's annonce ne plus ajouter de colorants ni d'arômes artificiels dans les céréales de sa gamme, d'ici à fin 2018. Idem pour General Mills qui avait annoncé en juin 2015 vouloir retirer les colorants et arômes (*dont le glutamate monosodique*) de 90% de sa gamme de céréales, à la place introduire une formule sans gluten de Cheerios, sa marque de céréales la plus célèbre. Kellog's réagit aussitôt en élargissant sa gamme *special K* avec *Origins* un pack de céréales sans gluten, enrichies en protéines et minorées en sucre.

Le règne sans partage des céréales sur le petit déjeuner prend fin, la tendance du matin est aux produits dits diététiquement sains comme le yaourt dont le marché a plus que doublé de volume depuis la fin des années 2000 ; tandis que la tendance est inverse pour le marché des céréales prêtes à consommer et des barres de céréales. Sous l'impulsion des campagnes très actives de sensibilisation à l'obésité conduite par Michelle OBAMA, la Junk Food – *la malbouffe* – n'a plus la côte, l'Amérique entame sa révolution alimentaire. Les consommateurs demandent plus de produits frais, dont les ventes sont en hausse de 30% depuis 2009.

Selon une enquête récente, 42% des 20 à 37 ans ont perdu confiance dans les grandes firmes agro-alimentaires, contre 18% pour le reste de la population. Le compte n'y est pas au regard de la persistance de la consommation de masse de produits laitiers dénaturés et de céréales hybridées et GM... Autant de contrefaçons dont les effets cellulaires et métaboliques sont désastreux. Cette dégénérescence alimentaire a produit des générations de malportants, pour la plupart des individus en surpoids, obèses et/ou confrontés au diabète, à la fatigue chronique, à la perte de mémoire, aux capacités intellectuelles amoindries, confrontés à la dépression nerveuse endogène...

POURQUOI LES AUTORITÉS PUBLIQUES ONT LAISSÉ FAIRE ?

Réponse classique du consommateur lambda : *ça rapporte beaucoup d'argent* ! Toutefois la raison insoupçonnée pour le grand public c'est la volonté délibérée de toucher les fonctions cérébrales des masses humaines, qui de la sorte sont bien plus faciles à manipuler, à embrouiller. Les conséquences psychiques sont mesurables, le quotient intellectuel des populations est au plus bas, les individus ayant un QI plus élevé se font rares. Depuis quelques décennies l'on assiste à un abrutissement chimique de la société humaine.

Ainsi la tendance est à la médiocrité mentale pour des populations entières, formées d'individus assistés, très influençables, ne sachant pas discerner par eux-mêmes le cours des évènements mondiaux, vers quoi tout cela nous mène. Des masses humaines de plus en plus dépendantes de la mainmise des dirigeants politiques supranationaux, subissant l'intox des médias de masse qui occultent les vrais sujets et les vraies questions de société.

Il ne reste qu'une minorité de personnes au QI très élevé ayant de bonnes fonctions cérébrales, donc à même de comprendre le pourquoi des circonstances actuelles et l'évolution insidieuse de la crise majeure. Ce stade culminant d'abrutissement chimique est une volonté organisée par les firmes agroalimentaires et agrochimiques, soutenues notamment par les élites de la véritable gouvernance mondiale.

Cette autorité occulte ne cesse d'influer sur l'humanité en utilisant d'une part la propagande incessante des mass médias sous influence corruptrice, qui à coup de milliards de dollars de publicité propage des mensonges ou se retient de dire des vérités essentielles à la compréhension de l'évolution du monde. D'autre part par chimie interposée, il leur faut bêtifier et manipuler les populations afin de mettre en place en temps voulu leur plan mondial pour Gaïa – thème développé dans les chapitres 23 à 25.

Voir le témoignage du Dr BLAYLOCK
https://www.youtube.com/watch?v=_fC1UaVRt6Q

CHAPITRE 21

LES MÉTAUX LOURDS

Le mercure. Au premier siècle de notre ère, le 15 mai, avait lieu la fête des Mercuralia en honneur de Mercure le dieu du commerce, des marchands, de la chance et le messager des autres dieux. Il était connu pour sa rapidité et sa capacité à prendre la forme des circonstances. Le mercure métallique qui roule facilement sur toutes sortes de surfaces représente bien les capacités adaptatives du dieu mercure.

À cette occasion, quelques romains suffisamment riches pour acheter du mercure métallique, support par excellence de ce culte, en buvaient persuadés qu'ils recouvreraient aussitôt tous les attributs de leur divinité, que cet élixir prolongerait leur vie ! Ils mouraient très vite dans d'atroces souffrances, considérant mystiquement que leur dieu n'avait pas voulu accepter cet acte de dévotion. Mais le rituel se poursuivait chaque année, sans qu'aucun d'eux ne puisse jamais établir le moindre rapport avec ce poison violent !

Au vingt et unième siècle, malgré les preuves scientifiques de non innocuité à très faible dosage (traces), les pouvoirs publics et le corps médical donnent le droit à l'industrie pharmaceutique d'élaborer toute une série de substances hyper toxiques, dont le thiomersal, dérivé du mercure toujours autorisé dans le vaccin de la grippe, pour ensuite les introduire impunément dans le corps humain. Sous prétexte mensonger qu'il s'agit de niveau quantitatif très faible considéré comme inoffensif pour la santé publique.

GRAND PUBLIC : VOUS DEVEZ FAIRE CE QUE L'ON VOUS DIT DE FAIRE !

Un concours hors du commun fut organisé spécialement pour le corps médical, 200.000 $ faciles à gagner... Pourtant l'organisateur ne trouve aucun candidat preneur de l'offre !

En janvier 2001, Jock DOUBLEDAY - JD - directeur d'une association californienne « *The Natural Woman-Man* » a imaginé un concours assorti d'une prime de 20.000 $ ouvert exclusivement aux membres du corps médical et pharmaceutique. Pour gagner, il faut accepter de boire en public un mélange de l'ensemble des produits qui composent les vaccins, mais sans contenir bactéries ou virus vivants ou inertes habituellement inclus dans les vaccins.

Une composition[30] ressemblant à de l'eau, celle des vaccins administrés à des enfants de six ans, d'après les recommandations du Centre US pour le contrôle et la prévention des maladies – CDC. Le mélange à boire sera préparé en fonction du poids du candidat, dans la même proportion que le dosage administré à l'enfant de six ans. Etant entendu que ce mélange est reconnu sans danger par les instances supérieures du corps médical. En 2006, JD a porté la prime à 75.000 $

30

et l'a proposée à 14 médecins responsables du CDC. Puis il a surenchéri à 130.000$ avec un bonus de 5000$ par mois jusqu'à pouvoir trouver le bon candidat. L'offre tient toujours !

1- Composition vaccinale	
Aluminium	Le FED - Environmental Defense Fund a suspecté : toxicité cardiovasculaire ou sanguine, toxicité neurologique et respiratoire. Plus dangereux que la plupart des produits chimiques dans 2 systèmes sur 6 de classement sur 2 listes de normalisation fédérales
Amphotéricine B	Définition du MME - Mosby's Medical Encyclopaedia : drogue traitant les infections dues aux champignons. L'allergie connue à cette drogue interdit son utilisation. Les effets secondaires incluent des caillots de sang, dommages du sang, des problèmes rénaux, la nausée et la fièvre. Réactions allergiques sur la peau.
Bêta Propiolactone	Le FED l'a reconnu carcinogène. L'a suspecté de toxicité gastro intestinale, hépatique, respiratoire, sensorielle. Plus dangereux que la plupart des produits chimiques dans 3 systèmes sur 3 de classement, sur 5 listes de normalisation fédérales. Classé comme l'un des composés les plus dangereux pour l'être humain.
Formaldéhyde	Le FED l'a reconnu carcinogène, suspecté de toxicité gastro intestinale ou hépatique, toxicité immunitaire, neurologique et du système reproducteur, toxicité respiratoire et sensorielle. Plus dangereux que la plupart des produits chimiques dans 5 systèmes sur 12 de classement sur 8 listes de normalisation fédérales. Classé comme un des composés les plus dangereux pour l'écosystème et la santé humaine.
Glutamate monosodique	Massivement utilisé comme renforçateur de goût dans une majorité d'aliments. Cependant, suite aux inquiétudes exprimées par l'académie américaine de pédiatrie, il a été retiré de tous les produits destinés aux enfants de moins d'une année. Des piqûres de glutamate chez les animaux de laboratoire ont eu pour conséquence des dommages aux cellules nerveuses

	du cerveau. Un sujet développé au chapitre 21.
Phénol ou acide carbolique	Le FED a suspecté : toxicité cardiovasculaire ou sanguine, toxicité du développement, toxicité gastro-intestinale, hépatique, par contact avec la peau, toxicité rénale, neurologique, respiratoire et sensorielle. Plus dangereux que la plupart des produits chimiques dans 3 systèmes sur 10 de classement sur 8 listes de normalisations fédérales.
Tri(n) butylphosphate	Le FED a suspecté : toxicité rénale et neurologique. Plus dangereux que la plupart des produits chimiques dans 2 systèmes sur 3 de classement, sur 1 liste de normalisation fédérale.
Sulfate d'ammonium	Le FED l'a suspecté de : toxicité gastro-intestinale ou hépatique, toxicité neurologique et respiratoire
Ainsi que : **Néomycine – Polymyxin – Streptomycine –** 3 antibiotiques. **Polyribosylribitol** un dérivé de la bactérie Hib. **Phenoxyéthanol**, le FED a suspecté une toxicité du système reproducteur. **Polysorbate**, toxicité avec la peau ou les organes des sens. **Sorbitol**, suspecté de toxicité gastro- intestinale, hépatique. **Sulfate de gentamicine**, de la gélatine hydrolysée obtenue à partir de peaux, d'os déminéralisés, de veau, de cochon – voir au chapitre 20 – la gélatine E441.	

MERCURE VACCINAL & CERVEAU

Le Dr Melvin MORSE – pédiatre urgentiste démontre scientifiquement que les vaccins de l'enfance ont eu un impact direct sur les capacités intellectuelles de toute une vie, en créant des micro-œdèmes dans le cerveau du nourrisson. Son livre « *La Divine Connexion* – www.lejardinsdeslivres.com. Développement intégral de ce sujet dans notre livre « L'emprise du mondialisme IV – *Hérésie médicale & Vaccination de masse* ».

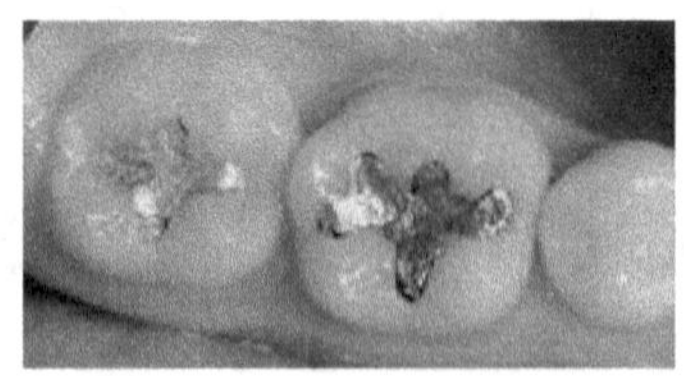

L'HÉRÉSIE DU MERCURE DENTAIRE

Une partie de la planète a finalement compris la folie d'introduire ce poison dans la bouche de centaines de millions de gens. Minamata, est le lieu de la plus grave contamination au mercure survenue au Japon, en 1950. En hommage à cette tragédie, une convention portant le même nom fut organisée en 2013 afin de sensibiliser 140 pays. Étonnamment, s'agissant de bannir le mercure dentaire, trop peu de pays sont signataires de cette convention et acteurs dans les faits.

Notamment la France où le corps médical ne veut pas reconnaitre le relargage de ce poison positionné dans la bouche de 20 à 25 millions de Français porteurs de 3 à 4 amalgames mercuriels. Lesquels n'ont pas la moindre idée des conséquences sur leur santé. 16 tonnes de mercure sont utilisées chaque année en France pour les amalgames où plombages gris ! Soit environ 150 tonnes de mercure en cumul dans la bouche des français ! Voir ce témoignage par l'image http://www.dailymotion.com/video/x2g0416

Pour approfondir le sujet, voir le site de l'auteur de ce livre : http://protocoles.jimdo.com/

L'on peut concevoir l'utilisation de mercure dans la paroi de verre d'un thermomètre. Mais connaissant l'extrême nocivité de ce métalloïde, comment a-t-on pu laisser-faire sur plusieurs générations, de l'enfant au vieillard, de père en fils, la pose dans la bouche d'un gramme de mercure par amalgame dentaire. Soit un million de fois plus que la norme mercurielle de l'OMS autorisée pour l'eau potable (1 microgramme par litre d'eau).

Ceci au plus grand préjudice physique et mental du grand public dont le QI est altéré par l'action de ce seul toxique sur le cerveau ! Que l'on trouve aussi dans le maquillage – mascara – crèmes anti-tâches, éclaircissantes et antirides – certains jouets – une série de médicaments dont le mercurochrome que les mamans utilisent sur les écorchures des enfants – toutes les ampoules fluocompactes « économie d'énergie », desquelles le mercure se diffuse par ionisation au travers l'enveloppe de verre. Témoignage par l'image https://www.youtube.com/watch?v=MCaJrQF05zE

Rappel : *Ne jamais perdre de vue que ces substances toxiques agissent à court, moyen et long terme sur les ensembles cellulaires à l'état de traces, en deçà du milliardième de gramme* – voir le chapitre 22.

ALUMINIUM – Sulfate ou hydrate d'alumine.

Il est **présent partout** et empoisonne toutes les populations du nourrisson au vieillard.

LÉSIONS CÉRÉBRALES

Depuis 1970, son implication dans la dégénérescence du cerveau a été établie. C'est au laboratoire de microanalyse de l'INSERM de Créteil qu'apparait le premier indice. Les chercheurs découvrent dans le cerveau d'un patient atteint de détérioration progressive des fonctions cérébrales et mentales de fines concrétions similaires à des calcifications. L'étude chimique révèle une forte concentration d'aluminium sous forme précipitée, associée à du phosphore. Ils en informent le ministère de la Santé qui depuis cette période est resté inopérant.

En 1976, une publication dans le New England Journal of Medecine relève un taux important d'aluminium dans le cerveau de malades insuffisants rénaux traités par hémodialyse. Ces derniers présentaient tous des symptômes démentiels, troubles de l'élocution et de la personnalité, hallucinations visuelles et auditives, convulsions et lésions osseuses évoluant vers la paralysie, le coma, la mort par encéphalopathie.

1975 – 1990, les études sur sa toxicité se multiplient. L'une d'elles, décrit l'apparition de dégénérescence neurofibrilaires dans le cerveau de lapins après injection intracérébrale de sels d'aluminium, lesquelles ressemblent à celles observées dans le tissu cérébral de malades décédés de la maladie d'Alzheimer. Le lien est ainsi clairement établi entre la présence de ce métalloïde sur les plaques séniles et cette pathologie. Ceci malgré la contestation d'autres chercheurs de mauvaise foi, très probablement influencés ou corrompus par le puissant lobby de cette industrie.

Conclusion. Comme dans un grand nombre de cas, ces autorités publiques sont laxistes, souvent ignares et corrompues. Elles ne tiennent aucun compte des mises en garde d'organisations indépendantes et de celles de chercheurs honnêtes et courageux afin de protéger efficacement la santé des populations ; un sujet développé au chapitre 29.

Totale incompétence et inopérance des pouvoirs publics français. En témoigne les dispositions insensées prises par le ministère de la Santé lors des pseudos pandémies grippales de 2009. Cette peur-propagande organisée par l'OMS n'avait pour seul objectif que de vacciner en masse les populations de tous les pays adhérents.

Ceci, dans le seul but de soutenir financièrement les fabricants de vaccins coopérants. En arrière-plan, parvenir à affaiblir le système immunitaire et le QI des masses humaines en préalable à d'autres opérations sanitaires ou épandages aériens de pestilences chimiques, bactériennes, virales – thème entièrement développé dans notre livre « L'Emprise du mondialisme III – *Le Secret des hautes technologies* ».

Alimentation & l'aluminium. Il se trouve **partout** : dans L'eau potable du réseau public – Lait maternisé – Farines et panification (pain de mie) biscuits – Confiseries – Feuilles de thé. Utilisé comme conservateur générique des charcuteries et plats préparés… C'est aussi un colorant, un agent levant, de blanchiment, un antiagglomérant utilisé jusque dans le sel de table. Codification : E55 – E173 – E520 à E523 – E541 – E554 à E559 – E1452 – Ou sous l'intitulé : ALUMINA.

L'aluminium des feuilles de cuisson – celui des contenants (canettes et dosettes) de nombreuses boissons, sodas, bières, cafés, thés... pénètre par transfert dans les ensembles cellulaires. Ne pas utiliser d'ustensiles de cuisine en aluminium, ni d'ustensiles antiadhésifs au PTFE ou en silicone, cancérogènes – voir le chapitre 18.

COSMÉTIQUE

Il est utilisé dans un produit sur deux : déodorants, dont ceux à base de pierre d'alun, d'où le risque de cancer du sein – Certains dentifrices contiennent aussi du titane comme abrasif, tout aussi nocif – Produits solaires – Crèmes de beauté – Durcissant des vernis à ongle – Rouges aux lèvres...

Médicaments. À la base des antiacides pour douleurs et acidités d'estomac : Phosphalugel® (phosphate d'aluminium) – Rocgel® (Oxyde d'aluminium hydraté) –Maalox® (hydroxyde d'aluminium) – Gélusil® (hydoxyde d'aluminium)... A ne pas utiliser.

Vaccination. L'hydroxyde d'aluminium est l'adjuvant d'une majorité de vaccins. C'est un neurotoxique notoire. Il impacte le cerveau des nourrissons dès les premiers vaccins.

Le récapitulatif de 90 études scientifiques, rédigé par deux chercheurs canadiens en neurologie, L. TOMLJENOVIC et C. SHAW de l'université de Vancouver, fait le lien entre l'aluminium vaccinal et les **maladies auto-immunes**. Eux aussi confirment que l'aluminium est hautement toxique et neurotoxique. Il a été démontré qu'il pouvait perturber le développement du cerveau en phases prénatales et postnatales tant chez l'homme que chez l'animal.

L'aluminium est un puissant stimulateur synthétique du système immunitaire, agissant en leurrant la signalisation cellulaire, raison pour laquelle il est utilisé comme adjuvant. Il est surprenant de constater qu'en dépit d'une utilisation néfaste avérée sur plus de 80 années, la sécurité sur l'innocuité de l'aluminium continue d'avoir pour base des suppositions plutôt que des preuves scientifiques. En fait, rien n'est rendu public sur la toxicologie de la pharmacocinétique, sur celle des adjuvants de la composition vaccinale, agissant en synergie avec l'aluminium chez les nourrissons et les enfants.

L'utilisation en pédiatrie d'une substance neurotoxique comme l'aluminium comme stimulant immunitaire présente aussi d'autres problèmes. Car au cours du développement prénatal et postnatal le développement du cerveau est extrêmement vulnérable aux agressions neurotoxiques. Ces périodes de développement rapide du cerveau sont extrêmement délicates, d'autant plus que la barrière hémato-encéphalique n'est pas complètement formée, donc davantage perméable aux substances toxiques. Il faut compter aussi avec l'immaturité du système rénal des nouveaux nés qui compromet de manière significative leur capacité d'éliminer les toxiques alimentaires et environnementaux.

C'est pour toutes ces raisons qu'avec les adjuvants aluminiques, les enfants courent de plus grands risques que les adultes. Il convient de préciser aussi qu'historiquement les essais cliniques des vaccins ont, de manière routinière et arrangée, exclu les individus vulnérables présentant toute une série de problèmes de santé préexistants.

Parmi lesquels, naissance prématurée, histoire personnelle ou familiale relative aux retards de développement, troubles neurologiques comprenant des convulsions de quelque origine que ce soit, l'hypersensibilité aux constituants des vaccins, y compris l'aluminium etc. Du fait de ces différents biais de sélection restrictive, la survenance d'effets secondaires graves résultant des vaccinations reste si facilement sous-estimée par le corps médical, ignare ou tenu dans l'ignorance en la matière.

Autant d'éléments qui devraient susciter des préoccupations ; d'autant plus que les conditions qui viennent d'être citées sont précisément celles qui, dans les directives actuelles de vaccinations, sont considérées comme de « *fausses contrindications aux vaccinations* ». Pour toutes ces raisons, les véritables risques vaccinaux restent tout aussi faussement inconnus dans la littérature médicale.

Puisque les nourrissons et les enfants courent le maximum de risques de faire des complications vaccinales, il est aujourd'hui nécessaire et urgent qu'une évaluation plus rigoureuse des effets secondaires potentiels des vaccins chez les enfants soit réalisée. » Un thème entièrement développé dans notre livre « L'Emprise du mondialisme – *Hérésie médicale et Éradication de masse* ».

Pour vous opposer à ces poisons insidieux : La ligue nationale pour la liberté des vaccinations : LNLV contact@infovaccin.fr. Téléphone 04 50 10 12 09 – du mardi au vendredi de 10 h à 12 h. BP. 816 – 74016 Annecy cedex

L'EAU DU RÉSEAU PUBLIC

C'est une autre hérésie que d'utiliser les sels d'aluminium pour éclaircir l'eau potable en fin de traitement d'épuration. En 2008, le professeur Jean François DARTIGUES, neurologue et spécialiste de santé publique à l'université de Bordeaux a conduit une étude épidémiologique sur 3777 individus âgés de plus de 65 ans. Avec son équipe, il démontre qu'une consommation d'eau du réseau public à + 0,1 mg de sels d'aluminium par litre augmente considérablement le risque de développer Alzheimer.

DARTIGUES s'empresse d'informer le ministère de la Santé, lequel répond qu'une seule étude n'est pas déterminante. Aucune investigation identique ou complémentaire n'a été reproduite en France depuis 2008, au prétexte de son coût élevé et de sa nature complexe.

Pourtant il existait un préalable d'études internationales ; En 2004, l'éminent toxicologue Henri PEZERAT, directeur de recherche au CNRS disait « *Plusieurs études épidémiologiques conduites dans six pays différents, ont conclu à une augmentation notable de l'incidence de la maladie d'Alzheimer en relation avec la concentration d'aluminium dans l'eau de boisson.*

Consultés, l'Institut de veille sanitaire et deux agences de sécurité sanitaire, ont publié rapports et conclusions niant, en dépit des faits, le caractère plausible d'une telle relation et refusant par là même toute mesure de prévention lors du traitement des eaux. À la carence des experts, répond la carence de l'administration de santé publique».

Des enquêtes ont eu lieu en Norvège, Ontario, Québec, Grande-Bretagne, Suisse, dans le Sud-Ouest de la France, certaines sont encore en cours. Sur la base de telles études, des auteurs canadiens ont avancé une diminution possible de l'ordre de 23% de l'incidence de la maladie d'Alzheimer en Ontario sous condition d'abaissement du niveau d'aluminium dans l'eau du réseau public, mieux de sa suppression, facilement remplaçable par du chlorure ferrique aucunement nocif.

LA SOLUTION

Pour l'eau potable, il suffirait de suivre le bon sens des autorités municipales de Paris qui depuis trente ans ont interdit les sels d'aluminium, remplacés par du chlorure ferrique, non toxique, pas plus onéreux. Il suffirait d'appliquer ce procédé à tout le réseau public d'eau potable d'Europe et du monde pour préserver l'intégrité du cerveau des populations. Mais les intérêts financiers, la corruption, la volonté délibérée de nuire, sont un obstacle devenu de plus en plus insurmontable.

LA RECHERCHE EMPÊCHÉE

L'ANSM, agence du médicament, a refusé tout financement à l'équipe INSERM de l'hôpital Mondor qui travaillait depuis 18 ans sur ce sujet, en collaboration avec plusieurs équipes scientifiques internationales. En particulier la circulation des sels d'aluminium dans l'organisme et les effets de leur présence sur le cerveau. Des conclusions suffisamment probantes pour que les gouvernements puissent prendre leurs responsabilités. En réalité, depuis longtemps, les autorités de nombreux pays, sous l'influence de la propagande corruptrice de firmes sans scrupules, usent de leur pouvoir pour entraver les initiatives progressistes de nombreux chercheurs.

En 2013, au cours de l'émission « Planète ALU » diffusée sur Arte, le professeur EXLEY témoigne *« On ne peut pas faire de recherche sur les liens entre l'aluminium et la santé humaine ici au Royaume-Uni et c'est vrai également en Europe et aux États-Unis. Ceci est lié au fait que la recherche s'est trouvée empêchée d'avancer. Essentiellement de manière indirecte, mais surtout en raison de l'immense arsenal de propagande de l'industrie de l'aluminium. Ils sont extraordinairement efficaces pour faire croire à tout un chacun, qu'il n'y a pas de problème, qu'il n'y a pas de questions à poser, qu'il n'y a pas de recherches à financer sur la question, que le dossier est clos. Alors que la réalité est tout à l'inverse.* »

Témoignage par l'image
http://www.dailymotion.com/video/xymfms_planete-aluminium-thema-2013-partie-1_tech

CONCLUSION

Depuis les années 1970, les études toxicologiques mettent clairement en évidence la dangerosité de l'aluminium, démontrant comment il pénètre le cerveau y provoquant des lésions, maladies et mort. Il est indéniablement à l'origine de la myofasciite à macrophages, une terrible dégénérescence neuromusculaire identifiée en 1993. En 1997, des experts européens reconnaissent sa toxicité, notamment dans l'eau. La limite conseillée a été fixée à 0,2 mg/litre, mais elle peut être dépassée sans la moindre pénalité.

Cependant, s'agissant de préserver la santé publique, aucune restriction sanitaire, ni mouvement législatif, ne s'opposent à l'utilisation multiforme de l'aluminium dans un grand nombre de produits du quotidien. Un laxisme ressemblant à celui qui a conduit au scandale de l'amiante. Mais peut-on compter sur les responsables politiques, vu le peu de jugeote et de probité qui les caractérisent ; tout un chacun saura aisément répondre à cette interrogation.

La solution contre l'aluminium, à titre préventif ou curatif : **la silice** dite organique tirée des plantes, de l'ortie en particulier, ou la silice liquide minérale – www. huebner-vital.de – ou– disponibles dans les magasins diététiques. Utiliser des eaux minérales dosées à + 30 mg de silice par litre, en alternance avec des eaux moins minéralisées, faire des cures seulement au rythme d'un mois sur trois.

Témoignage par l'image https://www.youtube.com/watch?v=-gAsSR6g7SU

TATOUAGES & MÉTAUX LOURDS

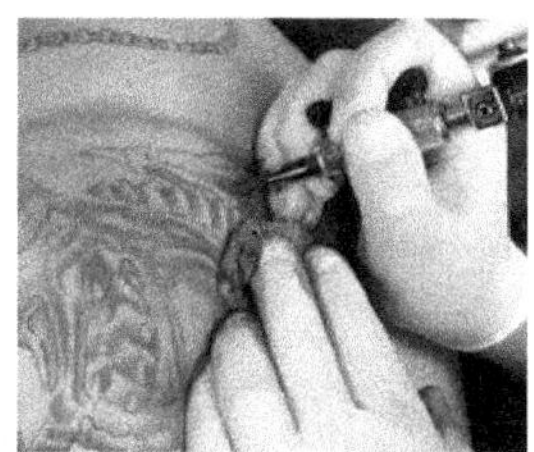

Les encres utilisées pour les tatouages peuvent être dangereuses pour la peau et par transfert pour les ensembles cellulaires.

Composition des encres : aluminium – cobalt – chrome – cuivre – fer – mercure – nickel – manganèse – vanadium – strontium. Les encres noires sont des hydrocarbures aromatiques polycycliques de type benzopyrène et benzoanthascence. Autant de métaux lourds et autres éléments dangereux injectés dans le derme qui en réagissant aux UV augmentent la production de radicaux libres. Il en résulte diverses réactions externes : Eczéma – Lichen plan – Lucite – Sarcoïdose – Pseudo lymphome. La complication la plus fréquente est l'allergie et les démangeaisons, gonflement de la peau au niveau du tatouage, jusqu'à des lésions plus graves imposant le retrait du tatouage.

La peau est l'organe le plus grand de l'organisme du fait de sa surface, chez l'homme 2 m^2. C'est un émonctoire ayant pour rôle d'éliminer les toxines, non d'en recevoir par effraction de la barrière cutanée, par rupture des capillaires sanguins – 40.000 km dans le corps humain. D'où la pénétration dans le sang de substances hautement nocives qui agissent très activement à l'état de trace, ne l'oublions pas. Les premières manifestations sont d'ordre inflammatoire car les cellules de l'immunité tentent de se débarrasser des poisons injectés.

Outre les allergies, les infections virales ou bactériennes localisées, le cancer de la peau, un simple tatouage de quelques cm^2 peut générer à terme des effets insoupçonnés, bien au-delà de la zone cutanée, qui ne seront probablement jamais corrélés à cette pratique contre nature. Plus la surface de tatouage augmente, plus les risques de voir apparaitre rapidement des maladies dégénératives augmentent. Les substances injectées, notamment les métaux lourds, se cumulent dans les ensembles cellulaires et tissulaires à ceux des molécules néfastes de la vaccination, de l'alimentation, pour agir en synergie à l'état de traces.

Une pratique très en vogue depuis une vingtaine d'années, mais qui trouve ses racines dans les civilisations très anciennes. À l'époque reculée de l'histoire humaine, les païens se faisaient percer le nez, les oreilles, les tétons… et choisissaient un tatouage à thème, la plupart du temps, pour marquer par un signe visible leur révolte contre l'ordre établi.

Vers 1500 avant notre ère, la nation juive en formation était entourée de peuples païens dont les pratiques issues du paganisme étaient horribles, jusqu'à passer leurs propres enfants par le feu en l'honneur du dieu Baal. Pour préserver les israélites de toutes ces abominations et contaminations, la loi mosaïque, entre autres pratiques interdites, leur enjoignait expressément «*Vous ne devez pas vous faire d'entailles dans la chair, et vous ne devez pas faire sur vous de tatouage*» - Lévitique 19 : 28.

CHAPITRE 22

LES POISONS CHIMIQUES SONT ACTIFS À DOSE INFINITÉSIMALE

LES POISONS DANS LA MAISON

Il est démontré que la pollution mesurée à l'intérieur des habitations urbaines est plus importante qu'à l'extérieur, dont l'air des zones urbaines est saturé par les gaz de la circulation automobile et la pollution atmosphérique générale. Même en dehors des villes, l'on fait les mêmes constatations ! Ces molécules ambiantes, sous forme de particules très fines sont potentialisées par les UV. Elles pénètrent les alvéoles pulmonaires, entrent dans la circulation sanguine, ce malgré l'aération quotidienne de chaque pièce à vivre, bureaux, écoles, transports, où l'on passe en moyenne 22 h sur 24 heures.

Selon l'observatoire de la qualité de l'air intérieur, ceci est un enjeu de santé publique au plan international car ce type de pollution influe sur l'accroissement d'allergies respiratoires et pathologies chroniques, surtout l'asthme. En 2005, le WWF a analysé le sang de 13 familles européennes, les résultats sont éloquents car l'on a trouvé 34 molécules néfastes sur les 107 recherchées – voir ci-dessous *les nouvelles mathématiques en toxicologie.*

Toutes ces molécules nocives contenues dans l'air sont dénommées Composés Organiques Volatiles – COV. Seulement 14% des 100.000 molécules chimiques existantes ont été évaluées, catégorisées et l'objet d'une étude minimale de mesure des risques. On y trouve les solvants, diluants, dégraissants, conservateurs, disperseurs. Ils sont issus en grande partie de la composition chimique des matériaux (peintures, encres, colles, résines, mousses isolantes, placages…) utilisés lors de la construction du logement, leur action néfaste peut perdurer des décennies. S'ajoutent d'autres polluants émanant de l'ameublement, des appareils électroménagers et bien d'autres encore contenus dans les produits ménagers utilisés au quotidien.

S'il semble bien difficile de se prémunir des polluants incrustés dans les matériaux de l'habitat ; Sauf si en amont l'on sait choisir judicieusement les matériaux les plus neutres pour son habitat. Par contre il est tout à fait possible de se préserver du grand nombre d'additifs chimiques contenus dans les produits ménagers : lessives et adoucissants textiles qui promettent fraîcheur et douceur incomparables – poudres ou liquides pour lave-vaisselle – nettoyants WC – dégraissants pour cuisine et sanitaires – lingettes jetables – désodorisants d'intérieur, désodorisants pour réfrigérateur, pour lave-vaisselle – spray de toutes sortes – notamment les insecticides, les antibactériens dont l'utilité n'est pas démontrée par les Agences de sécurité sanitaire.

LES SOLUTIONS

S'interroger sur la nécessité d'accumuler un grand nombre de produits. Ai-je besoin d'un assouplissant ? D'une lessive pour le blanc, d'une autre pour la couleur ? D'un parfum d'ambiance pour chasser une odeur ? D'un après shampoing… Résister aux palabres mensongères de la publicité – Refuser tous les produits jetables, exclure ceux portant un symbole de danger.

Sélectionner les produits éco-label ou biologiques, ils ne sont pas plus chers si l'on choisit les plus utiles et si l'on en fait bon usage – Aérer après utilisation – Préférer les produits éco-recharges et les emballages recyclables – Préparer soi-même tous les produits ménagers : lessive – produit vitre – produit vaisselle et lave-vaisselle – nettoyant pour le sol, sanitaire…

Utiliser pour bases le bicarbonate ou le percabonate de soude, les cristaux de soude, le vinaigre blanc, jus de citron, le savon noir, savon de Marseille, les huiles essentielles. Par exemple élaborer son assouplissant avec une part de bicarbonate de soude, de vinaigre blanc, d'huile essentielle de lavande.

Au rayon beauté, des substances dangereuses non indiquées sur l'étiquette se retrouvent dans 185 produits du quotidien : laits de toilette – lotions – shampoings – lingettes… Les métaux lourds, aluminium, béryllium, cadmium, mercure, plomb, thallium… sont ajoutés notamment aux déodorants – mascara – rouge aux lèvres – fard à paupières – crèmes pour la peau – produits coiffants…

Produits pour bébés, selon les associations de consommateurs, des substances à risque sont ajoutées dans 300 préparations ; y compris les « hypoallergéniques » ; selon Women in Europe for a common future – WECF.

Solutions, choisir les labels biologiques, chercher sur les sites web les bons conseils sur les formules naturelles. Par exemple, après le bain ou la douche, pour remplacer un déodorant saturé de molécules chimiques, mettre un peu de bicarbonate de soude sur un gan très humide, ou une éponge à peine essorée, et passer sous les aisselles préalablement humidifiées ; c'est efficace contre les odeurs de transpiration et sans risque. Pour les soins de bébé, par exemple utiliser les produits Weleda, ou chercher les meilleures préparations naturelles à préparer soi-même.

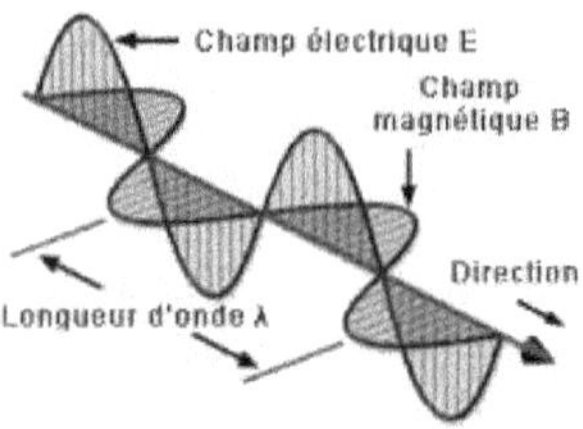

LA POLLUTION ÉLECTROMAGNÉTIQUE - EM.

Un vaste sujet qui inquiète car l'on prend conscience bien tardivement de l'impact très nocif des champs EM sur la santé publique. Si le mal est déjà fait, les conséquences à venir seront plus redoutables encore. Cette technologie, comme bien d'autres, n'a pas fait l'objet de mesures d'évaluation du risque, moins encore d'accompagnement de moyens de protection.

Les principales sources nocives sont le **téléphone mobile** génère des micro-ondes de 800 à 1800 mhz, d'une intensité moindre comparativement aux fours culinaires à micro-ondes. Les neurologues, notamment Nord-américains, prédisent une multiplication des tumeurs du cerveau, inopérables + 290% du côté de la tête où le téléphone est le plus utilisé, après 10 ans d'utilisation.

Solution, de façon générale pas de conversation au-delà de 2 à 3 minutes avec un téléphone portable. L'utiliser 1) en le tenant dans la main en mode hautparleur 2) ou avec des écouteurs filaires reliés au téléphone, pas plus que le temps imparti 3) ne pas le porter sur soi en permanence, ni auprès de soi la nuit, car il émet des ondes nocives même en veille. De façon générale, ne pas positionner d'appareil électrique à côté de la tête au cours de la nuit.

➢ **Les ampoules fluo compactes** ont été contestées par une étude du Centre de recherche et d'information sur les rayonnements électromagnétiques – CRIIREM qui à mesurer un champ EM de 4 à

180 volt/mètre pour des puissances « basse consommation » de 11 à 20 watts, ainsi que des radiofréquences jusqu'à 200 volt par mètre, alors que la valeur limite en vigueur est de 27 volt/mètre. Ces ampoules contenant du mercure à l'état gazeux sont néfastes par rayonnement du métalloïde au travers le verre, un danger plus grand lorsqu'elles se cassent. Surtout ne pas les utiliser comme lampes de chevet ou de bureau. En cas de casse, aérer la pièce une demi-heure avant de nettoyer le sol avec des gants et un masque en papier.

Solution, boycotter les fluo compactes et n'utiliser que des ampoules LED, de basse consommation, exemptes de radiation. A condition de ne pas utiliser un niveau d'intensité élevé, car ce type de lumière bleue entraîne un vieillissement prématuré de la rétine.

➢ **Le Wifi** génère des ondes d'environ 2400 mhz, quasiment les mêmes que celles d'un four culinaire à micro-ondes ; l'effet est plus généralisé sur l'ensemble du corps par rapport au téléphone portable qui impacte la tête. *Qui aurait l'idée saugrenue de mettre sa tête ou son corps entier dans un grand four à micro-ondes* ! Et pourtant la grande majorité des populations occidentales baignent dans un flot d'ondes très nocives.

Solution, câbler tous les appareils de la maison, du bureau, en câble Ethernet, sans oublier de désactiver le Wifi sur votre Box ADSL, dans le doute prendre contact avec votre fournisseur.

➢ En 2015, les hauts responsables incompétents du gouvernement français ont autorisé sur l'ensemble du territoire le passage de la Tv numérique terrestre – TNT – par **le réseau d'antennes relais de la téléphonie mobile**, dans la bande micro-onde des 700 mhz , *une information parmi bien d'autres passée inaperçue* ! Le pouvoir de pénétration de ces micro-ondes est de 0,50 mètre au travers de tous les matériaux, briques, béton, corps humain, cerveau, ce dernier n'est pas protégé par la barrière hémato encéphalique (os et eau).

Jusque-là, ces fréquences de 700 mhz passaient à une dizaine de km des zones habitées ; sachant que cette puissance radiative décroit rapidement avec le carré de la distance, pour arriver à un niveau très réduit dans les zones habitées, selon l'Agence nationale des fréquences – ANFR. Ce réseau est d'autant plus inutile et nuisible que la majorité des européens sont équipés d'une box ADSL qui donne accès à toutes les chaînes de la TNT et bien davantage ; Alors que par ailleurs, le déploiement de la fibre optique, sans conséquence sur la santé, est favorisé et valorisé pour desservir rapidement tout le territoire français, tout comme pour d'autres pays européens.

➢ S'ajoutent les 900 mhz des 740.000 **concentrateurs** qui fonctionneront sur le territoire français à hauteur d'homme. Ils ont pour fonction de relayer la fréquence radio des compteurs « dits intelligents » dénommés LINKY en France. Lesquels sont dangereux car le réseau électrique et les appareils ménagers fonctionnant en 50 Hz ne sont pas conçus pour recevoir des radiofréquences – courant porteur en ligne – CPL – de 75 kilo hertz, nécessitant un câblage blindé. Un risque santé de plus pour tous les usagers confrontés sans le savoir aux prises d'intérêt de lobbies liés à certaines autorités de l'ombre.

En 2014, après une série de huit incendies de maisons, les autorités de région canadienne de Saskatchewan ont ordonné le retrait obligatoire de 105.000 compteurs de ce type. Le ministre en charge du dossier a déclaré « *La sécurité est notre priorité. Les inquiétudes sont suffisamment importantes, nous croyons que si la sécurité des familles Saskatchewanaises est en danger, nous devons agir. C'est pourquoi nous avons donné cet ordre à SaskPower – société d'électricité d'Etat* ».

Le 16 janvier 2016, Bernard LASSUS, responsable LINKY chez ERDF - France, a reconnu, sur la radio RMC, 8 incendies causés par ce compteur durant la phase d'expérimentation. L'expérience canadienne désastreuse a été occultée car toutes les entreprises associées à la production de ce type de compteur suivent de très près le déploiement de LINKY car ils visent le pactole d'un marché au plan mondial.

Ce dispositif provoque 1) des pannes d'un genre nouveau sur Télévisions – ordinateurs – matériels professionnels… 2) des coupures de courant 3) des risques d'incendie d'autant plus augmentés que les composants électroniques de ces compteurs sont vulnérables à l'échauffement 4) des radiations nocives dans les maisons, via le circuit électrique de l'habitation 5) une série de malaises – migraines – insomnies – palpitations – vertiges – troubles de la mémoire, de la concentration – des allergies, eczéma ; une potentialisation d'Alzheimer – d'accident vasculaire cérébral (AVC) – de problèmes cardiaques – de certains type de cancers, comme cela est scientifiquement avéré.

Solution, se mobiliser, rejoindre les Comités d'opposition, faire une lettre recommandée avec accusé de réception à votre fournisseur d'électricité et copie à votre député, à la mairie de votre localité. Refuser catégoriquement l'installation de ce compteur à votre domicile, ou à l'extérieur.

La Pollution EM est très néfaste sur les ensembles cellulaires, composés d'eau, de protéines, d'acides gras, de sels minéraux : calcium, sodium, magnésium, phosphore, potassium et d'oligoéléments présents à l'état de trace : fer, zinc, cuivre, iode, manganèse, sélénium… Tous ces éléments sont calés sur une fréquence électrique qui n'excède pas les 37 Hz. Les ondes électromagnétiques émises par les 50 Hz du câblage électrique d'une habitation permettant de faire fonctionner la lumière, la cuisinière, le réfrigérateur, le téléviseur… sont à elles seules génératrices d'une dysfonction cellulaire.

Confrontés aux hyperfréquences – *micro-ondes* – du Wifi, téléphone portable, aux antennes relais, aux radiofréquences des compteurs LINKY, les molécules d'eau présentes dans les tissus humains subissent une résonnance au diapason de l'onde incidente. Pour la structure d'une habitation cela équivaudrait à subir les effets vibratoires répétés de séismes successifs, avec les dégâts que l'on peut imaginer. Par ailleurs, les micro-ondes provoquent des frictions internes et concentrations de chaleur, qui à leur tour génèrent un échauffement, une dérégulation, parmi tous les composants de la cellule, jusqu'à produire une phase inflammatoire chronique.

L'électro-pollution entraîne aussi une diminution de la mélatonine, l'hormone qui régule l'humeur, le sommeil et inhibe la prolifération des cellules cancéreuses – source The Lancet 1978. Les systèmes nerveux – endocrinien – immunitaire sont affectés. La porte ouverte à court terme aux troubles du sommeil, excitabilité, irritabilité, hyperactivité. A moyen terme, place aux maladies dégénératives, tumeurs, cancers, Alzheimer, sclérose en plaques, Parkinson… D'autant plus facilement que ces ondes traversent aisément la barrière hémato encéphalique, permettant à diverses toxines chimiques d'entrer directement dans le cerveau.

Imaginez que les cellules saines soient de bons musiciens qui composent un orchestre philarmonique.

Tous s'exercent, sans manquer chacune des répétitions quotidiennes, sur le thème des quatre saisons de Vivaldi. Chacun d'eux sait produire un son harmonieux en utilisant parfaitement bien son instrument, en respectant chaque note de musique, suivant le tempo voulu pour chaque saison. Mais voici qu'on leur impose un nouveau chef d'orchestre farfelu, pourtant très célèbre en Espagne, dénommé Ondia d'Hyperfréquencia. Celui-ci ne cesse de leur commander une toute autre façon de jouer en accélérant le tempo initial, au point de les déstabiliser, les désorienter, les irriter. Finalement cet ensemble musical ne résistera pas à cette désharmonie imposée et partira à vau-l'eau dans une véritable cacophonie.

LES POISONS DANS L'ALIMENTATION ACTIFS À L'ÉTAT DE TRACE

Contrairement aux normes officielles établies par le Codex Alimentarius en matière de dosage de substances chimiques acceptables dans l'alimentation, il est essentiel d'intégrer pour sa compréhension personnelle de l'empoisonnement global le fait scientifiquement prouvé que tous ces poisons décrits dans cet ouvrage agissent à l'état de trace, en deçà du milliardième de gramme et par rayonnement. Faute de quoi, le lecteur de cet ouvrage passera sur la route d'à côté sans voir où cela conduit, sans comprendre la portée de ce sujet central. Ceci a été démontré par des études approfondies conduites par un collège de chercheurs Nord-américains[31] et Français,[32] experts en biochimie, biologie, médecine de pointe.

Les conséquences sont tout aussi évidentes. Ces résidus chimiques se retrouvent dans le sang, les graisses, les organes, le sperme, le lait maternel ; C'est la charge chimique corporelle. En moyenne plus de 200 molécules issues de 100.000 produits chimiques répertoriés, utilisés au quotidien stagnent en permanence dans l'organisme. Associées les unes aux autres, elles entrent en synergie et produisent une série de dysfonctions cellulaires et tissulaires, à l'origine de la plupart des maladies chroniques dites de civilisation.

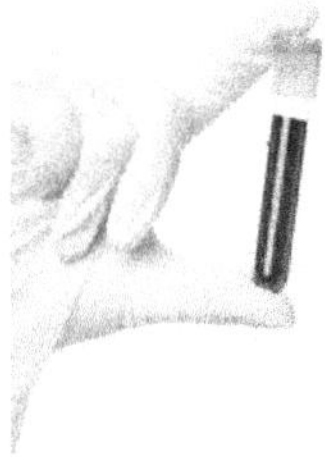

L'INITIATIVE DU WWF

En avril 2004 l'ONG a voulu sensibiliser les parlementaires européens sur cet effet cocktail permanent, composé à minima des 101 poisons stagnants dans l'organisme au fil du temps, sur les 100.000 existants les plus utilisés, parmi lesquels :

➢ Des OCP, pesticides de type DDT, chlordane, lindane, interdits depuis des décennies.

[31] Référence : https://apprecautionaryprinciple.wordpress.com/2012/04/03/hormones-and-endocrine-disrupting-chemicals-low-dose-effects-and-nonmonotonic-dose-responses/

[32] Témoignage par l'image https://www.youtube.com/watch?v=JXaYQ8WFOzs
Toxiques – vue d'ensemble : http://www.coprae.fr/wp-content/uploads/2015/01/Toxiques-dans-lassiette_Valentin-LIZZI.pdf

➢ Des PCB utilisés comme lubrifiant dans l'appareillage électrique jusqu'en 1985.

➢ Des retardateurs de flamme contenus dans les meubles, tapis, matériaux d'isolation, télévision.

➢ Des PFC (composés perfluorés) des poêles antiadhésives et des traitements anti-tâches.

➢ Des BPA (bisphénol-A) des boites de conserve, bouteilles plastique, certaines tétines de biberon.

➢ Des Phtalates des jouets, encres d'impression, produits pharmaceutiques, cosmétiques…

➢ Des Muscs synthétiques des déodorants, parfums d'ambiance, adoucissant textile, lessives…

Le WWF et la Banque coopérative ont demandé à 47 personnes de 17 pays d'Europe, dont 39 membres du Parlement européen, d'accepter un test sanguin pour rechercher les 101 poisons en question. Résultat surprenant, 76 molécules toxiques ont été retrouvées dans le sang des parlementaires.

Des poisons à vie, ce sont des substances interdites depuis vingt ans en Europe qui ont été identifiés chez chacun de ces volontaires, dont le lindane et le PCB de Monsanto. Preuve est faite que les organes du système d'épuration du corps humain : foie – reins – peau – poumons – intestins – lymphe – n'ont pas capacité à éliminer la majorité des milliers de poisons chimiques auxquels l'organisme est confronté dès les premiers jours de l'existence.

Claude REISS, chercheur français en biologie moléculaire, président de l'association Antidote Europe, dit « *les dommages infligés aux cellules sont jusqu'à trente fois plus sévères lorsque les pesticides sont associés. Des substances réputées sans effet ont en combinaison les unes avec les autres des effets insoupçonnés. On observe trois types d'impacts : 1) la viabilité des cellules est dégradée 2) les mitochondries, véritables batteries énergétiques des cellules ne parviennent plus à les alimenter en énergie, ce qui déclenche leur autodestruction 3) les cellules sont soumises à un stress oxydatif très puissant, possiblement cancérigène, susceptible d'entraîner une cascade d'effets* ».

LES NOUVELLES MATHÉMATIQUES EN TOXICOLOGIE DE POINTE.

Des laboratoires danois et britannique ont testé les effets de substances chimiques, fongicides, ainsi que la flutamide, à la base d'un médicament utilisé pour traiter le cancer. Les chercheurs en toxicologie de pointe disent « *nous devons apprendre de nouvelles mathématiques sur les effets de mélanges toxiques testés sur les rats, parce que nos résultats se traduisent par* ***traces de poisons au niveau 0 + 0 + 0 = 60% de malformations, de conséquences*** ». Nous assistons à un double phénomène : les effets s'additionnent et entrent en synergie pour décupler, explique Ulla HASS de l'Institut danois de recherche alimentaire et vétérinaire, lors d'un entretien en janvier 2010.

LES CONSOMMATEURS BIO NE SONT PAS PLUS RICHES, JUSTE PLUS INSTRUITS.

C'est la conclusion d'une étude NutriNet – Santé, publiée dans la revue Plos One, pilotée par plusieurs organismes de recherche dont l'INRA et l'INSERM. Cette étude basée sur un panel de 54.000 français – dont trois quart de femmes – révèle que les consommateurs de produits biologiques sont plus éduqués et physiquement plus en forme que les autres, et fait surprenant ils n'ont pas un revenu supérieur.

ALIMENTATION BIOLOGIQUE ET PESTICIDES

En Suède, la famille PALMER, père et mère de 39 et 40 ans, ayant trois enfants de 3, 10, 12 ans ont fait l'expérience de l'impact de l'alimentation sur la santé. La chaîne de supermarchés Coop a financé cette étude de 3 semaines, réalisée par le Swedish Environmental Research Institute. Première semaine, la famille n'a rien changé à son alimentation. Puis, toute la nourriture consommée n'était qu'exclusivement d'origine biologique. **Les tests urinaires** de la famille, première semaine, ont révélé huit sortes de pesticides : 2 insecticides – 3 fongicides – 2 inhibiteurs de croissance. Deux semaines plus tard, ces pesticides avaient quasiment disparu, les résultats étaient plus significatifs pour les trois enfants.

L'ALIMENTATION NATURELLE PROTÈGE LE CERVEAU

Une expérience a été menée au lycée d'Appleton dans le Wisconsin aux USA, établissement public spécialisé pour les jeunes sujets de milieux défavorisés, aux comportements difficiles ou graves. Il ne s'agissait pas d'instaurer une discipline spéciale, mais simplement de fournir une alimentation sans colorants, conservateurs, sans intrants chimiques, sans fritures, sans aliments en conserve, composée de céréales complètes, de fruits, légumes frais, de qualité biologique. Les plats étaient préparés sur place. Pas de sodas, ni de distributeur de sucreries, l'eau filtrée était disponible à volonté.

Le directeur du lycée a constaté des changements significatifs du comportement caractérisés par plus de calme dans les classes, une amélioration de la concentration intellectuelle, de meilleurs résultats généraux. D'autres expériences de ce type ont été conduites en Suède, au Danemark, au sein de plusieurs collèges. Selon la direction, les formes d'agressivité entre adolescents ont nettement diminué, les résultats scolaires se sont nettement améliorés.

Paul STITT, de la société Natural Ovens Bakery, en charge de la distribution de cette alimentation naturelle au lycée d'Appleton, précise qu'il y a une forte opposition à ce type d'initiative, car en temps ordinaire les firmes alimentaires sont assurées de faire du profit avec les écoles, « *leurs dirigeants veulent rendre nos enfants accros, dit Paul* ! »

À l'issue d'une courte expérience similaire de neuf semaines conduite dans un centre universitaire de Los Angeles, Marlene CANTER, responsable du board of education, déclarait les résultats universitaires des étudiants ont progressé de 44%, toutes choses étant égales par ailleurs, leur QI avaient progressé de 10 à 20 points.

Une étude américaine relate le changement radical de comportement d'un groupe de jeunes filles de 11 à 15 ans délinquantes et agressives se nourrissant de pain blanc, jambon, hamburgers, cafés, sodas au cola… Après quelques mois d'une diététique alimentaire saine, équilibrée, pas spécialement de qualité biologique, l'on a constaté de grands progrès dans l'attitude, la sociabilité.

Le cerveau de par sa nature électro-biochimique est l'organe le plus sensible aux poisons. Des opérations tant chimiques qu'électro-signalétique extrêmement complexes s'y déroulent à la picoseconde 10^{-12}, essentiellement à partir des acides gras, de la glycémie, des hormones, des neurotransmetteurs… Indéniablement en lien direct avec la nourriture qu'il reçoit. www.ericdarche.com

CHAPITRE 23

EFFETS DES EXCITOTOXINES ET DES ÉDULCORANTS SUR LE CERVEAU

Il serait tout à fait possible de s'alimenter sans n'être jamais empoisonné par le moindre produit chimique ajouté à la terre, aux cultures, aux plats préparés. Si les gouvernements et autorités sanitaires de contrôle laissent faire, c'est qu'ils ne se conforment passivement qu'aux seuls règlements du Codex Alimentarius qui s'impose à tous depuis 1963. C'est à partir de cette époque que l'utilisation massive d'engrais et de molécules chimiques n'a cessé de monter en puissance, au point d'empoisonner les masses humaines. Les produits utilisés depuis de nombreuses décennies et les nouvelles substances synthétiques autorisées permettent de discerner que le cerveau est l'organe visé par cette pestilence chimique.

Ne pas perdre de vue que tous ces poisons agissent à dose infinitésimale, en deçà du milliardième de gramme – nanomole 10^{9} – picomole 10^{12}

La grande majorité des additifs sont à des degrés divers nocifs pour la santé. Les industriels sont pris en tenaille par le système productiviste en place depuis les années 1960, par les méthodes agressives de la concurrence sans le moindre scrupule pour la santé publique. Cela se caractérise par l'obsession du rendement maximal, de la conservation sans faille des produits conditionnés en usine, du profit financier. Tous les dirigeants de ces firmes utilisent sans le moindre scrupule toutes sortes de produits chimiques aussi longtemps que la réglementation les y autorisent. Dans ce cadre, nous listerons les additifs les plus dangereux à éviter absolument car ils touchent le cerveau, abêtissent les gens en diminuant leur QI.

A – TOUS LES SULFITES, BISULFITES, META BISULFITES, AGENTS DE SULFITAGE, *SULPHITES EN ANGLAIS*.

Ce sont **de puissants neurotoxiques** qui agissent sur le cerveau en temps réel.

Un repérage des sulfites, selon les appellations du Codex Alimentarius E 220 à E 539	
E220	Anhydride sulfureux, ou oxyde de soufre, oxyde sulfureux, dioxyde de soufre. Utilisé en conservateur/antioxygène
E221	Sulfite de sodium, conservateur/antioxygène – agent de blanchiment, agent de traitement des farines. Il a été utilisé pour la conservation de la viande, notamment hachée, interdit aujourd'hui, mais des utilisations illicites sont possibles.
E222	Bisulfite de sodium, ou sulfite acide de sodium, sulfite de sodium hydrogène. Utilisé en tant que conservateur/antioxygène – agent de blanchiment.
E223	Disulfite de sodium, ou Méta bisulfite de sodium. Utilisé en tant que conservateur/antioxygène – agent de blanchiment – agent de traitement des farines.
E224	Disulfite de potassium, ou Méta bisulfite de potassium. Utilisé en tant que conservateur/antioxygène – agent de blanchiment – agent de traitement des farines.
E225	Sulfite de potassium. Il n'est pas utilisé en Europe comme additif alimentaire. Mais autorisé en Australie et en Nouvelle-Zélande en tant qu'agent blanchissant.
E226	Sulfite de calcium. Utilisé en tant que conservateur/anti oxygène.
E227	Bisulfite de calcium, ou sulfite acide de calcium, sulfite de calcium hydrogène. Utilisé en tant qu'antiagglomérant, conservateur.
E228	Bisulfite de potassium, ou sulfite acide de potassium, sulfite de potassium hydrogène. Utilisé en tant qu'antiagglomérant, conservateur.
E539	Thiosulfate de sodium, ou hyposulfite de sodium. Il n'est pas autorisé en Europe comme additif alimentaire. Utilisé ailleurs comme conservateur/anti oxygène, agent de blanchiment, agent de traitement des farines. S'il n'est pas directement un sulfite, en milieu acide, l'ion thiosulfate sous forme d'acide thiosulfurique H2S203 produit entre autres du dioxyde de soufre.

L'autre catégorie moins connue est celle des auxiliaires technologiques de fabrication, ou supports d'additifs. Ce sont des agents de démoulage, des anti-mousses, ou des enzymes facilitant une réaction chimique. Par exemple, utilisés pour tremper les épis de maïs, en préalable à la fabrication du sirop de glucose de maïs ; ou dans les colorants caramel ajoutés à la bière, aux sodas, biscuits, crèmes lactées et crèmes glacées… ce sont également de puissants neurotoxiques.

Les faux fuyants des fabricants, lorsqu'ils disent « *Ils sont utilisés en quantité nécessaire et suffisante pour permettre, faciliter ou optimiser une étape de la fabrication d'un aliment. Contrairement aux additifs alimentaires, les auxiliaires technologiques n'ont plus d'effet dans le produit fini. Cependant, il peut subsister des résidus techniquement inévitables, qui ne doivent pas avoir d'effet technologique sur le produit fini et ne présenter aucun risque sanitaire*».

La réglementation française des auxiliaires technologiques – Décret n°2011-509 du 10 mai 2011 – diffère de la réglementation européenne, tout comme d'ailleurs celle de l'irradiation des aliments (chapitre 16), la brièveté des textes laisse la porte ouverte à des contournements de sulfites non déclarés, dans la fabrication de l'aliment ou dans les ingrédients qui le compose.

L'effet, les sulfites, à dose infinitésimale, atteignent et détériorent en temps réel les neurones, les astrocytes, de la même façon que le glutamate mono sodique GMS ou di sodique, en provoquant des lésions sur les noyaux cérébraux, jusqu'à l'atrophie progressive du cortex cérébral. Parmi les symptômes courants, l'impression de chaleur, la rougeur, et le mal de tête après avoir bu du vin ou un aliment sulfité.

Aliments concernés, les vins – champagnes – bières – cidres – jus de citron en bouteille – jus de fruits et de légumes – vinaigre – moutarde – cornichons et autres condiments – ketchup – sauces –soupes – choucroutes – charcuteries – hamburgers – produits de boulangerie – fruits et fruits secs et en conserve – Müesli – confiseries – coulis de fruits – sirops de sucre, de glucose, sirop de dextrose –lait de coco – légumes secs – frites prêtes à l'emploi – gélatine –la plupart des plats cuisinés asiatiques, notamment chinois…

B – TOUS LES ÉDULCORANTS ARTIFICIELS, DE LA FAMILLE DES EXCITOTOXINES, SONT DE PUISSANTS NEUROTOXIQUES ET GÉNÉRATEURS DE CANCERS :

Le Sucralose E955 – La saccharine E954 – Le cyclamate E952 – L'Aspartame E951 – L'acésulfame-potassium E950 de la marque Sunnet – Le Néotame – L'Alitame – L'Acesulfame K (potassium) E950. Toute cette panoplie est utilisée dans une multitude de desserts, boissons gazeuses, boissons diététiques, certains cafés et thés instantanés, biscuits, chewing-gum et autres produits dits de basses calories ; comme additifs pour un grand nombre de médicaments et de compléments alimentaires…

Selon les conclusions d'autres chercheurs, notamment le neurochirurgien Russel BLAYLOCK, tous les édulcorants synthétiques : Sorbitol – Xylitol – maltilol – Saccharine, Acesulfame… produisent : troubles digestifs – risques accrus de diabète – d'obésité – de cancers – fatigue chronique – manque de concentration par perte de dopamine – perte passagère de mémoire – maux de tête – acouphène – dépression. Ces puissants neurotoxiques induisent une intoxication au méthanol dont les symptômes sont faussement semblables à ceux de la sclérose en plaques.

Le sucralose E955 ou Splenda, provient de sucre industriel, de betterave par exemple, auquel l'on ajoute trois atomes de chlore (eau de javel) substitués à trois groupes d'atomes d'hydrogène et d'oxygène présents sur la molécule de sucre (saccharose). S'agissant non plus d'un sucre, mais d'une substance chimique nocive. Le sucralose est utilisé depuis une quinzaine d'années dans plus de 4000 aliments et boissons, dont le Schweppes.

Le thème « *fort pouvoir sucrant et zéro calorie* » est le bon moyen marketing de sensibiliser les gens sensibles à la diététique, à leur silhouette, au risque de diabète. Or, selon le Journal of Toxicology and Environmental Health, le sucralose est un modificateur du niveau d'insuline, de glucose, de peptide du glucagon, de la flore intestinale ou microbiote.

La saccharine E954, l'autre faux sucre. Le plus ancien des édulcorants artificiels produit avec du toluol, de l'anhydride d'acide phtalique. Son pouvoir sucrant 300 fois supérieur à celui du sucre industriel à un arrière-goût métallique ou amer, pour le rectifier ce faussaire est mélangé avec d'autres formules chimiques, l'acide cyclamique (E952) et l'xylit (E967).

C'est un produit considéré certainement cancérigène par l'Association française pour la recherche anti cancéreuse – ARTAC. Des études sur cobayes conduites aux États-Unis relèvent le même constat selon le risque d'altération de la fertilité R62 – et niveau R63 pour les risques d'effets néfastes et irréversibles – niveau R68 pour les risques sur le fœtus pendant la grossesse.

L'Aspartame E951 – *voir aussi Sodas chapitre 12* – acide aspartique – l'édulcorant très populaire utilisé sous forme de poudre, sucrettes ; il est ajouté aux sodas – boissons light – chewing-gum – bonbons – vitamines à croquer – petits déjeuners instantanés – desserts lactés – yaourts – glaces – confitures – vinaigrettes – surgelés. Dans la plupart des produits dits de basses calories et certains médicaments – sirops pour enfants – laxatifs... De nombreux diabétologues, nutritionnistes, dentistes, ignares le conseillent à leurs patients ; Pourtant tout ce petit monde aurait dû savoir que des chercheurs américains indépendants de Big pharma dès 1973 avaient constaté son haut niveau cancérigène et son effet destructeur sur le système nerveux.

Son coût inférieur au sucre industriel de betterave ou de canne, son pouvoir sucrant 180 fois supérieur au saccharose à masse égale, l'argument hypocalorique, au total c'est un produit très utile pour l'industrie alimentaire. Cet édulcorant le plus répandu entre dans la préparation de nombreux produits diététiques, dans les 9000 breuvages dits « light », dans de nombreux aliments transformés. Approuvé par le Codex Alimentarius depuis 1981, sa mise sur le marché fut tissée de corruption au plus haut niveau de l'État US – développement dans notre livre « *Hérésie médicale & Éradication de masse* ».

L'aspartame est composé de deux acides aminés, l'acide aspartique et la phenylalanine. Ces deux composés produisent du méthanol lors de leur transformation dans l'organisme à + 30 ° C. Au cours des années 1990, la fondation Ramazzini a réalisé une étude décisive sur l'augmentation des tumeurs, leucémies, cancers des glandes mammaires, du foie, poumon, cerveau, chez le rat. Résultats rejetés par l'Agence européenne de sécurité des aliments – EFSA.

Agence dirigée par le Dr BARLOW accusé de travailler pour l'international Life Institute, organisme financé par Monsanto, Coca-Cola, Nestlé, grands utilisateurs d'aspartame. Un collaborateur de l'EFSA aurait reçu un autre financement d'Ajinomoto, le fabricant japonais d'aspartame soi-disant pour service rendu sur des colorants !

En 2010, une étude danoise faisait le lien entre accouchement prématuré et consommation de boissons édulcorées à l'aspartame. Confirmation en 2012 et 2013 par une équipe suédoise et française sur plus de 60.000 femmes. Très inquiétant car cette Excitotoxine est consommée au quotidien par des centaines de millions de gens puisqu'elle entre dans la composition de 4000 produits de grande consommation et comprimés de divers produits de pharmacie, de parapharmacie, dont la vitamine C…

L'aspartame a fait l'objet de plus de 10.000 plaintes aux États-Unis, «*pays du light*» essentiellement pour des symptômes à caractère neurologique. Des communiqués d'alerte ont été émis par les bulletins de l'US Air Force pour mettre en garde les pilotes des risques encourus. En 1991, le National Institute of Health a publié un document détaillant 167 raisons d'éviter l'aspartame.

Les chercheurs à l'origine de ces risques de santé publique en ont témoigné auprès de la Food and Drug Administration – FDA – et du Sénat US. L'American Cancer Society après avoir suivi 80.000 femmes durant six ans a conclu que l'aspartame incite à en consommer d'avantage, conduisant à une forme d'addiction, par la suite à l'obésité.

En 1996, le professeur R. WALTON met en évidence les 174 études faites sur ce produit, disant que 74 d'entre elles étaient financées par les fabricants d'aspartame concluant à son innocuité, tandis que 83 des 90 études indépendantes concluaient l'inverse. La pression s'intensifie d'autant plus que ce poison est très utilisé en Amérique du nord, qu'il rapporte des milliards $ à Monsanto, le nouvel acquéreur de ce produit.

En Europe, le Comité Scientifique pour l'Alimentation Humaine – CSAH – en liaison avec l'AFSSA – s'est prononcé favorable à l'aspartame. C'est dire le peu de crédit que l'on peut accorder à ces organismes publics pour leur avis sur l'innocuité ou la non innocuité d'additifs alimentaires et sur la façon d'occulter ou de sous-estimer les innombrables effets secondaires des médicaments chimiques.

Parmi les 90 effets secondaires de l'aspartame : maux de tête – troubles de la vue – baisse de l'ouïe – sensibilité au bruit – manque de concentration – perte de mémoire – retards mentaux – baisse du QI – sauts d'humeur – fatigue – crise de panique – obsessions – agoraphobie – agressivité – crise de démence – convulsions – insomnies – dépression – crise d'hypersexualité – impuissance – déformation congénitale – crampes – douleurs abdominales – troubles digestifs – ballonnements – diarrhées – baisse des plaquettes du sang – hyper ou hypo glycémie – diabète – intoxication aux métaux lourds – maladie de Parkinson – d'Alzheimer – sclérose en plaques – fibromyalgie – thyroïdite – destruction du système immunitaire – cancer du cerveau…

Sucres, édulcorants = neurotoxiques + addiction = conséquences sur les générations suivantes

En 1912, le docteur Robert BOESLER disait «*la fabrication moderne du sucre a entraîné des maladies complètement nouvelles. Aujourd'hui il a entraîné* ***la dégénérescence du peuple****. Il est temps d'exiger une mise en garde nationale. La perte d'énergie par* ***l'usage du sucre au siècle dernier*** *et au début de ce siècle ne pourra jamais être rattrapée car elle* ***a laissé sa marque***

sur notre race.[33] *Ce qui a été détruit par le sucre est perdu et ne pourra jamais être retrouvé*».

La Bible fait aussi référence à l'Epi génétique au plan physique, comme au plan moral pour les conséquences que les actes parentaux auront sur leurs enfants « *Ce sont les pères qui ont mangé les raisins verts, mais ce sont les dents des fils qui ont été agacées* – Jérémie 31 – 29 ».

En 1980, le docteur Abram HOFFER confirmait les dires de son confrère «*le sucre produit une assuétude aussi grave que n'importe quelle autre drogue. La seule différence entre la dépendance envers l'héroïne et la dépendance envers le sucre est que le sucre n'a pas besoin d'être injecté, il peut être consommé immédiatement parce qu'il est disponible et qu'il n'est pas considéré comme une plaie sociale. Cependant la puissance de la dépendance au sucre est aussi forte que celle de l'héroïne* ». Il conclut *« la dépendance au sucre cause des symptômes aussi graves que ceux du sevrage de n'importe quelle autre drogue ».*

Juillet 2009, l'équipe de Serge AHMED de l'université de Bordeaux, a mené une expérience montrant que le sucre a des effets similaires, en termes de dépendance, à ceux de la cocaïne sur des rats. Magazine "Science & Vie" - n°1102. Voir le chapitre 9 – Les expériences déterminantes.

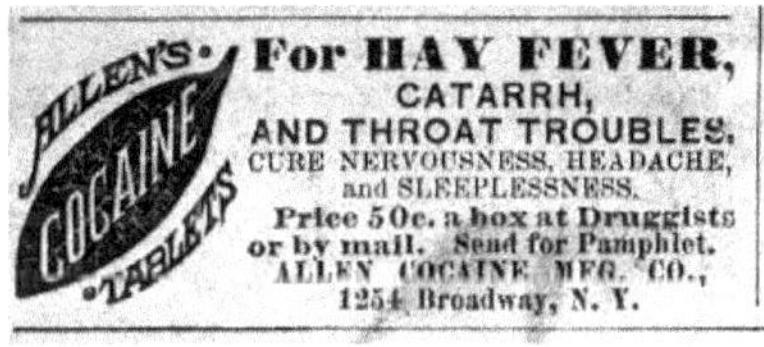

DROGUE CONTEMPORAINE

La consommation naturelle de sucre des fruits – *fructose* – n'est pas nocive puisqu'elle est accompagnée de fibres, de pigments, d'antioxydants... Même si un individu le voulait, pourrait-il manger 10

[33] Épi génétique http://www.nationalgeographic.fr/4114-epigenetique-heredite-genes/page/2/

oranges à la suite ? Par contre à mesure que le sucre est devenu moins cher à produire, à mesure qu'il a été surajouté à une multitude d'aliments, l'habitude générale fut prise de le surconsommer. Toutes les occasions sont bonnes de prendre du sucre raffiné, si facilement accessible.

Autrefois le seul sucre disponible était le produit naturel de la canne à sucre. Dès le 19e siècle le raffinage, en supprimant les vitamines, glucides, protéines, minéraux de l'enveloppe, l'a dénaturé le transformant en simple molécule de saccharose à 99,8%, sans le moindre intérêt nutritionnel. Le comble est que l'organisme doit puiser dans ses précieuses réserves de vitamines, minéraux, enzymes pour l'assimiler, tout en subissant ses nombreux effets pervers.

La coca est une feuille d'Amérique du Sud, une figure de la culture andine. C'est aussi une thérapie médicinale ponctuelle contre la fatigue ou la raréfaction de l'oxygène en altitude. La cocaïne est un extrait de cette feuille dont le procédé consiste à la concentrer à hautes doses en l'isolant de la plante. L'on passe ainsi d'une plante vivante au processus chlorophyllien complexe à une molécule chimique, unique. C'est exactement la même application pour la canne à sucre, une plante tropicale et la betterave sucrière, une plante européenne. L'industrie a vu l'opportunité d'en extraire le saccharose, une perfection du point de vue chimique, une aberration du point de vue naturel et nutritionnel – point clé ●

LE SEVRAGE DU SUCRE

L'organisme, via le foie, élabore du sucre (glucose) à partir des protéines et des graisses à courtes chaînes de l'alimentation, issues de l'amidon associé à la cellulose (légumes, fruits et céréales). C'est la néoglucogenèse. En apportant du sucre naturel ou raffiné ou synthétique l'on court-circuite la capacité du corps à en produire naturellement.

Le goût sucré agit sur le nerf glossopharyngien qui stimule le centre de la récompense en libérant des hormones comme la dopamine, jusqu'à la région du cerveau qui contrôle la notion de plaisir, dite Nucleus

Accumbens ; c'est alors l'impression fictive de bien-être. Comme pour les drogues dures cocaïne, morphine… plus l'on consomme de produit édulcorés plus les récepteurs de dopamine faiblissent, d'où le besoin dominateur de recevoir plus de dopamine pour ressentir le même effet de gratification qu'au début ; c'est l'emprise du cycle sans fin de la dépendance.

Si l'on décide un sevrage des sucres industriels, présents dans 75% des préparations industrielles, du dessert lacté au jambon, mais que l'on ait tendance à chercher une compensation de produits sucrés au cours des repas, ou entre les repas, c'est le signe évident que l'on est en état de manque. Cela peut conduire à une souffrance physique, incluant palpitations, sueurs, crise d'angoisse. Il faut tenir bon avec courage, une fois libéré l'on devient psychiquement plus fort. Dès lors, l'on peut vaincre aussi le surpoids, l'obésité, la fatigue chronique, l'apathie…

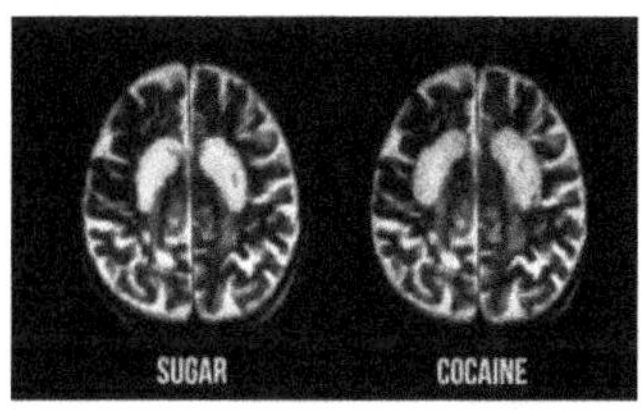

Tous les sucres sont très addictifs. Qu'il s'agisse du sucre raffiné de betterave, de canne, d'édulcorants de synthèse, tous créent une addiction comparable à celle de la cocaïne. Ce sont des excitotoxines qui entrent en synergie avec le glutamate chimique. Ils sont ajoutés à la quasi-totalité des aliments industriels ; Le moyen dérobé très puissant de réduire le QI des masses humaines.

C – MODIFICATEUR DU GOÛT : LE GLUTAMATE MONOSODIQUE ET LE GLUTAMATE DISODIQUE

10 fois plus puissant, sont largement utilisés dans les aliments industriels et les préparations des fast-foods.

Dénommé glutamate de sodium, monosodique glutamate, GMS ou MSG, il a l'apparence du sel. C'est un constituant naturel des protéines d'origine végétale ou animale, à la base du goût des tomates du raisin, des champignons, naturellement cultivés, de la viande, des fruits de mer, de certains fromages, parmesan, roquefort.

Dans l'organisme, le glutamate ou acide glutamique est un acide aminé, présent dans les neurones du cerveau, ayant une fonction de neurotransmetteur. Il a aussi un rôle essentiel dans le processus de mémorisation, d'apprentissage et influe dans le système hormonal. Par contre, le glutamate de synthèse qui est ajouté à la nourriture industrielle est un puissant neurotoxique.

L'objectif des industriels consiste à donner l'impression de plus de goût et pousser à manger, à consommer davantage, en excitant les papilles gustatives. Les biscuits apéritifs, les chips – *avec glutamate* – que l'on mange sans avoir faim. Le Coca-Cola avec du saccharose industriel en Europe, avec du sirop de maïs OGM aux USA, que l'on boit sans avoir soif, sont des exemples au quotidien d'une double forme d'addiction pour des centaines de millions de gens.

Le glutamate industriel est un poison sournois car sa structure moléculaire le diffère de la molécule originelle, naturelle. Ce produit de synthèse n'est pas reconnu par les ensembles cellulaires des organismes vivants. Il agit pernicieusement à dose infinitésimale, comme le font d'ailleurs toutes les substances chimiques. 490 références et études scientifiques réalisées de 1950 à 1993, ignorées par les autorités sanitaires, démontrent que le GMS et les édulcorants artificiels détruisent les composantes cellulaires du cerveau et sont cancérigènes.

Les industriels occidentaux, asiatiques, prétextant qu'à la base il s'agit d'une substance naturelle, l'utilisent systématiquement comme exhausteur de goût pour la quasi-totalité de leurs préparations salées ou sucrées de premier prix ou de marques. C'est surtout pour eux le moyen de limiter la quantité d'ingrédients de qualité dans une composition donnée, en cherchant à compenser avec ce placebo chimique de la saveur. Par exemple dans la fabrication d'un biscuit « goût chocolat » l'on mettra un minimum de cacao compensé par du glutamate…

1910, début de son utilisation dans les produits industriels. 1976, montée en flèche de la production mondiale avec 262.000 tonnes.

800.000 tonnes en 1995. 1,3 million de tonnes en 1999. 1,5 million de tonnes en 2003, plus de 2 millions en 2015. L'Europe en utilise environ 100.000 tonnes.

Il se trouve partout : soupes en conserve ou déshydratées – la plupart des sauces et fonds de sauce – ketchup – bouillons en cubes – pâté végétariens, *même en production biologique où le glutamate est extrait des acides aminés de levure hydrolysée* – sel – dans certaines épices – huiles – conserves de légumes, de poissons, thon par exemple – de nombreux plats préparés et ceux surgelés – charcuterie sous vide – biscuits – snacks – la plupart des desserts – des bonbons – les produits dits de régime ou de diététique – le Coca-cola et la majorité des sodas – hamburgers – chips – les crèmes glacées – en boulangerie industrielle, pain, gâteaux, biscuits – les produits laitiers allégés – les pâtes à tartiner – le vin... Dans les cuisines industrielles privées et de collectivités, les hôpitaux, dans la grande majorité des restaurants asiatiques... Dans plus de 200 médicaments courants.

Le syndrome du restaurant chinois. Georges LUCAS, invite ses dix amis au restaurant chinois. À la fin du repas, deux d'entre eux avaient la migraine accompagnée de nausées ; l'un d'eux était pris de vomissements et d'un ralentissement du rythme cardiaque ; un autre d'éruption cutanée ; un dernier se plaignait d'éblouissement, d'un malaise général avec des troubles de la sensibilité (paresthésies). Georges fut accablé pour cette soirée fichue. Homme perspicace, il a cherché pourquoi, finalement il a su que tous les plats consommés étaient fortement additivés au glutamate monosodique, une coutume en Asie.

Un poison caméléon, bien nommé car il prend différentes formes et il agit lentement mais surement dans l'organisme. Les multiples appellations sont très trompeuses, parmi lesquelles : exhausteur de goût – glutamate mono potassique, monosodique, disodique – maltodextrine – levure ajoutée – extrait de levure autolysée (cubes pour sauces et potages) – farine de soja – sauce soja – concentré de protéines – protéines et isolat de protéines de lait, d'avoine, de riz – arôme artificiels, ou dits naturels de poulet, bœuf, porc, fumé, caramel…

POISON EN SÉRIE

Des appellations que l'on retrouvera plusieurs fois dans un même produit. Par exemple dans un plat cuisiné l'on trouvera : Exhausteur de goût ou E621 + gélatine + Carragheenan + Caséinate + protéines hydrogénées + arômes fumé… Soit une sursaturation de poisons, sous forme de glutamate monosodique et disodique… *Faites en l'expérience de lecture vous-même dans les supermarchés et boycotter sans tarder tous ces produits !*

Repérage partiel du glutamate, selon les appellations du Codex Alimentarius E 620 à E 625	
Monosodium glutamate Extrait de levure*	Biscuits sucrés et pour apéritifs, bouillon en cube*, sauces ******ajouté impunément aux bouillons en cube dits biologiques*
Acide glutamique Monopotassium glutamate	Plats cuisinés et plats surgelés…
Caséinate de calcium et Protéines hydrogénées	Plats cuisinés…
Extrait solide de lait	Yaourts, lait, crème pâtissière…
Huile hydrogénée	Biscuits sucrés et biscuits apéritifs, médicaments…
Extrait de levure	Toutes les pâtisseries, crème pâtissières industrielles…
Levure autolysée	Tous les pains industriels et partie de pains de type artisanal…
Extrait de malt	Biscuits, y compris ceux d'appellation biologique… ajouté à 10% de la farine française…
Carragheenan	Sauces préparées, plats cuisinés, surgelés, crèmes glacées…

Gélatine alimentaire	Sauces préparées, plats cuisinés, surgelés, crèmes glacées…

Les effets sensoriels, le glutamate procure une sensation de salivation excessive, il agit sur les papilles, sur le cerveau comme une drogue. Cas classique du consommateur de chips, de sodas, de biscuits… qui ne sait plus s'arrêter d'en consommer, ce qui arrange bien les affaires des firmes ! Le GMS opère sur les neurones comme une drogue entravant les mécanismes inhibiteurs de l'appétit, plus on en mange, plus il donne faim, plus on a envie d'en manger.

Depuis son enfance, qui n'a jamais ressenti ce type de sensation et celle d'une salivation qui perdure ! C'est dire combien ce poison intéresse l'industrie alimentaire, sans que les hauts dirigeants politiques, à la tête des Etats, des ministères de la santé, ne se préoccupent le moins du monde des conséquences sur la santé publique, malgré les études scientifiques très précises faites en ce sens.

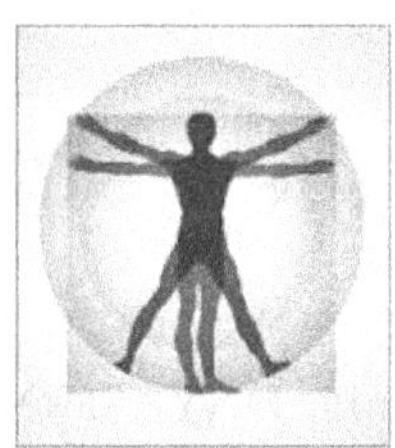

LES PRINCIPALES CONSÉQUENCES DU GMS SUR LA SANTÉ, LES PLUS FRÉQUENTES :

- Confusion mentale
- Troubles de l'humeur

- Troubles du comportement

- Crise d'anxiété

- Troubles de la vue et du rythme cardiaque

- Réactions allergiques multiples

Les autres conséquences : Crise de convulsion de type épileptique – paralysie faciale temporaire, surtout chez l'enfant – douleur articulaires – douleurs oculaires – douleurs de la vessie – urines fréquentes – saignement vaginaux – diarrhées – crise d'asthme – surpoids…

Le glutamate est désormais impliqué dans la maladie d'Alzheimer,[34] de Parkinson, d'accidents vasculaires cérébraux, de démence, de sclérose latérale amyotrophique (exemple la maladie de Charcot). Risque de gliome malins, le GMS favorise très probablement la croissance de ce type de tumeur cérébrale ainsi que le suggère les expériences menées chez la souris.

Au Japon, la consommation excessive de noix cicades (Cicas circina) serait à l'origine d'un tableau neurologique unique, combinant la sclérose latérale amyotrophique – maladie de Parkinson – démence. La cause principale de cette pathologie atypique est la forte teneur de ces noix en glutamate.

HISTORIQUE

1954 – Premier rapport du Dr HAYASHIM relatif aux effets du GMS sur le système nerveux dans le journal médical de Keio. Sachant que le glutamate est considéré au Japon comme la septième saveur culinaire après le sucré, le salé, l'amer, l'acide, l'astringent ou l'âpre et le piquant. Même considération culinaire en Chine.

---

[34] Comparé à des sujets témoins, le liquide céphalorachidien de sujets atteints de démence de type Alzheimer, au début de la maladie, était plus concentré en glutamate (excitateur) moins concentré en taurine (Inhibiteur, dérivé d'un autre acide aminé, la cystéine).

1957-59 – Études de deux ophtalmologistes anglais, le Dr LUCAS et le Dr NEWHOUSE qui ont observé sur des souris alimentée avec du GMS un grave endommagement de la rétine, sous forme de destruction des neurones de la couche interne de la rétine.

1968-69 – Le professeur John W. OLNEY neurophysiologiste reproduit l'expérience précédente, il découvre que le GMS détruisait les neurones tout en affectant l'hypothalamus. Par la suite il découvrit qu'il excite les neurones, d'où son nom d'Excitotoxine, comme la plupart des additifs alimentaires.

1970 – Le professeur John W. OLNEY insiste auprès de la FDA pour que ce poison soit retiré et interdit dans les aliments pour nourrissons. Il expliqua que les doses de glutamate dans les pots, ou soupes industrielles pour bébés, sont suffisantes pour détruire leurs neurones. Le GMS fut donc interdit dans les aliments pour juniors, mais continua à être autorisé pour les séniors !

1972 – Première description et expression du « *Syndrome du restaurant chinois* » par HUMAR et GHAMI. S'agissant de symptômes ressentis par le client d'un restaurant asiatique après avoir consommé des aliments cuisinés avec du GMS, au cours et après un seul et unique repas, voir plus haut le cas de Georges LUCAS.

Au fil des années, le tonnage de GMS utilisé dans l'alimentation industrielle n'a cessé d'augmenter. Parallèlement, les conclusions d'études scientifiques internationales sont sans appel contre ce poison, mais sans que cela puisse aboutir à la protection du consommateur.

1991 – L'Union européenne classe le GMS dans la catégorie la plus sûre des additifs alimentaires !

1997 – Après des années de recherches, le Dr Russel BLAYLOCK, l'un des grands spécialistes de ce type d'additifs aux USA, neurochirurgien et nutritionniste reconnu, publie son livre «*Excitotoxins the taste that kills* ». Il précise sur la base de 490 références scientifiques que les effets sont pervers, évoluant dans le temps jusqu'à la mort possible par arrêt cardiaque.

2006 – L'impact des révélations scientifiques sur le GMS et sur l'aspartame, poison apparenté, se dissipe. C'est alors qu'intervient le Dr Hans-Ulrich GRIMM, ancien rédacteur en chef du journal allemand Spiegel, journaliste d'investigation, auteur de best Sellers, en publiant son livre chez l'éditeur Trédaniel. Une façon utile de consolider les conclusions antérieures de ses collègues anglo-saxons.

Le glutamate puissant neurotoxique, bombe cellulaire, journellement il se combine dans l'alimentation à de nombreux autres produits chimiques, notamment à l'aspartame, aux sulfites. Il ne vous reste qu'à faire le boycott du grand nombre de produits qui en contiennent.

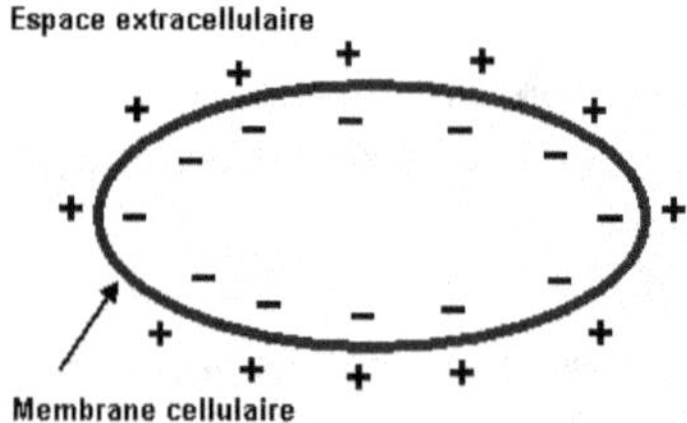

GMS = SUR STIMULATION DE LA DÉPOLARISATION DES CELLULES

Elles sont chargées électriquement d'ions positifs et d'ions négatifs qui se repoussent ou s'attirent – *c'est la polarité*. Le milieu intracellulaire et le milieu extracellulaire sont séparés par une membrane dite plasmatique qui contrôle cette polarité et assure les fonctions de la cellule. L'intérieur de la cellule est de charge négative, l'extérieur est de charge positive. La dépolarisation, ou l'inversion alternée de cette polarité, est le fonctionnement normal, habituel de l'influx nerveux. Le GMS sur-stimule ce processus coordonné de polarisation – dépolarisation sur les neurones conduisant au stress oxydatif.

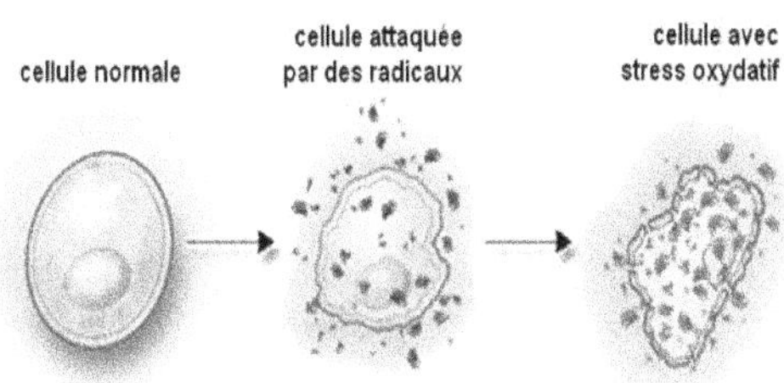

GMS = STRESS OXYDATIF

Le glutamate chimique augmente le taux de calcium dans les neurones, par conséquent augmente aussi la production de radicaux libres. Ce stress oxydatif se manifeste de trois façons :

1- L'élévation de la concentration cellulaire en calcium exacerbe la fonction des mitochondries – organites cellulaires à la base de la production d'énergie et de la respiration cellulaire. L'excès de radicaux libres que la cellule nerveuse ne peut réguler détruit la membrane lipidique qui l'enveloppe.
2- L'ion calcium Ca++ combine son action à la calmoduline, générant en quantité un autre type de radicaux libres. Le dommage se porte cette fois sur les structures protéiques du noyau de la cellule.
3- Ce même ion provoque la libération excessive d'acide arachidonique, rapidement dégradé en substances au fort pouvoir inflammatoire en détériorant les prostaglandines******, et en allergisant par la production de leucotriènes*******.

****** Des molécules liposolubles présentes dans tous les tissus, assurant des rôles importants dans les organismes vivants car ce sont des agents de signalisation qui activent de nombreux récepteurs membranaires et parce que ce sont des médiateurs chimiques ayant divers effets physiologiques.

******* Ils agissent sur deux types de récepteurs et provoquent une agrégation plaquettaire, une augmentation de la perméabilité capillaire et un œdème. Ils jouent aussi un rôle dans la physiopathologie de l'asthme, des manifestations rhumatismales, allergiques, dans les maladies inflammatoires, coliques, psoriasis, aussi dans le développement de certaines tumeurs (poumon, prostate, sein).

1 à 3 : En mourant les neurones relâchent massivement le glutamate qu'ils contiennent dans le milieu extracellulaire, ce qui a pour effet d'exciter d'autres neurones qui meurent à leur tour. Ce processus suicidaire en cascade est appelé **excitoxicité**.

La consommation courante d'aliments contenant du sucre raffiné, des édulcorants, du glutamate synthétique ajouté augmente rapidement la quantité de dopamine. L'intensité et la vitesse de décharge de ce neurotransmetteur entraînent le développement de l'addiction. Dans le cas de l'aliment industriel additivé au GMS, cela se manifeste comme pour les sucres par une sensation de plaisir du circuit de la récompense. Les neurones du noyau d'accumbens, un centre de la récompense, libèrent la dopamine en utilisant notamment le glutamate chimique ajouté.

Des experts précisent aussi que les exhausteurs de goût agissent sur les neurones, empêchant le bon fonctionnement des mécanismes inhibiteurs de l'appétit. Puisque la majorité des produits de grande consommation sont additivés au GMS, cela a pour effet de donner à la grande multitude de ceux qui en consomment plus d'appétence, plus d'envie d'en consommer.

D'où le succès des buffets de plats chinois que l'on peut consommer à volonté, une opportunité bien comprise par de grands distributeurs comme Tim Horton – Starbuck – Mac Donald – qui en ajouteraient même dans leur café ! On peut faire aussi le lien avec l'obésité très répandue aux États-Unis. Des expériences ont été faites sur des rats rendus systématiquement obèses par une nourriture additivée au GMS dès leur naissance ; avec pour effet un triplement de la quantité d'insuline secrétée par leur pancréas.

Comme si chaque jour à la même heure vous donniez des cacahuètes à votre singe, soyez assurés qu'il sera toujours présent à l'heure de la distribution de cette friandise ; même s'il n'a pas de montre à son poignet, il viendra en courant ! Il en va de même pour l'immense majorité des gens habitués à consommer de la nourriture additivée avec des sucres industriels et du GMS. Les individus éprouvent le besoin d'en consommer pour recevoir leur récompense chimique.

Après une période de temps trop longue sans cette cacahuète chimique, le cerveau appelle à ce type de récompense. Voici pourquoi la grande majorité des gens achète des produits industriels, de façon automatique, même s'ils savent qu'ils ne sont pas de bonne qualité et pleins d'additifs. Voilà comment les firmes ont réussi à avoir la mainmise sur l'immense majorité des consommateurs.

Dans son livre « EXCITOTOXINES – *The taste that kills – le goût qui tue* – 1997 – le Dr Russel BLAYLOCK neurochirurgien et nutritionniste explique précisément les ravages de l'aspartame et du glutamate monodique et disodique. Deux excitotoxines qui non seulement addictent les cerveaux, mais aussi détruisent le système nerveux ; de surcroit sont de puissants cancérogènes. A l'appui de ces constats alarmants, 490 références et études datées de 1950 à 1993.

Témoignage par l'image du Dr BLAYLOCK
https://www.youtube.com/watch?v=_fC1UaVRt6Q

Conclusion : Sucres + Edulcorants + GMS = neurotoxiques / Excitotoxines/Addiction = Atteinte du QI

D – LE FLUOR

Apparut dans les années 1950, présenté au grand public comme un progrès dans le soin des caries et de la plaque dentaire, le renforcement des os. Dès lors, il a été ajouté aux pâtes dentifrices, au sel. Aussi ajouté à l'eau potable du réseau de distribution, sous forme d'antiseptique – acide hexafluorosilicique. À fortes doses, il entre dans la composition des insecticides et bactéricides.

EFFETS PSYCHIQUES DÉMONTRÉS PAR DES SAVANTS ALLEMANDS À LA SOLDE D'HITLER.

Le 3e Reich donna l'ordre aux usines chimiques IG. Farben de produire du fluor en grande quantité afin de l'ajouter à l'eau distribuée aux prisonniers de camp de concentration. Les effets anesthésiant du fluor permettraient d'assurer la discipline, sans heurt, avec de la soumission.

Le chimiste Charles PERKINS, écrit le 2 octobre 1954 à la Fondation LEE pour la recherche nutritionnelle située dans le Wisconsin « *Dans les années 1930, les nazis envisageaient de dominer le monde. Avec l'aide des chimistes, ils voulaient ingénieusement contrôler les masses humaines en additivant l'eau potable de fluor, par là-même stériliser chimiquement des populations de femmes de races inférieures*».

Avant qu'Hitler ne rompe le pacte germano soviétique, les états-majors nazis et russes se rencontrèrent en Pologne pour échanger leurs idées scientifiques et militaires, notamment leurs plans de contrôle des masses par le traitement de l'eau. PERKINS dit « *Ce plan me fut expliqué en détail par un chimiste Allemand, l'un des officiels d'IG. Farben, dignitaire nazi, qui avait fait vingt années de recherche en chimie, biochimie, physiologie et en pathologies consécutives au fluor*»

PERKINS explique que des doses répétées, *en quantité infinitésimale*, agissent par narcotisme sur une partie précise du cerveau, soumettant l'individu par une légère lobotomie chimique, réduisant ses capacités à résister à une forme de domination. Il précise que la santé dentaire des enfants est un prétexte, une façade derrière laquelle se cache une volonté de soumettre les gens. Il dit « *un individu qui boira pendant une année de l'eau fluorée ne sera plus jamais la même personne tant mentalement que physiquement* ».

Le cartel de la gouvernance mondiale occulte est à l'origine des initiatives des gouvernements nationaux qui organisent la fluoration de l'eau potable. C'est avec cette même eau fluorée que sont produites les boissons de grande consommation comme la bière, les sodas, les jus de fruits...

L'intoxication est lente mais très active avec ce gaz chimique, sous-produit de l'aluminium, dont les sels, puissant neurotoxiques, sont ajoutés à l'eau du réseau public, tout comme les sels d'aluminium pour filtrer l'eau. L'objectif de fluorer l'eau aux États-Unis est une volonté du clan MELLON à la tête d'ALCOA, le cartel de l'aluminium, puissant membre et soutien du cartel occulte.

Aujourd'hui, la médecine psychiatrique utilise soixante tranquillisants, plus ou moins puissants selon la proportion de fluor qu'ils contiennent ; c'est l'un des composants du Prozac (fluoxitine) aux effets pervers largement démontrés. Ce psychotrope, parmi d'autres, déclenche une akathisie, un sentiment d'angoisse très profonde, caractérisée par l'impossibilité de rester calme, immobile, assis, debout ou couché, syndrome des jambes sans repos. Une angoisse accompagnée d'une agitation pulsionnelle conduisant jusqu'à des violences explosives, au suicide.

Lily le fabricant du Prozac n'a jamais émis d'avertissement. Pas surprenant c'est une pratique courante des laboratoires pharmaceutiques. Le livre de John VIRAPEN « *Médicaments effets secondaires* » dit que la mise sur le marché de nombreux médicaments n'est pas accompagnée d'études précises sur leurs effets secondaires à l'origine de milliers de morts chaque année à travers le monde.

60% de prescriptions ou de médicaments inutiles sont vendus 10 à 100 fois leur prix de revient, à minima vers 25 millions de biens portants qui ne souffrent d'aucune sortes de maladies, qui en réalité n'existent pas. Elles sont inventées par cette industrie, parmi elles la pré-hypertension artérielle, le pré-diabète, la pré-ostéoporose, le cholestérol, la dépression …

Le nouveau matériau d'obturation dentaire à base de Définite de la société allemande DEGUSSA, comme une éponge, capte le fluor du sel de table, des dentifrices… puis le relargue en permanence sous forme d'ions fluor dans la bouche. Dans un contexte ancien, cette même firme est à l'origine des cristaux pour le gaz Zyklon B utilisé par les nazis dans les camps d'extermination.

En 2002, les autorités sanitaires Belges retirent du marché les comprimés et gouttes au fluor et demandent à l'Union européenne de l'interdire dans les chewing-gums, les compléments alimentaires, les dentifrices. L'Agence française de sécurité sanitaire par contre, à son habitude, soutient son utilité et n'envisage nullement son retrait. Il faut noter la teneur élevée en fluor de plusieurs eaux minérales, notamment l'eau de Vichy. Pour un nourrisson, la teneur ne doit pas dépasser 0,2 mg/l et 0,3 mg/l chez l'enfant.

Fluor, l'une des plus grandes fraudes, de ces 30 dernières années, censément pour améliorer la santé des dents, des os. Le scandale va au-delà des firmes pharmaceutiques, car les fabricants de lessives et les compagnies de distribution d'eau sont aussi impliqués en ajoutant du fluor dans l'eau potable. Le Dr Irwin BROSS, ancien directeur du Sloan-Kettering Cancer Research Institute dit « *le fluor cause plus de cancers que toutes les autres substances chimiques. Je suis arrivé à cette conclusion scientifiquement évidente après mes cinquante années de recherche sur le cancer* ».

Le Dr Dean BURK explique,[35] les cancers du fluor concernent un doublement des cas, comparativement au cancer du sein, à celui du poumon du fumeur. L'immense souci c'est que sous prétexte d'améliorer la santé on le retrouve dans les pâtes dentifrices utilisées

[35] Témoignage par l'image https://www.youtube.com/watch?v=ClqK7XvfLg0

deux à trois fois par jour, dans l'eau potable et toutes les boissons industrielles, sodas, bières, jus de fruits, utilisées au quotidien.

Sources :

http://www.ncbi.nlm.nih.gov/pmc/articles/PMC2964337/
http://www.thelancet.com/pdfs/journals/lancet/PIIS0140-6736%2815%2960696-1.pdf

CHAPITRE 24

NUTRITION & COMPORTEMENT

La nourriture peut contrôler l'expression des gènes actifs ou non actifs, c'est une découverte récente. L'on constate qu'aux premiers stades de développement de l'enfant la nourriture de la mère peut entraîner des changements dans la vie du fœtus, de l'enfant, de façon positive ou négative. Une fois adulte, cela peut considérablement réduire le risque de cancer, d'hypertension...

LE CERVEAU UTILISE BEAUCOUP D'ÉNERGIE

Le système nerveux central est la partie du corps la plus active au plan métabolique car il ne ralentit jamais, même dans un coma profond le cerveau sera actif à 50%. Dans tous les cas, à eux seuls, les nutriments de l'alimentation quotidienne sont métabolisés très rapidement ce qui génère beaucoup de radicaux libres et de lipides peroxydés (identique à du chlore). Ce processus d'oxydation au niveau du cerveau est amplifié par le changement de structure moléculaire (déformation spatiale) que subissent tous les aliments traités chimiquement et physiquement avant et après leur transformation dénaturante par les différents procédés industriels de fabrication.

Désormais, l'on prend conscience que tous les problèmes neurologiques en reviennent à cela, qu'il s'agisse d'Alzheimer, Parkinson… Toutes ces maladies sont caractérisées par un niveau élevé de radicaux libres et de peroxydation lipidique. D'où la destruction de la structure cérébrale, de ses connexions, de ses cellules, en particulier les mitochondries, de son ADN. Si ces parties endommagées ne sont pas remplacées à temps les fonctions du cerveau s'amenuisent progressivement de façon non-uniforme.

Certaines parties du cerveau sont plus sensibles que d'autres. On peut en mesurer l'activité sachant qu'il consomme 20% de tout l'oxygène du sang et 25% de tout le glucose du sang, alors qu'il ne représente que 2% du poids corporel. C'est une usine métabolique de premier plan qui est à l'œuvre parmi les cellules cérébrales.

Autre point clé, cet organe est constamment en renouvellement. Certaines parties se renouvellent sur plusieurs mois, d'autres sur plusieurs années. L'on constate que les acides gras Omega 3 – DHA – sont remplacés en l'espace de deux semaines. En cas de carence, le cerveau opère un changement de structure très rapidement afin qu'il ne manque pas d'éléments vitaux indispensables à son bon fonctionnement. Sans perdre de vue que deux semaines de carence en Omega 3 suffisent à générer un état de déficience

La première mention du rapport avec l'alimentation, est faite **en 1910** par le Dr George M. GOULD. En 1935 il fut reconnu que l'hypoglycémie à capacité d'initier l'anxiété, la névrose, l'hystérie, la neurasthénie et même la psychose. L'on voit ces symptômes apparaitre chez les individus en état d'hypoglycémie mesurée. En 1973, les docteurs WENDEL et BEEB ont trouvé une incidence de 74% d'hypoglycémie associée à l'anxiété et à la schizophrénie.

Puis, la forte relation entre la métabolisation des sucres dans le cerveau et plusieurs troubles psychologiques sera établie. Soixante pour cent des parents ayant des enfants hyperactifs ont eux-mêmes des problèmes de diabète, d'obésité, d'alcoolisme, ou de consommation excessive de sucre. D'autres recherches ont démontré que 75% des prisonniers étaient à l'origine des enfants hyperactifs, ce qui suggère que les comportements criminels d'adultes sont en grande partie programmés pendant l'enfance.

Pourquoi le sucre a autant d'influence sur le cerveau ? Parce que les prises de sucre trop abondantes produisent un excès d'insuline qui entraîne une hypoglycémie. Quand le taux de sucre chute dans le sang, l'organisme essaie de le remonter car il en a besoin pour son métabolisme. Pour ce faire il stimule les glandes surrénales afin de produire deux hormones l'épinéphrine et norépinéphrine, lesquelles sont responsables à minima de la nervosité, de l'anxiété, quand le taux de sucre dans le sang chute. Elles excitent le cerveau pour augmenter son activité, lequel lorsqu'il est en hypoglycémie produit le glutamate, le principal neurotransmetteur, excitateur, qui pousse l'activité cérébrale au maximum. L'association de ces deux hormones et du glutamate produit un état d'hyperactivité.

RELATION ENTRE CRIME ET NUTRITION

Madame le Dr STEIL, agent de probation dans l'Ohio, a pu établir le lien entre le type de nutrition et la violation de la liberté surveillée. Elle trouva que 56% des individus mal alimentés, par beaucoup de sucre, fast-food, additifs alimentaires, dont le glutamate monosodique et l'aspartame, avaient un comportement antisocial, commettant vols et violences…

Après un régime plus équilibré, 8% seulement d'entre eux n'avaient pas pu trouver la capacité de suivre les critères établis pour bénéficier d'une liberté surveillée. Parmi une population de criminels, l'on a constaté que le changement radical de comportement était directement corrélé au changement qualitatif de la nourriture.

RELATION ENTRE COMPORTEMENT ALIMENTAIRE ET DROGUE

Les résultats sont similaires, parmi ceux qui continuèrent à consommer de la Junk food et beaucoup de produits sucrés, 47% n'ont pas pu se défaire de la drogue de type cocaïne, morphine, durant leur période de liberté surveillée ; contre 13% pour ceux ayant adopté une alimentation plus équilibrée.

Ce sont des d'effets majeurs à considérer au premier plan. Relation également établie au niveau de la réduction importante de suicides ; Mais proportion augmentée en lien avec une mauvaise alimentation. Mêmes études dans le milieu carcéral d'Alabama où l'on constata 1) 42% de réduction annuelle des actes criminels 2) 61% de réduction des comportements antisociaux. Autre recoupement flagrant de l'influence du régime alimentaire sur le comportement, n'est-ce pas !

Voici le cas particulier de Raymond, il fut arrêté pour avoir agressé sa fiancée à propos d'une banalité. Il a mis son révolver dans sa bouche pour la tuer, en se débattant pour repousser l'arme elle ne fut blessée qu'à la main. Pour protéger Raymond elle ne porta pas plainte, mais les services judiciaires ne furent pas de cet avis et poursuivirent cet homme violent, le mettant en prison pour usage illégal d'arme à feu.

Le Dr STEIL a cherché à approfondir ce cas. Elle découvrit qu'à l'âge de 4 ans sa mère inquiète de ses états de faiblesse l'empêchant de jouer avec ses copains, lui donnait beaucoup de sucreries. Puisque la même situation se reproduisait, à chaque fois la maman faisait de même en cherchant à le fortifier avec des gâteaux et autres produits sucrés.

À l'âge de 13 ans tous constataient chez lui des changements radicaux d'humeur, d'attitude, ses résultats scolaires étaient déplorables. Il était violent, sans savoir que son comportement était en rapport direct avec ses habitudes sucrées, sa glycémie. À l'âge de 23 ans, mal dans sa peau il fit cette tentative de violence armée contre sa fiancée. Au cours de la période de liberté surveillée, après une diététique alimentaire sans bonbons, ni barres chocolatées, ni hamburgers, donuts, gâteaux, café, il changea au point de ne plus commettre le moindre délit ou acte de violence. Il était devenu un jeune homme bien différent, son entourage était stupéfait, certain qu'il ne s'agissait pas de la même personne.

Étude en milieu carcéral dans 5 États

Parmi les criminels adultes, l'on a entrepris une recherche des carences en magnésium, zinc, folate ou B9 et B6. Il s'est avéré qu'indépendamment de l'hypoglycémie, les malfaiteurs les plus violents étaient ceux qui en étaient le plus carencés. Au centre pour enfants d'Oklahoma, une étude a mis en évidence une réduction de 43% de méfaits et crimes en changeant simplement l'alimentation dénaturée des jeunes délinquants.

Pour des résultats objectifs, ils ont étudié leurs ondes cérébrales. L'on nota 14 anomalies chez les individus violents ; mais avec le changement alimentaire ce fut une réduction notable des anomalies évaluées à 2. Même de faibles carences peuvent conduire à des comportements anormaux chez des individus sensibles, parmi lesquelles le déficit en sélénium. Les aliments qui en contiennent le plus sont la noix du Brésil, le maquereau, la coquille Saint Jacques, la morue, l'œuf de poisson, le rognon, le jaune d'œuf label rouge, le lapin label rouge et le sélénium assimilable sous forme liquide ou d'oligosol, en maison diététique, en pharmacie.

De nouvelles études prouvent que cet oligo-élément n'est pas seulement un antioxydant utile pour le foie, le cœur, mais aussi que son rôle à part entière est avéré pour le cerveau, particulièrement en résonnance avec le comportement sociétal. La carence en sélénium est liée aux causes de dépression dite endogène – un mal être venu de l'intérieur de l'organisme, sans lien affectif, professionnel, familial – un dosage approprié à chaque cas améliore l'humeur ; Ces études montrent que sa carence est problématique.

CRIMINELS VIOLENTS ET SUCRE

En 1900, un américain consommait 1,8 kg de sucre par an, aujourd'hui près de 60 kg + 2500%. Beaucoup d'études fiables prouvent que sa consommation est directement responsable de comportements criminels, d'actes de violence et de délinquance ; et pourtant les populations en consomment toujours plus. 57% du sucre vient de l'alimentation industrielle, pas seulement de la petite cuillère que l'on met dans son café. Parce qu'il est caché partout, sodas jus de fruits, sucreries et pâtisseries de toutes sortes. L'on pourrait croire que cela concerne uniquement les jeunes, mais le mal s'est étendu à toutes les générations.

Que font les mamans quand l'enfant peut consommer un autre aliment que le lait, elles leur donnent du jus de pommes en petite brick avec 35 grammes de sucre, ou un autre jus de fruits tout aussi sucré. L'éducation de l'enfant commence en l'habituant à un goût très sucré. Depuis 1974, la consommation de sodas a doublé, il y en a de toutes sortes, les adolescents boivent l'équivalent de 54 cuillères à café de sucre industriel par jour juste qu'avec ces boissons colorées et souvent en format extra large ; Plus ils ont soif, plus ils en boivent car c'est addictif.

Les nutritionnistes pro système disent que la limite est largement franchie avec 8 à 10 cuillères à café par jour, sans préciser de quelle qualité de sucre il s'agit. Pour la grande partie de la population habituée à consommer des sucres issus du raffinage industrie, et de la chimie sous forme de sirop de maïs OGM, cette dose en soi trop importante est étonnamment dépassée.

L'étude de l'UNC – Chapel Hill – montre que les adultes de 40 à 59 ans ont augmenté leur consommation de boissons sucrées de 250% entre 1972 et 2001 ; ceux de plus de 60 ans + 300%., Au niveau du métabolisme, cela augmente considérablement la production de radicaux libres dans le cerveau, générant des modifications sur les protéines dans toutes les cellules – voir le dessein au chapitre 23. Il en résulte le vieillissement rapide du milieu cellulaire ubiquitaire – général – notamment cérébral ; D'où la probabilité de contracter, entre autres pathologies, la maladie d'Alzheimer, six fois plus.

À cause d'un apport calorique trop important, 50% de la population américaine fait de l'hypoglycémie réactive liée à une habitude de consommer sucré, ce qui fait baisser le taux de sucre dans le sang après l'inévitable sécrétion d'insuline. Le taux est si bas qu'il provoque des symptômes d'anxiété, de colère, de fatigue, de faiblesse, accompagnés d'irrésistibles envies de sucré. Sinon faute de sucre c'est l'impression d'un prompt évanouissement, ce qui parfois arrive littéralement, rarement jusqu'à en mourir.

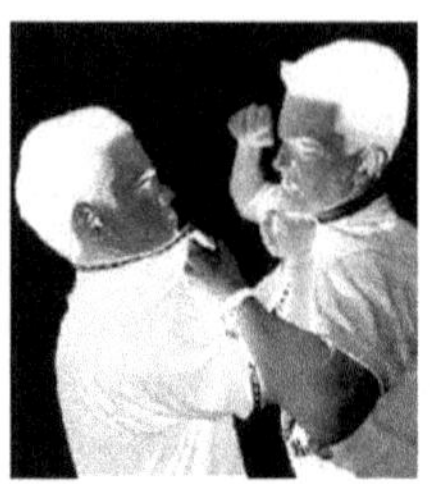

CORRÉLATION ENTRE ALCOOL, HYPOGLYCÉMIE ET CRIMINALITÉ

En buvant de l'alcool, le taux de sucre chute, c'est une hyper-réaction rapide à l'effet de l'alcool. Le Dr. BLAYLOCK cite le cas d'un jeune homme qui avait perdu la moitié de sa vision, ne pouvait voir que d'un seul côté. Puisqu'il buvait, son taux de sucre était tombé si bas qu'il est entré dans le coma, d'où un accident vasculaire cérébral – AVC – dans la partie du cerveau liée à la vue, un fait assez fréquent chez les alcooliques.

97% d'entre eux sont hypoglycémiques, contre 18% de la population en général, ce qui les pousse à boire plus pour compenser, un cercle vicieux sans fin. Lorsque l'on solutionne l'hypoglycémie, 71% deviennent sobres. Selon les statistiques du MEI – Medical Education International – la plupart des crimes, agressions et accidents routiers aux USA sont en relation avec l'alcool parce qu'il produit les mêmes effets que le sucre.

Une singularité des effets les plus agressifs se rapporte aux individus ayant une dysfonction du lobe temporal. Il sert à la mémoire, est aussi responsable des émotions, particulièrement de la colère, en connexion à l'amygdale du cerveau, siège de gestion de la colère. Ces individus au stade de l'hypoglycémie deviennent fous de rage. Ce sont ces individus violents pour des futilités, se livrent à des courses poursuites sur la route, animés de colère ils vont jusqu'à frapper à mort ou poignarder sans aucune raison, ou pour des faits insignifiants.

Pour les autres, cela déclenche des colères spontanées et la perte de leur self-control – c'est le syndrome de perte de contrôle. Le Dr BLAYLOCK relate son passage au service des urgences où il avait remarqué que les personnes les plus violentes étaient des alcooliques. Il fallait parfois l'intervention de toute l'équipe pour les maîtriser. Ils avaient une force démultipliée comme celle d'animaux enragés.

C'est le même cheminement mental pour les fous du volant ou de la moto, l'on se demande bien comment ils peuvent aboutir à de telles déviances. Ce n'est pas un acte conscient de leur part, mais lié à la chute de sucre dans leur sang, jusqu'à provoquer une réaction cérébrale d'enragement. Si l'on positionne sur un individu une électrode en stimulant ce même centre névralgique, il s'attaquerait aussitôt à la personne la plus proche de lui, jusqu'à la tuer, sans pouvoir se contrôler.

Les indiens Quolla des Andes péruviennes, vivent dans le plus grand calme et l'air pur de la montagne, très loin des banlieues dominées par la criminalité. Pourtant c'est **l'une des tribus les plus violentes de la planète** se livrant au viol, au meurtre... En cause leur alimentation, composée principalement de pommes de terre, très fortement hypoglycémiques ; 55% d'entre eux font de l'hypoglycémie, ce qui les pousse à cette sauvagerie. Il en va de même en occident pour les mangeurs de frites de surcroit préparées avec des huiles industrielles génératrices d'acide gras trans nuisibles pour le cerveau.

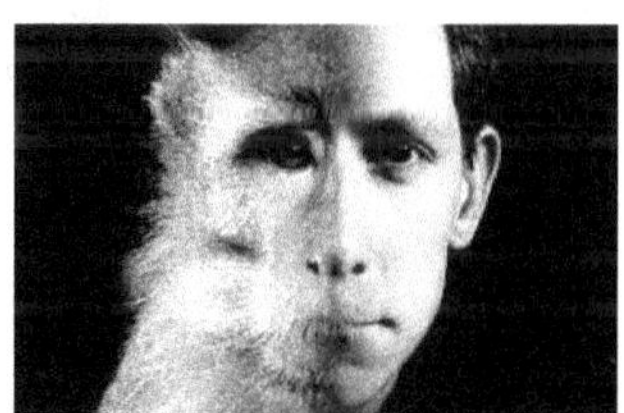

Pourquoi un si grand nombre de gens incontrôlables au comportement animal dans notre société ?

Le sucre n'est pas le seul élément en cause pour l'hyperglycémie et les dysfonctions comportementales qui la caractérisent. **L'aspartame** – Nutrasweet – **et le glutamate** monosodique et disodique – GMS – sont deux puissants stimulateurs de l'insuline, d'où leur action hypoglycémiante. C'est le paradoxe de cet additif sucrant, son premier effet est de conduire à l'obésité alors que les femmes en particulier en consomment pour censément obtenir la sveltesse idéale.

Les industriels utilisent massivement le GMS comme exhausteur de goût, car ils savent pertinemment qu'il pousse à manger d'avantage. Ce poison peut provoquer une rage intense si l'on en introduit dans l'hypothalamus d'une souris, elle peut attaquer un chat et même tuer le matou.

Un organisme placé dans un état d'hypoglycémie ingérant dans le même temps du GMS, subira un effet démultiplié au point que l'individu concerné peut devenir incontrôlable, comme un animal enragé. Une situation qui se produit constamment dans notre société. Communément le grand nombre de gens consommant du soda et grignotant des chips très additivées en GMS se placent dans cette très probable situation de folie immédiate.

Dans tous les cas, il se produit une excitotoxicité des cellules nerveuses qui conduit à une destruction progressive du cerveau. Nombre d'acides aminés, dénaturés par ce type d'excitotoxicité : la tyrosine, la phénylalanine, la valine, la lutéine, peuvent à leur tour amplifier le phénomène jusqu'à générer une profonde hypoglycémie ; celle liée à la lysine chez l'enfant peut tuer le petit enfant, facteur reconnu dans la mort subite du nourrisson.

Étude finlandaise de Virkkunen et al. **1983**, porte sur des délinquants violents en prison. Ce docteur a trouvé que les individus impulsifs très agressifs qui attaquent sans raison ou battent quelqu'un à mort sont sujets à une hypoglycémie rapide suivie d'une remontée rapide de glycémie. Différentiation à faire pour les délinquants antisociaux sujets à une remontée lente de la glycémie.

L'on relève aussi des cas de kleptomanie chez les individus consommant beaucoup de sucre. Par exemple une femme allait dans un magasin et volait tout ce qu'elle pouvait, une fois arrêtée, l'on a compris qu'elle était sujet à une hypoglycémique réactive. Après un changement alimentaire, elle put se séparer de cette addiction. Il y a bien d'autres cas bizarres ou dramatiques liés au sucre industriel.

Étude du Dr Ron PRINZ – université de Floride **1980**. Le premier chercheur à analyser l'effet du sucre en lien avec comportement des enfants. Il nota qu'ils en consommaient 40% du total des calories absorbées. Parmi les 25% d'enfants les plus gros consommateurs de sucre, il a observé des niveaux scolaires très inférieurs par manque d'attention et de l'hyperactivité. Ce genre d'enfants très instables et hautement réactifs, allant jusqu'à se projeter contre un mur, qui nécessitent une complémentation vitaminique pour les rééquilibrer.

Étude du Dr Jane GOLDMAN – université du Connecticut – **1986**. Une expérience intéressante consistant à donner à des enfants la dose de sucre équivalente à un soda. Trente minutes après l'ingestion les performances mentales ont chuté de façon significative, une chute à son maximum une heure plus tard. Par ailleurs, elle a constaté que ceux qui buvaient du Coca cola commettaient deux fois plus d'erreurs que ceux qui n'en buvaient pas.

Judith WURTMAN et son mari, sont neuroscientifiques au Harvard - School - MIT. Ils travaillent sur le thème de la nutrition du cerveau. Ils ont trouvé une forte corrélation entre la consommation de sucre, le comportement et le niveau cérébral de sérotonine.

Étude très connue de EGGER et CARTER – **1985,** sur 76 enfants hyperactifs mis au régime pauvre en glucides, en veillant à ce qu'ils n'absorbent aucun des innombrables colorants alimentaires. 82% d'entre eux ont bénéficié d'une amélioration, 28% sont devenus normaux alors qu'auparavant ils étaient très difficiles à contrôler. Les réactions les plus violentes étaient en rapport avec le colorant jaune E102 – tartrazine – et le benzoate de sodium E211, des additifs très courants.

D'autres bases à l'origine de réactions néfastes ont été identifiées : 73% pour le soja très en vogue et très utilisé sous plusieurs formes aux USA, en Europe, de l'enfant au vieillard, alors qu'il s'agit d'un puissant allergène et d'un dangereux phyto œstrogène – 64% pour le lait de vache – 59% pour le chocolat.

Étude chez les lycéens mâles, par BENTON – **1982**. Tous les cas psychiatriques, de prise de drogues, d'autres problèmes médicaux ciblés ont été écartés de cette étude, pour ne pas en compromettre le résultat. On a distribué un questionnaire permettant de donner des réponses plutôt agressives ou plutôt modérées. Quasiment sans exception, il existait un lien entre les réponses agressives et l'hypoglycémie.

NUTRIMENTS - ACIDES AMINÉS ET COMPORTEMENT

La tyrosine est l'acide aminé précurseur de l'épinéphrine et la norépinéphrine qui agissent sur l'attention et la concentration et précurseur de la dopamine qui agit sur la motivation. Un niveau insuffisant de tyrosine est associé à la dépression et à la sensibilité au stress.

Les vitamines peuvent aussi influencer ces paramètres – la carence en vitamine B3 ou PP est connue pour avoir un lien avec la maladie mentale par insuffisance de niacine, ou acide nicotinique. Cette vitamine a une fonction cérébrale importante, aussi pour la production d'énergie en facilitant l'assimilation des glucides, lipides, protides. Elle sert à former le NAD : nicotinamide – adénine – di nucléotide. Dans la maladie de la pellagre l'individu carencé développe des symptômes psychiatriques courants et les 4D : diarrhée – dermatite – démence – décès. Une déficience en niacine est associée à une forme de la schizophrénie.

Les carences en vitamines C – D – E – K – A – B – caroténoïdes – sont associées à des troubles du changement, du comportement. La carence en vitamine B1-thiamine est associée aux symptômes d'insomnie – de dépression – perte de mémoire – fatigue chronique et changement de personnalité. Ce type de carence est souvent lié à une forte consommation de glucides, diminuant aussi l'assimilation du magnésium.

Étude nationale américaine sur les adolescents, rapporte que 60% manquent de fer – 57% de vitamine A – 43% de vitamine C – 39% de vitamine B1 – 30% de protéines – 16% de riboflavine. Alors que l'on est censé être dans une civilisation avancée qui pourtant se distingue par beaucoup de carences du fait d'une nourriture industrialisée privée de nutriments.

Le fer de la viande rouge, des palourdes, bigorneaux, moules, sardines, hareng, maquereau, laitue de mer (algues) légumes secs, cacao, cumin, curry, gingembre, coriandre de qualité biologique, **est très important pour oxygéner le cerveau**.

L'étude des 1,1 million d'enfants des écoles publiques de New York est la plus grande jamais faite à ce jour. Elle démontre qu'en modifiant l'alimentation, en excluant les additifs alimentaires et en donnant journellement une simple dose multivitaminée, sans spécialement qu'il s'agisse d'un complexe personnalisé et adapté à chaque cas, les résultats et tests scolaires sont nettement améliorés d'année en année. Autre démonstration de ce que la qualité de l'alimentation influe positivement sur l'attention, la concentration et l'intellect.

L'étude de TUCKER et al. **1990** prouve que les carences en thiamine ou vitamine B1, et riboflavine ou vitamine B12, non seulement mettent en danger les fonctions psychologiques, mais altère aussi l'encéphalogramme – EEG. L'étude faite sur 260 adultes de plus de 60 ans montre la relation entre la vitamine C – la riboflavine – l'acide folique – et l'apprentissage de type conceptuel, l'une des fonctions cérébrales les plus sensibles.

Voici les aliments de qualité biologique riches en thiamine : graines de tournesol, de pavot, de sésames, germes de blé, œufs de poisson, noix, noix de macadamia, noix de pacane, noix du Brésil, pistaches, pois secs, légumineuses, petits pois, persil, riz brun complet, châtaignes, amandes, viandes maigres.

Voici les aliments de qualité biologique riches en riboflavine : le petit épeautre complet, quinoa, l'estragon, ciboulette, persil, piment rouge et menthe déshydratés, paprika, fromage de chèvre frais, œuf entier, brocoli, épinard, viandes maigres.

Veto du Codex. Les compléments alimentaires de bonne qualité issus de produits naturels, si utiles pour la santé publique, sont l'objet d'une réglementation orientée, partiale, par les commissions successives du Codex Alimentarius. L'objectif consiste à en interdire certaines gammes, à diminuer les dosages, jusqu'à en interdire l'usage. Finalement faire prescrire le peu qu'il en resterait uniquement par le milieu pharmaceutique – voir le chapitre 27.

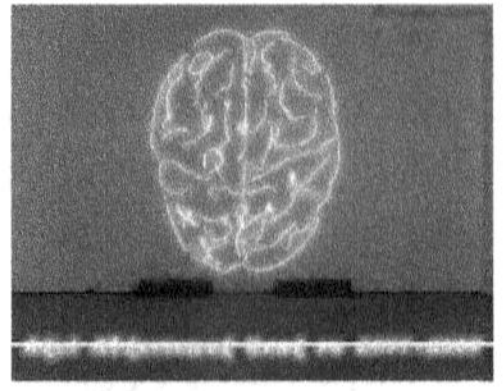

Les médicaments antidépresseurs sont tous **des drogues**, nommées ISRS – recapture et augmentation de la production de sérotonine – quelquefois ils ont l'effet inverse, jusqu'à l'envie de suicide ou de meurtre. Ce qui est arrivé chez des enfants traités avec cette chimie dévastatrice.

Puisqu'un taux de sérotonine insuffisant est la conséquence d'un taux élevé de sucre dans le sang, l'on comprend mieux comment il a été possible en laboratoire de créer une souris tueuse en réduisant son niveau de sérotonine par une alimentation très sucrée ; Résultat identique, cité plus haut, pour la souris traitée directement avec du GMS.

Pendant que l'on condamne les drogues illégales,[36] le marché des psychotropes prospère. Pour les vendre, il leur fallait inventer des problèmes psychiques qui pour la plupart n'existent pas. 112 troubles répertoriés officiellement en 1952, jusqu'à 374 en 1994. De sorte que le public concerné puisse consommer à vie sa drogue psychiatrique, sans laquelle il se retrouverait en manque.

LES ALLERGIES ALIMENTAIRES AFFECTENT LE CERVEAU

Un fait scientifique ignoré d'une majorité de médecins. Beaucoup de gens ont ce type d'allergie sans le savoir. Généralement l'on croit qu'un état allergène provoque des crampes d'estomac, des gonflements, picotements… La plupart des allergies alimentaires sont associées à des effets neurologiques subtils.

[36] Voir au sous-titre « Un aperçu du mensonge, de la fraude et corruption » du chapitre 29 – le cas d'un baron mexicain de la drogue livré, fourni, en substance illicite par des laboratoires pharmaceutiques pour une valeur de 360 millions €.

Ces allergènes à l'état de fragments, de traces, passent la barrière intestinale dont la porosité est augmentée du fait d'une alimentation dénaturée, notamment en lien avec l'effet conjugué des protéines déconformées du lait animal, caséine, lactose, du gluten et du glyphosate des désherbants systémiques intégré intra-cellulairement aux grains des céréales. Ils entrent anormalement dans le sang. À ce niveau, ils sont détectés par le système immunitaire et provoquent une intense réaction de l'immunité générale, spécifiquement celle du cerveau.

Ces allergènes relarguent dans les zones cérébrales des toxiques, notamment du glutamate synthétique ; c'est ici la cause des nombreuses dysfonctions neurologiques. Les symptômes en sont : la léthargie – stupeur – désorientation – agitation – hallucinations – attaque de panique – convulsions – paranoïa – rage – comportement criminel.

UNE ÉTUDE SUÉDOISE SUR LA SCHIZOPHRÉNIE

Cette maladie est liée pour 88% à l'allergie au blé – pour 60% à l'allergie au lait – pour 50% à l'allergie au maïs – pour 100% à l'allergie au gluten, à la gliadine l'une des deux fractions protéiques principales du gluten, contenues dans les pains, pâtes, gâteaux…

Dans un grand hôpital psychiatrique, les chercheurs mirent un groupe au régime sans gluten ni gliadine : presque tous sont redevenus normaux. Tant qu'ils ont exclu le gluten tout allait bien, mais une toute petite dose les plongeait à nouveau dans la maladie, jusqu'à devoir être internés à nouveau.

ADDICTION ALIMENTAIRE

Beaucoup de produits rendent les consommateurs addictés, dépendants, sans qu'ils en soient conscients. L'on observe des gens allergiques à un certain aliment et c'est justement à celui-ci qu'ils sont accros. Chaque fois qu'ils en mangent ils en ressentent d'abord une certaine satisfaction mais de courte durée, puis ils en subissent les effets néfastes, mais sans savoir faire le lien de cause à effet avec l'aliment en question.

Un grand nombre d'individus se plaignent d'avoir l'esprit embrouillé, d'être incapable de penser clairement. Il suffit de trouver les aliments néfastes et/ou la série d'additifs chimiques, puis de les supprimer pour voir ces gens étonnés, surpris de voir comment leur esprit est devenu beaucoup plus clair. Cela a été étudié et démontré en laboratoire, la recherche de haut niveau a su trouver, identifier, les mécanismes qui provoquent l'addiction, l'allergie, tous les effets indésirables correspondants.

Les mêmes effets se retrouvent avec **la sur-vaccination** des enfants qui **produit les mêmes troubles** neurologiques de l'attention, de l'hyperactivité, de l'autisme. Non seulement l'immunité générale est activée, mais aussi celle du cerveau, de la même façon qu'avec les allergènes et toxines issus de l'alimentation industrielle.

Mais avec **une différence majeure**, lorsque le vaccin est injecté **la réaction immunitaire s'engage dans la durée,** pour des années, sans interruption. Le cerveau de l'enfant se trouve dans un état inflammatoire chronique jusqu'à produire les dysfonctionnements cérébraux précités. Cette particularité a été démontrée de nombreuses fois dans diverses études.

CORRÉLATION ENTRE LES ALLERGÈNES ALIMENTAIRES ET L'HYPOGLYCÉMIE

Nombre de personnes qui développent ces allergies, ces troubles, deviennent hypoglycémiques. Parmi les aliments en cause, le lait de vache. Les enfants délinquants en boivent plus que les autres. Le blé et assimilés, le maïs, sont des monstres génétiques également en cause car ils ont été multi-hybridés au cours des cinquante dernières années, de surcroit pollués par les intrants chimiques en terre, en silo, lors de la mouture de la farine.

Secondairement, le café, œufs, pommes de terre, cacahuètes, le soja, sont allergisants, surtout s'ils proviennent d'une agriculture intensive. La grande majorité des consommateurs ignorent que le soja est un grand allergène, la faute en revient aux pseudos nutritionnistes qui valident ce type d'aliment apte à prévenir les risques de cancer du sein et de la prostate, alors que les études les plus fiables démontrent exactement le contraire.

Lien entre graisse animales et fonctionnement cérébral

Les graisses animales peuvent affecter l'apprentissage et la mémorisation. Cela ne provient pas seulement du fait que ces graisses interfèrent avec les récepteurs synaptiques du cerveau ; Aussi parce qu'elles contiennent beaucoup de toxines composées de toutes les molécules chimiques de l'agriculture, de l'alimentation industrielle. Le cerveau est composé à 60% de substances graisseuses, ces poisons s'y mêlent et y stagnent tout au long de la vie, même à dose infinitésimale cette chimie impacte durablement les fonctions neurologiques.

Par contre les Oméga-3 de qualité biologique améliorent l'état dépressif et favorise la conservation de la mémoire acquise, la capacité de réflexion, l'intellect. Il a été démontré qu'ils réduisent l'intensité de la schizophrénie. C'est parce que le cerveau utilise beaucoup d'acides gras de ce type au niveau de ses membranes, ce qui joue un rôle clé dans la signalisation cellulaire. Le DHA (ne pas confondre avec le DHEA, une hormone dite antivieillissement, fortement déconseillée) constitue environ 50% de toutes ces membranes.

Les tissus de l'œil contiennent du DHA en grande proportion, au point que diverses maladies de la sphère oculaire s'améliorent avec la prise d'Omega-3. Certaines préparations alimentaires pour enfant en bas âge en contiennent, d'où la relation entre ce type d'aliment et un niveau d'intelligence plus élevé, une qualité de vue optimisée, pour ceux qui en consomment. Une opportunité commerciale récente pour les industriels nord-américains qui ajoutent de la DHA à certains aliments ; Même pratique depuis plus de 20 ans, en Europe.

Le DHA est l'un des composants des Omega-3 – acide docosahexanoïque, ces mêmes acides gras que l'on retrouve dans les huiles de poissons. Une faible concentration de DHA dans le cerveau est corrélée au comportement violent, à l'alcoolisme. Ainsi que la présence de glutamate monosodique ou disodique qui interfère sur un tissu pauvre en DHA, jusqu'à provoquer un comportement agressif. Idem pour le plomb, une étude faite au Michigan sur 380.000 écoliers a précisé qu'une infime partie de plomb conduit à des actes de violence et arrestations judiciaires d'adolescents.

Rapport entre Omega-3 et Omega-6 des huiles de maïs, tournesol, d'arachide, de canola. La proportion entre 3 et 6 est très importante pour le cerveau. Depuis le XXe siècle le rapport a évolué de 1 pour 2, puis de 1 pour 6, jusqu'à 1 pour 20 et +. Une surconsommation d'Omega-6 a pour conséquence la détérioration du fonctionnement cérébral.

PROTECTION OPTIMALE DU CERVEAU

En complémentation des Omega 3, il faut ajouter la consommation de fruits, légumes, protides, glucides, riches en antioxydants, en vitamines, minéraux (fer), flavonoïdes, thiols ; ainsi que des aliments de qualité biologique tels que l'ail, l'asperge, le chou chinois, chou, chou-fleur, ciboulette, l'échalote, poireaux, pois, oignons, choucroute, l'épinard, brocoli, tomate, pommes de terre, œufs, rognons, cœur et viandes rouges d'animaux nourris à l'herbe.

Ou des compléments spécifiques contenant de l'acide lipoïque, du glutathion. L'équilibre hormonal naturel incluant testostérone, œstrogène, thyroxine, entre aussi en ligne de compte. Autant d'éléments protecteurs non seulement pour le cerveau, mais aussi pour les ensembles cellulaires, afin d'assurer un état de santé optimum.

Par contre les œstrogènes artificiels sont nocifs pour le cerveau alors que leur pendant naturel le protège. Des études alertent sur une augmentation des attaques cérébrales, de la démence, lorsque les gens suivent des traitements aux œstrogènes synthétiques, lesquels génèrent une demi-douzaine de composés toxiques dans le cerveau. En cause l'incompétence notoire d'une majorité de médecins qui délivrent ce type d'ordonnance.

Le bon fonctionnement de la tyroïde est important, particulièrement chez la femme enceinte. Il existe une nouvelle directive pour en tester le fonctionnement, car même un dysfonctionnement partiel peut causer une déficience permanente et irréparable dans le cerveau du bébé. Il est donc crucial pour la femme d'évaluer son fonctionnement thyroïdien avant d'avoir un enfant.

LE MODE DE VIE, LE PSYCHISME, LA PSYCHIATRIE

L'organisme et l'esprit forment un tout indissociable, la médecine actuelle fait l'erreur de les dissocier, ce qui n'a aucun sens. Nombre de chercheurs en neuroscience se sont rendu compte des conséquences jusque-là insoupçonnées de la parasitose couplée à des neurotoxines consécutives au mode de vie. Accès de colère, de tristesse, fluctuation psychologique, dépression, bipolarité, schizophrénie, ne sont pas une fatalité, ces troubles ne sont pas forcément dus à des blessures mentales de l'enfance, de la vie antérieure à l'âge adulte.

Le livre d'Elizabeth A. WILLIAMS « *Stomach and psyche : eating, Digestion and Mental illness in the medicine of Philippe PINEL* » fait le lien entre le système digestif et les troubles d'ordre psychologiques. Les travaux du Dr Edward Carl ROSENOW, de la Mayo Clinic décrivent l'action d'un streptocoque neurotropique – *affinité pour les neurones* – qui envahit le système nerveux central par le pharynx et par le pourtour de dents dévitalisées. Il a extrait ce microorganisme, l'a cultivé et l'a injecté à des animaux en bonne santé, lesquels ont développé des troubles de type schizophrénique, crise d'épilepsie, bipolarité.

Une étude récente de l'Inserm confirme le lien entre la toxoplasmose – parasite du chat – concernant 43% de la population française et certaines maladies mentales. Elle est détectable chez 60 à 90% des schizophrènes et bipolaires, ainsi que sur des sujets atteints de troubles obsessionnels compulsifs – TOC.

Des tests cognitifs publiés dans la revue Parasitology montrent que les enfants infectés par la toxoplasmose ont des scores plus faibles que ceux non infectés. Le comportement d'individus contaminés par des micro-parasites se traduit soit par une hyperactivité de type extravertie, soit par une complète inhibition de type repli sur soi, dépression. Ou passage extrême d'un état à l'autre.

L'ENVAHISSEMENT PARASITAIRE

Tout être vivant, notamment tout mammifère, a besoin d'énergie sous forme alimentaire, par là-même a besoin d'en rejeter les déchets cellulaires, sous forme de métabolites. Or ces derniers lorsqu'ils sont produits par des organismes parasitaires ont des conséquences sur le fonctionnement neuropsychique.

L'on parle de dépression en termes de déséquilibre de neurotransmetteurs nécessitant de recapturer par voie médicamenteuse synthétique ou naturelle la sérotonine, tout en nécessitant le rééquilibrage de la dopamine. Or en médecine, particulièrement en psychiatrie, la véritable question consisterait à savoir pourquoi et comment cela se produit sur le terrain, au lieu de ne retenir que la symptomatologie et les troubles psychologiques et mauvais traitements subis par le passé, communs à un grand nombre de gens.

Si cela se faisait de la bonne façon, les psychiatres pourraient comprendre que ces problèmes du passé ont un effet réducteur des capacités du système immunitaire, ce qui laisse la porte ouverte à l'envahissement parasitaire durable, permanent. Lequel est générateur de métabolites ayant capacité à détériorer progressivement les capacités cognitives et à ouvrir, à moyen terme, la voie aux diverses maladies de la sphère psychiatrique. Point clé ●

Comment en est-on arrivé là ? Après le second conflit mondial, c'est une guerre contre « Le Vivant » qui s'est ouverte. Notre alimentation s'est chargée d'intrants hautement toxiques – d'engrais de synthèse, de chimie générale, de pesticides, fongicides, antibiotiques… qui détruisent les populations bactériennes naturelles de l'intestin qui sont plus nombreuses que la totalité des cellules de l'organisme avec lesquelles elles communiquent et interagissent à un vitesse d'exécution considérable (signalisation cellulaire à la picoseconde 10^{-12}).

Conséquences : une digestion rendue partielle a pour effet de produire des fractions d'aliments non digérés, notamment des protéines, sur fond d'inflammation de la muqueuse intestinale, d'où une hyperperméabilité au passage de ces fractions protéiques qui envahissent tout l'organisme.

Le cerveau n'est pas épargné, ces fragments protéiques pénètrent la barrière hémato encéphalique, favorisés par 1) Les solvants de la chimie environnementale et alimentaire. 2) La portance électromagnétique du wifi, téléphone portable... (Voir le chapitre 22). Tout cela induit un terrain déprogrammé, acidifié, pro-inflammatoire, générateur de problèmes circulatoires (le corps humain comprend un réseau de capillaires de 40.000 km), de maladies dégénératives et neurodégénératives – Travaux innovateurs du Dr Jean SEIGNALET.

SONT EN CAUSE :

➢ L'utilisation systématique de fongicides détruisant les bactéries bienfaisantes de la flore intestinale. ➢ Les modifications structurelles des protéines des céréales objet d'une multi hybridation génétique. ➢ La caséine du lait animal issu de bêtes nourries contre nature avec des céréales, maïs, soja, majoritairement de type OGM, et soumises à des traitements antibiotiques systématiques.

➢ La production importante, constante dans tout l'organisme de métabolites toxiques, neurotoxiques, issue des parasites diffus dans tout l'organisme (intestin, foie, cœur, cerveau) en particulier les microchampignons de type candida albicans.[37] C'est un microcosme

[37] Voir le chapitre 30 – A12 – les conclusions du Dr SIMOCHINI.

qui se nourrit au dépend de son hôte, provoquant de nombreuses carences permanentes, non corrélées à la parasitose par la médecine de ville.

➢ Le débordement du système immunitaire par la parasitose envahissante et permanente.

La prise de contrôle de l'organisme par un microcosme parasitaire dominant. Aussi surprenant que cela puisse paraitre, ces colonies de parasites aussi bien organisées et coordonnées qu'une armée moderne dotée de tous les moyens sophistiqués de communication, modèlent, dirigent, fourvoient, l'organisme de l'hôte à son entier détriment.

L'individu placé sous leur coupe succombe inconsciemment, journellement, à ses appels à consommer toutes sortes de mauvais aliments caractérisant la Junk food ! Mauvaises graisses – viandes et poissons panés industriels… fromages coulants… sucres raffinés et édulcorés… Point clé ●

À cause de cette alimentation transformée, dénaturée, de cet environnement pollué, ondé, l'organisme est constamment en état d'alerte, le système immunitaire est sollicité en permanence. D'où la production anormale de cortisol – hormone sécrétée par la glande corticosurrénale et d'adrénaline l'hormone du stress. D'où le défaut d'irrigation sanguine du cerveau, d'où le dérèglement neuropsychique d'une majorité de gens habitués, sans y réfléchir, à consommer quotidiennement des produits industriels néfastes.

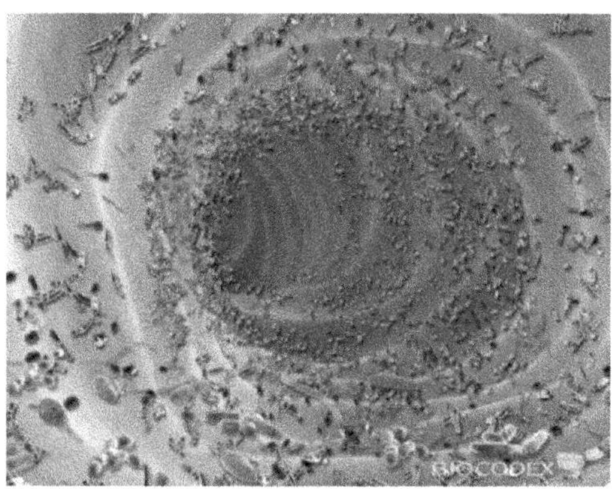

LE MICROBIOTE

Bien avant que la science occidentale n'entame au 21e siècle des recherches sur la composition de l'intestin, la médecine chinoise considère depuis des millénaires le ventre comme le second cerveau du corps. Notamment le microbiote et l'autonomie du système nerveux entérique par rapport au système nerveux central. Investigation récente permettant de conclure à une véritable intelligence autonome du ventre – *travaux de l'équipe de Michaël BAILEY de l'université de l'Ohio.*

Le milieu intestinal utilise les mêmes neurotransmetteurs : sérotonine – dopamine – acétylcholine – glutamates – que le système nerveux central. Les 20 types de neurones entériques – intestinales – ont pour fonction de trier la nourriture ingérée, de gérer le péristaltisme – *contraction musculaires pour déplacer les aliments le long du tractus digestif* – de commander aux cellules épithéliales tapissant l'intestin d'absorber certains aliments, d'en rejeter d'autres. Ces neurones agissent de concert avec le microbiote.

Selon la médecine chinoise, les tensions ressenties dans le dos, vertèbres dorsales, cervicales, sont la conséquence d'une perte de mobilité des organes d'un ventre en état de désharmonie. Ce qui expliquerait aussi l'origine de la hernie discale ; plutôt qu'une cause accidentelle par le seul fait d'un faux mouvement qui éjecterait d'un coup d'un seul le nucléus à l'extérieur de son enveloppe.

En Chi Nei Tsang l'on apprend que le nombril est la première cellule de l'organisme, que le corps va se construire à partir de là. Que les tensions et blocages naissantes dans l'intestin qui se répandent dans les organes du ventre, ensuite à l'ensemble du corps : tissus conjonctifs – vertèbres – côtes – épaules – genoux… comme la fissure d'un impact sur un pare-brise, se font aussi à partir de là.

Les causes sont alimentaires, traumatiques, émotionnelles, énergétiques. Côté alimentaire, sont en cause la consommation 1) d'aliments acidifiants comme le sucre, tous les produits sucrés, le chocolat hépatotoxique, l'alcool 2) les protéines animales, celles de tous les produits laitiers 3) les protéines des céréales hybridées à gluten produisant un terrain acide favorable à un excès de mucosités ; produisant une surproduction de métabolites excrétés par les micro-parasites intestinaux qui s'en nourrissent abondamment.

Le microbiote, il y a quelques années seulement ce terme était complètement inconnu, y compris par les professionnels de santé. Autrefois nommé « Flore intestinale », on lui reconnait aujourd'hui un rôle physiologique majeur au point de le considérer comme un organe à part entière pesant deux kilos, plus que le poids du cerveau, milieu complexe qu'il est essentiel de préserver tout au long de la vie.

Après la mort, dans la tombe, ces microorganismes nous dévorent ; vivant, ils nous habitent, nous bâtissent, nous protègent, en remplissant des missions essentielles :

➢ Synthétiser certaines vitamines, K en particulier.

➢ Permettre l'absorption des minéraux.

➢ Permettre la production d'énergie cellulaire.

➢ Contrôler le système immunitaire, 70% des cellules de l'immunité se situent dans l'intestin, 30% dans la moelle osseuse et le thymus situé derrière le sternum.

➢ Assurer l'étanchéité de l'intestin.

➢ Réguler l'humeur, le milieu intestinal est directement relié au système nerveux central via le nerf vague…

Désormais, le lien est établi entre les maladies neurologiques, psychiatriques, cardiovasculaires, hépatiques, l'obésité, le diabète, les allergies, et l'altération du microbiote.

Il s'agit des 100.000 milliards composées de 500 à 100.000 espèces différentes de micro-organismes présents et actifs dans l'intestin, 10 fois plus nombreux que toutes les cellules de l'organisme. D'où viennent-ils, Comment sont-ils organisés, sont-ils différents d'un individu à un autre ?

À la naissance le tube digestif est stérile. Dès que les membranes fœtales se rompent, la colonisation bactérienne commence. Le mode d'accouchement, le type d'alimentation, influent sur la composition du microbiote chez du nouveau-né. Puis celle-ci évolue, se complexifie avec l'âge selon le mode de vie, le type d'alimentation, les divers poisons absorbés dont le tabac actif ou passif, la vaccination, la prise d'antibiotiques...

Des études épidémiologiques ont montré que le microbiote intestinal des enfants asthmatiques diffère de celui des enfants sains. Qu'il existe un risque accru de survenue d'un asthme en cas de prise d'antibiotiques aux premiers âges de la vie. Les enfants nés par césarienne, non exposés à la naissance aux bactéries vaginales et fécales de leur mère ont un microbiote intestinal différent des enfants accouchés par voie naturelle, ils présentent aussi un risque plus élevé de faire de l'asthme.

A l'instar de toutes les cellules du corps, les différentes bactéries du microbiote dialoguent entre elles et installent de véritables synergies dans l'intestin aussi avec les autres cellules de l'organisme (signalisation cellulaire à la picoseconde 10^{-12}). Elles occupent chacune une place à ce point spécifique que si elles venaient à faire défaut, de mauvais microorganismes prendraient leur place, générant toutes sortes de pathologies, dont le dérèglement métabolique qui conduit à l'obésité, les maladies dites auto-immunes, comme le diabète de type 2, la maladie de Chron… des allergies, des intolérances alimentaires…

Toutefois avec les correctifs qui s'imposent, il tend à revenir à son état initial en 1 à 2 mois – c'est la capacité de résilience. Une succession de déséquilibres a forcément des conséquences néfastes sur la santé générale tant physique que mentale car ce sont les bactéries qui font l'homme et non l'inverse.

Majoritairement ce sont les microorganismes anaérobies (vivant sans oxygène) qui colonisent le tube digestif. Ils sont très abondants dans le côlon, cent milliards par gramme de contenu colique. Plus de 2000 espèces bactériennes entrent dans la composition du microbiote humain, dont des levures, bactéries lactiques. Chaque individu en héberge une combinaison qui lui est propre.

Des études approfondies sont actuellement entreprises dans le monde pour déterminer la séquence du génome (métagénomique) de ces microorganismes. D'ores et déjà l'on constate l'unicité du microbiote pour chaque individu, accomplissant des fonctions identiques pour tous les individus. D'où notre intérêt à mieux connaitre ces petits amis, à composer avec eux. D'autant plus que sans bactéries, levures, microchampignons, virus, aucune forme de vie ne serait possible sur Terre. L'homme à la tendance ambitieuse de tout pouvoir contrôler, oubliant que son organisme est avant tout colonisé, gouverné, par des milliards de microorganismes.

Si le rôle qu'exerce le microbiote intestinal dans la maturation du système immunitaire est aujourd'hui largement reconnu, il est plus difficile, à première vue, de concevoir que cette flore intestinale puisse avoir un impact sur les fonctions cérébrales et le comportement de tout individu, reconnait le professeur Stephen COLLINS de l'université MacMaster d'Hamilton – Canada. Plusieurs études faites chez l'animal ont démontré la fonction essentielle de l'axe intestin-cerveau.

Les cellules intestinales secrètent une trentaine de substances assimilables aux hormones, dont 70 à 80% de la sérotonine – neurotransmetteur – qui influe sur l'humeur, la sensibilité…. Ces médiateurs agissent localement et à distance en direction des organes, du cerveau. S'ils font défaut, ils génèrent l'irritabilité, l'anxiété, la dépression, le défaut d'activité motrice, le manque ou l'excès d'appétit, de thermorégulation, de perception de la douleur... C'est le plus important centre de signalisation endocrine de tout l'organisme, bien plus sophistiqué qu'un centre de contrôle de la circulation aérienne.

S'agissant d'un réseau bidirectionnel permettant au cerveau d'influer sur les activités motrices, sensitives et sécrétoires du tube digestif et permettant à l'intestin d'exercer une action ayant divers effets sur le cerveau. Dans cette optique, un traitement oral d'une semaine aux antibiotiques chez la souris adulte induit 1) des perturbations de la composition des populations bactériennes du côlon 2) un comportement anxieux.

3) L'élévation du taux d'une protéine (Brain-Derived Neurotrophic Factor) impliquée a) dans la croissance et la survie des neurones b) impliquée dans l'activité des régions cérébrales de l'hippocampe, de l'amygdale, engagée aussi dans la mémoire, l'apprentissage, l'humeur. L'arrêt de l'antibiotique a permis de restaurer le comportement normal des rongeurs.

Pour COLLINS « *Dans les années à venir, la transcriptomique et la métabolomique, deux techniques permettant d'analyser le fonctionnement génétique et l'activité métabolique du microbiote intestinal, seront essentielles pour déterminer quelle bactérie produit telle molécule neuroactive, seule ou en coopération avec d'autres communautés microbiennes, et savoir sur quelle cible la bactérie interagit* ».

La reconnaissance de l'existence de l'axe intestin-cerveau revêt une grande importance dans les maladies inflammatoires chroniques intestinales, douleurs abdominales, constipation, diarrhée ou alternance de ces symptômes et dans le syndrome de l'intestin irritable – SII.

Le rapport est établi entre l'émergence d'une pathologie psychiatrique chez 60 à 85% des individus souffrant de SII, lesquels représentent 10 à 12% de la population générale. En sens inverse, les perturbations de la chimie du cerveau observées dans l'autisme, la dépression, la schizophrénie modifient la physiologie du côlon, dans son rôle du transit intestinal, et impactent la composition de la flore intestinale.

Lorsque l'on transfère la flore intestinale – microbiote – d'un animal obèse dans le tube digestif de congénères ayant des proportions normales, ces derniers prennent du poids. Résultat similaire au niveau du changement de comportement – travaux de l'équipe canadienne de Stephen COLLINS – *The intestinal microbiota determines mouse behavior and brain BDNF Levels : Gastroenterology, vol 140, Issue 5, supplément 1, pages S-57.* Chez l'homme, on constate une perte de diversité dans la flore microbienne des populations obèses

Depuis l'ère pasteurienne, les microorganismes font peur bêtement au plus grand nombre, une hantise même pour certains, y compris des gens du corps médical. Heureusement que récemment le bon côté de la science a évolué nous permettant de comprendre l'importance du Microbiote pour la santé tant physique que mentale ; pour sa mise en cause dans plus de 200 maladies, dont l'asthme, allergies, obésité, les inflammations chroniques, les maladies auto-immunes, les bvmaladies mentales, certains cancers…

Les solutions pour le restaurer : une alimentation de qualité biologique riche en fibres solubles – fruits riches en pectine, pommes, poires, oranges, pamplemousses, fraises, les asperges, haricots, choux de Bruxelles, carottes, les graines de lin et de chia, le psyllium.

Si cela n'y suffisait pas : 1) Le complément alimentaire à base de L-glutamine, 5 à 10 gr répartis dans la journée. 2a) Les fructo-oligosaccharides (FOS) ou les galacto-oligosaccharides (GOS) ; 2b) en cas d'intolérance, le psyllium. 3) Le complément alimentaire à base de probiotiques (bactéries vivantes) fortement dosés à minima 10 milliards de souches à large spectre par *gélule réfrigérée* permettant la production rapide d'acides gras à chaîne courte. Par exemple Biotic P10 du laboratoire Aragan (dix souches différentes et 50 milliards par gélule).

Conclusion, **les toxines** environnementales, alimentaires, vaccinales humaines et animales, décrites dans ce livre : pesticides, herbicides – solvants industriels – aluminium – mercure – plomb – cadmium – fluor – glutamate – aspartame – colorants alimentaires – fragments de protéines non digérées – métabolites neurotoxiques de la parasitose intestinale – compositions vaccinales – ondes électromagnétiques – **ont un impact majeur sur** l'organisme, l'état physique, **le cerveau, le**

comportement psychologique, psychiatrique, des masses humaines, d'autant plus que les innombrables toxines agissent en synergie les unes avec les autres.

De ce fait, la pratique actuelle de la psychiatrie basée exclusivement sur l'analyse des symptômes et la médicamentation chimique **n'a plus cours**. Mais qui aurait le courage de la remettre en cause officiellement, par là-même tout le système médical entièrement faussé, ne tenant aucun compte de l'importance primordiale du terrain. Voir l'importance du microbiote au chapitre

En biologie, la notion de terrain caractérise le potentiel de vitalité d'un être humain. Il s'agit d'une stabilité du milieu intérieur mise en évidence dès 1865 par le physiologiste français Claude BERNARD. Observation validée en 1926 par le physiologiste américain Walter CANNON la dénommant homéostasie. Ce qui implique une stabilité constante de la composition du sang et de tous les domaines physiologiques et bioélectriques de l'organisme. Une stabilité générale assurée de manière autorégulée par le système neuro-végétatif mettant en œuvre à chaque instant des mécanismes régulateurs efficients.

Retenons pour le microbiote qu'un terrain acide, oxydé, majoré en protons, minoré en électrons, est un milieu favorable aux champignons de type candida albicans mycoses… (80 à 90% de la population occidentale). En lien direct avec la consommation de produits dévitalisés de type industriel ou stérilisés, la prise d'antibiotiques, la chimiothérapie, d'où la perte de vitalité + d'acidité et minoration des électrons.

Le milieu trop alcalin oxydé minoré en protons, en électrons, est propice aux virus et maladies de civilisation. En lien direct avec les aliments sucrés, les vaccins, une eau de mauvaise qualité…

Un milieu acido-basique au Ph équilibré dans la fourchette très étroite de 7,38 à 7,43 ; riche en protons et électrons est favorable au développement de la vie. En lien direct avec des eaux de source vivifiées, des aliments vivifiants tels que les enzymes, les vitamines, oligoéléments des végétaux (surtout ceux au goût amer) non dégradés par la chimie, l'excès de chaleur de cuisson.

Bioélectronique du terrain, plus de détails ici

http://naturo-passion.com/bioelectronique-medecine-terrain/

Conclusion, dans son ensemble, le constat sur la vitalité et l'équilibre physiologique et psychique des peuples est accablant. En cause des décennies de chimie à outrance, devenue omniprésente, fixée à vie dans les cellules, tissus, cerveaux, de toutes les populations des cinq continents. Personne ne peut s'y soustraire totalement. Ce que les biochimistes américains nomment the *Chemical body borden* – la charge chimique corporelle acquise. C'est une variable de 200 à 700 molécules néfastes, pour partie figées à vie dans les cellules, tissus, organes, glandes, toutes ces toxines sont opérantes à l'état de trace dans tous les organismes vivants, oiseaux, poissons, mammifères, l'homme.

L'ère du tout chimique ne peut en aucun cas nous préserver d'une multitude de conséquences qui dépassent l'entendement. Une problématique insoluble qui remet totalement en question le modèle sociétal des pratiques agricoles, alimentaires et celui de la médecine conventionnelle, soumise au lobbying de la chimie. Un corps médical totalement dépassé par l'immensité des difficultés, les amplifiant d'autant plus par des thérapeutiques allopathiques, exclusivement acquises au tout synthétique, au tout artificiel, aux divinités de la chimie et de l'argent roi.

Une impasse au point que diverses études pour sortir de ce carcan sont conduites en catimini, dans certaines universités de médecine, dont celle de Nice, en France. Les médecins les plus tournés vers le progrès physiologique et toxicologique s'obligent à s'intéresser de plus près aux médecines douces. Dans ce contexte, un observatoire des médecines non conventionnelles a été créé. Ils y font d'intrigantes découvertes, toutes nouvelles et révélatrices pour eux. Il serait temps qu'ils se réveillent en mesurant enfin les immenses dégâts que la pharmacopée chimique occidentale inflige aux malades qui les écoutent aveuglément !

CHAPITRE 25

L'ÉROSION DU QUOTIENT INTELLECTUEL

LES 7 FACTEURS PRINCIPAUX PERMETTANT DE DÉFINIR LE QI :

- Facteur spatial, représentation des configurations.
- Facteur de perception, saisie de détails dans une configuration.
- Facteur verbal, compréhension des données.
- Facteur lexical, mobilisation du vocabulaire.
- Facteur mémoire, faculté de mémorisation.
- Facteur numérique, réalisation de calculs.
- Facteur raisonnement, définir et trouver des liens entre des éléments.

Des études scientifiques prouvent que le QI moyen de la population mondiale ne cesse de baisser. L'intelligence est difficilement mesurable direz-vous ! Toutefois cela est devenu une pratique courante depuis l'invention de l'expression Quotient intellectuel par l'Allemand Wilhelm STERN en 1912. Premier constat, à cette époque, le QI et l'intelligence générale des populations augmentait progressivement, parallèlement à de meilleures conditions de vie, un phénomène nommé effet Flynn. L'intellect de la population Nord-américaine progressait en moyenne de trois points par décennie. Au Japon, après la Seconde Guerre mondiale, jusqu'à sept points de plus par décennie.

Un phénomène remarqué pour la première fois par James FLYNN, un professeur émérite en sciences politiques à l'université d'Otago en Nouvelle-Zélande. Il expliquait que l'intelligence augmentait car les gens vivaient et se nourrissaient plus sainement, recevaient une meilleure éducation. Les individus étaient bénéficiaires de conditions de vie stimulantes, un contexte très favorable à l'augmentation du quotient intellectuel pour le plus grand nombre.

Toutefois, à partir des années 1970, la tendance s'est renversée, les études statistiques ont fait ressortir tout d'abord une stagnation, puis une baisse globale de l'intelligence. Le QI occidental a chuté de 14 points depuis la fin du XIXe siècle, selon l'analyse des psychologues Michael WOODLEY et Jan te NIJENHUIS de l'université de Bruxelles et d'Amsterdam. L'équipe de chercheurs a comparé des données recueillies à la fin de l'époque victorienne avec les données contemporaines. Selon cette étude, le temps de réaction moyen d'un homme en 1889 était de 183 millisecondes contre 253 millisecondes en 2004. Le seuil maximal d'intelligence se situe entre les années 1930 et 1980. Plus tard, Richard LYNN, psychologue à l'université d'Uster au Royaume-Uni, confirma cette observation.

QUELLES SONT LES SUBSTANCES NOCIVES POUR LE CERVEAU ?

Philippe GRANJEAN, professeur de santé environnementale à l'université de Harvard, chef de cette même Unité à l'université du Danemark dit « *Avec mon équipe, nous avons recensé 12 substances à l'origine de ce que nous qualifions de fuite chimique des cerveaux chez les enfants, il s'agit de métaux, de solvants* ». Dans les cas d'empoisonnements congénitaux, la mère peut en sortir indemne, mais le fœtus peut en mourir ou être affecté de symptômes apparents, jusqu'à la paralysie. Par la suite, l'enfant pourra en subir un retardement intellectuel, ses résultats scolaires seront médiocres, il se comportera étrangement…

Le cerveau connait un développement extrêmement rapide et complexe avant la naissance, spécialement au cours des trois derniers mois de grossesse ; des processus compliqués perdurent pendant l'enfance. Cet organe n'est pas totalement mature avant l'âge de 18-20 ans, la vulnérabilité est donc à son paroxysme juste avant et après la naissance. En somme, les chercheurs de l'université d'Harvard disent « *Nous avons calculé que 41 millions de points de QI ont été collectivement perdus par les Américains en raison de l'exposition aux métaux lourds et autres poisons, toxines, produits chimiques* ». Pour la plupart des chercheurs, l'avenir de l'intelligence humaine aura à subir un déclin graduel.

CHIMIE ET TROUBLES COMPORTEMENTAUX

De toutes les maladies non transmissibles, l'autisme est l'une de celles dont la fréquence augmente le plus vite, si vite qu'il est difficile de l'intégrer. En mars 2014, les CDC américains rendaient publiques les dernières estimations de la prévalence des troubles du spectre autistique chez les enfants de 8 ans. Un enfant sur soixante-huit est touché par les maladies du développement, regroupant l'autisme profond, les syndromes de Rett et d'Asperger…

Il est frappant de constater la rapidité de l'évolution de ces pathologies + 30% par rapport à 2012, un doublement en moins d'une décennie. Une augmentation en flèche au court des vingt dernières années, des troubles diagnostiqués vingt à trente fois plus que dans les années 1970, selon le rapport des CDC. 40% des enfants dépistés aux États-Unis présentent un QI inférieur à 70, dans ce pays qui contrairement à bien d'autres ne cache pas ce type de statistique. Au total, un enfant sur six est concerné par un trouble du développement de type neurocomportemental, retard mental, handicap moteur…

Dans son ouvrage « *Losing our Minds – How environmental pollution impairs Human Intelligence and Mental* » publié en 2014 par l'Oxford University Press, Barbara DEMENEIX, directrice du département Régulations, Développement et Diversité moléculaire du Museum national d'histoire naturelle, soutient que cette augmentation rapide de la fréquence des troubles comportementaux est la résultante de l'exposition de la population générale à certaines pollutions chimiques diffuses. Selon la biologiste, cette situation n'est qu'une partie émergée d'un problème plus vaste relatif à l'érosion des capacités cognitives des nouvelles générations soumises aux expositions toujours plus nombreuses de métaux lourds et de substances chimiques de synthèse.

Son confrère Philippe GRANJEAN auteur du livre « *Only one chance – How Environmental Pollution impairs Brain Development – and How to Protect the Brains of the Next Generation* » publié en 2013 par l'Oxford University Press, évoque pour sa part "une fuite chimique des cerveaux".

« L'augmentation de la fréquence de l'autisme mesurée ces dernières années est d'un niveau si élevé qu'elle implique d'autres facteurs de type environnemental plutôt que la génétique considérée isolément. Ceci est d'autant plus exact que les critères diagnostiques utilisés par les CDC sont demeurés identiques entre 2000 et 2013. En France et en Europe, il n'existe pas de suivi historique de la prévalence de ces troubles aussi précis qu'aux États-Unis ; mais il est vraisemblable qu'on assiste aussi à une augmentation de leur incidence», ajoute Barbara DEMENEIX.

Comment expliquer une telle situation ? Pour la biologiste, l'une des causes majeures est la prolifération de molécules de synthèse capables d'interférer avec le fonctionnement de la glande thyroïde. «*Depuis de nombreuses années, mon travail consiste à comprendre le rôle clé des hormones thyroïdiennes dans les transformations fondamentales du développement, explique-t-elle. En cherchant à comprendre comment ces hormones agissent dans la métamorphose du têtard, je me suis posé le même type de questions sur leur importance dans le développement du cerveau humain*».

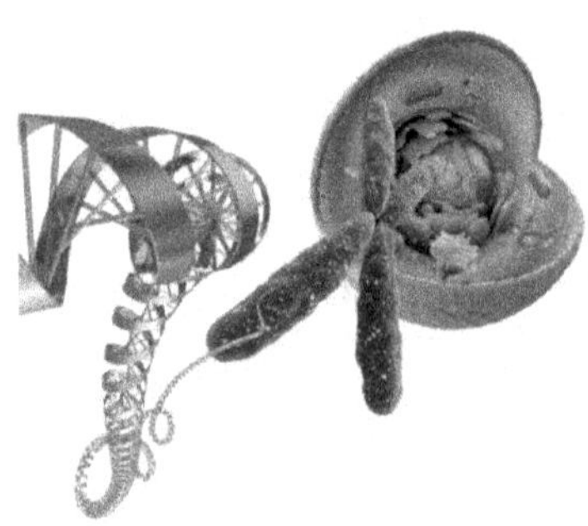

Les hormones thyroïdiennes sont connues pour moduler l'expression des gènes pilotant la formation de structures cérébrales complexes comme l'hippocampe ou le cortex cérébelleux. «*Nous savons avec certitude que l'hormone thyroïde joue un rôle pivot dans le développement du cerveau* » précise le biologiste Thomas ZOELLER, professeur à l'Université du Massachusetts et spécialiste du système thyroïdien. Il précise « *la*

fonction thyroïdienne est contrôlée sur chaque bébé né dans les pays développés et la plupart des pays en développement, ce qui montre le niveau de certitude que nous avons pour ce fait. Pourtant, relativement à cet impact documenté sur la thyroïde, les autorités sanitaires ne font pas le lien avec l'augmentation des troubles neurocomportementaux».

Barbara DEMENEIX démontre que la plupart des substances connues pour leur effet sur le développement du cerveau interfèrent avec le système thyroïdien. Ces molécules ne sont pas toutes suspectées d'augmenter les risques d'autisme, mais toutes sont susceptibles d'altérer le comportement ou les capacités cognitives des enfants exposés in utero, ou aux premiers âges de la vie.

C'est le cas des PCB – composés chlorés jadis utilisés comme isolants électriques, lubrifiants – aussi de certaines dioxines issues des processus de combustion – gaz d'échappement, fumées d'usine – de l'omniprésence du bisphénol A, des PBDE – des composés bromés utilisés comme ignifuges dans l'électronique et les mousses des canapés – des perfluorés utilisés comme surfactants – des pesticides organophosphorés – de certains solvants... Voir au chapitre 22 les composés organiques volatils – COV.

C'est d'autant plus pernicieux que la plupart de ces poisons ne sont pas éliminés de l'organisme et stagnent toute une vie durant dans le sang, les graisses, les organes, le sperme, le lait maternel. C'est la Charge Chimique Corporelle acquise que l'organisme ne peut éliminer. Ceci est variable selon les individus, les situations et habitudes de vie, la pollution environnante, les régions… Ces poisons accumulés proviennent singulièrement des 80.000 substances chimiques utilisées pour les besoins sans limite de la société de consommation.

« *Le travail de Barbara est très important* », estime la biologiste Ana SOTO, professeure à l'Université Tufts à Boston. « *Elle a conduit un travail bibliographique considérable, c'est la première fois que toutes ces connaissances sont rassemblées afin de mettre en évidence le rôle des perturbateurs endocriniens, celui des métaux lourds comme le mercure, lesquels sont capables d'influer sur le fonctionnement du système thyroïdien par une multitude de processus* ».

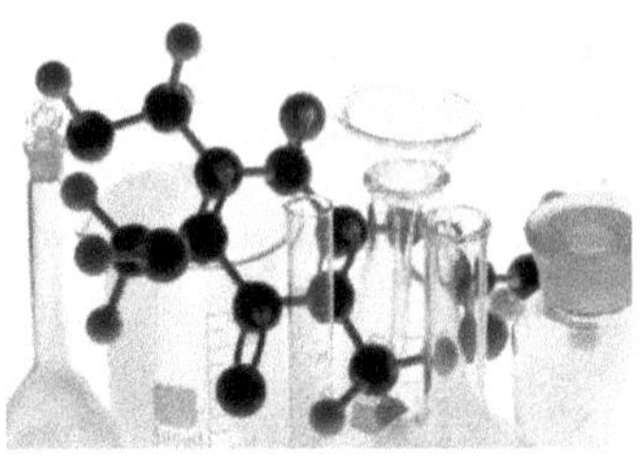

UN GRAND NOMBRE DE SUBSTANCES EN CAUSE

Les composés bromés peuvent inhiber l'absorption d'iode par la thyroïde qui de la sorte produira moins d'hormones. Les molécules chlorées peuvent en perturber la distribution dans les tissus. Le mercure peut inhiber l'action des enzymes qui potentialisent ces mêmes hormones… Lorsqu'une femme enceinte est exposée à ces substances, son fœtus l'est également, Barbara explique « *le risque important se situe à la genèse de son cerveau qui ne se fera pas de manière optimale*». Pour limiter au mieux les effets de ces substances, la biologiste insiste sur la nécessité d'un apport d'iode suffisant (*absent du sel de mer raffiné)* garant du bon fonctionnement thyroïdien, surtout pour les femmes enceintes.

Le problème est surdimensionné par un grand nombre de substances qui interfèrent et perturbent ces processus. « *Les chimistes manipulent des phénols auxquels ils ajoutent des halogènes comme le brome, le chlore ou le fluor* » explique Barbara. « *Or, les hormones thyroïdiennes sont composées d'iode qui est aussi un halogène. Au final, nous avons mis en circulation des myriades de substances de synthèse qui ressemblent* (leurres) *aux hormones thyroïdiennes.*»

Les scientifiques engagés dans la recherche sur la perturbation endocrinienne estiment en général que les tests mis en œuvre pour détecter et réglementer les substances mimant les hormones humaines sont insuffisants. D'autant plus que les effets produits sur les capacités cognitives sont globalement occultés.

«*Si la thalidomide, médicament retiré dans les années 1960, avait causé une perte de 10 points de quotient intellectuel au lieu de malformations visibles des membres des enfants exposés in utero via leur mère, il serait probablement encore sur le marché*», se plaisait à dire David RALL, ancien directeur de l'Institut national des sciences de la santé environnementale américain - NIEHS.

« *L'érosion du quotient intellectuel de même que les troubles neurocomportementaux comme l'hyperactivité et les troubles de l'attention ou l'autisme sont le talon d'Achille du système de régulation* », souligne le biologiste Thomas ZOELLER. Ce sont des troubles complexes, hétérogènes et aucun biomarqueur caractéristique ne peut être identifié. « *De ce fait, il y a beaucoup de débats sur la réalité de l'augmentation de leur incidence, mais cela n'incite pas les agences de régulation à être proactives, malgré l'incidence des troubles du spectre autistique qui augmentent si rapidement au point que nous devrions tous en être inquiets* ».

L'Organisation pour la coopération et le développement économique – OCDE, organisme intergouvernemental chargé d'établir les protocoles de test des substances chimiques mises sur le marché, a cependant appelé, fin octobre, au développement de nouveaux tests susceptibles de mieux cribler les molécules interférant avec la thyroïde, classés «*de très haute priorité*», mais seront-ils vraiment mis en œuvre ?

Barbara précise « *L'affaire ne concerne pas uniquement l'intelligence des prochaines générations mais leur santé au sens large. Les épidémiologistes remarquent depuis longtemps que les gens ayant un quotient intellectuel élevé vivent plus longtemps* ». Elle poursuit disant, selon la théorie de l'origine développementale des maladies, notre santé dépend en partie de la manière dont nos tissus se sont développés au cours de notre vie intra-utérine. Les facultés cognitives pourraient ainsi être une sorte de marqueur des expositions in utero, au cours de la petite enfance, à des agents chimiques. Peu d'exposition signifierait un quotient intellectuel élevé, du même coup une plus faible susceptibilité aux maladies non transmissibles.

MERCURE – QI – PRODUCTIVITÉ

La pollution au mercure ferait perdre du QI et de l'argent à l'Europe. Quel est le lien entre mercure – QI – et productivité d'un pays ? Une équipe de chercheurs européens estime, dans une étude publiée en 2013 dans la revue Environmental Health que réduire l'exposition de la population, notamment prénatale, au méthylmercure (mercure ionisé par les microorganismes du sol, de l'eau, des animaux qui l'absorbent) ferait gagner à l'Europe de 8 à 9 milliards d'euros par an en évitant à ses habitants une baisse de quotient intellectuel liée à des déficiences neurologiques, donc une perte de salaire.

Ces résultats ont été présentés lors de la conférence internationale du 13 au 18 janvier 2014 à Genève. Il s'agit d'adopter un traité contre les effets néfastes du mercure en faveur des pays occidentaux et des pays en développement de plus en plus exposés aux dangers de ce poison. Un dernier cycle de pourparlers sur cette question de sécurité sanitaire des plus sensibles devrait clore quatre ans de négociations, sous l'égide des Nations unies.

Le programme de bio surveillance européen Democophes 2011 - 2012 est une étude européenne conduite par une vingtaine de toxicologues ayant pour objectif de mesurer la contamination en mercure – cadmium – phtalates – chez les enfants de 6 à 11 ans et leurs mères. Elle consiste en un prélèvement physique (urines et cheveux) conjugué à une compilation de la littérature scientifique portant sur 6800 individus de plus six ans dans 8 pays.

Résultat : un million huit cent soixante-six mille enfants naissent chaque année en Europe avec un niveau de méthylmercure – forme organique la plus toxique du mercure – supérieur à 0,58 microgramme par gramme – μg/g – de cheveu, seuil à partir duquel des effets toxiques peuvent survenir. Deux cent trente-deux mille enfants sont contaminés par un niveau supérieur à la limite de 2,5 μg/g.

L'on observe des disparités selon les zones géographiques, en Espagne, au Portugal, le taux de mercure est supérieur à celui relevé en Hongrie, Tchéquie, Pologne. La cause provient des amalgames dentaires au mercure, des vaccins, s'ajoute la consommation de gros poissons, thon, espadon… dans les pays du Sud. Le méthylmercure est bio-cumulable dans la chair des poissons, dans les tissus humains, dans le placenta des femmes enceintes, dans le lait maternel, jusqu'au cerveau des nouveaux nés.

Méthode d'analyse et Bilan : 600.000 points de QI perdus à l'échelle de l'Europe. Les chercheurs sont allés bien au-delà de l'étude purement médicale, mesurant les convulsions, paralysies spastiques, cécité, surdité, surtout troubles cognitifs, retard mental, déficiences neurologiques, baisse des performances scolaires, d'apprentissage ; Ils ont finalement calculé l'impact sur l'économie, évalué à hauteur de 8 à 9 milliards d'euros par an.

Ce sont les chercheurs américains du think tank Economic Policy Institute qui les premiers avaient calculé qu'un point de QI en moins revenait à perdre en moyenne 17815 dollars sur une carrière professionnelle. L'équipe de chercheurs européens s'est basée sur ces mêmes calculs, tout en les ajustant en fonction de deux critères : la parité du pouvoir d'achat et le niveau de la productivité par pays européen. A l'inverse, selon cette même étude, un point de QI supplémentaire équivaudrait par exemple pour la France à 17363 euros de plus au cours d'une vie. Au total, 8 à 9 milliards d'euros par an pourraient être gagnés pour l'ensemble de l'Union européenne, dont 4 milliards pour l'Espagne, 1,2 milliard pour la France. C'est loin d'être négligeable en période de profonde récession économique.

CHAPITRE 26

LE CERVEAU QUANTIQUE

La mécanique quantique est la branche de la physique qui a pour objet d'étudier et de décrire les phénomènes fondamentaux à l'œuvre dans les systèmes physiques, plus particulièrement à l'échelle atomique et subatomique. Elle fut développée au début du XXe siècle par une dizaine de physiciens américains et européens afin de résoudre différents problèmes que la physique classique ne pouvait pas expliquer. Par exemple le rayonnement du corps noir, l'effet photo-électrique, ou l'existence des raies spectrales (signature des atomes à la base des éléments qui constituent l'atmosphère).

La mécanique quantique se révèle être la plus féconde de toutes les sciences physiques, les résultats et les applications acquises sont nombreuses. Elle permit notamment d'élucider le mystère de la structure de l'atome et de décrire le comportement des particules élémentaires, jusqu'à démonter l'unicité de l'univers. Au point de constituer le socle de la physique moderne.

Témoignage par l'image : l'univers connecté
https://www.youtube.com/watch?v=3vnn8QxOYuo

LE CHAMP MORPHOGÉNÉTIQUE

Il comprend les mêmes bases du domaine quantique applicables cette fois aux systèmes biologiques et psychiques. Il démontre l'unicité de l'ensemble des créatures qui coexistent dans l'univers. Ce champ fonctionne par résonnance contenant tous les plans génético-biologiques des corps physiques ainsi que leur nature psychique. De ce fait nos pensées, nos sensations, nos sentiments, en sont collectivement influencés.

N'importe quel type d'objet, qu'il s'agisse des cristaux contenus dans le cerveau des oiseaux en passant par les sociétés organisées animales, végétales, tout est conformé non pas par des lois universelles rigides qui contrôleraient ou dirigeraient tous les organismes, mais tout est organisé par un champ morphogénétique contenant une mémoire génétique. Toutes possibilités gisent dans une sorte de cocon jusqu'à ce qu'un moment particulier de conscience puisse effectuer un choix définitif. Une sorte de sixième sens de coordination en tant que groupe – travaux du physicien Amit GOSWANI.

Toutes les possibilités de faire gisent dans une sorte de cocon jusqu'à ce qu'un moment particulier de conscience puisse effectuer un choix décisif. Ce mécanisme est bien différent de la simple évolution de DARWIN plus lente et progressive. Ce n'est pas un choix dicté par l'abus du pouvoir du plus fort, mais seulement par l'amour du plus grand. GOSWANI souligne à ce propos que même les mutations génétiques doivent nécessairement avoir une nature de type quantique justement parce qu'elles sont de pures superpositions de possibilités avant qu'une quelconque conscience n'en provoque l'effondrement.

D'autres phénomènes biologiques ne peuvent en aucun cas être expliqués par les modèles biochimiques et physiques en cours. Par exemple, il n'existe pas encore d'explications convaincantes à la synchronisation précise de vols ou de flux que l'on peut relever dans les géométries harmonieuses et changeantes en un temps record des grands vols d'oiseaux ou des bancs de milliers de poissons.

Chez certains types de poissons, tout le banc semble même se comporter comme un seul esprit, lequel sent l'approche d'un prédateur et en un instant, en une fraction de seconde, il est en mesure de coordonner la manœuvre d'évasion du groupe ; ou bien ces créatures marines peuvent se comporter comme une vasque qui explose dans toutes les directions, pour ensuite reformer instantanément un groupe compacte.

Les vols d'oiseaux agissent de façon quasi identique. Ils comprennent jusqu'à cent mille individus, malgré ce grand nombre, le vol peut changer de direction presque instantanément. Il n'est pas envisageable que le changement de direction soit le fait, comme on pourrait le croire, d'un ordre donné par un quelconque chef de formation. Il a été prouvé dans le cas des oiseaux comme dans celui des poissons que des formes connues de communication comme les sens de la vue et du son ne peuvent expliquer la simultanéité de ces comportements.

Nombre d'espèces animales possèdent une sorte de sixième sens qui dicte leur mouvement en synchronie avec les autres membres de la même espèce. Ou encore un sens qui soit en mesure de coordonner harmonieusement leur comportement en tant que groupe. Il existe des exemples identiques dans le monde végétal. Chez les humains, cela concernerait aussi l'accomplissement d'un niveau commun de conscience spirituelle.

Si un groupe donné atteignait un certain niveau de conscience mentale, spirituelle, cela se propagerait selon le mécanisme de la résonnance morphique à d'autres membres de la même espèce ; jusqu'à le porter à un niveau de conscience planétaire. Les actions mais aussi les pensées seraient transférées à travers une onde porteuse très semblable à la télépathie.

Il existerait ainsi une sorte de mémoire collective propre à chaque espèce biologique à laquelle d'autres membres du groupe puiseraient de façon globalement synchrone. Cette mémoire collective qui est un véritable champ d'information ne réside pas du tout dans le cerveau mais dans une zone comparable à l'inconscient collectif, telle que définie par JUNG et PAULI.

Le cerveau n'est donc qu'un instrument permettant d'accéder à ces informations à travers un mécanisme proposé par le neurophysiologiste Karl PRIMAN. Selon lequel, le cerveau se comporterait comme un hologramme, comme un système capable de décoder les fréquences les plus disparates provenant d'un faisceau quantique positionné dans une dimension qui se trouve au-delà de l'espace et du temps.

De cette façon la mémoire n'est pas localisée dans le cerveau. Lequel n'est juste qu'un outil permettant à travers les impulsions nerveuses de chaque instant d'extraire l'information et de la transformer en une forme spécifique, sorte d'écho, ayant capacité à se propager dans le domaine de l'espace et du temps. Le cerveau n'est donc que le transducteur (conversion ou transfert de signaux électriques) d'une information provenant d'ailleurs, d'une zone en dehors de l'espace et du temps, capable aussi bien de recevoir que de transmettre de l'information non localisée.

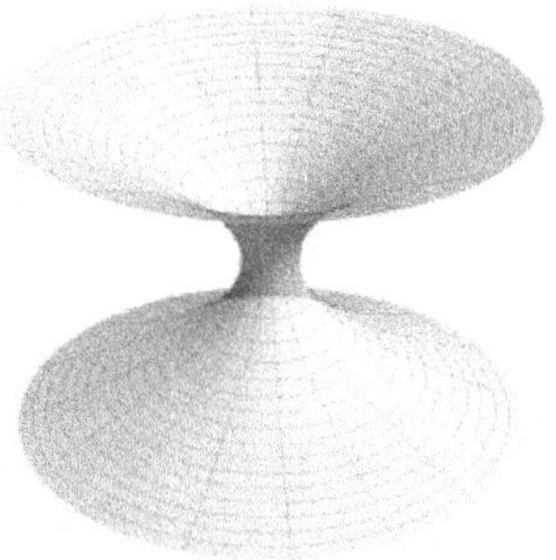

Bien supérieur à la capacité d'un simple un poste radio conçu pour ne recevoir que des ondes extérieures sur une plage, fréquence, limitée, le cerveau est un récepteur permettant d'accéder à d'innombrables informations à travers un faisceau quantique. Comme un hologramme apte à décoder les fréquences les plus fines et les plus disparates provenant d'une zone dimensionnelle composée d'informations et de mémoires qui se trouve au-delà de l'espace et du temps ; puis de les transformer en une forme de pensée ayant capacité de se diffuser à son tour via le domaine de l'espace et du temps.

Ainsi, ce qu'un groupe biologique acquiert, y compris au plan spirituel, est automatiquement transféré à une sorte de serveur universel ; lequel à son tour réoriente l'information à d'autres groupes biologiques en phase, ayant des affinités liées par des similitudes et des sympathies. Comme le ferait le son pur et cristallin d'un diapason donnant en continu la note d'accord, sur laquelle peuvent se caler chacune des lignes de partitions de vie.

Ce mécanisme de la résonnance morphique est une transmission non-locale d'informations d'un point à l'autre de l'espace-temps où vivent et évoluent tous les organismes biologiques. En cela, le champ morphique des systèmes biologiques et l'élément psychique qui lui est associé est semblable au domaine quantique de l'univers unifié. Voir le témoignage plus haut.

DU CENTIÈME SINGE AU CHAMP MORPHIQUE

Tout ceci a été démontré par l'observation de groupes d'animaux d'une même espèce. Par exemple en 1952, sur l'île japonaise de Koshima, des scientifiques nourrissaient des macaques avec des patates douces crues en les jetant sur le sable. Les singes aimaient leur goût, mais n'appréciaient pas la saleté, ni le sable qui les recouvrait. Un jour, une femelle nommée Imo trouva la solution en les lavant dans un ruisseau à proximité.

Progressivement toute la communauté fit de même, le centième singe fit mieux encore en allant laver le légume dans la mer pour en retirer un goût salé plus agréable. Jusque-là, le mimétisme suffirait à expliquer cette pratique raffinée. Mais fait surprenant, cette habitude se transmit de façon inexpliquée et simultanée à des colonies de singes de même race habitant sur d'autres îles, sans qu'ils n'aient eu le moindre contact entre eux ; cela s'est accompli jusque la troupe de macaques de Takasakiyama campée sur le continent.

L'on peut en conclure qu'il est démontré ici que lorsqu'un nombre restreint d'individus progresse dans une nouvelle façon de faire, si simple soit-elle, ou si sophistiquée soit-elle, celle-ci peut devenir partie intégrante d'un tout, d'une conscience collective.

MOI SEUL, QUE PUIS-JE CHANGER !

Ce n'est qu'illusion de croire que l'on se trouve dans une situation d'isolement par rapport aux autres. L'expérience du centième singe laisse entrevoir ce qui pourrait se passer si des humains en nombre suffisant tendaient vers un potentiel de conscience élevé. Dans ce cas, il serait plus aisé, au reste de l'humanité d'y parvenir à son tour. Une fois la société humaine parvenue à ce niveau d'élévation mentale, spirituelle, plus personne ne serait confronté à la pauvreté, à l'ignorance, au saccage de la Terre…

D'ici à ce que cela se réalise, vous pourriez être le centième singe symbolique, cela ne dépend que de votre prise de conscience et de votre bon vouloir. Dans la pratique, l'anoblissement de votre personnalité génèrera une attitude positive, constructive, qui vous sera utile pour solutionner diverses approches que d'autres n'ont pas réussi à faire aboutir.

Au stade avancé de dégradation tant sociétale qu'environnementale de la civilisation, pour parvenir à changer le monde, il serait naturel de penser qu'une majorité de personnes y consentent vraiment. En fait, vu l'urgence de la situation, ce qui importe c'est qu'un nombre suffisant puisse prendre conscience de la nécessité d'un changement radical de modèle sociétal.

Conclusion

Dans un contexte naturel et harmonieux, la synchronicité du champ morphique se manifeste au sein de groupes de la même espèce. Rapporté à l'espèce humaine, si les conditions mondiales étaient normales au plan communautaire, environnemental, il aurait été possible pour tout un chacun de tendre vers l'existentiel, le spirituel. En lieu et place d'une société dramatiquement obnubilée par le matérialisme, par la recherche effrénée des plaisirs sensuels, au point d'imprégner et de distordre durablement le mental du plus grand nombre.

Pas vraiment surprenant car dès le 18e siècle, les sociétés secrètes ont posé leur fondement pour étouffer tout progrès universel afin d'enfumer l'humanité dans d'épaisses ténèbres spirituelles ; c'est l'objet de notre livre « *L'emprise du mondialisme II – Initiation & sociétés secrètes* ». Puisqu'après la seconde Guerre mondiale, il n'était pas possible d'utiliser ouvertement le potentiel existant d'armes de destruction massive, le cartel de l'ombre a élaboré subtilement d'autres moyens.

Il a organisé une propagande ininterrompue pour fausser le jugement des masses, afin de les tromper, de les corrompre. Au fil du temps, les cercles de réflexion (think tank) sous sa tutelle ont préparé habilement ce type de propagande et méthodes d'application avec la collaboration complice d'une majorité de multinationales et d'institutions supranationales.

Fort de ces moyens de domination, ce cartel s'est ingénié à modeler l'inconscient collectif en présentant ce qui est inutile comme nécessaire, en valorisant ce qui est mauvais comme profitable. Annihilant ainsi tout effort à faire appel à un niveau de conscience plus élevé. Le moyen impalpable et légalisé d'y parvenir consiste à abêtir les peuples, en érodant le Qi des masses humaines, tout en s'enrichissant à coup sûr.

Paradoxalement, le cartel de l'ombre se prépare à annoncer la mise en œuvre d'un programme d'harmonie planétaire entre tous les peuples et catégories sociales. Un tout nouveau paradigme sous la directive de nouveaux Commandements d'un nouvel Ordre du monde. Un thème global développé dans nos livres « *Crise économique majeure – Origine – aboutissement* » et « *Initiation & Sociétés secrètes* ».

CHAPITRE 27

LE CARTEL PHARMACO CHIMIQUE

Le charlatan, personnage de la BD Lucky Luke, fut inspiré de William Avery ROCKEFELLER, fondateur de la dynastie.

ORIGINE DU CARTEL

Le premier maillon de cette industrie à produire un médicament toxique fut William Avery ROCKEFELLER né en 1810, mort en 1906, patriarche de cette célèbre et discrète dynastie, descendant d'immigrés allemands – ROGGENFELDER. De son surnom Old Bill, il était fermier à New York jusqu'en 1850, puis il se rendit dans la ville de Cleveland se faisant passer frauduleusement pour un docteur en médecine.

Dans son livre étonnant M.A. BEALE relate qu'Old Bill était en fait un marchand de pseudos produits pharmaceutiques, à l'instar de ces charlatans et faux Doc itinérants se déplaçant en carriole à cheval, vendant à coup de bluff de soi-disant élixirs salvateurs pour guérir tous les maux ; Old Bill était le précurseur des visiteurs médicaux, représentants des groupes pharmaceutiques.

A l'époque, la plupart des remèdes étaient élaborés à base de pétrole par une clique d'escrocs, regroupés au sein de Seneca Oil – Rock Oil – American Medicinal Oil. Parmi eux, Old Bill vendait des flacons de pétrole aromatisés dénommé Nujol – *Nouvelle huile* – aux fermiers naïfs, les persuadant qu'il s'agissait, entre autres mensonges, d'un traitement contre le cancer. Le graphisme du Nujol représente un guerrier puissant terrassant un lion avec une grosse pierre. Image frappante de la puissance de ce produit pour éliminer tous les maux, même les plus mauvais.

En **1879**, le fils d'Old Bill », John ROCKEFELLER 1er fonda la Standard Oil avec les fonds des ROTHSCHILD, une famille tout aussi discrète et célèbre. Ce qui permettait à William Avery d'acheter pour 21 cents une fiole de pétrole brut de 30 grammes qu'il revendait 2 dollars à son public parvenant à le convaincre qu'il était malade et qu'il se porterait mieux s'il utilisait son « remède ». Très peu cultivé, sans connaissance, ni formation médicale, sans le moindre scrupule, avec quelques notions de comptabilité, surtout doté d'une avidité féroce, Old Bill sut s'imposer au plus grand nombre. Le Nujol, après quelques améliorations des chimistes de la Standard Oil, fut finalement baptisé «*cure contre la constipation*».

Malgré le repositionnement de ce produit, les ventes chutaient, en cause la critique acerbe de médecins, alertant sur la dangerosité de cet infâme produit, causant la perte de vitamines liposolubles et générant de graves maladies. Afin d'assurer la prospérité de ce filon, les chimistes ajoutèrent du carotène au pétrole. Pour juguler cette perte de chiffre d'affaires et promouvoir le nouveau Nujol, la firme fit appel à la grande notoriété de Samuel COPELAND, homéopathe et sénateur de New York, en échange de 75.000 $ par an.

Malgré les vives critiques d'une partie du corps médical de l'époque, le produit existe encore de nos jours sous forme d'huile de paraffine pure, distribué par le laboratoire Fumouze ; il est classé laxatif doux, recommandé pour la constipation rebelle ! L'empire ROCKEFELLER s'est construit sur cette renversante supercherie, de même que les fondations de l'industrie pharmaco-chimique. En 1948, le succès commercial du Nujol permettait à la firme de réaliser un chiffre d'affaires annuel de 10 milliards $.

Le 5 mai **1911**, la Cour suprême des États-Unis déclare John ROCKEFELLER et son trust coupable de corruption, de pratiques illégales et de racket. La Standard Oil et toutes ses filiales, la plus grande entreprise du monde à cette époque, sont condamnées à la dissolution. Pas d'inquiétude pour le trust car dans la période antérieure il avait su tisser ses réseaux d'influence et de corruption dans toutes les strates de la société américaine, si bien qu'il n'avait pas à se soucier de cette décision suprême de justice.

D'ailleurs en 1922, voici ce qu'en disait John F. HYLAN, maire de New York « *La vraie menace de notre république est ce gouvernement invisible, qui comme une pieuvre géante étale ses longs tentacules sur les villes, les états, et les nations. Comme le poulpe dans la vraie vie, il opère sous le couvert d'un écran qu'il créé lui-même.... À la tête de ce poulpe sont les intérêts de Standard Oil de Rockefeller et un petit groupe d'établissements bancaires puissants, généralement désignés sous le nom de banquiers internationaux. La petite coterie de banquiers internationaux puissants vient à courir virtuellement après le gouvernement des USA dans leurs propres buts égoïstes. Ils commandent pratiquement les deux partis politiques* ».

1913, pour apaiser la pression publique et politique déjà très active à l'époque, le trust s'exerce à la philanthropie en créant la Fondation ROCKEFELLER, avec l'immense avantage du statut de paradis fiscal. À partir de cette entité, débonnaire en dons pour les écoles médicales et hôpitaux, il sera possible aux élites de l'ombre de contrôler le secteur de la santé aux États-Unis, axé exclusivement sur la fabrication de médicaments synthétiques brevetés, à l'image du pétrole raffiné vendu par Old Bill.

Par contre, toutes les vertus des vitamines découvertes à cette époque furent dénigrées. En particulier les molécules naturelles aux propriétés curatives remarquables qui permettaient de soigner la plupart des maladies chroniques, considérées comme un obstacle majeur puisqu'elles n'étaient pas brevetables. Tout allait être mis en œuvre pour éliminer toute concurrence axée sur la commercialisation de vitamines, minéraux, micronutriments naturels ; Pour le cartel c'était une mesure essentielle pour assurer la pérennité du commerce pharmaceutique.

1918, En pleine pandémie de la grippe espagnole, la Fondation ROCKEFELLER profite du trouble de la situation pour manipuler les médias afin de lancer une opération de dénigrement contre tous les médicaments qui échappaient à ses brevets. Parvenant à ses fins, elle prend aussi l'ascendant sur l'American medical association, sur la plupart des hôpitaux, les manipulant comme des pions sur son échiquier. Au fil du temps, sous couvert d'œuvres de bienfaisance, cette fondation fera de même pour conquérir tous les marchés étrangers du médicament.

1925, en Allemagne, le cartel chimico-pharmaceutique I.G Farben se forme pour contrecarrer les avancées conquérantes du clan ROCKEFELLER. Il est dirigé par les multinationales allemandes Bayer, BASF et Hoechst, disposant de 80.000 employés.

Novembre **1929**, le cartel ROCKEFELLER et le cartel I.G Farben s'accordent pour se partager le monde en zones d'intérêts réciproques. Pratique qui 18 ans plus tôt avait valu la condamnation de la Standard Oil.

1932 – 1933, les dirigeants du cartel I.G Farben avides de pouvoir, décident de modifier les accords de 1929. Ils s'accordent pour donner tout leur soutien à Hitler qui les assurent de conquérir le monde par les armes. En retour, l'armée nazie fait main basse sur toutes les industries chimiques et pétrochimiques d'Europe afin de les intégrer au trust I.G Farben ; lequel à son tour finance le parti nazi pour 400.000 Deutsche Mark. Plus tard, en 1945, lors du procès de Nuremberg, le Tribunal déclarera que sans ce financement la deuxième Guerre mondiale n'aurait pas pu avoir lieu.

1939, John ROCKEFELLER conserve 15% de participation dans le trust germano-américain. En 1941, IG. Farben devient la plus grande industrie chimique du monde, abusant de la main d'œuvre du camp d'Auschwitz pour fabriquer entre autres poisons le gaz mortel ZyklonB.

En novembre **1945**, au procès de Nuremberg, les 24 dirigeants d'IG. Farben sont déclarés coupables d'esclavage, de pillage, de génocide. Le Tribunal scinde le trust en trois structures distinctes : BASF – BAYER – HOECHT. Mais fait curieux, contrairement au sort des autres chefs nazis, ces responsables sont libérés en 1952 avec l'aide des réseaux d'influence et de corruption organisés par Nelson ROCKEFELLER leur ancien partenaire commercial, devenu ministre américain des Affaires étrangères.

Après leur libération, jusqu'aux années 1970, ces nazis intégrèrent les plus hautes fonctions de l'économie allemande et se maintinrent à la tête de ces trois structures. En **1959**, ils financèrent Helmut KOHL qui usa de son influence politique pour les soutenir jusqu'à ce que ces trois structures deviennent vingt fois plus importantes que le trust initial de 1941.

Conclusion, c'est ainsi que s'est constitué le socle et l'expansion industrielle du cartel pharmaco chimique qui opère toujours de la même manière aujourd'hui. En **1955**, il devint l'Association chimique pharmaceutique mondiale, avec le soutien de la Chambre de Commerce internationale des Nations Unies. Dans le monde, la plupart des partis politiques partenaires de son expansion ont tiré largement profit de l'argent de la corruption déversé à flot. Le Codex Alimentarius, est un programme de l'ONU consistant en un ensemble de règlements permettant d'atteindre cet objectif hégémonique.

C'est une structure rattachée à l'OMS, à la FAO, à l'OMC. Créé en 1963, le Codex a pour objectif officiel d'établir des normes, codes d'usage, directives, dans le domaine de la production et transformation du secteur agroalimentaire incluant les produits naturels concurrents des médicaments allopathiques. Sa réglementation et ses recommandations sont appliquées par les 200 pays membres de la Commission du Codex, son organe exécutif. Puisque l'OMC utilise toutes les normes du Codex comme référence pour la résolution des conflits se rapportant à la sécurité alimentaire et protection des consommateurs, son application est devenue incontournable.

La stratégie hégémonique du cartel est plus féroce que jamais. Toutes les institutions supranationales précitées agissent de concert pour soutenir cette domination. En **1996**, la délégation allemande du Codex demande à ce qu'aucune plante, vitamine, minéral, ne soient vendus librement pour raison préventive, d'une façon générale que les compléments alimentaires soient reclassifiés comme drogues !

Les nombreuses protestations ont fait opposition à cette initiative, placée en standby. Pas très longtemps car lors de la 28e session du Codex de juillet **2005** ces directives ont finalement été adoptées. Elles visent, sous prétexte officiel d'effets bénéfiques sur la santé publique, à informer sur la consommation maximale de vitamines et compléments alimentaires afin de pouvoir les classer hors normes.

Les moyens mis en œuvre sont de puissants réseaux d'influence et de corruption auprès des législateurs et des organismes nationaux de réglementation. C'est aussi influer sur la recherche médicale, l'enseignement médical dans les universités. Par exemple en 1961, huit millions $ de dons furent accordés à l'université d'Harvard et à celle de Yale, dix millions à celle de John Hopkins… Toute l'information faite aux médecins de ville est entièrement sous la coupe des trusts pharmaco chimiques. Le meilleur moyen de cacher l'inefficacité d'une majorité de médicaments et d'un grand nombre d'effets secondaires dangereux. À ce sujet, le docteur allemand Matthias RATH a déposé le 14 juin **2003** un acte d'accusation pour crime contre l'humanité auprès de la Cour internationale de justice de la Haye.

Le 13 mars **2002**, les parlementaires européens ont adopté une série de textes de loi en faveur de l'industrie pharmaceutique, retranscrites sur le Codex Alimentarius, visant en une réglementation coercitive à l'encontre non seulement des produits de complémentation, mais aussi des thérapies naturelles. Une forte opposition citoyenne s'est manifestée à nouveau sous la forme d'une pétition signée par 438 millions de personnes, au point de bloquer les communications internes des services du parlement européen. Mais ce fut un scandaleux déni de démocratie parmi bien d'autres,[38] car ces directives furent adoptées au forcing.

SUCCÈS POUR LE CARTEL

En **2005**, il lui était possible 1) de limiter, voire de supprimer tout supplément alimentaire naturel et toutes thérapies naturelles ancestrales : acuponcture – médecines énergétique - médecine chinoise, ayurvédique, tibétaine… 2) l'agriculture traditionnelle et biodynamique, ainsi que l'alimentation des animaux ont été réglementées selon les normes du conglomérat pharmaco-chimique.

LES CONSÉQUENCES LES PLUS MARQUANTES

Chaque année en Amérique du Nord, 800.000 individus meurent à la suite de la consommation de médicaments chimiques ; sans compter les innombrables effets secondaires et l'inefficacité d'une grande majorité d'entre eux.

L'opposition au Codex. L'Afrique du Sud ne se conformera pas aux directives du Codex Alimentarius. Le ministre de la Santé dit que son pays est en désaccord avec cette opposition entre médecine naturelle et médecine allopathique qui vise à faire de l'argent avec les remèdes brevetés au détriment des applications naturelles.

---

[38] Se souvenir en 2005 du vote d'opposition des français et des hollandais pour mettre un coup d'arrêt à une réforme ambitieuse des institutions européennes ; Puis comment la majorité politique de SARKOZY a procédé traitreusement pour aboutir à l'identique en faisant adopter par l'Assemblée nationale le traité de Lisbonne en 2007, squeezant ainsi le référendum populaire qui s'y opposait. http://www.chevenement.fr/Contre-le-traite-de-Lisbonne_a485.html

L'Inde fera de même, les autorités ont été confrontées à des formulations chimiques validées par le Codex, utilisées pour les nourrissons qui ont généré une inflammation destructrice de leur cerveau. Le délégué Indien en charge de plaider l'affaire devant les instances du Codex a été ignoré, puis expulsé.

Aux États-Unis, l'association des médecins et chirurgiens a exprimé son opposition afin de pouvoir utilisé librement des remèdes naturels. Idem au Royaume Uni où les praticiens de médecines naturelles, supportés par la Chambre des Lords, se sont opposés à la politique pro-Codex de Tony BLAIR. Lequel est devenu président de l'Union européenne, précisément le 1er juillet, jour d'application du Codex. Curieusement il a révélé publiquement utiliser pour sa famille des compléments alimentaires naturels et l'homéopathie !

Reste une petite proportion d'authentiques médecins, biologistes, chercheurs, attachés à défendre la liberté de choix thérapeutique. Ils s'opposent à ce que le Codex impose un protocole de masse, sans recherche de personnalisation des soins. GHANDI disait « *l'homme occidental ne vit pas, il fonctionne* ».

Témoignage par l'image – Santé, la loi du marché
https://www.youtube.com/watch?v=2pPCt0XqZLs

Chapitre 28

Le Codex Alimentarius

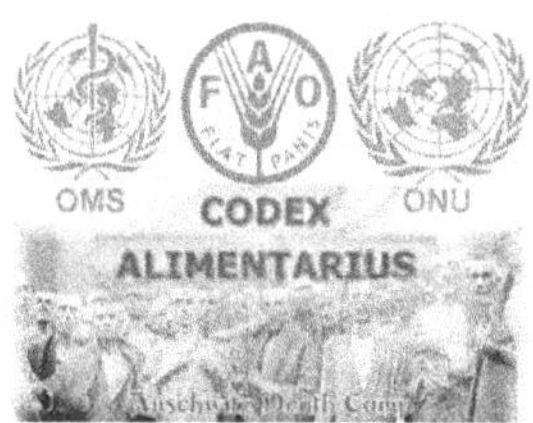

Le Codex Alimentarius. Pour bien appréhender ce sujet, il faut trouver la racine contemporaine du codex qui remonte au 18e, le siècle dit des lumières, en définitive qui s'avère être celui des ténèbres. C'est l'entrée en lice des sociétés secrètes prenant progressivement l'ascendant sur toutes les structures et valeurs traditionnelles de la politique, de la religion, de la tradition, dont l'alimentation des terroirs. L'objectif consista à prendre le contrôle de l'humanité tant sur le plan mental que physique afin de pouvoir redonner, selon les critères philosophiques issus de la Grèce antique, tous les droits naturels originels à Gaïa la Terre mère envers laquelle l'homme doit entière soumission.

À l'époque, vouloir imposer cette croyance mystique à contre-courant des valeurs judéo chrétiennes, surtout par la force de persuasion, s'avéra très insuffisant. Pour infiltrer le milieu religieux traditionnel, celui de la Franc maçonnerie, prendre le contrôle sur le monde politique, financier, économique, dès le 19e siècle il devenait nécessaire aux maîtres des sociétés secrètes de se doter d'important moyens financiers afin de corrompre le plus grand nombre de dignitaires et d'élites de tous pays.

Pour diviser et dominer la société humaine il leur fallait fomenter et organiser les Révolutions, puis soutenir les régimes fascistes à l'origine des deux Guerres mondiales, contre lesquels le monde démocratique a dû puiser au plus profond de ses ressources pour parvenir à les déraciner.

À l'issue du deuxième conflit mondial, un avenir prometteur s'offrait au monde. Les bases de l'économie keynésienne allaient permettre un essor économique dit du trentenaire glorieux. Sous l'égide de l'ONU le monde allait être structuré et sécurisé au moyen de la création d'organisations supranationales, FAO en 1945, OMS et GATT en 1948. Une structuration promise à un bel avenir ; mais du point de vue des maîtres occultes, c'était un monde qui partait rapidement à la dérive ne respectant plus les droits dévolus à Gaïa la Terre mère.

C'est pourquoi en 1968, fut fondé le Club de Rome par Aurelio PEICI membre du conseil d'administration de Fiat et par Alexander KING ancien directeur scientifique de l'Organisation de coopération et développement économiques – OCDE. Développement durable et écologie font du Club de Rome un précurseur en ce domaine. En 1972, à l'apogée du trentenaire glorieux l'élite du Club édite un premier rapport « *Les limites de la croissance* ».

Plus tard, il souligne la gravité de la pollution, du réchauffement climatique, des pénuries d'eau, de la famine et conclut dans le rapport[39] « *La première révolution globale* » que l'humanité est elle-même le véritable ennemi désigné. En 1993, pour équilibrer la nature très rationnelle des travaux du Club de Rome, Aurelio PEICI crée le Club de Budapest axé sur les arts, la littérature, la spiritualité, co-fondateur des « Amis de la Terre », dénomination bien évidemment en rapport direct avec les intérêts de Gaïa.

En 1954, les descendants spirituels des membres des sociétés secrètes du 18e siècle fondent le groupe de Bilderberg rassemblant l'élite de l'élite mondiale ; A considérer comme la véritable gouvernance mondiale, agissant à l'arrière-plan des Etats-nation. Les deux fondateurs du Club de Rome en furent des membres actifs. Tous sont

39 http://translate.google.fr/translate?hl=fr&sl=en&u=http://www.globalistagenda.org/quotes.htm&prev=search

les ferveurs défenseurs des intérêts primordiaux de Gaïa la Terre mère, bien déterminés à lui rendre tous ses droits naturels. Pour ce faire, ils vont organiser et structurer le système mondial à leur manière, de sorte que l'humanité telle qu'elle évolue à contre sens ne soit plus un obstacle à leurs objectifs millénaristes.

Dès lors, les maitres du monde vont infiltrer les principales organisations supranationales existantes, dans le même temps, ils élaborent très subtilement le mode opératoire de nouvelles structures dotées de tous les moyens et aptitudes à garantir le succès de la cause commune du groupe. De nouvelles organisations dont les programmes sont apparemment source de bienfait et d'équité pour l'humanité, mais sur le fond sont totalement dénuées de tout sentiment chrétien, altruiste, à l'arrière-plan desquels se cache une volonté absolue de domination.

Tout au long du récit, de cet ouvrage, il faut bien garder présent à l'esprit 1) que depuis le 18e siècle, une lignée ininterrompue de sociétés secrètes aux activités séditieuses ne cesse de monter en puissance. 2) Que leur capacité à infiltrer, structurer et dominer toutes les organisations supranationales et tous les gouvernements nationaux, est une évidence démontrable.

Pour s'en convaincre, voir le témoignage explicite de feu le président John F. Kennedy – 1961
http://www.dailymotion.com/video/xywj96_discours-de-kennedy-contre-les-societes-secretes_news

3) Bien intégrer aussi que les objectifs pour garantir à Gaïa tous ses intérêts vitaux, fondamentaux, quoi qu'il puisse en coûter au monde des hommes, sont une constante indéfectible, absolue, de leur plan. 4) Pour y parvenir, ils usent de leur formidable capacité de tromperie et de modelage des esprits, disposant de puissants moyens, décrits en partie dans cet ouvrage.

Dans la courte période à venir ils amplifieront de façon extraordinaire leur action de mystification, sous forme de mise en scène, en présentant au monde leur projet global ayant toute capacité à tout solutionner afin de concourir au bien être éternel des peuples – point clé ●

C'est dans ce cadre conclusif que l'on étudiera les multiples conséquences extrêmement néfastes du Codex Alimentarius. Il fut mis en œuvre en 1963 par une commission non-élue de l'ONU en connexion avec la FAO et l'OMS et les firmes agrochimiques et pharmaceutiques.

FAO ET OMS SONT AUX ORDRES DU BILDERBERG GROUP

Les représentants de ces deux organisations supranationales sont nommés et soumis aux directives du Bilderberg, la véritable gouvernance mondiale, ou gouvernance occulte qui opère dans les coulisses des Etats et des institutions supranationales. Tous les administrateurs participent aux réunions annuelles du Bilderberg. Par exemple, Josette SHEERAN, directeur exécutif du programme alimentaire mondial des Nations Unies fut l'invité de la réunion du 9 au 12 juin 2011, tenue Saint Moritz - Suisse à l'hôtel Suvretta.

L'ARBITRAIRE DE LA FAO

Elle nie la possibilité de nourrir les neuf milliards d'humains à venir, sans l'utilisation d'engrais chimiques, notamment azotés. Une agriculture biologique est à exclure car son potentiel est insuffisant pour nourrir le monde, dit-elle. Affirmation appuyée par de nombreux rapports indépendants « *La catastrophe la plus grave du siècle n'est pas le réchauffement climatique, mais serait une conversion généralisée à l'agriculture biologique, 2 milliards d'individus en mourraient* ». Norman BORLANG, agronome, père de la Révolution verte, Prix Nobel de la paix 1970 dit « *Nous n'allons pas nourrir 6 milliards d'humains avec des engrais biologiques, essayer de le faire, c'est abattre les forêts* ».

Des propos tenus lors du Sommet contre la faim, à Rome en mai 2007. Formidable erreur de jugement car sur la base actuelle d'une agriculture tout chimique c'est déjà l'échec avéré. Aucun consensus international ne parvient à solutionner cette immense injustice, dont plus d'un milliard d'hommes ont à en souffrir chaque jour. À l'instar de la succession de sommets sur le dérèglement climatique, l'on observe une absence de volonté des nations assurément assujetties aux objectifs déshumanisés du lobbying agrochimique. Quel que soit le type d'agriculture utilisé, les actions engagées jusque-là ont été inefficaces, parce qu'inachevées faute de volonté commune à solutionner définitivement ce fléau invraisemblable des temps modernes.

À ne pas douter, c'est une situation auto-entrenue pour valoriser l'absolue nécessité d'un nouveau modèle de gouvernance universelle, qu'une irrésistible volonté occulte veut imposer à tous comme seul moyen de solutionner tous les maux de l'humanité. Pour sa part, sous prétexte de sécurité alimentaire insuffisante, la FAO appelle à une gouvernance mondiale globale.

http://www.momagri.org/FR/articles/La-FAO-prone-le-renforcement-de-la-gouvernance-en-matiere-de-securite-alimentaire_1175.html

L'ARBITRAIRE DE LA COMMISSION DU CODEX ALIMENTARIUS

Elle prétend protéger la santé des consommateurs, garantir des pratiques loyales pour le commerce des aliments et harmoniser toutes les propositions progressistes proposées par les organisations affiliées. Au point de vue du droit, depuis 1995, les normes du Codex font référence auprès de l'OMS pour résoudre tous litiges commerciaux liés aux produits alimentaires ; ce qui incite la majorité des pays à s'y conformer docilement.

Au-delà de tous les produits alimentaires de base, les normes du Codex régissent aussi tous les compléments alimentaires, les produits issus de l'agriculture biologique, les organismes génétiquement modifiés, l'étiquetage des produits, la publicité, la teneur des aliments en résidus de pesticides, insecticides, etc. Dans la pratique il est largement prouvé que ces normes favorisent avant toute considération humaine de santé publique les intérêts commerciaux des industries chimiques et pharmaceutiques, fidèles soutiens de toutes les orientations du Bilderberg group.

Richesse et prospérité pour les firmes. En retour, de leur appui inconditionnel et constant, les dirigeants de ces firmes, pour la plupart initiés à l'ordre des sociétés secrètes apparentées au Bilderberg, sont assurés de leur enrichissement personnel, du succès commercial, de la pérennité de leur firme ; des lobbys paradoxalement plus riches malgré les conséquences déstabilisantes de l'actuelle récession économique mondiale.

Toute thérapie naturelle est remise en cause. Depuis 2005, des dosages limites sont imposés pour les vitamines, sels minéraux, limitant d'autant l'efficience de certaines thérapies naturelles. Toute affirmation de solutions thérapeutiques préventives ou curatives par ces moyens naturels est proscrite. De sorte que l'encadrement et le conseil pour cette catégorie de produits ne revient en droit qu'au milieu de l'industrie pharmaceutique, à son entier profit financier.

Dénaturation des produits biologiques. L'objectif est de déprécier les normes des aliments biologiques. En fait, ils sont un frein à la commercialisation, l'utilisation, de pesticides, insecticides, fongicides, de médicaments vétérinaires, de traitement ionisant des aliments au cobalt au césium 137, d'OGM assortis de droits de brevet au profit de Bayer, BASF, Monsanto... Toute diététique durable sur la base de produits biologiques est aussi un obstacle à la mise en œuvre de la camisole chimique du cerveau des masses humaines.

Les firmes ciblent les jeunes. Le professeur Kelly de l'observatoire des désordres métaboliques liés à l'alimentation, à l'université de Yale dit « *les producteurs de sodas voudraient passer pour des contributeurs à l'éducation, mais en réalité ils soutirent de l'argent à la collectivité pour leur enrichissement personnel* ». Puisque les écoles ont des difficultés budgétaires, notamment pour les activités récréatives et extrascolaires, elles signent des contrats avec les firmes de sodas et de fast food en échange de quotas de vente et de publicité. En visant les consommateurs de demain, c'est le meilleur moyen d'assurer la continuité de leur business.

Restriction d'information sur l'étiquetage. Le Comité étiquetage du Codex existe depuis 1965. Qu'il s'agisse de cacher les effets néfastes de la panoplie de produits chimiques utilisés dans l'agriculture et l'alimentation industrielle, ou qu'il s'agisse de restreindre l'information sur les effets bénéfiques des compléments alimentaires naturels ; dans un sens ou dans l'autre la restriction est une évidente réalité. Ceci constitue une opposition à la liberté d'expression, contrairement à l'article 19 de la Déclaration universelle des Droits humains des Nations Unies. La désinformation est un des moyens stratégiques pour l'élite aux manettes du Codex et du cartel occulte.

Les interdictions illégitimes du Codex. Tout remède naturel dont le dosage est supérieur aux normes du Codex est désormais assimilable à un médicament nécessitant une prescription médicale et soumis à une fabrication par l'industrie pharmaceutique. Plus de 5000 spécialités très utiles, bénéfiques pour la santé, composées de vitamines – d'acides aminés – de minéraux – d'homéopathie – d'autres substances naturelles – sont en passe d'être interdits en dehors du circuit pharmaceutique. Le Codex vise à ce qu'elles ne soient délivrables que sur prescription médicale. C'est déjà le cas de la Norvège et de l'Allemagne où nombre de produits naturels sont sous-dosés et devenus très chers à l'achat.

Depuis 2015, les teintures mères à la base de la phytothérapie sont soumises à une autorisation médicamenteuse de mise sur le marché. Quel abus de pouvoir, sachant que les extraits de plantes sont utilisés depuis des millénaires partout dans le monde, majoritairement en Chine, en Inde, pays les plus peuplés au monde. Pire, au nom de la sécurité alimentaire, le Codex pourrait imposer l'irradiation à une majorité de fruits et légumes, de viandes ; aussi la chloration des produits de la mer. In fine, une mort lente pour les populations de consommateurs.

Concomitance entre les intérêts de l'industrie chimique et ceux de la pharmacopée. Un grand nombre de produits chimiques, d'additifs de synthèse, sont fabriqués par ces firmes, les mêmes qui s'opposent à l'utilisation de suppléments et de soins naturels. Ceci afin de canaliser le grand public vers la consommation de produits agricoles chimiquement additivés et industriellement dénaturés.

Les firmes pharmaceutiques sont pénalisées par le nombre croissant de scandales impliquant des médicaments et vaccins dangereux, invalidants, mortels à minima pour 15.000 personnes en France,

150.000 morts que pour les États-Unis, l'équivalent d'un crash aérien quotidien de 400 morts.

Pour contrer l'activité commerciale prospère des produits naturels, nutriments essentiels, vitamines… Cette industrie influe pour que les normes du Codex interdisent, limitent, les ventes, contrôlent le dosage, la composition, l'étiquetage, d'un maximum de spécialités réputées utiles à la santé publique et sanctionnent tout pays non coopérant.

Par exemple le réquisitoire de BASF auprès des dirigeants Codex, s'agissant du premier fabricant mondial de produits chimiques, de vitamines de synthèses, du premier fabricant de médicaments en Allemagne ; pays dans lequel les produits naturels sont en plein essor et lui font de l'ombre. En attendant une directive plus restrictive du Codex à l'encontre du secteur naturel, pour compenser la contraction des ventes d'une partie des médicaments, la firme s'oriente vers les panneaux solaires, l'éolien, les OGM avec la pomme de terre « Amflora », utilisée dans l'alimentation animale.

Tout remède comprenant un dosage supérieur à la norme actuelle du Codex est désormais assimilable à un médicament nécessitant une prescription médicale. Rappelons-le, à cause de cet autoritarisme plus de 5000 spécialités et teintures mères très bénéfiques sont en passe d'être interdites à la vente. C'est exactement l'équivalent du nombre de médicaments pharmaceutiques répertoriés en France dans le dictionnaire médical Le Vidal.

La structure du Codex est composée de 27 sous commissions, chacune ayant en charge un groupe d'aliments. Elles ondulent à leur guise dans un dédale administratif d'une suite incessante de promulgation de quelques 4000 décrets et réglementations. Toutefois, contrairement à toute attente, ces décisions n'ont pas le moindre retentissement sur les milliers de médicaments et vaccins nocifs, dangereux, existants. Tous ces décrets arbitraires sont devenus force de loi auprès de la FAO, de l'OMS, de l'OMC.

Le diktat du Codex. En 1993, aux États-Unis, la FDA (Food and Drug administration – Contrôle fédéral de l'alimentation et du médicament) avait mis son véto sur les produits naturels, mais le Congrès confronté à l'opposition de la population a voté une loi garantissant le libre choix. Le cartel mondialiste n'a pas renoncé pour autant à ses objectifs funestes. Pour parvenir à ses fins il ne cesse de renforcer l'autorité de l'OMS et de l'OMC à laquelle sont soumis les 194 États membres.

Impact sur la santé publique du Codex. Sont en cause l'exploitation intensive des terres agricoles, le transport et l'entreposage artificiel des produits agricoles, l'usage insensé de plus de 6000 produits chimiques utilisés partout, agriculture, alimentation, eau potable, produits domestiques... Une pestilence mondiale opérante jusqu'aux confins de la Terre.

Perte de la valeur nutritionnelle des aliments. Depuis 1950 de multiples poisons de la chimie autorisés par le Codex sont utilisés pour la quasi-totalité des terres arables du globe. D'autres poisons sont ajoutés aux graines, aux semences, de tous les végétaux comestibles. Une autre série de pesticides, insecticides, fongicides, sont surajoutés aux céréales, fruits, légumes pendant leur culture et au cours de leur entreposage.

Par conséquent, depuis plus soixante-cinq ans, toutes ces bases alimentaires ont subi une perte considérable de leur qualité nutritionnelle, caractérisée par un déficit en nutriments, en sels minéraux, en vitamines. A cause de ces méthodes inouïes, insensées, le système immunitaire des populations s'est considérablement affaibli, les maladies de toutes sortes se multiplient, le nombre de cancers a augmenté de 300% - point clé ●

CHAPITRE 29

LA STRATÉGIE DE BIG PHARMA

LA NUJOL-STRATÉGIE DE BIG PHARMA.

La politique commerciale d'une majorité de médicaments est calquée sur la tactique frauduleuse du Nujol colporté au 19e siècle, de ville en campagne, par Old Bill, le premier personnage fondateur de la dynastie ROCKEFELLER. Depuis cette époque, avec le même art exercé à la tromperie, le marketing, la propagande, les réseaux de corruption, ont su donné à cette industrie une fausse image de protecteur indispensable de la santé publique.

Parmi les produits leaders de la pharmacopée, dans le segment du traitement anti-cholestérol à base de statines, citons le Liptor, de la firme Pfizer. Avec ce seul produit, présenté mensongèrement comme un médicament miracle, elle réalise un chiffre d'affaires annuel de 10 milliards $. Les autres marques concurrentes sont le Zocor – Lipanthil – Crestor, font un chiffre d'affaires de 11 milliards $. Ce type de médicament est censé réduire le taux du soi-disant mauvais cholestérol[40] afin de protéger le grand public des attaques cardiaques. Ce qui positionne les anti-cholestérols en tête des 10 médicaments les plus vendus dans le monde.

Témoignage par l'image
https://www.youtube.com/watch?v=lTO3QXDyd-0

[40] Selon le meilleur spécialiste français du cholestérol, le Dr Michel de LORGERIL, cardiologue, chercheur au CNRS « Le cholestérol est une molécule précieuse dans notre organisme, tellement précieuse que nous ne savons pas la détruire, seulement la transformer naturellement dans notre organisme, par exemple en hormones stéroïdiennes ou en vitamines.».

Il s'avère que les statines déstructures et détruisent les fibres musculaires, jusqu'à l'insuffisance cardiaque congestive, comme le souligne le cardiologue texans Peter LANGSJOEN. S'ajoutent : l'accident vasculaire cérébral – l'accident vasculaire cérébral - AVC – l'immunosuppression – la réduction de sensibilité à l'insuline – La destruction du coenzyme Q10 – Les troubles cognitifs ou psychiatriques, jusqu'au suicide.

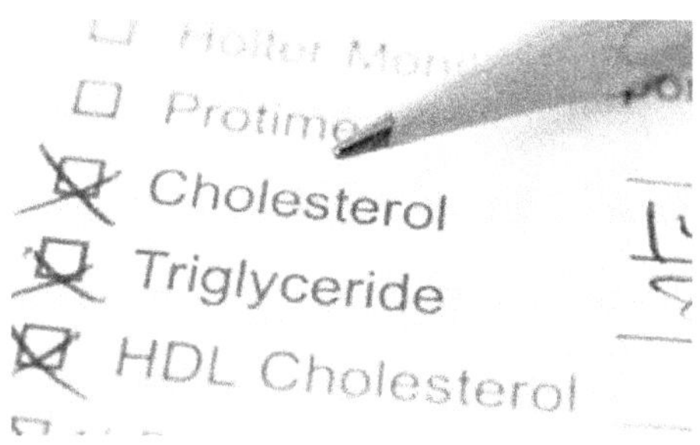

A lui seul le mot cholestérol provoque spontanément un sentiment d'appréhension, d'inquiétude et d'autres préjugés négatifs. Il évoque une dysfonction métabolique qui faute de médicament puissant n'aboutira que tôt ou tard à un problème cardiovasculaire, à un décès précoce. Tout ceci est faux, car sans cholestérol il n'y aurait pas de vie cellulaire chez les êtres supérieurs, les mammifères. Selon l'avis populaire forgé et malicieusement entretenu par le milieu pharmaceutique, il faut absolument diminuer le taux de soi-disant mauvais cholestérol dans le sang, s'abstenir d'aliments qui en contiennent. Ceci est également faux, car c'est le foie qui élabore en permanence le cholestérol dans la proportion de plus de 70%. Plus d'explications au chapitre 16 – « Les mensonges sur le cholestérol ».

Notre organisme comprend des mécanismes sophistiqués pour ne jamais en manquer. Si notre alimentation en contient, le foie en ralentira la production. Le cholestérol sanguin n'est que très peu corrélé à celui contenu dans les aliments. Toute la propagande faite sur ce sujet entretient durablement ce mythe. On voit beaucoup de jeunes adultes s'en inquiéter, davantage que pour les conséquences du tabac. Un effet de propagande à l'entier profit financier de Big Pharma, mais au total détriment de la santé publique.

MINORER LES EFFETS SECONDAIRES DES MÉDICAMENTS

C'est une autre méthode éprouvée consistant à scinder tout effet secondaire grave en plusieurs effets adoucis, afin que le médicament puisse être homologué, ce qu'a précisé aussi Joël. M. KAUFMANN, professeur émérite à l'université de Philadelphie.

En 1776, le Dr Benjamin RUSH, médecin de George WASHIGTON et signataire de la Déclaration d'indépendance des États-Unis avait prévenu « *À moins que nous n'incluions la liberté thérapeutique dans notre Constitution, la médecine installera un jour une dictature que nous sommes incapables de concevoir pour le moment.* »

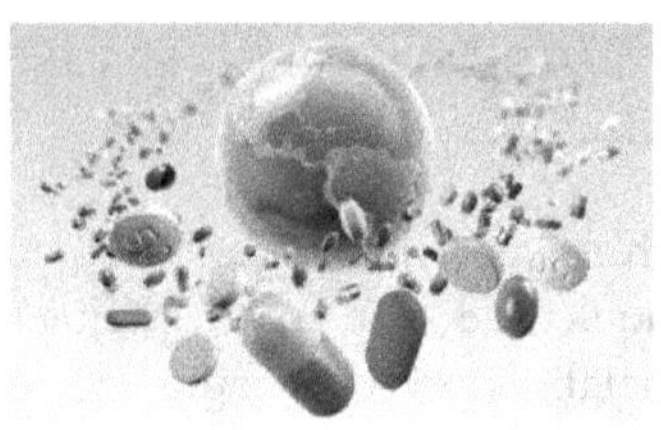

INVENTER DES SYMPTÔMES ET DES MALADIES

Pour entretenir les ventes de médicaments dont les brevets arrivent à échéance, le marketing dramatise des maladies et des symptômes existants ou en invente d'autres, d'autant plus que le marché global est en baisse depuis plusieurs années.

En 1998, l'OMS, de connivence avec l'industrie pharmaceutique, abaisse le seuil pathologique du cholestérol de 240 g/dl de sang à 200 g/dl. C'est ainsi que le marché des statines s'ouvre à une fraction supplémentaire de 42 millions d'américains. Lesquels basculent officiellement dans la case « *malades avérés* ». Ainsi, depuis l'an 2000, l'utilisation des anti- cholestérols a plus que triplé dans les pays de l'OCDE, un marché de 40 milliards $.

Ce témoignage par l'image
http://www.dailymotion.com/video/xqq3e7_les-vendeurs-de-

maladies-1-2_news – durée 58 minutes – détaillera le processus pour façonner de nombreuses fausses maladies inventées par cette industrie.

S'INGÉNIER À LA PROPAGANDE

En 2013, neuf des dix plus grandes firmes pharmaceutiques ont dépensé plus en marketing - publicité qu'en recherche et développement. Aux États-Unis, le budget publicitaire des laboratoires dispose de 28 milliards $ par an – témoignage par l'image

https://www.youtube.com/watch?v=YQZ2UeOTO3I

En France, en 2007, l'inspection générale des affaire sociale – IGAS – dénonçait les 3 milliards € utilisés par les trusts à la promotion des médicaments via les visites médicales, cadeaux, séjour vacances sous prétexte de Congrès, de formation… Soit 25.000 € par an et par médecin de ville.

FRAUDER ET CORROMPRE TOUS LES MILIEUX

Cette industrie puissante s'applique à soudoyer tous les milieux – hommes politiques – dirigeants d'organismes de sécurité alimentaire et du médicament – chefs de laboratoires privés et universitaires – éditeurs de presse spécialisée – experts médicaux… Un marché le plus fabuleux comparé à celui de l'armement. Des moyens financiers bien supérieurs à la plupart des États-nation, dont l'élite politique est rapidement influencée et souvent corrompue par ce milieu.

Par exemple, Georges W. BUSH, bénéficiaire du soutien financier de l'industrie pharmaceutique lors de sa campagne, avait nommé un dirigeant de la firme pharmaceutique Eli Lilly à la tête du budget de la maison blanche. En France, le ministre MATTEI de la santé s'était entouré d'un nouveau directeur de Cabinet, Michaël DANON, ancien cadre dirigeant de Lilly. Avant cela, il fut ancien secrétaire général de l'Agence d'accréditation chargée de d'évaluer tous les actes et remboursements des prestations de santé publique.

LE COÛT DE LA FRAUDE MÉDICALE ET DE LA CORRUPTION

Des études de l'EHFCN en 2009 l'estiment à 150 millions € par jour dans l'Union européenne. Soit le salaire annuel de 2,5 millions d'infirmières, ou la création de 3500 cliniques. Aux États-Unis, l'escroquerie à l'assurance maladie impliquant des mafieux, médecins, pharmaciens, infirmiers pèsent à elle seule 60 milliards € en 2014.

Un aperçu du mensonge, de la fraude et corruption : Des essais truqués de médicaments sont à l'origine de la fraude médicale la plus importante, mise à jour en 2009. Elle porte sur douze années d'études frauduleuses au sujet du traitement de la douleur et de celui de l'anesthésie. Etudes réalisées par une sommité, le Dr REUBEN. Cette tricherie a permis aux firmes Merck – Pfizer – Wyeth – d'obtenir de la Food and Drug Administration – FDA – l'autorisation de mise sur le marché respectivement du Celebrex, du Dynastat, du Lyrica, du Vioxx, de l'Effexor, avec un gain par milliards de dollars.

Pearson Trey SUNDERLAND III, chercheur renommé du fameux Institut national de santé américain – NIH – a été inculpé de violation sur la loi de conflit d'intérêt pour ses liens financiers avec le trust Pfizer. La fraude porte sur 28.500 $ pour des honoraires dissimulés. S'ajoutent 25.000 $ par an entre 1997 et 2004 pour une étude de biomarqueurs dans la maladie d'Alzheimer.

En 1991, le ministre italien de la santé, Francesco de LORENZO a touché de nombreux pots de vin de plusieurs laboratoires dont Smithkline Beecham, qui deviendra GSK en 2000. Devant la justice le président de cette firme qui commercialise le vaccin anti-hépatite B avoue avoir donné au ministre 600 millions de lires pour rendre cette vaccination obligatoire en Italie. Également inculpés l'ancien ministre du budget, le Pr Duilio POGGLIONI de la direction du médicament et président de l'Ordre des médecins, avec eux une soixantaine de membres du ministère de la Santé.

En 2006, la firme GlaxoSmithkline – GSK – et l'UCB fabricant belge de médicaments ont gratifié la Fondation nationale sur l'épilepsie d'environ un million de dollars. Le laboratoire Abbott et une unité de Johnson & Johnson l'ont gratifié d'un demi-million $. Les représentants de ces quatre firmes ainsi que le président de PhRMA sont représentés au conseil d'administration de cette Fondation à caractère non lucratif. Celle-ci ne cesse d'influer sur la législation de plusieurs États afin de dévaloriser l'usage des médicaments génériques, ces derniers diminuant passablement le profit de ces trusts.

En juin 2005, Zheng XIAOYU, ministre chinois de l'alimentation et du médicament – SFDA – après huit années d'exercice est limogé pour corruption. Il est accusé d'avoir organisé un système facilitateur pour la prescription controversée de médicaments. Il a perçu 6,4 millions de yuans (600.000 $) de pots-de-vin de la part d'entreprises pharmaceutiques. En 2007, la Cour suprême chinoise rejette son appel et le condamne à mort. L'on peut imaginer le bouleversement que cela occasionnerait dans tous les milieux corrompus si une peine similaire était appliquée en occident !

Toutefois, cette exécution exemplaire n'a pas dissuadé 503 médecins, 79 hospitaliers, à Pékin, Shanghai, Hangzhou, Canton, de se laisser corrompre par des versements en liquide, cadeaux… 205.000 $ distribués par des intermédiaires de Sanofi, leader français de Big

Pharma, au prétexte de subventions pour la recherche. Selon le journal chinois *21 st Business Herald*, il s'agissait d'assurer le rendement ultérieur de lignes de fabrication d'insuline-glargine installées à Pékin, à Zhejiang, inaugurées en mai 2012. http://pharmanalyses.fr/sanofi-decouvre-la-corruption-dans-lempire-du-milieu/

En 2012, aux États-Unis, après sept années d'une enquête ordonnée par le procureur de l'État du Colorado, GSK est poursuivi par les autorités fédérales pour promotion illégale de médicaments antidépresseurs, Paxil et Wellbutrin ; d'antidiabétique, Avandia, pour mensonges sur les prix et sur les risques d'effets secondaires graves.

Le trust devra s'acquitter d'une amende de 3 milliards $, somme la plus élevée dans l'histoire juridique médicale américaine.[41] Aucune leçon interne n'est tirée puisque le haut dirigeant de GSK USA, Christopher VIEHBACHER loin d'être banni, conserve ses privilèges en rejoignant le groupe français Sanofi – Pasteur.

En France Sanofi – Pasteur entretient les conflits d'intérêt en finançant des lieux privilégiés où se réunissent de nombreux parlementaires et hauts fonctionnaires, le Club Hippocrate[42] et le Club Avenir de la Santé.[43] « *Le lobbying est une activité qui s'inscrit naturellement dans le fonctionnement de nos institutions* » disait le Directeur Général de GSK - France.

En 2013, l'enquête[44] de la police chinoise aboutit aux aveux de quatre responsables de GSK et de fonctionnaires. En cause, blanchiment d'argent, pots-de-vin, faveurs sexuelles. 400 millions $ pour

---

[41] http://www.lesechos.fr/03/07/2012/LesEchos/21218-103-ECH_glaxo-va-payer-une-amende-de-3-milliards-de-dollars.htm#

[42] http://www.agoravox.fr/actualites/sante/article/ces-elus-qui-se-font-subventionner-100828

[43] http://www.agoravox.fr/actualites/sante/article/le-club-avenir-de-la-sante-23-105878

[44] Agence Reuters
http://www.reuters.com/article/2013/07/15/gsk-china-idUSL4N0FL09P20130715
http://www.telegraph.co.uk/finance/newsbysector/pharmaceuticalsandchemicals/10181334/GlaxoSmithKline-spent-323m-on-kickbacks-says-China.html

promouvoir les mêmes produits nocifs dont le Botox auprès de médecins.

Par ailleurs, la presse internationale cite les firmes Novo Nordisk – AstraZeneca – UCB – perquisitionnées par les enquêteurs chinois. Sont aussi présumés corrupteurs l'américain Lilly accusé d'avoir versé 4,9 millions $ pour que les médecins prescrivent des antidiabétiques ; Ainsi que le Suisse Novartis pour pousser à la vente un anti-cancéreux.

Les autorités chinoises de santé veulent lutter contre toutes les formes de corruption qui gangrènent ce secteur d'activité dans toutes les provinces. Elles promettent d'intensifier leurs efforts pour découvrir et punir les coupables et établir une liste noire des sociétés pharmaceutiques, des mandataires, tout en réformant les hôpitaux publics.

En 1988, Norman SWAN a remporté la plus haute distinction du journalisme australien, le prix Gold Walkley, pour avoir découvert des résultats médicaux truqués sur un anti-nauséeux, la thalidomide. Poison qui de surcroit causait des malformations congénitales sur des milliers de femmes enceintes. Bilan, à minima 10 000 enfants malformés, absence de jambes ou de bras, une affaire qui fut l'objet d'une rude bataille juridique.

An 2000, en Grande Bretagne, dans le cadre d'une campagne massive de vaccination contre la méningite, 4 experts du Ministère de la Santé ont avoué être en connexion avec le fabricant du vaccin Méningitec et avoir caché une multitude d'effets secondaires. En 2014, malgré un rappel de lots défectueux ce vaccin est toujours utilisé.

2004, la firme Pfizer a préféré négocié à l'amiable en payant 430 millions $ afin d'éviter un procès mettant en évidence son trafic d'influence, sa publicité illégale, dans le but de prescrire abusivement et vendre à hauteur de 3 milliards $/an le Neurotin un antiépileptique. Une Cour fédérale est en charge d'un autre procès intenté par des particuliers et tierces parties ; cette Cour a rendu public les rapports d'experts sur les essais cliniques et la stratégie commerciale éhontée de Pfizer.

2005, Le groupe suisse Merck-Sereno et ses filiales américaines sont accusés de fraude pour augmenter les ventes de leurs médicaments l'Antisida et le Serostim.

2007, les firmes GSK – AstraZeneca – Lilly – et les négociants de pétrole sont l'objet d'une enquête pour pots-de-vin versés au régime de Saddam HUSSEIN en Irak dans le cadre du programme pétrole contre nourriture.

2014, la Commission européenne a infligé une amende de 331 millions € au laboratoire français SERVIER pour avoir retardé la mise sur le marché de médicaments génériques. En 2013, une amende de 93,8 millions € au laboratoire danois Lundbeck pour le même chef d'inculpation, idem pour l'américain Johnson & Johnson – le Suisse Novartis – le français Sanofi.

2016, Les dirigeants de sept sociétés pharmaceutiques belges ont fourni de l'éphédrine à Ezio FIGUEROA-VASQUEZ, baron mexicain de la drogue. C'est une substance nécessaire à l'élaboration du *Crystal meth of ice*, une drogue à base de méthamphétamine provoquant euphorie et forte stimulation mentale. Ce narco trafiquant a reçu au total 66 millions de pilules d'éphédrine, valeur de ce trafic 360 millions €. Source http://fr.express.live/2016/03/09/des-societes-pharmaceutiques-belges-dealent-avec-un-baron-de-la-drogue-mexicain/

Conclusion, tous **ces cas ne sont qu'une petite pointe émergente de ce mal planétaire**. Ils ont été relevés par quelques rares journalistes d'investigation et épinglés par la justice en aval, seulement parce qu'elle était placée devant le fait accompli. Mais combien d'autres cas de malversations, de corruptions, de mensonges en tous genres échappent à la vérité par manque de volonté et de courage des élites politiques, quelque fois des juges eux-mêmes ; aussi à cause de menaces, de pièges montés de toutes pièces pour provoquer des pressions de toutes sortes, des chantages, sur des gens intègres, enquêteurs, chercheurs…

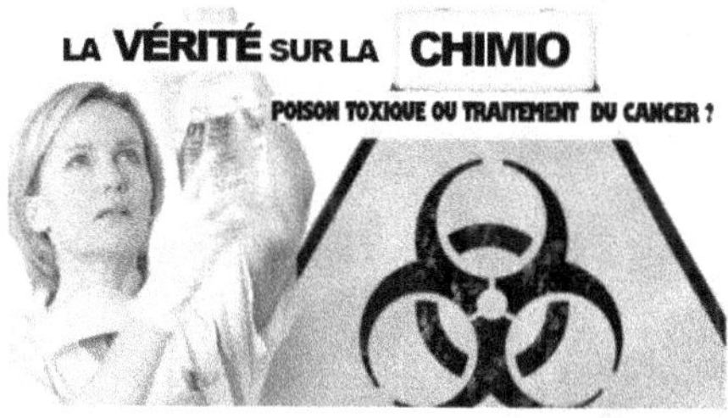

CHIMIOTHÉRAPIE, LA PLUS GRANDE HÉRÉSIE MÉDICALE DE TOUS LES TEMPS

Au point que les deux tiers des médecins conventionnels refuseraient la chimio pour eux-mêmes.[45] Selon le journal Nature Medicine du 5/08/12, c'est un fiasco total car ce traitement libère jusqu'à 30 fois la protéine WNT16B dans les cellules saines, ce qui favorise la survie, la croissance, des cellules cancéreuses et la résistance de tumeurs à une thérapie ultérieure.

Les conclusions de l''équipe Inserm 866 spécialisée Nutrition et cancer, publiées en novembre 2012, par la revue Nature Medicine, dénoncent deux médicaments de chimiothérapie – le 5-Fluorouracile et le Gemcitabine – couramment utilisés pour le traitement des cancers du côlon, du sein, du pancréas, lesquels peuvent favoriser le développement de tumeurs cancéreuses.

Ces poisons activent un complexe protéique – Inflammasome NLRP3 – au sein de certaines cellules du système immunitaire. L'activation génère la libération, par les cellules de la cytokine pro-inflammatoire, de l'interleukine IL-1beta ; laquelle génère à son tour la production d'une autre cytokine – IL-17 aux propriétés pro-tumorales en favorisant l'angiogénèse tumorale – l'irrigation vasculaire des tumeurs. Ces poisons boostent l'irrigation des vaisseaux sanguins, la tumeur abondamment nourrie grossit ainsi plus rapidement.

[45] Témoignage par l'image https://www.youtube.com/watch?v=JbdZ2r-d2PQ

Le comble de l'incompétence, ces chercheurs ne se prononcent pas pour l'interdiction immédiate de ces deux médicaments, mais veulent en chercher un nouveau, un deuxième, à prendre en complément pour compenser les effets négatifs des premiers ! « *Tout l'enjeu était ensuite de voir si nous pouvions empêcher l'activation de l'inflammasome* ». Un exemple frappant d'intégration absolue au système, et d'esprits enracinés dans l'erreur. Une posture irresponsable permettant à cette industrie d'augmenter ses revenus tout en continuant à détruire impunément la santé des gens !

Source : http://www.inserm.fr/espace-journalistes/ameliorer-l-efficacite-de-la-chimiotherapie-en-agissant-sur-le-systeme-immunitaire

AUTRES TÉMOIGNAGES

« *La plupart des patients atteints de cancer dans ce pays meurent de la chimiothérapie, cela est prouvé depuis plus d'une décennie et pourtant la médecine l'utilise toujours pour traiter les tumeurs* » Dr Allen LEVIN – In the Healing of Cancer 1990.

« *Malgré l'usage répandu de la chimiothérapie, le taux de mortalité par cancer du sein n'a pas changé ces dernières années* » Dr Thomas DAO – New England Journal of Medicine, mars 1975, vol. 292, p 707.

« *De nombreux cancérologues recommandent la chimiothérapie pour pratiquement toutes les tumeurs, avec un optimisme non découragé par un échec quasi immanquable* ». Dr Albert BRAVERMAN.

Pour le Dr André GERNEZ, génie en médecine fondamentale, découvreur de la cellule souche, auteur du Scandale du siècle « *la chimio endommage l'ADN des cellules saines de façon persistante sur le long terme. De sorte que cette combinaison d'effets néfastes fait de cette thérapeutique une hérésie qui tue irrémédiablement les malades, apparemment guéris, cinq à sept années plus tard* ».

Le Dr Glenn WARNER, l'un des plus grands oncologues aux USA disait de façon la plus concise « *Cette industrie tue les gens uniquement pour des intérêts financiers. Leur conception de la recherche consiste à déterminer si deux doses de poison valent mieux que trois doses de ce même poison* ».

Officiellement sur les 1500 études en oncologie, seulement 30% font l'objet de conflits d'intérêts (journal Cancer). La réalité est toute autre sachant que les auteurs de ces études sont tous associés à l'industrie pharmaceutique. Tous les autres protocoles non destructeurs issus de la recherche de pointe aux États-Unis, en Allemagne, aptes à guérir efficacement la plupart des cancers, ont tous été occultés et les auteurs dénigrés.

L'origine de la chimiothérapie, remonte à l'automne 1917, lorsque les nappent de gaz verdâtres portées par le vent envahissent les soldats ne sachant pas qu'il s'agissait de gaz moutarde. Cette première arme chimique fit hurler de douleurs des milliers de soldats touchés par d'énormes cloques au niveau de la peau, des yeux, des muqueuses, lèvres, dont les poumons furent brûlés. La mort survenait après une infection généralisée et des hémorragies.

L'on s'apercevra par la suite que ce gaz détruit la moelle osseuse, supprimant du même coup les défenses immunitaires et stoppant le renouvellement des cellules du sang. En 1943, les allemands coulent un navire américain bourré de gaz moutarde, au large des côtes italiennes, près de Bari. Avant que le bateau ne coule, le gaz se répand dans tous les compartiments tuant les matelots qui par la suite seront autopsiés par le médecin-colonel Steward Alexander, lequel observera un effondrement des globules blancs.

Cet épisode de la guerre éveilla la curiosité de deux jeunes pharmacologues, Alfred GILMAN et Louis GOODMAN, de l'université de Yale, contributeurs au programme secret sur les armes chimiques du Chemical Warfare Sercice. Vu que ce gaz détruisait les globules blancs, ils pensèrent à solutionner la leucémie – cancer du sang caractérisé par la prolifération incontrôlée des globules blancs. De prime abord, l'on pourrait penser que les globules blancs en surnombre auraient capacité à assurer plus de protection contre les infections. Non, car dans ce cas ils sont immatures allant jusqu'à provoquer une septicémie mortelle.

Pourtant en 1971, la médecine a opté pour ce procédé afin de soigner la leucémie, obtenant un taux de guérison de 50%, mais en faisant atteinte simultanément aux cellules saines. Ce qu'observait déjà en 1945 le professeur WOLGOM, disant « *Les gens n'ayant pas de formation en chimie ne peuvent pas réaliser combien le problème est difficile au plan de la différentiation cellulaire ; comment serait-il possible de trouver un produit ayant capacité à dissoudre l'oreille droite en laissant l'oreille gauche intacte* ».

Malgré cette approche vouée à l'échec, ces deux chercheurs testèrent les bases chimiques du gaz moutarde sur des souris touchées par un cancer des ganglions lymphoïdes (lymphome) produisant une prolifération de globules blancs (lymphocytes). Après seulement deux injections de ce composé, la tumeur s'amollit et régressa, au point de ne plus être palpable. Ce résultat si encourageant d'apparence allait leur permettre de passer directement aux essais sur l'homme. A cette époque, il était tout à fait possible de faire courir un maximum de risques aux malades soignés avec ce type de nouvelles thérapies, si cela permettait d'améliorer la connaissance des maladies et d'aboutir à de nouveaux débouchés.

GILMAN et GOODMAN décidèrent d'essayer des injections intraveineuses des dérivés du gaz moutarde sur J.D, un homme de 48 ans atteint d'un lymphome. Au début, il réagit identiquement aux souris, ses tumeurs disparurent en dix jours. Mais un mois plus tard, elles réapparurent, à nouveau il fut traité de cette façon. Dans le même temps, la solution chimique avait fait son œuvre macabre en détruisant la composition de sa moelle osseuse, identiquement aux soldats et J.D mourut. Selon des médecins observateurs, sa mort fut hâtée car les globules rouges et les plaquettes, issus de la moelle osseuse, furent détruits.

Les années suivantes, les chimistes ont cherché une formulation moléculaire du gaz moutarde moins destructrice. En 1948, des recherches ont été conduites dans le Service US de la guerre chimique, reconverti en centre de recherche sur la chimiothérapie, sous la direction de Cornélius RHOADS et financées par les philanthropes Alfred SLOAN et Charles KETTERING. Ce dernier ayant donné son nom à l'institut de traitement du cancer, toujours opérationnel aujourd'hui.

Ces recherches ont abouti à des substances de ce gaz moins toxiques sous la forme des premières applications en chimiothérapie, le thiotépa en 1950, le chlorambucil et le melphalan en 1953, la cyclophosphamide en 1957, tous utilisés aujourd'hui. Le melphalan combiné à des corticoïdes est utilisé pour une autre forme de cancer de la moelle osseuse, il ne diffère du gaz moutarde parce que l'atome de soufre a été remplacé par un groupement azoté.

LE TRAITEMENT INCHANGÉ DE LA LEUCÉMIE

Le traitement de cette maladie nécessitait une combinaison chimique. Sydney FARBER, chercheur d'Harvard, observa que les enfants leucémiques mourraient plus vite en consommant de la vitamine B9 – acide folique, d'où l'idée de leur donner une substance apte à bloquer cet effet morbide. En collaboration avec Harriett KILTE et les chimistes de la firme Lederle, ils mirent au point une substance anti-folate, l'aminopterine et l'amethopterine – méthotrexate – qui se révéla efficace car les cellules saines comme les cancéreuses ont besoin d'acide folique pour se reproduire.

D'autres médicaments anti-leucémiques furent découverts par la suite, le 6-mercaptopurine – 6-mp – et un alcaloïde extrait de la vincristine, une plante tropicale. Après 20 ans d'essais, en 1967 une enquête américaine sur 1000 enfants révéla que seuls 2 d'entre eux survécurent au-delà de 5 années.

Comment poursuivre le traitement de la leucémie ? Il leur fallait coûte que coûte continuer les essais avec des moyens chimiques, ce dont se chargea le Dr Howard SKIPPER du Sloan Kettering Institute. C'était un ancien du Service de la guerre chimique, persuadé qu'il fallait éradiquer l'ennemi, les cellules cancéreuses, de la moelle osseuse, en usant du duo composé d'armes chimiques et d'arme nucléaire, la radiothérapie

Pour y parvenir, il lui fallait fermer les yeux sur les enfants à sacrifier jusqu'à ce que soit défini le dosage maximal de ce duo. Car l'erreur de ces prédécesseurs fut de stopper ce type de traitement trop tôt et d'en diminuer le dosage une fois la rémission obtenue. Donc il fallait rester insensible et ne pas réagir aux nausées, vomissements, jusqu'à la dénutrition et l'arrêt de la croissance ; jusqu'à à la perte de cheveux, à l'apparition d'ulcères dans la bouche, de diarrhées, d'inflammation urinaire, de cystite, et à la mort de beaucoup d'entre eux.

Les membres de ces équipes avaient observé, avec leur logique, que les cellules cancéreuses ayant résisté aux premiers traitements étaient plus résistantes et plus malignes qu'auparavant, qu'elles résistaient à de nouvelles séances de chimiothérapie. Ils décidèrent de commencer par obtenir une rémission en minorant leur protocole, sachant, avec raison, que toute récidive sera plus difficile à traiter ultérieurement. Ils utilisèrent des médicaments moins toxiques, vincristine et prednisone – dérivé de la cortisone – une fois l'ennemi affaibli, il fallait attaquer le cancer à l'arme lourde, méthotrexate et 6-mp, pendant deux à trois ans jusqu'à éliminer la toute dernière cellule cancéreuse.

Ces actes martiaux permirent une avancée relative, mais ces acharnés s'aperçurent que les cellules cancéreuses migraient pour aller se réfugier dans le cerveau ; là, protégées par la barrière hémato-encéphalique elles se trouvaient à l'abri de la chimiothérapie dans cette place forte. D'où l'idée du Dr PINKEL « Dr FOLAMOUR » d'utiliser l'arme atomique des rayons radioactifs sur le cerveau des enfants leucémiques ; constatant l'échec, il doubla le dosage des rayons sur les enfants suivants.

Malgré ces pratiques agressives, globalement le taux de survie à 5 ans chez les enfants et les adultes passa de 50% en 1971 à 71% en 1995. Une histoire effrayante qui semblerait bien se terminer, sauf que le traitement actuel inchangé depuis les années 1970 provoque de nombreuses séquelles, surtout une perte de QI et un risque leucémique à l'âge adulte.

Aujourd'hui, l'on traite cette pathologie de la même façon que dans les années 1970, au point que le Dr français Nicole DELEPINE, célèbre pour son service de traitement de la leucémie à l'hôpital de Garches, considère que les nouveaux traitements que les firmes pharmaceutiques cherchent à tester ne sont pas envisageables. Pour elle, le classique méthotrexate est le seul produit ayant fait ses preuves.

Conclusion, les traitements alternatifs contre le cancer et la leucémie, explicités au chapitre 30 « *Cancer - guérir autrement* » sont ultra minoritaires. Malgré leur niveau exceptionnel de réussite sans effets secondaires, sans atteinte du QI, sans mortalité médicamenteuse, ces protocoles sont systématiquement dénigrés, avec eux leurs illustres auteurs, pour la plupart des génies de la médecine et de la biochimie.

En cause l'action mensongère, manipulatrice, perverse, du lobby pharmaceutique ; tout autant que l'esprit rétrograde, l'opposition farouche, du corps médical pro système. Quoi qu'il en soit, il est nécessaire de rappeler la formulation d'un principe fondamental « *Confronté à une maladie, notamment au cancer, chacun choisira pour lui-même une thérapie plutôt qu'une autre* ». Souhaitant néanmoins que l'individu puisse le faire en toute connaissance de cause, pesant précisément le pour et le contre, c'est une des raisons essentielles qui ont motivé la rédaction de ce livre.

MALADIES NEURODÉGÉNÉRATIVES

En France, ce type de recherche et la prophylaxie, notamment sur Alzheimer, ont fait l'objet d'une série de mises en scène médiatiques, sur fond de corruption étatique, voir l'étendue[46] du scandale. Notons que la corruption générale[47] qui sape la confiance des citoyens dans les institutions et dans la médecine officielle coûte 120 milliards € à l'économie européenne. En France, le coût de la corruption dans le secteur des marchés publics, celui des transactions commerciales

[46] http://blogs.mediapart.fr/blog/edwy-plenel/111213/la-nouvelle-attaque-de-nicolas-sarkozy-contre-mediapart

[47] http://lexpansion.lexpress.fr/actualite-economique/video-la-corruption-coute-120-milliards-d-euros-a-l-europe-et-en-france_1400597.html

internationales, incluant celles de la pharmacopée, n'a pas été pris en compte dans ce calcul !

En 2014, les autorités japonaises de Santé ont interrogé pour manipulation de données plusieurs chercheurs ayant participé à un projet financé par l'État et des groupes privés, visant à améliorer le diagnostic de la maladie d'Alzheimer.

À l'inverse, des recherches reconnues au plan international ont été conduites et des protocoles de soins appliqués depuis de nombreuses années aux États-Unis pour soigner activement ces maladies. Notamment en bannissant tous les vaccins, l'usage d'aluminium dans l'eau du réseau… en agissant au premier stade, dès les premiers symptômes. Toutefois ces protocoles n'ont pas été reconnus en France, alors qu'ils sont connus et pratiqués librement en Allemagne, Autriche, Suisse.

Le gouvernement français a préféré pour sa part financer une soi-disant recherche à coup de centaines de millions €, notamment pour les campagnes de propagande sur la maladie d'Alzheimer. Cela au profit[48] direct de proches relations du pouvoir politique central en place et de laboratoires pharmaceutiques. Autant de fidèles soutiens du pouvoir politique, riches producteurs de médicaments inefficaces, dangereux,[49] pour nombre de patients et de cobayes humains.

Témoignage par l'image :
https://www.youtube.com/watch?v=wleiDuZsvhM durée 9 minutes

PROTHÈSE MAMMAIRE DÉFECTUEUSES

L'Agence nationale de sécurité du médicament n'a pas tenu compte des ruptures de prothèse PIP observées dès 2006, ni du rapport de mars 2010 mettant en cause la composition du gel par rapport aux

---

48 http://pharmacritique.20minutes-blogs.fr/archive/2009/03/05/alzheimer-nouvelle-fondation-de-cooperation-scientifique-mai.html

49 http://www.slate.fr/story/34417/alzheimer-medicaments-inutiles-meurtriers-remboursement

normes initiales du dossier réglementaire. Or, on estime qu'entre 2007 et mars 2010, 6500 à 10.000 femmes, un tiers de porteuses, ont été implantées de PIP, alors qu'il était possible d'éviter de les empoisonner.

L'HORMONE DE CROISSANCE INJECTÉE

En France, un procès de 2010 mettait en cause de nombreux personnages du milieu politique et médical, responsables de cette contamination. En cause des tissus prélevés sur des cadavres, contenant des prions, puis injectés à des enfants qui par la suite furent atteints de la maladie neurodégénérative incurable de Creutzfeldt-Jakob.

LA CONTREFAÇON DE MÉDICAMENTS

Selon une étude de l'IRCAM, les produits contrefaits tuent 700.000 personnes par an dans le monde, particulièrement en Afrique, Asie, Amérique latine où plus du tiers des produits sont falsifiés. En 2010, ce marché représentait 55 milliards $ contre 26 milliards en 2005, soit 10% du marché légalisé. 75% des contrefaçons viennent de Chine et d'Inde, la moitié transite par Dubaï pour éviter la traçabilité. En 2011, les douanes américaines ont saisi en nombre 17 millions de ces marchandises + 200% par rapport à 2010. Dans l'Union européenne, les saisis proviennent des envois postaux, 62% des médicaments vendus sur internet seraient falsifiés. Les contrefaçons concernent des produits chimiques, dont de nombreux pesticides à usage agricole, plus dangereux que le standard chimique.

UN APERÇU DE LA CORRUPTION DE JOURNAUX MÉDICAUX

Depuis longtemps, les plus grandes firmes, notamment GSK, ont soudoyé des chercheurs du milieu médical. Richard SMITH, l'ex rédacteur en chef du British Medical Journal – BMJ – a indiqué que sa revue était trop dépendante des revenus publicitaires pharmaceutiques pour être réellement impartiale. Il estime que la majorité des essais médicaux publiés dans les principaux journaux médicaux – JAMA – Lancet – New England of Medecine (NEM) – sont financés par cette industrie à hauteur de 1 million $ pour chaque parution et réimpression.

Peu de gens ayant confiance aux articles de ces revues sont conscients de la duperie. La plupart des scientifiques sollicités pour faire ces essais médicamenteux sont grassement défrayés pour leur participation, conférence, congrès, formation continue… ils perdent rapidement leur impartialité, relate Richard SMITH.

L'élan de moralisation pour s'y opposer est exprimé par le Dr. Robin HERRING « *Il y a toujours plus de place pour une santé corrompue dans ce pays, les laboratoires sont désormais reconnus pour leur pratique occulte* ».

Selon l'opinion du médecin Richard GERBER, depuis quelques années un changement se produit en faveur de la médecine alternative qui s'oppose à l'usage systématique de la chimie. L'industrie pharmaceutique s'en inquiète, raison pour laquelle les technocrates de la FAO et de l'OMS reçoivent des instructions pour dévaloriser et interdire les quelque 5000 produits naturels à la base de cette médecine naturelle.

« *Il n'est plus possible de croire en la validité des recherches cliniques publiées, ou de se reposer sur le jugement d'autorités médicales reconnues, ni sur son médecin de famille. Après vingt années au poste d'éditeur en chef de ce journal, je ne peux que faire ce constat écœurant* », déclaration du Dr Marcia ANGELL, ancienne membre de la rédaction en chef du New England Medical Journal.

« *Les essais cliniques réalisés par cette industrie sont biaisés, truqués, mensongers, masquant les dangers, optimisant à l'excès les effets positifs* » dit le professeur français Philippe EVEN.

« *Que des centaines, des milliers de gens soient tués à des fins de gains personnels par les armes ou par les pilules de la pharmacopée ne doit faire aucune différence dans la notion de perception du méfait* » dit le professeur danois Peter. C. GOTZSCH.

« *La recherche en médecine est un milieu redoutable* » dit Rita LEVI MONTALCINI prix Nobel de médecine.

Le Dr Richard HORTON, rédacteur en chef du prestigieux journal de science médicale The Lancet, se met à douter de la science, il dit « *C'est une affaire d'antiscience car une grande partie de la littérature scientifique, très probablement la moitié, est tout simplement falsifiée, pourrie par le caractère étriqué des échantillons étudiés, par des effets observés apparemment positifs, mais pratiquement imperceptibles. Ce sont des analyses exploratoires et des protocoles expérimentaux sans valeur, sans oublier les conflits d'intérêt flagrants ; en ajoutant l'obsession pour les expériences et les tendances douteuses, à la mode du moment.* ***La science a pris un virage vers les ténèbres*** ».

HORTON le reconnaît « *Même cette institution vénérable qu'est The Lancet est pratiquement contrôlée par le lobby de la pharmacie. Les manuscrits soumis pour publication n'ont même plus l'apparence de travaux scientifiques. À la première lecture on comprend que les auteurs des articles se sont arrangés pour obtenir des résultats concordant avec une hypothèse orientée, pré dictée, par les firmes pharmaco chimiques qui financent ces travaux* ».

Source http://www.thelancet.com/pdfs/journals/lancet/PIIS0140-6736%2815%2960696-1.pdf

En 2013, l'ancien vice-président du marketing de la firme Pfizer, Peter ROST, auteur de « *confessions d'un tueur à gage des services de santé* » raconte « l'attitude de main tendue de tous ses interlocuteurs. Tout le monde mendie de l'argent dit-il, car ils savent que les gouvernements, les universités n'en ont plus. Reste les multinationales, suffisamment riches pour acheter de l'influence, pour s'assurer de la redevabilité, de la gratitude, des bénéficiaires de dons opulents. Parmi lesquels bien évidemment les professeurs, docteurs, chercheurs, largement payés pour des conférences et colloques en faveur des trésoreries d'université. À l'opposé, les intervenants médicaux qui osent être critiques ne perçoivent rien. L'institution médicale dans son ensemble est modelée aux dollars ».

Témoignage par l'image de son interview
https://www.youtube.com/watch?v=TrCizlAOBAo

Falsification

En 2005, le Dr John P.A. LOANNIDIS, actuellement professeur en prévention des maladies à l'université Stanford, a publié l'article le plus consulté dans l'histoire de la Public Library of Science – PLOS – *Why most published Reserach Findings are false – Pourquoi la plupart des résultats de recherche publiés s'avèrent faux.*

Il dit « *Il y a une inquiétude croissante car la plupart des résultats de recherches actuelles sont faux. Nous avons une grande quantité de preuves auxquelles s'ajoutent les déclarations d'experts de terrain qui brossent un tableau très inquiétant. La science utilisée pour former les médecins et développer la médecine est biaisée. Nous sommes constamment confrontés à des études, toutes sponsorisées par les grandes firmes pharmaceutiques, elles ne visent pas le long terme, ni ne peuvent mesurer les risques, les conséquences futures, d'un traitement, d'un médicament.*

Toutes les études qui démontrent clairement les risques associés à un grand nombre de produits pharmaceutiques sont occultées. Il est très inquiétant de constater l'absence de prise de conscience du risque au détriment de la population civile. Ce sujet central n'est ni soulevé, ni débattu, par les grands médias ; c'est un gigantesque problème, nous devons être ouverts à de nouvelles possibilités quant à la nature de notre monde ».

Parmi ces possibilités, la vraie médecine eumétabolique, dite alternative, de Hans NIEPER, la seule qui respecte le fonctionnement du corps humain, des rouages et ensembles cellulaires. Cette vraie pratique médicale et tous les compléments naturels associés sont remis en cause, déniés, voués à l'interdit, par ces magnats rétrogrades, orgueilleux, ignares, aux commandes du corps médical. À l'arrière-plan, cette opposition vipérine est sous tendue par les décrets arbitraires des institutions supranationales, OMS, OMC, Codex Alimentarius, selon les directives du cartel de l'ombre.

Conclusion, le nombre de fraudes au sein du milieu scientifique est innombrable, invraisemblable. La plupart des publications financées par les firmes pharmaceutiques pour une majorité de vaccins sont contrefaites. La nomenclature des composants viole les termes de la convention internationale d'Helsinki. L'éthique médicale défenderesse des pratiques loyales assignées à tous les laboratoires est bafouée. Le constat est plus flagrant pour un grand nombre de médicaments dont les firmes ont dissimulé la dangerosité, les effets toxiques.

Les recherches sur le cancer ne sont qu'une suite de mensonges. Le Dr John BAILER, directeur du Centre américain du cancer dit « *Mon sentiment général est que ce programme est un échec total. La grande majorité des traitements pharmacologiques contre le cancer ont été de complets fiascos* ». C'est à cause de ce constat d'échec flagrant, mais non avoué par l'ensemble du corps médical intermédiaire conditionné par le système, que notre livre au trentième chapitre décrit aussi les moyens de guérir du cancer autrement.

UN PETIT APERÇU DES MÉDICAMENTS TUEURS EN SÉRIE, TROISIÈME CAUSE DE DÉCÈS DANS LE MONDE.

Anti-cholestérol à base de statine. L'un des traitements les plus prescrits en France, le plus vendu dans le monde. Il cause de multiples atteintes physiques et psychiques. Marché mondial annuel de 20 milliards $, c'est un enjeu énorme pour cette industrie, mais un déficit colossal pour les fonds de Santé publique.

Les statines sont vendues sous les marques : TAHOR – LIPITOR – CRESTOR – ATORVASTATINE – FLUVASTATINE – PRAVASTATINE – LESCOL – SIMVASTATINE – TVASTEN – ZOCOR. Elles sont censées réduire, très faiblement d'ailleurs, le cholestérol, et prévenir les maladies cardiaques. C'est le joker magique et menteur, le plus prolifique de toute l'histoire de Big Pharma.

Les études entièrement truquées imposent, via la médecine de ville, à tous les hommes et à soixante-deux pour cent des femmes de 66 à 75 ans de prendre des statines même si leur taux de cholestérol est normal. C'est un produit très dangereux qui provoque : amnésie – confusion – désorientation – dépression – paranoïa – neuropathie chronique – atteinte du foie – des reins – des muscles – notamment du cœur…

Voir à ce sujet le témoignage par l'image du professeur EVEN, un cours magistral de vraie médecine :

https://www.youtube.com/watch?time_continue=2&v=dlfV6WMCFeg

MORT ET DOMMAGES IRRÉVERSIBLES DE LA VACCINATION

Le médecin canadien Andrew MOULDEN, brillant chercheur en neurophysiologie, a fourni les preuves scientifiques que chaque dose de vaccin administrée à un enfant, à un adulte, provoque des dommages irréversibles. Il a parcouru l'Amérique et le Canada pour alerter l'opinion publique, disant que la combinaison des vaccins, des pesticides, des produits chimiques dans la nourriture, des métaux toxiques dans l'eau et l'air, une mauvaise alimentation, sont autant d'éléments qui se combinent entre eux pour détruire la santé, endommager la fertilité et réduire la population mondiale

Il explique que les vaccins et les toxines environnementales perturbent le flux sanguin et provoquent des réactions extrêmes du système immunitaire. Il en résulte une privation d'oxygène au niveau des capillaires – microvasculaire, c'est l'anoxie. Ce qui occasionne des dommages cellulaires et des dysfonctions organiques, d'abord dans le cerveau, puis dans le système digestif (voir le microbiote – chapitre 24). Mais comme pour d'autres grandes avancées en médecine, ces travaux ont été rejetés, sa réputation a été entachée. Comme cela s'est produit pour d'autres chercheurs loyaux, cet homme est mort subitement en novembre 2013, à l'âge de 49 ans.

L'avis du professeur PENNING de l'institut Médico-légal de Münich. Au cours des 25 dernières années, le professeur a autopsié plus de 10.000 corps. Récemment il a constaté une multiplication d'œdèmes cérébraux chez les nourrissons comme il n'avait jamais vu depuis qu'il exerce. En 2002, en l'espace d'un mois, son service a examiné plusieurs corps d'enfants vaccinés peu de temps auparavant. Il a observé que leur cerveau était très dur, signe de mort par asphyxie. Depuis l'introduction de la bombe cellulaire qu'est le vaccin hexavalent (poliomyélite, diphtérie, tétanos, coqueluche, hépatite…), sur 120 enfants autopsiés, 6 cas de décès sont survenus le jour ou le lendemain de la vaccination.

« *Il y a environ 300 médecins légistes en Allemagne ; on se connait tous, j'ai eu l'occasion de discuter avec mes collègues qui ont fait les mêmes constats, et d'après eux tout semble indiquer qu'il y a un lien entre ce vaccin et les décès à court terme* » dit PENNIG.

Il est utile de corréler, de faire le lien entre ce phénomène d'œdème cérébral post-vaccinal observé par les médecins légistes allemands et 1) l'anoxie dénoncée par MOULDEN 2) les cas de bébés prétendument secoués lorsqu'ils pleurent dans discontinuer, victimes de la vaccination, non pas de maltraitances.

Vaccin contre l'hépatite B. La mise en examen de responsables de GlaxoSmithKline - GSK - et Sanofi Pasteur MSD en 2008 pour « *tromperie aggravée et homicide volontaire* » se rapportent à la vaccination de la population française contre l'hépatite B. De 1994 à 1998, 14 millions d'adultes et 7 millions d'enfants furent concernés, l'on dénombra 1300 décès et de nombreux cas de sclérose en plaques. Après une dizaine d'années de procédure, seul le premier motif d'inculpation a été retenu.

L'Inde entame des poursuites judiciaires contre la fondation Bill GATES (Microsoft) pour avoir testé sans le consentement de l'Etat Indien des vaccins sur les enfants. Ce qui entraîna la mort de 10.000 d'entre eux sur le seul territoire frontalier du Pakistan. En 2011, l'Express Tribune a publié un article « *Une enquête du gouvernement pakistanais a permis de constater que les vaccins contre la poliomyélite et le vaccin pentavalent 5-en-1 sont à l'origine de décès et d'incapacités dans tous les pays, notamment en Inde, Sri Lanka, Bhoutan, Japon. Le rapport indique que les vaccins utilisés ne sont pas testés dans les laboratoires* ».

Quels sont les mandataires de ces incessantes campagnes de vaccination ? La clique mondialiste est composée de l'Alliance mondiale des vaccins – GAVI – sous la tutelle de la fondation Bill

GATES. Y sont associés la Fédération internationale des fabricants de produits pharmaceutiques – le PATH (organisation mondiale pour l'accès aux vaccins*)* – la Fondation Rockefeller – l'UNICEF – l'OMS – la Banque mondiale. Source http://vactruth.com/2014/10/05/bill-gates-vaccine-crimes/

L'organisme investigation de santé – *Health Impact News* – reprenant l'article publié par *The Economic Times of India*, a déclaré « *La Fondation GATES est confrontée à un procès devant la Cour Suprême d'Inde. Les auteurs de la pétition accusent cette fondation et tous ses partenaires d'être criminellement négligents sur des expérimentations de vaccins aux effets secondaires graves, faites sur une population vulnérable, sans instruction, sous-informée des effets indésirables potentiels* ».

L'Economic Times of India précise « *qu'en 2009, des tests du vaccin papillomavirus – HPV – GARDASIL, fabriqué par Merck & Co, soi-disant contre le cancer de l'utérus, ont été effectués en Inde sur 16.000 enfants des écoles de la région d'Andhra Pradesh, au sud du pays, occasionnant la mort de plusieurs d'entre eux. En 2010, environ 14.000 autres enfants des tribus locales de la région de Gujarat, dans l'ouest du pays, ont été vaccinés avec le Cervarix une autre marque de vaccin également contre le HPV, fabriqué cette fois par GSK* ».

La majorité des formulaires de consentement pour vacciner toutes ces jeunes filles ont été signés illégalement par des gardiens d'auberges où elles résidaient ; ou en utilisant les empreintes digitales des parents analphabètes qui les accompagnaient. Cette forfaiture ainsi que de nombreux cas de maux d'estomac, maux de tête, sautes d'humeur, d'épilepsie, ont été découverts par une équipe de militants de l'ONG SAMA, spécialisée en Santé des femmes. Tandis que la Fondation GATES vantait la réussite de ces campagnes de vaccination.

Même constat en Afrique, Amérique latine… Par exemple au Tchad, dans le petit village de Gouro, cinq cents enfants ont été enfermés à l'insu de leurs parents dans leur école pour être vaccinés de force soi-disant contre la méningite A. En quelques heures 106 d'entre eux souffraient de maux de tête, de vomissements, de convulsions incontrôlables, de paralysie. Ils ont attendu une semaine avant qu'un médecin n'arrive, mais rendu impuissant face à cette situation ; Tandis que l'équipe de vaccinateurs apeurée s'enfuyait. Ce drame criminel a été relaté par un petit journal local « *La Voix* » le seul à avoir publié l'histoire originale.

Ces expérimentations vaccinales effectuées d'abord dans les pays pauvres sont un des moyens permettant d'appliquer ce type de vaccination à toutes les filles, dès l'âge de 12 ans, sur tous les continents, à grande échelle, afin de pouvoir les stériliser, sous prétexte de les protéger du cancer du col de l'utérus.

Ces quelques paragraphes sur la vaccination sont une base explicative qui nécessite beaucoup plus d'informations pour comprendre le scénario machiavélique global qui se joue à l'insu du grand public. C'est un sujet crucial qui nécessite comme pour le SIDA, l'EBOLA d'être longuement complété, explicité, démontré. C'est l'objet spécifique de notre livre « *Hérésie médicale et Eradication de masse* »

LES MÉDICAMENTS QUI TUENT

C'est en partie la faute des gens qui n'acceptent pas de sortir de chez un médecin de ville les mains vides, sans une ordonnance prescrivant plusieurs médicaments. En France, chaque année, les médicaments sont à l'origine de 18.000 mortalités, nettement plus que les accidents de la route et suicides réunis. Partout dans le monde, l'habitude est prise de consommer si facilement du médicament, comme boire de l'eau du robinet, elle aussi traitée chimiquement aux sels d'aluminium.

Les **benzodiazépines** tuent cinq fois plus que les cinq drogues illégales réunies. Ils entrainent des symptômes de sevrage, d'instabilité affective, d'automutilation.

La mortalité causée par **les produits aux effets calmants** aux Etats unis est de 14.800 en 2008 contre 4000 en 1999.

Les **produits hypnotiques**, zolpidem, temazepan… multiplient par 5 le risque de décès, quel que soit l'âge des utilisateurs.

Les **antidépresseurs, somnifères, neuroleptiques**, sont à l'origine de 500.000 morts en occident.

Les tueurs les plus connus, le **Vioxx**. Le laboratoire Merck a commercialisé de 1999 jusqu'en 2014 un anti-inflammatoire miracle le Vioxx. Mais sans publier tous les effets secondaires observés antérieurement à la commercialisation. Le risque de crise cardiaque apparu dès 2001 a été occulté. Par conséquent en 2011, l'on a répertorié un total de 160.000 victimes de crise cardiaque et d'attaque cérébrale – AVC ; 40.000 morts aux États-Unis ; 60.000 morts dans le monde.

Le Mediator – Benzodiazépine – Destiné initialement aux diabétiques a été prescrit massivement comme coupe faim. Depuis 1976, ce produit est responsable en France de la mort directe de 2000 personnes, de 3500 hospitalisations pour complications cardiaques graves. Malgré son retrait du marché en 2009, la firme Servier commercialise en 2011 un produit équivalent sous le nom de Metformine. C'est le phénix du Mediator, abondamment prescrit pour ne jamais faire maigrir personne, mais assurément pour donner des nausées, troubles digestifs, dysfonction des reins…

Le Distilbène. Prescrit pendant 30 ans censément pour prévenir les fausses couches. Selon une étude publique rendue publique en 2011, se poison utilisé par 200.000 femmes en France est la cause de cancers et malformations chez les enfants nés de ces femmes, avec effet sur trois générations.

Des médecins émérites ont listé 150 médicaments essentiels, disant que **97% des 5000 médicaments** recensés en France **sont inutiles –** source la Tribune/AFP du 25/03/16. C'est le même schéma d'inutilité médicamenteuse dans tous les pays occidentaux. Voir aussi le témoignage par l'image du professeur français Philippe EVEN https://www.youtube.com/watch?v=DnSg3XW6ODc

Il y a plus de 35 ans un rapport de l'ONU - ONUDI, op. cit. 1980, p 4 et 5 – reconnaissait que sur les 205.000 médicaments de synthèse existants dans le monde, seulement 26 semblent nécessaires, 9 d'entre eux sont jugés de priorité absolue. Si l'on avait recours à la médecine chinoise, indienne, perse, ces 9 composés chimiques ne seraient probablement pas utiles – point clé ●

Réaction de l'OMS à l'escalade généralisée de la corruption. Pour donner au monde l'impression de bonne conscience, l'OMS organise en 2006 un réseau de lutte pour rendre les transactions de médicaments plus transparentes afin de limiter la corruption du circuit complexe des intermédiaires et de la contrefaçon. L'objectif affiché consiste à saisir les fonds de ce trafic pour les redistribuer en direction des populations pauvres. Lesquelles sont confrontées à une morbidité accrue à cause de l'absence de certains soins médicamenteux et/ou de l'usage nocif de produits contrefaits.

Une piètre démarche lorsque l'on sait qu'à l'origine l'OMS recevait les fonds de fonctionnement uniquement de l'ONU. En manque d'argent, elle s'est tournée vers un partenariat avec l'industrie pharmaceutique. L'on comprend aisément que cette dépendance financière envers Big pharma met totalement en cause son objectivité et sa crédibilité.

Conclusion, ce chapitre permet d'être fixé sur les objectifs, les interconnexions, les moyens pernicieux mis en œuvre par l'OMC, l'OMS et le Codex Alimentarius. Depuis l'après Deuxième Guerre mondiale, toutes les orientations imposées par le Codex, sous forme de règlementations ayant force de loi, sont le sceau luciférien du lobby pharmaceutique, agrochimique, agroalimentaire. Un pool sous la coupe d'un gouvernement occulte et malfaisant agissant inlassablement à l'arrière-plan.

Ce milieu hégémonique est libre d'imposer à tous son diktat puisque les actions de contrepouvoir sont freinées par la puissance de forces contraires. Ce cartel a donc toute latitude pour tout contrôler, la composition, la fabrication, l'autorisation de mise sur le marché, d'une multitude de produits dangereux pour la santé humaine, notamment pour le cerveau. Dans le même temps, par Codex interposé, il met son véto sur tout ce qui englobe les bienfaits de la médecine naturelle.

CHAPITRE 30

CANCERS – NUTRITION – GUÉRIR AUTREMENT

En 1971, l'Amérique, par la voix du conseiller du président NIXON, annonce un plan anti cancer. Une perspective gagnante basée sur les travaux du docteur français André GERNEZ, lequel démontra en 1970 qu'il était possible d'éviter le cancer dans plus de 90% des cas.

À cette époque, comme aujourd'hui, l'idée pastorienne du microbisme et de la vaccination dominent la médecine ; la cancérisation était considérée comme une agression virale débordant les capacités du système immunitaire. L'on pensait qu'il fallait définir la typologie de ce virus et l'opposer par une vaccination spécifique. Cette approche a semblé incohérente pour GERNEZ, convaincu de la nécessité d'établir une nouvelle base biologique pour les maladies dégénératives. Jusque-là, il était admis que la cellule exerçait alternativement un rôle fonctionnel et générateur, l'on considérait que toutes les cellules avaient cette double fonction.

GERNEZ va remettre en cause la biologie cellulaire, en démontrant qu'une cellule opérationnelle n'est pas de même nature qu'une cellule souche, laquelle est génératrice – *mère* – ayant pour fonction de se diviser pour produire deux cellules – *filles* (mitose). Une de ces deux cellules – *filles* – remplacera la cellule génératrice, la seconde sera fonctionnelle, mais restera stérile. Ceci assure la constance des populations cellulaires dans les tissus (parenchymes). Par contre la cellule cancéreuse génère deux cellules génératrices, ce qui explique la prolifération cellulaire maligne, selon la courbe de Colins : 2 – 4 – 8 – 16.

En 1960, la correction de ce dogme erroné est approuvée par les scientifiques les plus éminents complimentant André GERNEZ pour ses ouvrages de référence sur a) la carcinogénèse mécanisme et prévention b) la dynamique du cancer et son éradication c) lois et règles de la Cancérisation. En 1970, le savant propose une méthode préventive pour enrayer le cancer, sans attendre le « *dépistage dit précoce* » toujours trop tardif car une tumeur fut-elle infime n'est décelable qu'après de nombreuses années de croissance, de dégénérescence cellulaire, au terme desquelles elle atteint un état d'irréversibilité. Il s'agissait pour lui d'écraser le mauvais gland avant qu'il ne devienne un mauvais chêne !

Pour éviter à toute la population de quadragénaires, toute formation de cancer, André GERNEZ propose un protocole de prévention active, très simple à suivre, deux fois par an. Cela consiste à mettre en acidose l'organisme par un jeûne partiel, sous forme d'une réduction calorique pendant 30 jours. S'ajoute la prise d'hydrate de chloral – colchicine – vitamine C – magnésium, sous la conduite d'un médecin traitant. L'objectif est de détruire la lie cancéreuse, l'encombrement cellulaire, que les ensembles cellulaires tendent à produire au fil du temps.

En 1938, l'on constata que la seule fraction de la population qui échappait au cancer était celle des malades mentaux traités avec un sédatif, l'hydrate de chloral, un produit bénin, premier antimitotique (empêchant la division cellulaire) administré sous forme du sirop aux nourrissons lorsqu'ils font leurs premières dents, de marque Tesseydre, produit retiré du marché en 2001.

L'étude de l'INSERM réalisée sur 13.000 volontaires fait le lien entre la baisse d'un tiers des cancers chez les 45 – 60 ans et une alimentation suffisante en vitamines, antioxydants, minéraux, fruits et légumes. De 1969 à 1971 des études critiques basées sur le protocole GERNEZ sont lancées à l'institut de Toxicologie de l'Université de Paris, service du Pr TRUHAUT ; l'organisateur sera J.C GAK.

Les expérimentations sont faites sous forme codée afin de ne pas être influencées subjectivement par les expérimentateurs. Le taux de réussite atteint le score de 93, mais les résultats ne seront jamais rendus publics. En 1974, le professeur Paul Robert LECHAT s'oppose à rendre public les travaux de GERNEZ, contre l'avis de Michel PONIATOWSKI, ministre de la santé.

En 1970, le Dr GERNEZ défait le dogme de la fixité neuronale – selon lequel l'homme est pourvu d'un capital fixe de neurones qui ne se renouvelleront pas au cours de la vie. Tout au contraire, il démontre que l'organogénèse du cerveau se poursuit à l'âge adulte. De plus, il établit le lien crucial, fondamental, entre diverses maladies dégénératives et la continuité de production de l'hormone de croissance.

Car, conjointement à une déficience de la pancréatine (enzyme du pancréas), cette hormone devient inutile à l'âge adulte chez les mammifères. Une fois tarie, cela augmente la durée de vie. Dans le cas contraire, commun à la majorité des humains, cela peut conditionner la survenue des principales maladies dégénératives car cette hormone est un facteur majeur de prolifération des cellules embryonnaires – *Presse médicale du 25 septembre 1986*.

Le processus des métastases – Point clé ● Voir complément d'explication plus bas à la section 5

Les trophoblastes forment le placenta de la mère, lequel relié à l'embryon va le nourrir jusqu'à son complet développement. Les trophoblastes génèrent d'une part les cellules souches, d'autres part migrent vers les testicules et les ovaires du fœtus, selon s'il s'agit d'un garçon ou d'une fille. Au cours de cette migration, environ trois milliards d'entre eux ne parviendront pas jusqu'à leur cible et seront dispatchés et intégrés à des cellules spécialisées formant les divers tissus non génitaux de l'embryon.

Ce processus du placenta dit *métastasique* formant des trophoblastes se développerait indéfiniment sans l'action d'une enzyme, la *pancréatine* secrétée par la mère, la septième semaine de grossesse, afin de bloquer ce processus en temps opportun.

C'est pourquoi GERNEZ préconisait aussi un autre protocole de prévention contre le cancer, les maladies d'Alzheimer, Parkinson, Schizophrénie, myopathie, Sclérose en plaques, psoriasis, diabète, diverses allergies ; dès l'âge de 35 ans, période de tarissement partiel de l'hormone de croissance. Ceci consiste à faire cesser, de façon réversible, la production de ces hormones par irradiation hypophysaire bénigne.

L'on utilise l'appareillage Gamma Knife – Stéréo Gammathérapie interstitielle hypophysaire frénatrice (GIHF). Ceci consiste en une inclusion d'une particule d'or 118 radioactive au niveau de la selle turcique (fosse hypophysaire), tout en envoyant un flash d'irradiation hypophysaire de 13,5 mCi. À ce dosage, cette inhibition n'est suivie d'aucun effet secondaire, ni physiologique, ni pathologique, ni immédiat, ni retardé. *SCHAUB ; Congrès de Bordeaux, novembre 1978.*

Le Gamma Knife est un appareil qui permet d'opérer à «*crâne fermé*» sans aucune procédure chirurgicale. Il fut inventé par le neurochirurgien suédois Lars LEKSEL, employé depuis 1968 à Stockholm. Une solution biologiquement simple à des problèmes restés désespérément insolubles. Deux appareils sont stockés et inemployés en France, un à Marseille, l'autre à Lille. L'effet recherché est acquis après une latence de 6 à 18 mois.

Pour exemple, il est impossible de cancériser un animal adulte auquel l'on a supprimé l'activité de la glande hypophysaire (hypophyse) par ce moyen. Autre voie, pour traiter la rétine de type diabétique, il suffit d'introduire par voie nasale une particule d'or radioactif jusqu'à l'hypophyse.

Cette théorie est corroborée par l'étude étonnante publiée par *Science Translational Medecine*. Elle fut dirigée par le biologiste Valter LONGO de l'université de Californie du sud et par l'endocrinologue équatorien Jaime GUEVARA-AGUIRRE. Ce dernier observa pendant deux décennies l'état de santé d'une population très particulière, native des Andes et d'Équateur.

En se promenant à cheval, GUEVARA-AGUIRRE, spécialiste du diabète, rencontra une population bien différente des indiens locaux. Parmi elle, une centaine d'individus de petite taille, d'origine européenne. Des gens ayant une anomalie génétique (syndrome de Laron) ; une déficience du gène de l'hormone de croissance, causant le nanisme. Le suivi dura 22 années, sans qu'aucun cas de diabète ne survienne, ni aucun cas de cancer ; contre 5% et 17% pour les 1600 autres habitants de taille normale. Témoignage par l'image https://www.youtube.com/watch?v=oDOF9miyDEg

Pour la Schizophrénie, GERNEZ démontra la nécessité structurale obtenue par viciation du réseau des connections cérébrales. Sa théorie structurale est divulguée au Congrès international de Vienne en juillet 1983. La réaction du représentant de l'OMS fut une opposition très violente, sans pour autant décourager l'adhésion et la conversion de Brian LEONARD, spécialiste mondialement connu. L'année suivante, ce dernier vint en France annoncer qu'il convenait d'abandonner la voie chimique pour adopter la théorie structurale, laquelle fut officialisée en 1985 par le Pr TASSIN du Collège de France.

En 2010, André GERNEZ fait un bilan final pour le moins décourageant, aucun de ces protocoles n'a jamais pu être appliqué. Il dit alors « *Toutes les institutions, partis politiques, corps médical, s'entendent entre eux, sous la pression du lobby pharmaceutique, première industrie française* ». Il est bien aisé de comprendre que l'application de tels protocoles ferait reculer la mortalité de sept années en moyenne. D'avantage de pensions de retraite à financer pour les États, un manque à gagner conséquent pour ce lobby privé de ses ventes pour un bail.

De leur côté les cancérologues de la nomenklatura médicale, se sont concertés pour se liguer et assurer un silence tombal sur ces travaux d'avant-garde. Point de départ d'une manœuvre d'occultation et de dénigrement qui allait s'étendre à l'ensemble du milieu scientifique mondial, en débordant jusqu'aux milieux politiques internationaux. Les exceptions, comme celle de Ch DUNHAM, président d'une académie de médecine américaine, sont rarissimes parce qu'il porté par de nobles sentiments, considérant le sujet fascinant et d'une grande importance. Cette coalition maléfique triomphe une fois de plus, les travaux de GERNEZ sont relégués aux oubliettes.

Un complot qui débuta en 1971, l'appel solennel du Pr Paul GELLE, président français de l'Ordre des médecins du Nord, sur ces possibilités préventives avérées contre les cancers, resta lettre morte. Tout autant que les remarques du Pr Lee CLARK, responsable du plan anti cancer américain « *Je suis stupéfait de lire, chaque jour dans les journaux, des articles glorifiant des inventions mineures, alors qu'aucune ligne n'a été consacrée à l'homme* (GERNEZ) *qui a fait la plus importante découverte qui soit pour l'humanité* ».

D'autant plus navrant qu'en septembre 1972, les travaux et la prophylaxie de GERNEZ avaient été officialisés dans le bulletin de la ligue nationale contre le cancer. Après consultation de l'OMS, une brochure détaillant cette procédure diététique et médicamenteuse préventive avait été diffusée à 1 million d'exemplaires.

En 1973, le Dr RIPOCHE en charge de ce dossier au ministère de la santé, décide de révéler les résultats significatifs issus de groupes témoins, par rapport à la morbidité cancéreuse générale ; tests réalisés initialement dans le secret. Mais tout fut organisé pour occulter et mettre fin à ces travaux. Le ministre Michel PONIATOWSKI sera lui-même censuré, son successeur Simone VEIL ira jusqu'à nier l'existence de ces expérimentations.

Par contre au Japon, le ministère de la santé fait le plus grand cas des travaux d'André GERNEZ et décide d'appliquer son protocole. Tout d'abord sur 250.000 volontaires, puis le généralise à la toute la population japonaise, d'où une rapide décroissance de la morbidité cancéreuse. Aux États-Unis, l'on abandonne la voie virale pour adopter la voie orthoplasiante, allant jusqu'à détruire le Hot Laboratory de recherche du soi-disant virus cancéreux.

Le 17 juin 1979, le Dr GERNEZ reçoit à Salzbourg en Autriche la médaille Hans Adalbert Schweigart, pour ses découvertes fondamentales. Ville où fut fondée l'union mondiale pour la protection de la vie, sous l'égide d'un conseil scientifique groupant 400 savants de 53 pays, dont 40 prix Nobel.

En 1979, GERNEZ démontre que l'Athéromatose (accumulation de graisses, composées aussi de dépôts calcaire, dans les artères) à l'origine de la maladie coronarienne, n'est pas une lésion de nature métabolique, mais de nature tumorale. Une fois de plus le corps médical l'oppose totalement, jusqu'à ce qu'une nouvelle revue médicale en accepte la publication en 1986, corroborant la même année les conclusions du CNRS – *Quotidien du médecin du 18 juin 86*. Que de temps perdu, de vies meurtries, à cause de l'incompétence, l'entêtement, la méchanceté, de ce Headquarter médical présomptueux, se positionnant en élite dominatrice.

Ce cas d'exclusion scientifique s'ajoute à une grande série, dont voici juste un aperçu :

➢ Antoine BECHAMP, professeur français de chimie médicale, qui s'opposa à PASTEUR, démontra en 1850 que les bactéries et virus peuvent provenir de nos cellules, que l'asepsie des êtres vivants est inexistante. Il dénonça l'erreur du monomorphisme (uniformité dans la morphologie ou le comportement des cellules, des microbes...) de PASTEUR qui entraîna la médecine vers la phobie du microbe, négligeant stupidement le terrain2. **1&2** – Voir l'importance du Microbiote au chapitre 24.

➢ Jules TISSOT, professeur français de physiologie, confirma les thèses de BECHAMP par des photographies de cellules végétales d'une étonnante précision. Il démontra que les organismes vivants en phase de dérèglement produisent eux-mêmes bactéries, virus, pathogènes. Comme BEACHAMP, il fut victime de conspiration du silence entretenue par les pastoriens.

➢ René QUINTON, découvrit l'identité chimique de notre sang versus l'eau de mer. Ce français fut mondialement célèbre en 1906 pour avoir sauvé du choléra des milliers d'enfants. Il démontra que la transfusion d'eau de mer pouvait remplacer le sang sans aucun de ses inconvénients. Il fut effacé de la culture médicale.

➢ Paul KAMMERER, biologiste autrichien, prouva l'hérédité des caractères acquis, en partie niée aujourd'hui par les généticiens, il fut suicidé par les nazis en 1926.

➢ Marcel FERRU, était professeur français de sciences fondamentales, titulaire de la chaire de clinique médicale infantile de Poitiers. Il lutta énergiquement contre l'inefficacité et la nocivité du vaccin BCG imposé en France dès 1958, contrairement à tous les autres pays européens.

➢ Antoine PRIORE, l'ingénieur électricien français qui inventa une machine à champs magnétiques permettant de guérir, entre autres applications, des tumeurs cancéreuses inopérables, notamment celles du cerveau. Malgré les preuves incontestables de l'efficacité du procédé et le soutien de professeurs de l'université de Bordeaux, l'appui de Jacques CHABAN-DELMAS, grand homme d'État français, PRIORE ne fut jamais agrée par les cancérologues et le corps médical de l'establishment parisien et mourut dans le chagrin ; après avoir passé toute sa vie à travailler à son œuvre salvatrice.

➢ Mirko BELJANSKI, docteur ès-sciences, fut chercheur en biologie moléculaire à l'institut Pasteur pendant trente ans, puis en faculté de pharmacie, dix ans. Il créa des médicaments efficaces contre le cancer, contre le sida, sans pouvoir en obtenir l'agrément. Pour avoir guéri hors système, il fut l'objet d'un acharnement. Sur plainte de l'Ordre des pharmaciens, à l'âge de 73 ans il fut arrêté, menottes aux mains et persécuté judiciairement, jusqu'à provoquer sa mort prématurée.

➢ Jean SOLOMIDES était docteur en médecine, licencié ès-sciences, diplômé de bactériologie, chercheur à l'institut Pasteur durant huit ans. Il inventa les physiatrons synthétiques destructeurs de cellules cancéreuses. Une découverte délibérément ignorée, malgré les preuves de son efficacité. Chassé de cet institut sous prétexte de non homologation de diplôme, il ouvrit son laboratoire et guérit de nombreux cancéreux. Il fut poursuivi par l'Ordre des médecins pour exercice illégal de la médecine car il était médecin d'université, non de faculté, donc non inscrit à cet Ordre.

➢ Royal RIFE, était un médecin américain né en 1888. Dès 1915 il notifie que chaque virus s'identifie selon une fréquence de réfraction à différents spectres lumineux. Dès 1920, il fut le premier chercheur à avoir identifié et photographié le virus de la tuberculose. Dès lors, il invente un microscope prismatique, bien en avance sur son temps. De 1923 à 1943, avec l'aide de Philip HOYLAND, il va élaborer une machine utilisant des ondes à modulation d'amplitudes pour détruire des virus, non éradicables aujourd'hui.

En 1950, le black-out de la grande presse, sous la coupe des ROCKEFELLER à la tête de Big Pharma, est organisé, son laboratoire et toutes ses notes sont détruits. En 1961, l'invention de RIFE dérange encore au point que John CRANE son assistant des années 40 est condamné à 10 ans de prison, sans aucun motif de preuve, puis libéré après 3 ans, innocence reconnue. Une des machines de RIFE en possession du Dr COUCHE soignera avec succès de nombreux cancéreux pendant 22 ans. Après s'être réfugié au Mexique RIFE meurt au Grossmont Hospital le 11 aout 1971, après avoir reçu une dose excessive de valium.

➢ Max GERSON, médecin américain, fit une découverte surprenante en 1938, son traitement naturel contre le cancer s'avère très prometteur. En 1946, un projet de loi « The Pepper-Neely Anticancer » est organisé par le célèbre sénateur Claude PEPPER et son collègue Matthew NEELY. Il s'agit de se doter d'une centaine de millions de dollars pour financer toute personne – *pas forcément de formation médicale* – active dans sa recherche contre le cancer.

À cette fin, le Dr GERSON est invité à témoigner devant le Sénat des États-Unis. Il est accompagné de cinq de ses anciens patients préalablement atteints de cancer en phase terminale. Les membres du Sénat sont abasourdis à l'écoute de leurs témoignages. Ils décrivent la façon dont GERSON les a complètement guéris après que leurs médecins respectifs les avaient préalablement renvoyés chez eux pour y mourir. PEPPER intervient disant que Max a consacré sa vie à maîtriser ce fléau, qu'il s'agit maintenant d'honorer son œuvre. Le vote du Sénat fut perdu pour ce projet plein de bonne volonté, opposé par quatre sénateurs, tous médecins.

L'animateur de Radio Raymond GRAM tout aussi étonné du résultat que les autres assistants de cette séance au Sénat, fit cette nuit-là une émission complète sur ABC News valorisant GERSON. Deux semaines plus tard, il fut renvoyé de la station après 30 années de service. L'animateur était considéré comme un risque d'obstruction à la promotion d'un produit pharmaceutique pour lequel la station percevait des millions de dollars en publicité. Aujourd'hui, même topo avec les grands médias dotés de plus de 35 milliards $ par an de budget publicitaire afin de diffuser mensonges et propagande en faveur de Big Pharma,

Par la suite, le Dr GERSON soigna d'un diabète avancé de type II l'illustre Docteur SCHWEITZER, âgé de 75 ans, qu'il put guérir en six semaines. Il guérit aussi son épouse d'une tuberculose pulmonaire. À la mort de son collègue, le Dr SCHWEITZER dira « *Je vois en GERSON un des plus éminents génies de l'histoire de la médecine. Beaucoup de ses idées fondamentales ont été adoptées sans que son nom y soit associé, alors qu'il a accompli un travail exceptionnel, malgré toutes les controverses. Il laisse un héritage qui lui assurera la place qui lui est due. Les patients qu'il a guéris témoigneront de la justesse de ses idées ».*

Conclusion, depuis son origine, le cartel de l'industrie pharmaceutique met tout en œuvre pour dénigrer et évincer un à un tous les génies de la médecine, tous les bienfaiteurs de l'humanité, toutes les avancées thérapeutiques d'intérêt général produites depuis le 19e siècle. Ces impies ont mis leur véto sur le milieu universitaire, sur toutes les structures de la médecine, sur le commerce mondial des médicaments.

Le grand public naïf, inculte en la matière, totalement confiant en la médecine officielle en blouse blanche, est le premier à endurer les multiples conséquences funestes de cette décimation. Notamment subir les terribles effets secondaires et le haut niveau de mortalité causés par la grande majorité des médicaments, par la chimiothérapie, radiothérapie, la chirurgie traumatisante, les examens pluri annuels aux rayonnements ionisants…

Le dépistage du cancer du sein n'est pas un dispositif de diagnostic précoce. C'est l'objet d'une propagande intimidante et mensongère puisque une tumeur n'est décelable qu'à l'issue d'une évolution cellulaire anarchique sur une période de six à sept années, incluant un risque métastasique potentiel. Pire, c'est une période au cours de laquelle les femmes sont soumises à 12, 14, irradiations de 5 rads pour chaque sein, radiation équivalente à 12 fois ce que le corps absorbe annuellement ; ou l'équivalent d'une radiation que subirait un organisme placé à 1km ½ d'une explosion thermonucléaire. Ce sont autant de radiations destructrices des cellules souches mammaires, source avérée de cancer.

Le Dr John GOFMAN, professeur émérite de biologie moléculaire et cellulaire à l'université de Berkeley, spécialiste des effets biologiques des rayons X et des dangers nucléaires, lauréat du prix Nobel, estime que 75% des nouveaux cas de cancer sont provoqués par les irradiations médicales, rayons X, scanners, mammographies, tomographies et fluoroscopies ; il leur impute aussi la responsabilité de nombreux cas de maladies coronariennes.

Une pratique dénoncée aussi par le National Cancer Institute, aussi par le Pr. EPSTEIN, les docteurs WRIGHT et MULLER de l'Université de Colombie Britannique, lesquels ont recommandé l'annulation du financement public pour les mammographies. Le National Institute of Health confirme, disant que ces examens occultent 10% des tumeurs malignes chez les femmes de plus de 50 ans.

Une étude suédoise sur 60.000 femmes a démontré que 70% des tumeurs détectées avec ces méthodes n'en étaient pas. En 2005, l'étude publiée par le New England Journal of Medicine précise que 30% des cancers chez les femmes de 40 ans ne sont pas détectées par ce moyen. Le Dr James HOWENSTINE, après 34 années de pratique privée et hospitalière, dénonce les faux positifs et faux négatifs qui conduisent inutilement à un état de grande anxiété chez les femmes mal diagnostiquées.

Pour se prémunir pleinement de ce mal radiatif, faire soi-même la palpation régulièrement et ne pas porter de soutien-gorge en permanence afin d'éviter le stationnement prolongé des toxines dans une zone adipeuse, peu vascularisée ; N'ayez aucune crainte ça ne fait pas tomber la poitrine ! Tout au contraire.

L'impact de l'alimentation sur notre santé. Si c'est une évidence pour une maladie comme l'obésité, c'est tout autant le cas pour le cancer. Avant de passer à table, il faut savoir que la composition des repas contribue pour 40 à 60% dans la formation de diverses tumeurs.

Le professeur Pierre Marie MARTIN, spécialiste des cancers hormono-dépendants dit qu'une alimentation selon son adéquation ou selon son inadéquation au fonctionnement cellulaire, peut freiner ou accélérer un cancer sur deux. Or, il n'existe aucun médicament, aucune formulation chimique, qui puisse guérir en présentant un ratio comparable.

En France, une note de l'Institut national de la santé et de la recherche médicale – INSERM – précise que l'alimentation est impliquée dans les nouveaux cas de cancers. En cause les excès de sel, charcuteries, compléments alimentaires mal utilisés à base de bêta-carotène, boissons alcoolisées, surpoids, obésité.

Une description timorée du sujet, bien compréhensible car ce type d'organisme est placé sous l'influence prépondérante du lobbying. Une liste bien incomplète qui n'inclut ni les sodas, hamburgers, les aliments irradiés au césium 137, au cobalt, les céréales GM, huiles et sucres raffinés, l'aspartame et autres sucres synthétiques, les produits laitiers, les additifs, colorants, les engrais chimiques, pesticides, les métaux lourds, dont le mercure dentaire, un scandale en France, les vaccins, de nombreux médicaments chimiques, les ondes d'hyperfréquence …

L'étude du Fonds mondial de recherche contre le cancer – FMRC – dit qu'annuellement 100.000 cas de cancers pourraient être évités sur le total de 240.000 nouveaux cas en France, simplement en modifiant les habitudes alimentaires. Le FMRC se trompe lourdement en disant de consommer du soja pour éviter le cancer du sein. Par ailleurs, il fait le jeu pervers du Codex Alimentarius, en disant d'exclure les compléments alimentaires. L'on s'accorde à dire que 15% des cancers sont d'origine génétique, mais l'on ne précise jamais combien de fois les gènes d'expression s'expriment à cause des multiples poisons de l'alimentation industrielle – point clé ●

Voir aussi, plus bas, à la section 5 – le processus des métastases – Rapport entre pancréas et cancer – Quels sont les principaux facteurs d'expression des gènes ?

CANCER – GUÉRIR AUTREMENT

Les descriptions du milieu médical relatives à cette maladie sont aussi obscures que le mysticisme religieux. Fausse prévention, faux traitements, fausses pistes, fausses recherches n'ayant débouché sur aucun progrès notoire depuis un demi-siècle. Ceci malgré les milliards $ engloutis, malgré les annonces mirifiques d'associations à coups de spots Tv ; malgré les faux espoirs annoncés lors des Téléthons… Dans un contexte financier où chaque cancéreux naïf rapporte au système en moyenne 150.000 €. Un immense gaspillage public pris en charge par la sécurité sociale, in fine par le contribuable.

Le milieu médical s'est toujours opposé farouchement aux travaux de chercheurs de haut niveau qui depuis de nombreuses décennies avaient trouvé et éprouvé des protocoles efficaces, non toxiques, non iatrogènes, pour enrayer cette issue morbide.

Toutefois, il encore possible de se référer à ces travaux d'exception afin de sortir de la triade destructrice *Ablation – Chimiothérapie – Radiothérapie.* Si ces avancées ne sont toujours pas connues du grand public c'est à cause du milieu médico-pharmaceutique qui ne cesse d'imposer son veto et de les dénigrer. Ceci au détriment absolu des malades traités en chimiothérapie, dont le taux de guérison avec survie au-delà de cinq ans n'excède pas 2,2%, c'est aussi l'avis de l'équipe du Dr GERNEZ. Données que le grand public et la grande majorité du corps médical, médecins de ville, ne connaitront jamais faute de remettre en question leur entier soutien au système.

PREMIÈRES RECOMMANDATIONS

1- Pour le cancer comme pour le SIDA, les paramètres et curseurs des moyens de dépistage sont faussés d'emblée, il s'agit de ne pas se laisser influencer, mais de chercher plus avant.

2- Une grosseur, une formation kystique, ne sont pas forcément cancéreuses, notamment s'il n'y a aucune adhérence, exemple au niveau du sein. Si le volume, la grosseur, se développe, il est possible de l'enlever par un acte chirurgical, sans pour autant accepter la chimiothérapie ou la radiothérapie systématique. Une mise en garde d'autant plus utile que les marqueurs ne sont pas fiables car souvent ils indiquent un état de défenses immunitaires actives, pas forcément un état cancéreux. Pour l'anecdote, si vous vous rendiez à un dépistage, surtout ni allez pas à vélo car la pression exercée par la selle fausserait le relevé des marqueurs !

3- Dans la vie courante, il est habituel de demander un devis pour divers travaux, faire de même en médecine car c'est la santé durable qui en dépend. Par exemple, il est possible pour la somme de 39 € de faire un bilan global IPL à partir d'un simple prélèvement de sang, en s'adressant au laboratoire belge ATEGIS – www.ategis.be ☎ 00 32 – 108 498 49.

4- Ne pas se laisser impressionner par l'annonce d'un cancer, ce qui pourrait psychiquement vous sembler être une perspective de sentence fatale et pourrait générer une programmation mentale d'auto destruction. Dites-vous que si involontairement, ou sciemment, votre mode de vie est à l'origine de votre maladie, il vous est possible de faire le parcours inverse vers la guérison.

À chacun de faire son investigation, son introspection, en prenant le temps de réfléchir aux turpitudes, aux blessures du passé, aux erreurs de parcours, aux habitudes de vie quotidiennes, aux tendances sombres et négatives. Désormais, il s'agit de tout reprogrammer afin d'inaugurer un nouveau mode de vie. Ceux qui entreprennent ce type de démarche volontaire en sortent en grands vainqueurs.

5- Chacun est libre de son choix thérapeutique, personne ne peut vous imposer ou vous obliger à quoi que ce soit, ni un médecin, ni un membre de votre entourage. Souvent la pression à vous convaincre de suivre tel traitement provient d'individus placés eux-mêmes dans un état d'inquiétude, d'incertitude, d'apeurement, y compris la majorité des médecins pro système ; lesquels dans leur majorité[50] n'accepteraient pas pour eux-mêmes la chimio en cas de cancer.

---

[50] http://www.cancer-et-metabolisme.fr/la-chimiotherapie-contre-le-cancer-na-pas-la-cote/

6- Dans 70% des cas les causes au cancer sont environnementales : pollutions chimiques, alimentaires et médicamenteuses – perturbation des champs vibratoires : WIFI, antennes à hautes fréquences, usage du téléphone mobile, s'ajoutent aux problèmes psychiques.

7- Il est impératif de supprimer tous les poisons alimentaires, au premier rang desquels les produits laitiers saturés d'hormones de croissance, d'antibiotiques et dont les protéines animales sont pro-inflammatoires, stade préalable au cancer. Ainsi que la viande, les préparations de charcuterie, provenant de bêtes nourries aux céréales OGM, saturées de pesticides, toxines et antibiotiques. Il faut éliminer a) le soja, même biologique (le soja fermenté, sous forme de sauce ou de pâte de couleur brune, pourra être consommé après le traitement) b) les huiles végétales (le temps du traitement). N'utiliser que du chlorure de potassium, disponible en pharmacie, pendant toute la durée du traitement GERSON.

EXPÉRIENCE ANIMALE ÉTONNANTE

Dans les années 1950, le Dr GERSON procéda à une expérience singulière pour réunir les preuves objectivées de sa théorie. Par une incision sur le côté il relia les vaisseaux sanguins de deux rats de même âge dont un était cancéreux et referma les chairs des deux animaux. Étonnamment non seulement le rat malade n'a pas transmis son cancer à l'autre rat en bonne santé, mais il s'est produit exactement l'inverse, le bon sujet a pu guérir le sujet cancéreux. Ainsi GERSON a pu démontrer que le sang de l'animal sain possédait le potentiel de substances nécessaires à la guérison, absentes chez l'individu cancéreux.

Ceci est un encouragement contre toute forme de panique de type « *j'ai appris mon diagnostic de cancer, j'ai peur des conséquences de la chimiothérapie, mais je ne sais pas quoi faire* d'autre ! ». Toutefois, aucune ambiguïté ne doit subsister ; si refuser la chimiothérapie vous bloque au point de vous effrayer – Alors faites-la. Si vous soumettre à la chimio vous effraie, si après réflexion vous décidez d'opter pour une autre thérapie ; alors ne la faites pas, sachant qu'il n'existe pas de position médiane. *Méfiez-vous des peureux, des non-entreprenants, qui vous veulent du bien, ce sont des individus déstabilisants pour votre état moral!*

TABLEAU DES MOYENS ALTERNATIFS POUR LES TUMEURS BÉNIGNES OU CANCÉREUSES

Section 1 – traitement à action directe

A1 – CREON à 25.000 UI – extrait pancréatique gastro-résistant – pour effet de renforcer la lyse naturelle (désintégration moléculaire) des métastases par les sucs pancréatiques. Une gélule au début de chaque repas et au coucher – vente en pharmacie.

A2 – ASIATONIC – extrait d'Herba Sarcandrae chinoise, plante anti-tumorale. 1 gélule par jour, les trois premiers jours ; puis 1 gélule trois fois par jour les trois jours suivants ; puis 2 gélules deux fois par jour jusqu'à parvenir à la posologie standard de 2 gélules trois fois/jour/au repas/pendant plusieurs mois ; Pour les cancers très évolutifs, prendre 3 gélules.

+ PROPOLIS ROUGE purifiée en association recommandée avec ASIATONIC : 2 gélules par fraction de 6 heures. En cas de douleurs vives, cancer des os par exemple, 2 gélules par fraction de 3 heures. Fournisseur : Phyt'Inov – www.phyt-inov.com - phyt-inov@bluewin.ch - ☎ 0041 – 324 668 914.

Cette formule adjuvante n'est pas nouvelle. L'herba Sarcandrae est riche en mucilages, en principes actifs majeurs, sur les cellules cancéreuses in vitro. Elle contient aussi des hydroxystérols liés à deux triterpènes : l'inotodiol et l'acide bétulinique à l'action cytotoxique sélective. Une action anti tumorale validée par les scientifiques russes qui les ont identifiés dans le Tchaga, un champignon utilisé par les paysans, le peuple Khanty, de Sibérie occidentale. Ce champignon médicinal est mentionné par SOLJENISTSYNE dans son livre « *Le pavillon des cancéreux* ».

Une équipe strasbourgeoise a confirmé l'action des hydroxystérols de l'Asiatonic par des expérimentations in vivo. Le Dr Philippe LAGARDE, cancérologue, évoque dans son livre « *Tout savoir sur le cancer* » l'Anticancerlin, un remède chinois de Sine Laboratories-Shangai, le modèle de l'Asiatononic.

Principales actions. Il induit l'apoptose ou mort programmée des cellules cancéreuses – neutralise les effets secondaires de la chimiothérapie, incluant la chute des plaquettes et des globules rouges – améliore l'état général du fait de son action antiinflammatoire, de sa production hépatique et de son action antipyrétique – calme la nausée et les vomissements – évite les troubles de transit de type diarrhée.

Il agit par ordre décroissant sur les cancers de la sphère digestive, du pancréas, de l'estomac, de la prostate, du rectum, du foie, de l'œsophage. Par ailleurs, les cancers du poumon, vessie, nasopharynx, thyroïde, leucémie répondent aussi à l'Asiatonic. Son action est remarquable, sans effet secondaire. En association avec la propolis rouge, l'action est renforcée car cette dernière est très riche en flavonoïdes, en ester phénétyl de l'acide caféique qui inhibe la croissance des cellules néoplasiques et réduit fortement les douleurs du cancer des os.

A3 – AMANDES amères d'abricots – pour action de détruire rapidement et sélectivement les cellules malignes. Les trois premiers jours : 2 amandes passées au mixeur ou moulin à café, matin et soir, à consommer tel quel ou en mélange avec un aliment. Les trois jours suivants, 4 amandes matin et soir. Puis passer à 6, puis à 8 amandes matin et soir.

a) Il arrive à certains de ressentir des nausées, des vomissements. En cause non pas l'amande, mais un foie très fragilisé. Dans ce cas, il est nécessaire d'associer ce traitement à celui de 1 à 2 lavements au café – *voir la rubrique 13* – ou passer à un autre traitement proposé sur cette liste.

Nota bene et Rappel, la consommation soutenue d'amandes peut fatiguer les foies fragiles, ***cette cure est donc incompatible avec la cure GERSON*** qui interdit toutes sortes d'amandes. Des nausées, des vomissements sont le signe d'un foie réactif surtout pour ceux ayant subi une chimiothérapie. Dans ce cas, il est conseillé de faire la cure d'amandes en association avec un ou deux traitements journaliers de lavement au café afin de drainer les voies biliaires – voir la Section 2.

Ces conséquences peuvent être aussi le fait d'une cure d'amandes associée avec du Laetrile – la vitamine B17. Dans ce cas, il est conseillé simplement de stopper le Laetrile et d'augmenter les doses d'amandes car elles seront plus assimilables que la prise de molécules isolées, surtout si elles sont d'origine synthétique.

b) La limitation à 2 amandes/jour inscrite sur le paquet est simplement une mention légale du fait de la composition naturellement cyanurée, mais n'est en aucun cas justifiée.

c) Les amandes sont interdites dans l'option du choix de la cure GERSON liée à une fatigue du foie, car il y a incompatibilité entre ces traitements – il faut donc choisir l'un ou l'autre.

Commande d'amandes, en paquet de 1 kg, formule biologique, à Santé Bio Europe – www.sante-bio.eu/fruits-secs - santebio.eu@gmail.com
☎ 06 25 77 11 99

HISTORIQUE DE LA DÉCOUVERTE

Dans les années 1940, le Dr. Ernst T. KREBS Sénior et son fils le Dr E.T. KREBS Jr. Ont publié un document intitulé « *La Thèse Unitaire ou Trophoblaste du Cancer* » dans le Medical Record de New York. Les années suivantes, ils firent des recherches sur les coenzymes et sur les carences en vitamines liées à la survenue du cancer. Dans les années 1950, ils apprirent qu'au royaume des Hunzas, dans les montagnes Himalayennes situées au nord du Pakistan, ce peuple ne subissait aucun cancer.

Le tandem KREBS découvrit que les Hunzakuts mangeaient le fruit avec les amandes amères des noyaux d'abricots issus d'abricotiers sauvages, dont la particularité est d'être riche en nitrilosides. C'est la même substance retrouvée dans les amandes d'amandiers, graines de pêches, pépins de pommes – pectine, millet, fèves germées, sarrasin, d'autres fruits et noix, mais en quantité inférieure. Le tandem réussit à extraire le principe actif contenu dans certains glycosides. Par la suite, en vue d'une utilisation clinique, ils firent une demande de brevet pour le procédé de production du métabolite (composé stable issue de la transformation biochimique d'une molécule par la voie métabolique) dénommé Laetrile ou vitamine B17.

Il s'est avéré que les Hunzakuts consomment entre 100 à 200 fois plus de B17 que l'Américain moyen, simplement parce qu'ils consomment les amandes de noyaux d'abricots et beaucoup de millet. Chez eux la richesse d'un homme se mesure au nombre d'abricotiers de son jardin. Cette semence est la nourriture la plus convoitée, la plus importante source de B17.

Avant le tandem KREBS, une autre équipe étudia les Hunzakuts, à sa tête le chirurgien britannique de renommée mondiale, le Dr. Robert Mc CARRISON. Dans le Journal AMA du 7 janvier 1922, il disait «*Les Hunzas n'ont pas d'incidence connue avec le cancer. Ils bénéficient d'une abondante récolte d'abricots. Ils les consomment frais, les sèchent sous le soleil entre deux saisons, les utilisent en grande partie dans leur alimentation*».

CELA SEMBLAIT SI SIMPLE

Pourquoi la vitamine B17 est-t-elle tombée dans l'oubli ? Pas de réelle surprise, le cartel de Big Pharma l'a fait supprimer de la nomenclature médicale. Pire, il a réussi avec la complicité de la FAO, de l'OMS, du Codex Alimentarius, à rendre illégale son utilisation, prétextant mensongèrement par des campagnes médiatiques que la B17 des amandes d'abricot est concentrée en teneur mortelle de cyanure. En fait, la molécule de cette amande contient une unité de cyanure d'hydrogène, une unité de benzaldéhyde et deux unités de glucose, lesquelles ne forment qu'un composé indissociable et inoffensif, que l'on retrouve à l'état naturel dans nombre de végétaux.

Pour extraire le cyanure de la molécule B17, il faudrait l'action de la bêta-glucosidase, une enzyme du corps humain présente en quantité infime. Tout au contraire, la bêta-glucosidase se retrouve en grande quantité dans les cellules cancéreuses. Elles sont mises à mal par la libération d'unités de benzaldéhyde et cent fois plus à mal avec l'association de cyanure, dans ce dernier cas elles sont désintégrées. D'où la valeur thérapeutique remarquable de cette amande.

POUR LES CELLULES SAINES ?

Le rhodanèse est une autre enzyme présente dans les tissus sains en quantité plus importante que la bêta-glucosidase. Elle a capacité à dégrader entièrement le cyanure et le benzaldéhyde en un composé inoffensif le thiocyanate et en salicycate, un antidouleur de la famille de l'aspirine originelle, non synthétique, issue du bouleau blanc. **Côté des cellules malignes**, pas de rhodanèse, d'où leur totale vulnérabilité à ces deux composés, qui s'avère un poison pour elles. Un processus bien connu, dénommé toxicité sélective, ou ciblage de cellules cancéreuses ; Exactement **à l'opposé de la chimio qui détruit tout** à la fois, cellules saines et cellules malades.

Des centaines d'études cliniques de ce type ont été conduites dans le monde, dont celles du Dr. Ernesto CONTRERAS du Hope Hospital de Chicago. Toutes démontrent l'innocuité de ce traitement dont le coût très modeste ne tient pas la comparaison avec celui de la chimio, le pactole des pactoles pour le cartel chimico-pharmaceutique.

L'HISTOIRE DE JASON VALE

Dans les années 1990, cet américain luttait contre un cancer en phase terminale. Pour les médecins, il était irrécupérable. Suite à des recherches, il apprit que des gens touchés par la même maladie en avaient guérit en consommant la B17 de pépins de pommes – pectine et en consommant des amandes d'abricot. Aussitôt, il en ajouta à son alimentation quotidienne, rapidement il se sentit bien mieux, jusqu'à ce qu'il se réjouisse de savoir son mal disparu.

Une histoire extraordinaire diffusée sur une chaîne de TV nationale, l'audience fut si grande qu'elle fut rediffusée la semaine suivante. Un public si enthousiaste que Jason fut inondé d'appels téléphoniques en provenance de tous les États de l'Union. Comme cela se produit assez souvent aux USA, Jason fit tout son possible pour aider des milliers de gens à bénéficier des mêmes résultats avec l'ami ABRICOT.

Malheureusement cette belle histoire se transforma en cauchemar le 18 juin 2004, quand Jason fut condamné à 63 mois de prison et 36 mois de liberté surveillée par un tribunal du district Est de New York pour avoir vendu des amandes d'abricot. Il fut libéré en 2008, après avoir purgé 4 ans de prison. Attention aux initiatives à l'aide de méthodes naturelles, tous les suppôts de Big pharma veillent à garder leurs privilèges, se fichant bien des infirmités et de la mortalité qu'ils infligent aux malades avec leurs business thérapeutique !

EXTRAIT DE TÉMOIGNAGES ADRESSÉS À JASON ET AU DR KREBS.

5 octobre 2014, Laine CRANDALL dit « J'ai 74 ans, Il y a deux ans mon diagnostique indiquait un cancer de la prostate et des os au stade 4. Six mois après, j'étais en rémission. Mon PSA est passé de 12 à 0,2. Sans chimio, ni rayons, j'ai seulement consommé des amandes amères d'abricot, je continue à en manger 12 par jour. Je parle constamment aux autres de ces amandes, en leur donnant une carte imprimée indiquant votre site web, votre n° de téléphone et un verset de la Bible. Je loue Dieu pour tout ce que vous faites afin d'aider autrui – kalamalka@msn.com ».

Septembre 2014, Mr. BROWING dit « Mon gliome kystique n'a pas été éliminé par la chimio ni par la radiothérapie. J'ai commencé à prendre les amandes d'abricot et la tumeur a rétréci, finalement elle a disparu. De plus, j'ai pu arrêter mon médicament contre l'hypertension artérielle. Son histoire complète sur le site de Jason ou en communiquant avec lui à cette adresse browning38821@yahoo.com ».

28 avril 2014, Jeffery MOORE dit « Mon diagnostic porte sur un cancer de la prostate. Il y a trois ans, l'on m'a appelé pour me dire que mon PSA était passé de 12 à 8. Surtout mon cancer du nez diagnostiqué l'année dernière par une biopsie, est apparu guéri à la dernière biopsie. Je mange les amandes d'abricot, prend de l'herbe de

blé, et du curcuma, *j'ai aussi supprimé complètement le sucre.* j_mooare@yahoo.com ».

13 avril 2014, Diane DUHAIME dit à Jason « La clinique vétérinaire a diagnostiqué sur ma chienne labrador de 10 ans un cancer de la mamelle et l'a opérée. Aussitôt après l'opération, je lui ai donné 6 amandes d'abricot le matin et le soir. Un an plus tard, elle va bien et son poil est plus beau que jamais ».

3 septembre 1999, Nancy KANE dit à Jason «J'avais un haut niveau d'hyperglycémie, j'ai commencé les graines d'abricot, 3 mois plus tard, plus de problème avec ma glycémie ».

25 août 1998, Joan PICKERING dit sur le site de Jason « J'avais la maladie de Hodgkin phase 3 (forme de cancer du système lymphatique) et une tumeur au cou, j'ai refusé la chimio et commencé à prendre de la vitamine B17 chaque jour sous forme de Laetrile. En décembre, il y avait quatre autres tumeurs, deux sur la rate et deux sur des ganglions lymphatiques. J'ai appelé le bureau du Dr KREBS, qui lui a proposé d'augmenter la vitamine B17. En avril 1999, une des tumeurs de la rate avait disparu, je dis alors à mon oncologue que je prenais du Laetrile, après avoir lu ma dernière analyse, il dit à son tour «*Revenez dans six mois pour un check up*». A l'issue des six mois, aucun des deux ne parla plus jamais de traitement chimique.

Bien d'autres témoignages sont disponibles en langue anglaise sur le site de Jason http://www.apricotsfromgod.info/testimony.htm

A4 – CURCUMINE 99 – extrait de curcuma longa à 99% – 3 gélules à 400 mg aux trois principaux repas – ouvrir les gélules et saupoudrer les aliments – 4 gélules pour les cancers avancés. En association à A5.

A5 – SERRAPEPTASE – enzyme du ver à soie – 2 gélules avant les trois repas. Commande à REMEDE NATUREL – www.remede-naturel.net – info@remede-naturel.net - ☎ 03 29 50 67 84.

La curcumine est un anti-inflammatoire puissant et un précieux adjuvant contre le cancer à prix modique au regard des préparations chimiques très onéreuses et source de nombreux effets secondaires. **À**

ne pas confondre avec le Curcuma, un des composants de la poudre de curry utilisée aux Indes qui n'en contient que 4%. La Curcumine est un remède traditionnel ayurvédique millénaire, évaluée lors de nombreux essais cliniques conventionnels contre le cancer dans des centres connus de recherches médicales.

Comparée à des molécules chimiques de même orientation, elle donne de bien meilleurs résultats, sans effets secondaires. Elle contribue à guérir 90% de cancers de tous types de par ses actions anti-angiogénique - anti-carcinogénique - anti-diabétique - anti-inflammatoire - anti-métastasique – antioxydant – antitoxique – immuno-modulateur.

Nota – pour être efficace à 95% et bien absorbée, la curcumine classique nécessite l'effet d'un catalyseur sous forme de 1% de Piperine extraite du poivre ; Condition replie pour la nouvelle curcumine 99. Attention du fait de failles dans la réglementation sur l'étiquetage, de nombreux produits portant le titre de Curcumine n'en contiennent qu'une infime partie (%) et sans Piperine.

Dépression nerveuse. Des études américaines soutenues par Ajay GOEL Ph.D de l'Institut Baylor Research de Dallas ont démontré que la curcumine a un effet antidépresseur égal à celui Prozac, bien évidemment sans ses inconvénients. C'est un atout de grand intérêt pour les individus en souffrance d'un état cancéreux qui souvent engendre une forme de dépression.

La Serrapeptase est issue de la culture du ver à soie, en Inde. Les vers à soie entretiennent dans leurs intestins une culture de bactéries, les SERRATIAE 15 qui sécrètent la serrapeptase. C'est précisément cet enzyme qui permet au ver, une fois métamorphosé en chrysalide puis en papillon, d'ouvrir une brèche dans le cocon, par dissolution. Il suffit de quantités minimes pour ouvrir le cocon, lesquelles restent actives plusieurs jours et ne s'attaquent qu'aux tissus morts, c'est pourquoi les vers sont totalement épargnés de son action sélective.

Elle est surtout utilisée en Asie, en Espagne à des fins médicales ; la société Takeda l'a mis sur le marché allemand pour soigner les tuméfactions inflammatoires ; dans les faits, ses indications sont largement dépassées. Elle détruit, élimine, les vieux dépôts fibrinoïdes lipidiques ou calciques. Son activité anti-inflammatoire et anti-œdémateuse, est doublée d'une action fibrinolytique. Elle assure une réduction de la viscosité des exsudats, permettant aussi le drainage et favorisant la réparation des tissus.

Nota : Comme toutes les enzymes la serrapeptase est sensible aux acides de l'estomac, c'est pourquoi elle est conditionnée sous forme gastro résistante – GR – le produit ne sera libéré qu'au niveau de l'intestin grêle. Toutefois, il peut arriver que son utilisation provoque des irritations intestinales qui exigeraient l'interruption du traitement. Sinon, elle n'a pas d'effets secondaires connus. Elle est compatible avec les autres médicaments et peut s'utiliser sur les chiens, chats... La pharmacie française vendait la serrapeptase sous la dénomination Dazen, s'agissant d'un produit de qualité médiocre qui a été supprimé.

A6 – ARTEMISA ANNUA – très efficace contre le cancer du poumon, de l'estomac et autres cas – 1 gélule à 500 mg matin et soir – associée obligatoirement à du fer – FERALIM 1 dose un quart d'heure avant les deux repas. Commande à Laboratoire Bimont – www.laboratoiresbimont.fr - ☎ 04 75 52 16 88. FERALIM – Laboratoire Lorica – www.labo-lorica.com – infoe@labo-lorica.com

L'Artemisia Annua, est une plante aromatique utilisée en médecine chinoise comme puissant remède du paludisme, maladie qui fait des ravages sur la planète. La revue américaine des Sciences de la Vie a présenté une vaste étude conduite par les docteurs Narendra SINGH et Henry LAI, concluant qu'elle détruisait rapidement 30% des cellules cancéreuses du poumon. Combinée avec du fer, le score monte à 98% en seulement 16 heures. Cela sans aucun impact sur les cellules pulmonaires saines en raison du fer qui permet une action sélective ciblée de l'artémisinine, principe actif de cette plante.

Un rapport de l'Université de Californie précise que l'artémisinine stoppe le facteur de transcription E2F1 et intervient dans la destruction des cellules cancéreuses du poumon, contrôlant la croissance des cellules cancéreuses.

Une autre étude sur des échantillons de tumeurs mammaires cancéreuses in vitro, indique l'utilisation de l'artémisinine associée à du fer. Bilan, 75% de destruction du cancer après seulement 8 heures et quasiment 100% en seulement 24 heures. Depuis, de nombreuses expériences ont été conduites sur différents cancers, prostate, intestins… jusqu'à présent elles ont toutes prouvé que l'artémisinine combinée au fer détruisait sélectivement les tumeurs cancéreuses, d'où la qualification de « bombe intelligente pour le cancer » par le Dr Len SAPUT. Les bio-ingénieurs SINGH et LAI de l'université de Washington ont précisé que le parasite du paludisme ne survit pas une fois traité à l'artémisinine car il contient une forte proportion de fer – source Healthy Food House.

En 1981, le 4ème congrès du Groupe de Travail Scientifique sur le traitement du Paludisme, sponsorisé par le PNUD, la Banque Mondiale et l'OMS, se tint à Pékin. L'artémisinine souleva l'intérêt des grandes firmes pharmaceutiques qui produisirent les dérivés semi-synthétiques que l'on connaît : artésunate hydrosoluble et arthémeter liposoluble.

En 1986 mise sur le marché des premiers médicaments à base d'artémisine. En 2004, vu l'efficacité du produit, l'OMS en fit la promotion à grande échelle, et recommanda son utilisation en association avec d'autres molécules les ACT - Artemisinin Combined Therapy. En 2011, l'OMS recommanda l'utilisation de l'artésunate en monothérapie par voie intra veineuse au lieu de sels de quinine dans le traitement du paludisme grave de l'enfant.

Nota. Les flavonoïdes de l'atémisine sont présents tout autant dans les feuilles que dans les tiges de l'Artémisia annua. D'où l'importance de prélever feuilles + tigelles de la plante pour en faire de la poudre ou de la tisane. Attention ne pas acheter de l'armoise vulgaire, très courante, vendue pour de l'annuelle – ANNUA – car son usage serait inefficace. La formule poudre de l'Artémisia annua est nettement plus efficace que l'infusion, tisane à 80 ° C maximum. Seul le laboratoire Bimont diffuse de l'ANNUA véritable.

A7 – Traitement à action indirecte : DMSO est un bio transporteur des autres traitements vers les sites cancéreux. Il pénètre au travers de tous les tissus et de la barrière hémato encéphalique, donc très utile dans les cas de tumeurs du cerveau. ***En usage externe exclusivement***, dilué à 70%, donc produit pur en mélange avec 1/3 d'eau distillée. Le mélange préalablement dilué est introduit dans un roll-on (flacon avec bille des antis transpirants) que l'on passe sur la face interne des bras ou des cuisses, ou sur le ventre – 2 à 3 fois par jour. Pour les peaux fragiles ajouter 30% d'huile d'Aloé Vera.

Test avant usage. Pour éviter une éventuelle allergie au DMSO, mettre une goutte sur le bras – *peau propre* – et attendre 24 heures pour voir si une réaction se produit. Pour les individus ayant un foie fragilisé, le tester avec cinq gouttes sur le bras et frotter – *mains propres* – pour le faire pénétrer. Attendre plusieurs heures, sans un ressenti de douleur au foie, l'utilisation est possible.

Précautions d'emploi – ***Attention Usage externe uniquement*** – Avant une application locale du DMSO, s'assurer que la zone à traiter soit bien propre, sèche, pas écorchée. Que les mains soient également très propres, il faut savoir qu'elles peuvent se rider et rester en l'état 8 à 15 jours. L'usage de gants ménagers pose l'autre problème de pénétration des éléments chimique de la composition chimique du gant. La seule solution reste l'usage d'un Roller identique à ceux des anti-transpirants ou Roll on, ou l'usage d'un spray, le plus pratique sur la face interne des bras, dilution à 70%.

Pour le visage ou la nuque dilution à 50% avec de l'eau distillée. ***Ne pas utiliser près de toute concentration de cellules cancéreuses***, jamais en contact direct avec ces mêmes cellules sises en surfaces. ***Ne pas appliquer*** directement ***sur un psoriasis sec.*** En cas de ressenti local de chaleur, rougissement, démangeaison, urticaire, c'est une déshydratation provoquée par ce solvant ; pulvérisez de l'eau, ou appliquer de l'Aloé Vera en gel, huile ou crème. ***Contre indiqué en cas de grossesse ou d'allaitement***.

Nota. L'odeur d'ail est consécutive à un métabolite du DMSO, le sulfure de diméthyle, un composé de l'ail et de l'oignon. Il suffit de boire suffisamment. Un mal de ventre, maux de tête, vertiges, fatigue, sont le seul fait de la détoxication déclenchée par le DMSO.

DMSO - Chacun sait que la chimiothérapie n'est pas sélective, elle tue plus de cellules normales que de cellules cancéreuses, notamment les cellules souches, provoquant des dégâts considérables. Pour le corps médical, l'objectif universel devrait consister à chercher une substance capable de cibler uniquement les cellules malignes et limiter tous les effets secondaires.

Aux États-Unis, ce produit dispose d'un agrément de la FDA uniquement pour la conservation des cellules souches, des cellules de la moelle épinière, des organes de transplantation, pour traiter la cystite interstielle, très difficile à traiter autrement. Chaque année des milliers de Nord-américains l'achètent sur un marché parallèle par le bouche à oreille, comprenant qu'il s'agit d'un produit peu coûteux permettant de soulager nombre de problèmes de santé.

En 1968, une équipe de recherche dirigée par le docteur Stanley W. JACOB de l'Oregon Health & Science University Medical School s'est intéressé dans un premier temps au solvant diméthyl sulfoxyde – DMSO – pour simplement dissoudre une teinture spéciale – Haematoxylon – utilisée pour identifier les cellules tumorales. Les chercheurs ont remarqué que le DMSO avait capacité à pénétrer la peau et d'autres membranes sans les endommager, de plus ce solvant avait capacité à transporter d'autres substances ou composés, (par exemple ceux décrits dans ce chapitre) au sein d'un système biologique, au cœur des ensembles cellulaires. Après étude au microscope du DMSO préalablement coloré ils ont constaté qu'il ciblait sélectivement les cellules tumorales.

LA CHIMIOTHÉRAPIE SÉLECTIVE OCCULTÉE

Ils avaient découverts le nano transporteur sélectif associable en duo avec une préparation de chimiothérapie ayant cette fois toute capacité de cibler uniquement les cellules malignes. L'on aurait pu s'attendre à ce que cette excellente découverte soit diffusée, surtout qu'elle soit appliquée partout dans le monde. Non, car de tels procédés s'opposaient aux intérêts financiers de Big Pharma, allaient aussi à l'encontre du plan d'éradication des populations du Sud comme celles du Nord.

Portée thérapeutique du DMSO : Agit avant tout comme transporteur de toutes les molécules, médicaments, corticoïdes, antibiotiques, insuline, molécules naturelle, utilisables de la sorte à dose plus faible tout en conservant l'efficacité et réduisant les effets secondaires… Transporte jusqu'à environ 1000 daltons de poids moléculaire toutes les substances précitées à travers les membranes cellulaires Traverse la barrière hémato-encéphalique, se mêle au sang, permet donc de traiter des tumeurs cérébrales.

Par la même, accroît la production de globules blancs et de macrophages - Augmente la perméabilité des membranes cellulaires – Bloque la douleur en interrompant la conduction dans la peau, les nerfs périphériques et les organes - Calme tout le système nerveux central – Combat les infections fongiques – Permet l'expulsion les toxines intracellulaires – Protège contre les effets mutagènes des rayons X – Stimule tout le système immunitaire.

Plus de développement ici http://fr.sott.net/article/3150-DMSO-la-vraie-solution-miracle

Commande du produit pur à 99% : http://www.mineral-solutions.net
.

Pour du DMSO dilué à 70% et prêt à l'emploi + Roll on : Apoticaria – www.apoticaria.com contact@apoticaria.com – ☎ 05 62 66 50 76. Attention aux produits similaires made in China dont la qualité et la pureté ne sont pas garanties.

A8 – EMX – mélange complexe d'enzymes réactivant le multi-métabolisme enzymatique – 1 cuillère à soupe matin et soir. Commande à Hector – www.hector.fr – info@hector.fr - ☎ 03 87 95 33 20.

Historique. Teruo HIGA est un jeune professeur d'horticulture, au département d'agriculture de l'université Ryukyu d'Okinawa, toujours à la recherche de solutions pratiques. À l'âge de 40 ans, il s'intéresse vivement à l'usage des micro-organismes utiles à l'agriculture naturelle. D'autant plus qu'il avait du remord d'avoir par le passé favorisé l'agrochimie qui avait empoisonné les terres des paysans voisins. Une journée d'automne 1981, il rassemblait des solutions souches inoffensives, bactéries et levures alimentaires, utilisées ce jour-là. Cette énième tentative semblait être un échec de plus, avant de la déverser dans l'évier du labo, il se retint de le faire et dit :

« *Je ne sais pas pourquoi je pensais alors qu'elles étaient trop précieuses et coûteuses pour simplement les vider dans le conduit d'écoulement. Je les déversai donc sur le gazon devant le labo. Une semaine plus tard, j'observai une différence évidente dans la qualité de pousse de l'herbe à cet endroit, plus luxuriante et prospère qu'ailleurs… Soudain, la lumière se fit et je compris ce qui était arrivé, c'était ce mélange ! Ce qui était singulier, c'est qu'il s'agissait d'une combinaison de différents types de micro-organismes. L'agent actif, comme on dit, se trouvait dans la mixture elle-même !*

Or il est d'usage, lors de recherches sur les microorganismes, de toujours travailler sur une seule souche à la fois. Il était inconcevable de faire autrement, des souches différentes auraient agi de façon opposée si on les avait mises ensemble. Ce préjugé me semblait erroné. Les éléments positifs ou négatifs de ce mélange n'avaient pas d'importance pour moi ! Tout ce qui m'intéressait était ce qui semblait agir, donner des résultats positifs ».

Cela démontrait que les bactéries, levures, actinomycètes, communs et inoffensifs, peuvent cohabiter harmonieusement ; utiles les uns aux autres, capables de vivre en présence ou l'absence d'oxygène. Si survient une espèce pathogène étrangère, le pack biotique la combat et l'étouffe.

Partant de ce constat, Teruo HIGA chercha à combiner diverses souches bactériennes non pathogènes, issues de racines d'arbre, de réactions de photosynthèse, de compost, de ferments alimentaires actifs dans le soja fermenté, le pain, la choucroute, la bière, le vin. Puis il fit divers tests en laboratoire, jusqu'aux applications en agronomie. Il remarqua au fur à mesure l'incompatibilité de certaines souches qui étaient attaquées par un pack défensif. Finalement, il trouva une combinaison gagnante qu'il nomma Effective-Micro-organisms – EM. Ce mélange symbiotique contenait des substances puissamment anti oxydantes, très riches en flavonoïdes, gamma-oryzanol, ubiquinone, lycopène, alpha-tocophérol + une quarantaine de minéraux.

« Le terrain est tout », c'est au 19e siècle, le propos incontournable de Claude BERNARD, au sujet du corps humain. C'est une similitude évidente avec le sol, la terre, où règne une multitude de microorganismes divisés en trois groupes 1- les bactéries de fermentations qui génèrent la vie. 2- Les bactéries de putréfaction qui gèrent la putréfaction, la mort. 3- Les bactéries opportunistes qui comme des moutons se rangent du côté des plus forts, se mettent à leur service comme des laquais. Lesquelles à l'instar de la société humaine représentent 80% de cette micro-population.

Dans une terre saine, bien équilibrée, les bactéries de fermentation sont bien plus nombreuses. Depuis un demi-siècle, le monde du tout chimique s'est obstiné à tout inversé ; de ce fait, la prépondérance est à la putréfaction, à la morbidité. Seule la culture originelle, biologique, avec phases de rotations des cultures et temps de jachère, préserve en grande partie le bon équilibre bactérien du sol. Voir les chapitres 4 et 5. La population florale de l'intestin fonctionne exactement de la même manière. Lorsque les souches de putréfaction prennent le dessus, les 80% d'opportunistes emboitent le pas et du même coup préparent le terrain de la maladie. Voir le microbiote au chapitre 24.

C'est dans ce contexte qu'intervient l'EM-X car il apporte moult quantités de microorganismes de fermentation aptes à se reproduire rapidement et à inverser la mauvaise majorité, comme au parlement ! Là encore, ce sont les opportunistes qui suivent !

L'EXEMPLE FRAPPANT DE FUKUSHIMA.

La contamination des sols affiche 2000 becquerels par kilogramme. Pourtant dans cette zone contaminée poussent des fruits et légumes cultivés biologiquement par des agriculteurs experts avec un taux de rayonnement de seulement 40 à 80 Bq/kg. Ils sont regroupés au sein de la Makuta Takerio distribuant à la population japonaise des fruits, pêches, poires, raisins, pommes, n'ayant aucun niveau de rayonnement détectable.

Des chercheurs ont levé le mystère en constatant la présence de certaines bactéries et microchampignons dans le sol, de type EM, lesquels transformaient le césium radio actif en baryum non radioactif. Pour faire face à la crise de la contamination nucléaire et favoriser la sécurité alimentaire, un documentaire nommé « *Terrain Uncanny* » a été publié par ces agriculteurs experts du secteur biologique afin de favoriser l'agriculture durable et une autre forme d'énergie.

L'effet EM-X, réensemencer les terrains très déséquilibrés, affaiblis ; la condition sine qua none pour l'obtention d'une guérison, ce que précise aussi un ouvrage allemand bien documenté, sans aucune traduction en d'autres langues.

A9 – HERBE d'orge c'est un booster énergétique et oxygénateur cellulaire puissant – *sachant que l'oxygénation nuit aux cellules cancéreuses* – sous forme de poudre d'herbe ou sous forme de 250 comprimés – 2 cuillères à café (en matière plastique) ou 5 comprimés, 30 minutes avant les 2 principaux repas. Commande à Santé Bio Europe – http://www.sante-bio.eu/herbe-de-orge-bio/ - ☎ 06 25 77 11 99.

L'hypoxie cellulaire, selon le Dr LANKA, cette forme d'asphyxie cellulaire est causée par les antibiotiques, les nitrites, les métaux lourds, la carence en acide gras essentiel, en nutriments... L'oxygène du sang ne parvient pas suffisamment jusqu'au cœur des cellules. De ce fait elles ne pourront pas produire assez d'énergie – ATP. Première option, elles vont mourir prématurément tout en générant un état inflammatoire.

Deuxième option, les cellules survivront, mais générant un cancer parce qu'elles reviennent à l'état embryonnaire. Au stade initial du développement fœtal caractérisé par un développement cellulaire ultra rapide. Voir plus bas à la section 5 – *le processus des métastases* – Rapport entre pancréas et cancer point clé ●

Sachant que la cellule embryonnaire se comporte comme un organisme unicellulaire, comme une bactérie. Elle perd toute capacité de maîtriser la réplication au contact d'autres cellules – forme d'inhibition du contact. Les premières cellules à en souffrir sont celles de la paroi de l'épithélium[51] jusqu'à l'hyperplasie (prolifération anormale de cellules).

Le foie et le pancréas sont les deux organes déterminants dans la protection contre le processus cancéreux lequel se caractérise par un état d'asphyxie cellulaire, par carence d'oxygène. L'on comprend mieux les cas de guérison par simple suroxygénation. Reste l'usage de la chlorophylle contre l'hypoxie cellulaire. Le meilleur apport provient de jus d'herbe. Le Dr SCHNABEL estimait qu'un kg d'herbe d'orge fraiche est l'équivalent en valeur nutritionnelle à vingt-deux kg de légumes.

Ann WIGMORE, une américaine de 75 ans qui utilisait le jus d'herbe d'orge depuis une trentaine d'années, prit l'initiative d'expérimenter la distribution de cette thérapie à des malades alités, à des personnes âgées de son voisinage. En quelques semaines, il fut surprenant de voir ces personnes quitter leur lit et devenir plus actives que par le passé. Par la suite, Ann créa la Fondation Hippocrate ainsi qu'un autre Institut portant son nom. L'on y enseigne l'art thérapeutique des graines germées et de jus d'herbe d'orge.

À la demande de Morarji DESAI, Premier ministre de l'Inde, en collaboration avec le Dr. DATEY, Ann WIGMORE appliqua la même méthode en faveur de citoyens Indiens malnutris. Des dizaines d'articles furent publiés décrivant les guérisons obtenues, mais sans le moindre écho en France. 20 à 30 ml par jour de ce jus suffisent pour donner à l'organisme le tonus de la photosynthèse dont il a besoin. Tandis que les accros de la viande et des produits laitiers doivent se contenter d'énergie solaire de moindre valeur !

Effet antimutagène. Le Dr Yoshihide HAJWARA et son équipe japonaise a prouvé que les enzymes et acides aminés chlorophylliens purifiaient l'organisme des effets cancérigènes. Par exemple ceux du

[51] Tissu fondamental composé de cellules juxtaposées, disposées en une ou plusieurs couches, tapissant la face interne des organes. La plupart des tumeurs sont composées de cellules épithéliales – carcinome.

benzopyrène des viandes grillées presque brûlées et de l'empoisonnement des gaz d'échappement.

Effet antipollution, 25 ml de jus d'herbe prémunit contre l'ensemble de la pollution du fait d'une série d'enzymes superoxyde dismutase – protéase – amylase - catalase – agissantes en stimulant le système immunitaire.

Effet épurateur du sang, cette fois, le jus digère les toxines cellulaires par un apport de bio- flavonoïdes, d'acides aminés, d'enzymes précitées. Des poisons tels que cadmium, strontium, mercure, chlorure de polyvinyle peuvent être éliminés.

Effet anti-radioactivité, un danger qui concerne tout un chacun ; une action protectrice de ce jus fut testée sur des cobayes soumis à des doses létales de rayons ionisants.

Effet régénérateur du sang, 30% des femmes pubères américaines ont une anémie ferriprive. La chlorophylle a prouvé son efficacité dans ce domaine, le Dr Bernard JENSEN le confirme, disant qu'il a vu le nombre de globules rouges être multiplié par deux, qu'avec des bains contenant de la chlorophylle présentant une similitude avec l'hémoglobine du sang ; l'ion du fer étant remplacé par l'ion magnésium. Le jus d'orge produit une oxygénation protectrice du sang permettant une défense contre les pathologies anaérobies ; donc contre tous problèmes d'asphyxie cellulaire, vecteurs de vieillissement précoce, de dégénérescence.

Effet régénérateur et stimulant du foie. Une observation confirmée par la Dr WATTENBURG de l'université du Minnesota et par le Dr Charles SCHNABEL l'ayant testé sur des groupes de poules.

Effet déodorant et déconstipant, la chlorophylle réduit les gaz intestinaux. Expérience faite par les docteurs japonais MORISHITA et HOTTA, sur des volontaires ayant mangé de l'ail et ensuite absorbé 3 à 12 gr de chlorophylle ; après 20 minutes, plus aucune odeur dans leur haleine.

Effet anti-cancéreux, le jus d'herbe d'orge contient de l'acide abscisique, une hormone végétale très active contre les tumeurs, et compense une l'alimentation moderne, notamment en vitamine B17.

EXPÉRIENCES ÉTONNANTES

Les docteurs RAFSKY et KRIEGER ont réussi à soigner de multiples recto-colites hémorragiques avec des lavements à la chlorophylle. En juillet 1940, l'American Journal of Surgery publia un rapport rédigé par le Dr Benjamine GURSKIN de la Temple University de Philadelphie, relatant 1200 cas de malades d'infections internes et d'ulcérations profondes, de maladies de peau et de gingivites ; Autant de problèmes en grande partie solutionnés avec de la chlorophylle.

Préparer ce jus soi-même est laborieux. Bien heureusement, il existe un procédé permettant de conserver toute les propriétés bienfaisantes du jus d'herbe, sous forme de poudre ou de comprimés.

A10 – **BROMELAÏNE GR** – dissout les formations kystiques et les tumeurs – 1 gélule à 400 mg matin et soir ; ***En association* à A11** vitamine C Liposomale **et avec A12** LAPACHO. Commande à la Vie naturelle – http://www.la-vie-naturelle.com – contact@lavie-naturelle.com404 - ☎ 0800 404 600.

C'est une enzyme, nommée aussi bromélase, tirée de la tige d'ananas, au même titre que la papaïne tirée de la papaye, au programme du Dr LEVY dans son listing d'adjuvants anti-cancéreux. A noter qu'un ancien médicament allemand le Carzodélan contenant l'extrait protéolytique de pancréas de même ligne thérapeutique a été supprimé, dans la droite ligne délétère du Codex Alimentarius.

Sauf allergie connue à l'ananas, pour obtenir des résultats probants, cette enzyme doit être utilisée à grand dosage par voie orale, comme avec la vitamine C, à raison de 1 comprimé par kg de poids corporel, soit de 500 mg à 2000 mg/jour ; Répartition en 3 ou 4 prises, à minima pendant trois semaines pour voir les premiers résultats ; Confirmation faite par les travaux des chercheurs Pierre LEFRANCOIS et de Françoise REILY.

COMMENT LES CELLULES CANCÉRISÉES S'AUTO-PROTÈGENT ?

Le système immunitaire comprend des globules blancs dénommées Natural Killers – NK – leur rôle consiste à introduire une substance destructrice, la tumostérone – un dérivé de la vitamine D2 – dans les cellules malignes. Malines elles le sont, car ces cellules s'auto-protègent de ces attaques en se revêtant d'une substance mucoïde, sorte de mucus para NK. Pour que NK puissent agir, il faut au préalable dissoudre ce mucus, c'est ici qu'intervient l'enzyme spécifique de la broméláïne. Dès lors, les effets sont si rapides qu'ils semblent extraordinaires.

Nota. Aucune sorte de produits laitiers ne doit être consommée, sinon cela contrecarrerait l'action de la broméláïne, parce que les laitages et fromages renforcent la couche mucoïde des cellules cancéreuses et parce qu'ils contiennent des hormones de croissance à effet rapide. Rappel, le lait de vache est fait pour le veau ; celui de la femme pour le bébé ; des organismes ayant besoin d'une croissance rapide !

Cartilage de requin, il a pour effet de couper les canaux qui alimentent les cellules cancéreuses – les formations dites angiogéniques. C'est aussi le même objectif pour certaines préparations de chimiothérapie. **Attention**, si ces voies étaient coupées par dessèchement, la broméláïne ne pourrait plus pénétrer au cœur des tissus cancérisés ; d'où l'échec assuré avec le traitement à base de cartilage de requin. Que faire si l'on a recouru à un traitement au cartilage de requin ? Attendre huit semaines, mais encore faut-il avoir le temps de tenir jusque-là.

A11 – VITAMINE C liposomale et glutathion ajouté – une vitamine C hyperactive – 5 grammes sont l'équivalent de 50 grammes d'acide ascorbique ou de vitamine C naturelle. Prendre 1 à 2 cuillères à café (en matière plastique) par jour ; En cas de besoin, doubler ce dosage. Flacon de 175 ml. Commande à Mineral Solutions – http://www.mineral-solutions.net

Pout tout un chacun, il est conseillé d'en prendre, chaque jour de l'année, 1 comprimé après chacun des trois repas ; soit 3 cp/jour de vitamine C naturelle à base d'acérolas, de petites cerises d'Amérique du Sud cueillies à maturité, non surgelées. Produit disponible chez GPH diffusion ZI Tinga – 40140 Magescq http://www.gphdiffusion.com/

La vitamine C qui entre dans plusieurs centaines de processus métaboliques, potentialise (développe) l'effet de la bromélaïne, du Lapacho et de la plupart des traitements – référence aux travaux magistraux de Linus PAULING, prix Nobel de chimie 1954. Des avancées pourtant minimalisées, voire ridiculisées, par le corps médical !

Des tests récents sur des souris, par des scientifiques américains de l'université John Hopkins ont démontré que l'injection de vitamine C peut tuer des cellules cancéreuses y compris celles rendues invincibles après mutations. Les chercheurs ont injecté des substances cancérigènes dans l'estomac de souris afin de provoquer des tumeurs malignes ; puis ils leur ont injecté de l'acide ascorbique équivalent à 200 oranges et ont observé la réduction et la guérison des tumeurs, générant ainsi un fluide de peroxyde d'hydrogène – *eau oxygénée* – enveloppant la tumeur.

Revue Science
http://www.sciencemag.org/content/early/2015/11/04/science.aaa5004.abstract

La tumeur bénigne ou maligne ne résiste que rarement à l'action conjuguée de la bromélaïne & de la vitamine C, surtout sous forme *liposomale*, même en phase avancée. En cas d'échec, inutile de persister au-delà de trois semaines, toute médecine, fut-elle eumétabolique, *respectant le fonctionnement naturel de l'organisme – Travaux du grand médecin oncologue Hans* NIEPER – ne peut pas être efficace à cent pour cent.

LES ANIMAUX NOUS L'ENSEIGNENT

Mis à part une minorité d'entre eux représentée par le singe – cochon d'inde – chauvesouris frugivore – quelques poissons et de nombreux insectes – Tous les autres animaux produisent leur propre besoin de vitamine C à partir du glucose transformé par le foie lors de la digestion. S'ils sont stressés ou malades, ils en produisent plus qu'à l'ordinaire.

Par contre l'homme n'est pas doté de cette capacité, il doit consommer des fruits et légumes pour l'apport de Vit C. Or, les productions agricoles intensives, les végétaux cueillis hors maturité, les chambres et gaz de conservation en déprécient la teneur. Autant de dépréciations sur les valeurs naturelles des aliments, mettant en cause le diktat du Codex Alimentarius – voir le chapitre 28.

S'ajoutent les aléas de la vie moderne, stress – tabac – pollution – aspirine – antibiotique – antalgique – anxiolytique – antidépresseur – effort professionnel, sportif, intellectuel – d'où la nécessité pour l'organisme de grande quantité quotidienne de vitamine C. Laquelle n'est aucunement pourvue par la seule alimentation moderne carencée en vitamines, minéraux. Ne pas se laisser influencer par le dosage minimaliste conseillé par l'ensemble du corps médical, notamment par les pharmaciens, incultes en bien des matières.

L'on a observé que les fumeurs, schizophrène et cancéreux ne rejettent quasiment pas de vitamine C dans les urines, qu'elle que soit la quantité absorbée en amont, tant leur carence est notoire. Les mêmes critères se rapportent aussi au diabète et bien évidemment au scorbut. D'ailleurs, la cécité diabétique est souvent récupérée en un mois avec des prises de 5 grammes/jour de Vitamine C naturelle.

Un catalyseur d'à minima 14 processus vitaux : la vitamine C potentialise l'action des autres vitamines dont elle est le starter – elle génère une action de transporteur d'hydrogène dans les phénomènes d'oxydo-réduction cellulaire – elle s'oppose à une production anarchique de radicaux libres – c'est l'une des plus performantes substances anti-oxydantes – elle ralentit le vieillissement cellulaire – elle stimule les fonctions cérébrales – son important pouvoir antifatigue est aussi largement démontré.

C'est un puissant facteur de surpassement – elles augmente la résistance de l'organisme aux chocs anaphylactiques et aux allergies – son rôle anti-infectieux est très important en renforçant les défenses immunitaires – elle produit une action anti-tumorale – elles augmente le tonus des parois capillaires et améliore la microcirculation cellulaire – elle contribue à la production des globules rouges – elle stimule la formation des substances osseuses en cas de fracture – son rôle est favorable dans le métabolisme phosphocalcique.

Nota : La vitamine C a regagné en popularité quand on a noté son effet protecteur des dommages causés par les radicaux libres sur l'ADN chez les travailleurs sévèrement exposés aux rayonnements de la centrale nucléaire de Fukushima. L'on a observé qu'elle préserve l'ADN et le risque de cancer de ceux qui en consomment. La forme synthétique de la vitamine C, ou acide ascorbique, est envisageable en association avec de la Lysine et tamponnée au ph7 ; avec cette formulation, le dosage peut aller jusqu'à 50 grammes/jour dans certains cas.

POURQUOI LA VITAMINE C LIPOSOMALE

Parce que sous cette forme micro-enrobée par ultrasons dans de l'huile, l'on bénéficie de l'action d'un nano-vaisseau lipidique qui fera traverser la vitamine C au travers les membranes cellulaires, lui permettant de pénétrer directement les cellules et d'agir sans déperdition, en potentialisant ses effets. **Pourquoi avec glutathion**, parce qu'il s'agit d'une petite protéine ultra- antioxydante agissante naturellement au sein de la majorité des cellules. Le glutathion régule et régénère les cellules de l'immunité, c'est l'agent détoxifiant le plus efficace de l'organisme.

+ A 12 – LAPACHO – anti tumoral puissant – 3 tasses de décoction de 12 à 15 g/l par jour – faire bouillir à petit feu (frémissement) 10 mn – puis filtrer – boire chaud ou froid – cure de trois semaines. Commande par sachet de 200 gr à L'île aux épices – www.ileauxepices.com

Contre-indication du LAPACHO *:* les capacités anticoagulantes du LAPACHO sont à prendre en considération en cas d'hémophilie – pour les gens traités aux anticoagulants (anti vitamine K, aspirine, héparine…). S'agissant d'un double emploi, il convient de suspendre ces médicaments le temps du traitement anti-cancéreux.

A13 – BICARBONATE de sodium – si nécessaire en complément du LAPACHO – car il agit contre le terrain acide, lequel est favorable au développement du cancer, en particulier ceux du tube digestif, de la peau, de l'utérus – Travaux du Dr Tullio SIMONCHINI – oncologue.

Préparer une solution à 50 gr/litre ou 25 g/1/2 litre d'eau – vente en supermarché ou pharmacie. **Usage externe** : contact 6 minutes avec la zone cancéreuse, matin et soir, pendant une semaine. Autres applications : en rinçage de bouche ou gargarisme, en compresse humide, en injection vaginale, en lavement. L'objectif consiste à tuer les mycoses, en particulier les candida albicans, qui selon SIMONCHINI font le lit du cancer.

Usage interne : préparer un mélange de 5 parts de sirop d'érable pur à 100% si possible de grade B, avec 1 part de bicarbonate de sodium alimentaire pur. Mélanger dans une casserole et chauffer à feu très doux pendant 5 minutes, bien remuer, le mélange va devenir mousseux. Le conserver dans un endroit frais – prendre une cuillère à café, 2 à 3 fois par jour, sans interruption pendant 7 à 8 jours – suffisant pour éliminer des tumeurs d'une taille de 2,5 à 5 cm.

A14 – ZAPPER MZ 6 – Cet appareil est conçu pour débarrasser l'organisme des parasites et microorganismes qu'il contient et solutionner les douleurs inflammatoires qui en résultent. Car selon les conclusions des travaux du Dr Ulda CLARK ils contribuent à provoquer et entretenir nombres de maladies. Travaux corroborés par ceux du Dr Tullio SIMONCINI qui recommande l'utilisation de bicarbonate de soude par voie orale et par injection, lavement, compresse, pour éliminer les microchampignons, notamment les Candida albicans. 70% des américains sont atteints de Candidose sans le savoir. Voir le microbiote au chapitre 24.

Mode d'emploi : prendre du papier absorbant de la cuisine, l'imbiber avec de l'eau salée, entourer les plaques-électrodes avec cette préparation papier-sel, puis fixer les plaques sur la région à traiter, ou les positionner au niveau de la ceinture, en prenant soin de garder un espace de 5 cm entre les électrodes.

Positionner les interrupteurs sur A et 1 ; utiliser un minuteur fiable afin de faire des séquences de 10 mn sur On et de 30 mn sur Off. Appliquer le programme 10-30-10-30-10 (soit 3 fois 10 mn, incluant deux pauses de 30 mn). Soit au total une heure trente.

Le Zapper permet une utilisation tout en vaquant à ses occupations. Une séance au quotidien, exceptionnellement deux, jusqu'à résultat. Ne pas oublier de mettre l'appareil sur Off en fin d'utilisation, afin de préserver la batterie. Détails techniques sur le site www.micheldogna.fr

Remarque. Il n'existe aucun centre thérapeutique en France pratiquant les traitements alternatifs contre le cancer présentés ici, car il serait rapidement l'objet d'un interdit. Le seul centre frontalier qui applique à titre payant les soins décrits dans ce chapitre se trouve en Allemagne, proche de Strasbourg, à Khel – www.traitement-du-cancer.fr – info@traitement-du-cancer.fr - ☎ 0049 – 785 1480 458.

SECTION 2 – TRAITEMENT DE LA DOULEUR – NETTOYAGE COMPLET DU FOIE

B1 – **Lavements au café** – action rapide de sédation de la douleur. Préparation : 3 cuillères à soupe de café biologique de type Arabica moulu dans 1 litre d'eau – faire bouillir 3 mn à feu doux et laisser reposer 10 mn, puis filtrer – Introduire à température du corps (37° C) avec un bloc à lavement – disponible en pharmacie – garder le café 12 à 15 mn en laissant la canule en place afin d'éviter les spasmes d'éjection.

Nota : Pour ceux qui ne consomment jamais de café ou qui ne le supportent pas, ou ceux ayant subi une ablation de la vésicule biliaire, il est conseillé d'utiliser du café vert thérapeutique disponible à la Vie Claire ☎ 01 64 58 64 82.

L'on ne sait pourquoi le café en lavements estompe la douleur en 15 minutes, alors que la morphine n'est pas active. La première expérience se passe dans les tranchées où les infirmières l'appliquèrent aux soldats de la guerre 14-18 gravement blessés ou amputés afin de calmer leurs douleurs aigües.

Le docteur Max GERSON l'utilisait dans le but précis de détoxifier l'organisme. Il disait que la grande majorité des individus touchés par le cancer au niveau des organes internes, autant que d'autres maladies du métabolisme, n'en meurent qu'à cause des surcharges supportées par le foie. Organe bloqué dans sa fonction d'élimination des toxines et déchets de décomposition des tumeurs ; organe soumis aussi aux poisons de la chimiothérapie.

GERSON avait remarqué que le café administré par voie rectale stimulait l'action du foie, solutionnait la surproduction de toxines, augmentait le flux de la bile chargée elle aussi de toxines, ouvrait les canaux biliaires et stimulait le système enzymatique dit de Glutathione S-Transférase. S'ajoute l'élimination des radicaux libres optimisée, ce qu'aucun médicament, ni le coenzyme Q10, ne peut faire. Le processus, ouverture des canaux biliaires vers l'intestin – découverte du professeur MEYER de Göttingen – permet au foie d'évacuer les poisons et déchets toxiques par la bile.

Important : Dans le cas d'une phase terminale de cancer, lorsque le patient effectue conjointement la cure de jus de légumes BREUSS ou GERSON et le traitement au café, il ne doit pas espacer le traitement au café, au risque de coma hépatique et d'empoisonnement létal ; La solution consiste à faire un lavement au café de plus par tranche de 4 heures. Il faut donc ajouter à minima un lavement vers trois heures du matin ; Ou appliquer ce traitement de façon continue, par tanche de 4 heures.

GERSON explique que dans certains cas tous les lavements ne suffisent pas, il disait « *J'ai dû leur donner de l'huile de ricin – non rectifiée – par voie orale et en lavements tous les deux jours durant deux semaines ; Après, on ne les reconnait plus ; Ceux qui étaient arrivés sur des civières, se promenaient maintenant partout, ils avaient retrouvé l'appétit, gagnaient du poids et leurs tumeurs régressaient* ».

À propos des douleurs. GERSON disait « *Un patient prenait de la codéine toutes les deux heures et il avait des injections de morphine… Comment supprimer ces médicaments ? Je lui ai expliqué que le meilleur antidouleur était un lavement au café et il ne lui fallut pas longtemps pour être d'accord avec moi sur ce point… Certains patients, qui avaient de violentes douleurs, ne faisaient pas les lavements toutes les quatre heures comme je le prescrivais, mais avaient pris* *l'initiative de les pratiquer toutes les deux heures, sans plus avoir à utiliser de calmants ! Après quelques jours, les douleurs devenaient de plus en plus supportables, jusqu'à s'estomper presque complètement ».*

B2 – Méditation guidée : un CD « L'amour vainqueur » - exercice n° 3. Commande : http://www.logos-musique.com ou disponible à la FNAC.

SECTION 3 – DÉCONTAMINATION DE LA CHIMIO

Il s'agit de détoxifier l'organisme des drogues chimiques – par extension des effets néfastes des antibiotiques, anesthésies.

C1 – Eau de QUINTON ***Isotonique*** – 2 ampoules le matin et soir pendant 10 jours – pendant cette période réduire fortement la consommation de sel. Commande à la Vie Claire www.source-claire.com ☎ 01 64 58 64 82 – ou en pharmacie, magasin diététique. NB – ne pas saler la nourriture pendant la cure.

C2 – Le macérât de bourgeons de cassis est un antipoison des effets secondaires de la chimiothérapie. **L'associer au macérat de jeunes pousses de Sequoia Gigantea**. L'action conjointe Cassis/Sequoia permet la détoxification du sang, avec effet anti-inflammatoire. Stimule de façon naturelle la synthèse de cortisone dans l'organisme, évitant l'usage de cortisone chimique. Choisir un macérât-mère non dilué – *ne pas utiliser un macérât glycériné.*

Six gouttes de chaque, 3 fois par jour, avant chaque repas, pendant 3 semaines. Puis faire une pause et reprendre si besoin. Marque Herbalgem dans certains magasins diététiques et pharmacies – ou laboratoire La Royale http://www.la-royale.com/fiche.php?id=151 ☎ 0800 290 68 276

SECTION 4 – LE NETTOYAGE EN PROFONDEUR

L'efficacité optimale des traitements curatifs indiqués aux sections précédentes dépend de la nécessité impérative de détoxifier un terrain sur lequel a pu se fixer la maladie.

Les deux cures D1 ou D2, explicitées ci-après, participent à nettoyer l'organisme afin de lui donner le potentiel nécessaire à sa guérison.

D1 – Cure BREUSS – ***Si l'individu n'est pas ou peu amaigri*** – Elle consiste à jeûner 42 jours avec un très faible apport calorique, sans le moindre apport de protéine.

A – Jus de légumes de qualité biologique composé de 300 gr de betteraves rouges – 100 gr de carottes – 100 gr de céleri racine – 30 gr de radis noir - d'une petite pomme de terre – afin de produire ¼ à 1 litre de jus par jour à l'aide d'un extracteur électrique ou manuel, pas d'une centrifugeuse.

Choix d'appareil sur Terre de Jade www.terre-de-jade.com – terredejade689@orange.fr – ☎01 60 16 10 28.

Afin de préparer le jus pour toute une journée, sans qu'il ne s'oxyde, utiliser la pompe et les bouchons à faire le vide de type Vacuum Wine Saver – pompe de type Concerto ou autres marques et modèles.

http://www.cdiscount.com/vin-champagne/accessoires-vin/pompe-a-vide-vacu-vin-concerto-bouchons-ret/f-1290902-vac2009969923724.html

B – Mélange d'herbes BREUSS pour tisane rénale – 6 grammes de prêle, 5 gr d'orties du mois de mai de préférence, 3 gr de renouée, 2 gr de millepertuis, à infuser 10 minutes, réserver l'infusion. Récupérer le résidu de cette infusion, y ajouter deux tasses d'eau et faire bouillir à feu très doux, de sorte que la moitié du liquide puisse s'évaporer (réduction).

Enfin mélanger cette décoction à l'infusion initiale. Si cela est trop compliqué, un concentré dit Mélange BREUSS en flacon de 210 ml pour 3 semaines à raison de 10 ml/jour prêt à l'emploi est disponible à Source Claire www.source-claire.com - ☎01 64 58 64 82

Au cours des 3 premières semaines – 21 jours – préparer 10 ml ou 10 gr du mélange avec 200 à 210 ml d'eau chaude ou tiédie, prendre une demie tasse de tisane rénale le matin à jeun, une deuxième à midi, une troisième au coucher prendre. Faire aussi des tisanes de géranium + sauge, à raison d'une demie tasse deux fois par jour. **Important :** supprimer toutes les tisanes après la période des trois semaines.

Option demi-cure BREUSS. Pour ceux déjà trop affaibli ou ceux qui ne pensent pas pouvoir supporter un régime liquide strict : prendre en plus du mélange de jus, soit une tasse de crème de flocons d'avoine cuits et mixés. Soit une soupe de pâtes biologiques à l'oignon, faire revenir un oignon avec la pelure dans de l'huile d'olive, puis verser une tasse d'eau chaude, ajouter la portion de pâtes, laisser cuire à feu très doux ¼ d'heure.

Effet amaigrissant. Cette cure peut faire perdre 15 à 20 kg pour les gens proches de l'obésité, 5 à 10 kg pour les autres. Mais sans nuire au ressenti de forme et d'énergie.

Historique. Cette cure tient son nom du thérapeute autrichien Rudolf BREUSS. Une technique datant de 300 ans que BREUSS avait retrouvé dans de vieux manuscrits. En 1980, le thérapeute fut l'objet de plainte judiciaire de la part de médecins autrichiens. Son avocat, lui-même guéri d'un cancer par cette cure, fit intervenir les plus hautes instances en faveur de BREUSS, finalement il fut acquitté par Rudolf KIRCH-SHLAEGER Président du tribunal.

Le livret « *Breuss Cancer Diet Original* » a été publié à 900.000 exemplaires en plusieurs langues, il comprend 45.000 témoignages de guérisons – un livre en français est disponible chez l'éditeur Guy Trédaniel. La cure originelle est restée inchangée à ce jour, elle consiste en la consommation exclusive d'un jus spécifique de légumes et de différentes tisanes pendant 42 jours.

Pourquoi des jus de légumes plutôt que consommer des légumes ? Parce qu'il faudrait de trop grandes quantités de légumes crus à absorber, ceci dépassant les capacités digestives de l'estomac et de l'intestin, alors que les jus frais se digèrent très facilement et très rapidement.

Le premier objectif : Nettoyer en profondeur tout l'organisme. Car un organisme malade est un organisme encrassé. Il est utopique de vouloir guérir des pathologies sur un terrain toxifié et acidifié. Cette cure vise simplement à assainir, rétablir, les métabolismes naturels pour qu'ils fonctionnent à nouveau afin de faire cesser non seulement le cancer, mais toutes formes de maladies.

Le second objectif : Carencer l'organisme en protéines car les tumeurs cancéreuses en sont de grosses consommatrices puisqu'elles se reproduisent indéfiniment. Le sang se charge de toujours trouver des protéines, mais avec cette cure dé protéinée il les prélèvera dans les réserves protéiques des tumeurs. C'est de l'autophagie, en somme le sang digère le cancer.

Leucémie. D'après BREUSS, c'est une maladie de décomposition du sang qui se passe au niveau de la veine porte. A l'origine, une dépression morale plus ou moins consciente. Le traitement est plus simple que celui du cancer, il est utile de consommer pendant 42 jours, un quart de litre de jus multi-légumes chaque jour, comme un apéritif avant les trois principaux repas. Lesquels seront composés d'une nourriture de qualité biologique légère et très peu cuite, sans produits laitiers, sans gluten. Dans la plupart des cas, l'énergie se récupère dans les six jours.

Cancer uniquement ? Non, des milliers de gens ont suivi cette cure afin d'améliorer leur santé et accroître leur vitalité en réduisant leur masse graisseuse, sans pour autant souffrir de faim avec ou sans l'option de demi-cure. Méthode testée par l'Institut Suisse de thérapies physiques d'Amriwil.

Produit complémentaire - ***dans la deuxième partie de la cure BREUSS***, la phycocyanine substance issue de la fraction hydrosoluble de la spiruline. C'est un phytopigment protéique fluorescent bleu qui absorbe et capture les photons. Cette énergie solaire est transformée en énergie électro-biochimique contenant des sels minéraux, acides aminés, protéines, sucres, vitamines hydrosolubles, enzymes. Autant d'éléments aptes à réparer l'ADN cellulaire endommagé en soutenant et améliorant l'activité enzymatique du noyau cellulaire, tout en neutralisant les radicaux libres générateurs de lésions sur l'ADN.

La phycocyanine agit sur la production de cellules souches de la moelle osseuse qui est la source de la formation des composants du sang, notamment les globules blancs de l'immunité ; tout en renforçant la production de globules rouges porteuses d'oxygène agissant contre la formation de cellules cancéreuses. Les études scientifiques confirment aussi une action réparatrice en cas de radiations (radiothérapie) et de traitement médicamenteux chimique (chimiothérapie).

Boite de 21 ampoules buvables de 20,5 mg de phycocyanine. Une ampoule par jour, le matin à jeun, pendant 21 jours. https://www.regenat.com/phycocyanine-soleil-bleu

D2 – Cure GERSON – Elle concerne les individus qui ont subi une perte de poids importante. Différemment de la cure BREUSS, il ne s'agit pas de jeûner 42 jours, mais de bénéficier d'une alimentation spécifique sur une période de **4 à 9 mois**. Une application qui bénéficie d'une expérience de 80 ans aux USA – 6 ans en France.

A – Multi-enzymes – 9 à 12 verres par jour de jus frais de qualité biologique, composés de fruits, notamment pommes et carottes en alternance avec des jus frais de légumes biologiques variés. Cela nécessite l'achat d'un extracteur à jus – Choix d'appareil sur Terre de Jade www.terre-de-jade.com – terredejade689@orange.fr - ☎ 01 60 16 10 28.

Chaque heure de la journée, déguster un jus biologique : 1 jus d'orange au lever – 5 jus frais combinés de pomme-carotte – 3 jus frais de carotte – facultatif : prendre le jus d'un citron une fois par jour à la place d'un jus pomme-carotte.

Alterner avec 4 jus combinés de légumes verts : feuilles de laitue – scarole – jeunes feuille de betterave – 6 feuilles de cresson – 2 ou 3 feuilles de chou rouge – blettes – un quart de poivron vert. Passer à l'extracteur et consommer dans la minute, sinon verser le ou les jus séparément dans une bouteille et utiliser un bouchon et une pompe à faire le vide (voir cure BREUSS) afin d'éviter toute dégradation par oxydation, puis placer la bouteille au frais, consommer dans la journée, pas au-delà.

Le mélange de jus et de sels de potassium : diluer 100 gr de KALICLAIRE dans 1 litre d'eau – ou 75 gr dans 75 cl d'eau – mettre 2 cuillères à café de cette préparation dans chaque jus de légumes verts, ce qui correspond à 8 fois 700 mg – 0,7 gr – soit net 5 à 6 gr de sels de potassium par jour – cela donne un goût légèrement salé.

B – Autolyse tumorale – Remplacer impérativement le sel de table par du potassium sous la forme du complexe KALICLAIRE composé de gluconate, phosphate, acétate. Utiliser 2 cuillères à café de cette solution que l'on ajoute aux jus frais de légumes ou de fruits frais. Commande www.source-claire.com ☎ 01 64 58 64 82.

Tout ceci en association avec la Solution de lugol demi-forte – 5 fois 3 gouttes par jour. Commande en pharmacie ou ☎ 04 74 88 01 80.

C – Élimination déterminante des cellules mortes – l'indispensable régénération du foie en effectuant 2 à 5 lavements au café par jour, selon l'état d'avancement du cancer, garder le lavement 12 à 15 mn. Modalités, voir Section 2 – B1.

Différemment de la cure BREUSS qui est une forme de jeûne, cette formule permet de manger des aliments autorisés avec les jus, d'ailleurs GERSON n'était pas favorable au jeûne dans la plupart des cas.

Toutefois, il faut impérativement s'en tenir à une sélectivité alimentaire : proscrire toutes les graisses, les huiles et les protéines surtout animales, tous les produits laitiers, le soja, et le sel – *sodium*, ceci au profit des jus au ***potassium* ⇨ *sauf contre-indication rénale***.

L'appétit peut être réduit car les jus sont très nutritifs au plan de la vitalité cellulaire. Cette thérapie qui a permis de guérir des milliers de cas de cancers avancés est un tout indissociable, donc ne pas essayer de la dissocier.

Historique. Fin de la deuxième guerre mondiale, il y avait beaucoup de cas de tuberculose en raison des privations, du stress, que les populations avaient eu à subir. Ce sujet passionna GERSON. Dans ses mémoires, il dit « *Tout au long de mon travail sur la tuberculose, j'avais déjà* *appris au sujet de cette maladie, comme pour toutes les autres maladies dégénératives, on ne doit pas traiter les symptômes, c'est la totalité du corps qui doit être traitée. Mais comment réaliser la chose* ? ».

Progressivement, il comprit que la partie la plus importante de l'organisme était l'appareil digestif. Il fallait donc sélectionner des aliments légers à digérer, afin de générer un minimum de déchets de transformation. Pour lui, la plupart des maladies étaient dues à une saturation des organes émonctoires donnant lieu à un blocage de nombreux métabolismes vitaux.

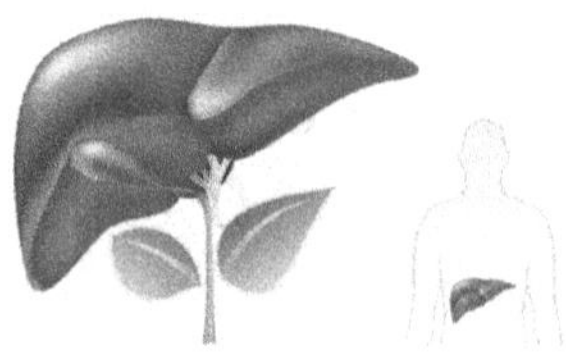

C'était l'accumulation insidieuse d'énormes quantités de toxines et de poisons qui était à l'origine de l'état pathologique. Plus précisément, il suspecta le foie d'être au centre du problème, ce dernier au-delà de ses multiples fonctions digestives est considéré comme le principal filtre du sang ; il transforme les toxines du corps, afin de les faire passer par les conduits biliaires et les éliminer par la voie biliaire vers l'intestin.

Cette analyse, ce raisonnement, l'amena à mettre sur pied un traitement consistant en une alimentation hypo toxique à base de fruits et de légumes de qualité biologique, cuits doucement à l'étouffé, sans eau ajoutée, donc dans leur propre jus, et cela dans des ustensiles non toxiques, en verre, en grès, surtout pas antiadhésifs, ou en aluminium. Pour le reste, il conseillait beaucoup de crudités finement râpées, à mâcher lentement.

Les patients devaient boire suffisamment de jus d'orange, de raisin, de carotte et de pomme. Mais il remarqua que les jus extraits à la centrifugeuse n'avaient aucun effet sur les patients. Ceci l'amena à utiliser uniquement des broyeurs avec une presse en inox de préférence. Ce sont des extracteurs que l'on peut trouver à des prix variant entre 300 et 400 €. Que l'on utilisera utilement par la suite, à vie.

Nota bene : Les jus de légumes et de fruits vendus en bouteille même de qualité biologique ne sont absolument pas acceptables pour le but recherché, car ils sont morts au plan enzymatique, énergétique ; ceux préparés industriellement sont pires car ils contiennent nombre d'additifs chimiques, de pesticides, de mauvais sucres, pour la conservation, la couleur, le goût, selon les critères du marketing industriel.

DANS TOUS LES CAS, DÉTOXIFIER L'ORGANISME.

GERSON voyait que sa méthode fonctionnait pour de multiples maladies, même lourdes. Ce qui l'a conduit au cas spécifique du cancer. Il déclara « *Lorsque j'ai exercé en clinique, les patients ont pu se rendre compte que les cas les plus avancés, et même quelques individus en phase terminale, pouvaient être sauvés. On m'amena de plus en plus de cas similaires, et j'ai été poussé à m'occuper d'eux.*

À un moment donné, je n'avais plus à traiter que des cas de cancer en phase terminale. Si je n'avais pas pu les sauver, ma clinique se serait transformée en mouroir. On m'amenait parfois les malades sur des civières. Ils ne pouvaient plus marcher, ils ne pouvaient plus manger. C'était vraiment très difficile. J'ai donc dû mettre au point un traitement qui pouvait aider ces cas très avancés. Là, j'ai littéralement été poussé dans le dos.

« *Je suis convaincu que le cancer ne nécessite nullement un traitement spécifique. Quand on parvient à remettre l'appareil digestif et le foie en équilibre, les désordres locaux disparaissent. L'appareil digestif est très empoisonné chez les personnes cancéreuses. Il faut nécessairement réaliser une détoxification sur les personnes atteintes de cancer, qui pour les cas les plus avancés, peuvent à peine manger, n'ont plus de sucs digestifs et dont le foie et le pancréas ne fonctionnent plus. Il faut noter que chez les personnes souffrant de cancer, le niveau de fonctionnement des enzymes oxydantes est très bas* ».

L'expérience nullement égalée du Dr GERSON pour le traitement efficace du cancer est une fameuse référence permettant de valoriser tous les protocoles décrits dans ce trentième chapitre.

SODIUM – POTASSIUM – IODE

Le Dr GERSON avait observé que l'adoption d'un régime sans sel chez des personnes atteintes de tuberculose, de cancers et d'autres maladies graves entraînait une augmentation d'excrétion de sel dès les 2 à 3 jours qui suivent. Déduire que les cellules cherchent à se séparer du sodium dès qu'elles en ont la possibilité. Le régime sans sel rend possible le rétablissement des troubles aigus ou chroniques classiques de tous types.

Les cellules cancéreuses vivent essentiellement de fermentations, alors qu'à l'inverse le potassium et les enzymes oxydantes introduisent l'oxydation (apport en oxygène majoré). Les expériences de GUDENATH ont démontré que l'iode est nécessaire pour faciliter et accroître ce phénomène d'oxydation. Donc, « *en supprimant le sodium et en associant potassium et iode nous tuons ces cellules cancéreuses, parce que nous éliminons les conditions qui leur sont nécessaires pour continuer à se multiplier* ».

Le potassium. Selon GERSON, un des problèmes fondamentaux à l'origine des maladies est la perte de ce sel minéral au niveau cellulaire, perte associée à l'envahissement des cellules par le sodium qui attire l'eau, d'où l'œdème cellulaire. Dans leur ouvrage "*Enzymes*", DIXON et WEBB montrent que le potassium est un catalyseur (accélérateur) enzymatique alors que le sodium se comporte comme un inhibiteur, entraînant une perte de potentiel électrique cellulaire et une diminution des processus oxydatifs.

GERSON comprit qu'il était donc nécessaire de donner d'importantes quantités de potassium. Il dit qu'il a dû procéder à environ 300 expériences pour trouver la bonne combinaison de potassium qui est la suivante : 33 gr de gluconate de potassium - 33 gr de phosphate de potassium –monobasique - 33 gr d'acétate de potassium. Seule la préparation KALICLAIRE correspond à ce dosage précis, il n'y a aucun équivalent en pharmacie.

L'iode. Quand la solution de Lugol est introduite dans l'organisme, elle pénètre immédiatement la masse cancéreuse. Les cellules cancéreuses matures l'assimilent rapidement, grossissent en prenant le maximum absorbable, vraisemblablement avec un peu de sodium. Rapidement, le sodium venant à manquer, ces cellules prennent le potassium ainsi que la série des enzymes oxydantes issues du protocole, ce qui au final va les faire mourir.

Nota : Ceux qui souhaitent se procurer cette solution se heurtent souvent à une fin de non-recevoir de la part des pharmaciens. Ces derniers prétendent que ce n'est pas réalisable ou demandent une ordonnance médicale ; ou disent que ce produit est ancien qu'il n'existe plus.

Pourtant, il existe deux formules de Soluté de Lugol – iode – dans le manuel du préparateur en pharmacie, une formule forte et une faible. La formule demi forte donne un dosage intermédiaire d'Iode dosée à 0,5 gr – Iodure de potassium à 1 gr – Eau distillée qsp 100 gr. S'il arrivait d'en manquer, commander cette préparation au ☎ 04 74 88 01 80.

L'INDISPENSABLE ALIMENTATION BIOLOGIQUE

Impossible de guérir des gens très malades en mettant des poisons dans leur organisme. Pas de détoxification possible d'un organisme quand la nourriture apporte régulièrement de nouveaux poisons – CQFD. L'une des causes premières du taux de cancers qui ne cesse d'augmenter. La nourriture "normale", habituelle, n'est plus normale du tout ! Elle est mise en bouteilles, en conserves, elle est aspergée, empoisonnée, colorée, surgelée, imprégnée d'acides et d'additifs. Le constat s'impose de lui-même, nous n'avons plus accès à une nourriture normale vivifiante.

Aliments autorisés dans la cure GERSON, uniquement ceux de qualité biologique : abricots – ail – artichaut – asperge – aubergine – banane une demie par semaine *car riche en potassium* – betterave et fanes – blette – brocoli – carotte – céleri rave ou en branche – cerises – chicorée – chou frisé – choux rouge en petite quantité – chou-fleur – ciboulette – citron – coriandre – courgette – cresson – endives – épices en petite quantité – flocons d'avoine – fruits crus – fruits secs – groseilles – haricot vert – huile de lin bio – laitue – mandarine – mangue – melon – miel 1 à 2 cuillères à café/jour – orange – oignon – pamplemousse – patate douce – pêche – persil – poireau – poire – poivron rouge – pomme – pomme de terre – prune – radis *sans les fanes* – raifort – raisin – rhubarbe – riz brun ou riz sauvage *une fois par semaine* – roquette – salade romaine – scarole – sucre brun – tomate – vinaigre de cidre, sans sulfites.

Aliments interdits : alcool – alfalfa ou graine germée de luzerne – aliments industriels – aliments raffinés, salés, fumés – ananas – avocat – baies – beurre – bicarbonate de sodium dans l'alimentation, en gargarisme ou en dentifrice – boissons industrielles – bonbons – cacao – café en boisson – champignons – chocolat – concombres *car difficile à digérer* – conserves – crème fraîche – poivre, paprika, basilic, origan – épinard cru – farine blanche – fluor (*dentifrices et eau du réseau*) – fromages (*tous*) – gâteaux – glaces – graines de lin, tournesol – graines germées – graisses animales – huiles, toutes, sauf de lin – huiles hydrogénées – lait – légumineuses, haricot, lentille... Margarine – matière grasse de substitution – moutarde – toutes les Noix : amandes, cacahuètes, noix, noix de cajou, noisettes.... Noix de coco – œuf – piment – poissons et fruit de mer – produits laitiers (*tous*) sel de mer, de table, de céleri, tamari, sauce soja... Sel d'Epson – sodas – soja sous toutes ses formes – sucre blanc – suppléments protéinés – thé noir – viandes (*toutes*).

Divers. Dans le cas de phase terminale, GERSON recommandait un lavement à l'huile de ricin tous les deux jours pendant deux semaines. Le souci est de trouver aujourd'hui cette huile non rectifiée. De nombreux cas désespérés ont ainsi pu être solutionné et les individus remis sur pied.

Il est surprenant de savoir que pendant une soixantaine d'années, personne en France n'a jamais entendu parler de cette extraordinaire pratique thérapeutique, l'objet de deux ouvrages en langue anglaise, consultables sur www.gerson.org ; une traduction en français est disponible aux éditions Guy Trédaniel. Elle relate plus en détail tous les travaux de cet homme de cœur et d'esprit, dont le célèbre Dr Albert SCHWEITZER disait de lui qu'il était un génie de la médecine ! D'ailleurs, un centre de soins portant le nom de GERSON Institute soigne des milliers de cas chaque année aux USA, pour un coût de plusieurs milliers de dollars par personne, donc inaccessible aux plus pauvres.

Durée de la cure. C'est un processus particulier d'une personne à une autre, cela peut donc varier de 6 mois à 12 mois.

Attention. Il n'est pas possible de faire cette cure en même temps que la chimiothérapie. Il faut attendre 3 semaines avant de débuter la cure

GERSON. En commençant par un protocole allégé afin de ne pas détoxifier l'organisme trop rapidement.

SECTION 5 – LE PROGRAMME D'AUTO TEST DU PANCRÉAS DU DR. KELLEY

Autotest du pancréas. Le Dr KELLEY a mis au point un programme permettant à chacun de déceler un dysfonctionnement pancréatique, cela bien avant que ne se forme une tumeur, ou le processus métastasique[52] car les deux sont liés. Pour ce faire, commander en pharmacie du CREON ou EUROBIOL gastro-résistant à 25000 U en boites de 60. Prendre 1 gélule à chaque repas et une autre au coucher, soit 4 par jour pendant six semaines. A) Si pendant cette cure test l'on ressent un état maussade, des nausées, des vomissements, des poussées de fièvre, des maux de tête, c'est qu'une tumeur maligne détectable est en formation dans l'organisme. B) Si après la cure, l'on se sent mieux, si la digestion s'améliore, si l'on ressent plus d'énergie, c'est que l'organisme s'est positionné en phase précancéreuse.

Si le pancréas n'a pas la capacité suffisante pour digérer la nourriture, ni pour assurer l'activité normale d'épuration, c'est la condition potentielle permettant à la masse tumorale de se développer au cours des 2 à 4 années suivantes. Prendre alors 2 ou 3 capsules de pancréatine CREON aux repas et au coucher à vie. Si après six semaines de ce programme-test, l'on ne souligne aucun des symptômes précités en A) ni l'impression d'un mieux-être précité en B), c'est le signe que la production enzymatique du pancréas est suffisante. La recommandation finale portera à reproduire l'autotest, par période de 18 mois.

---

[52] Voir ci-dessous comment se forme les métastases, point clé●

CREON – il s'agit ici de soutenir un pancréas défaillant selon l'expérience du Dr. W.D. KELLEY touché lui-même par un cancer. C'est une action complémentaire à celle du Dr GERSON orientée sur le foie. Les travaux de ces deux chercheurs sont plus compréhensibles lorsque l'on assimile le processus cellulaire de l'embryon et des métastases, développé ci-après.

Le processus des métastases – Point clé ●

Les trophoblastes sont les cellules périphériques de l'œuf qui forment le placenta de la mère. Ce dernier relié à l'embryon va le nourrir jusqu'à son complet développement. Les trophoblastes génèrent d'une part les cellules souches, d'autre part une série de cellules migrante vers les testicules et les ovaires du fœtus, selon qu'il s'agisse d'un garçon ou d'une fille.

Au cours de cette migration, environ trois milliards de trophoblastes ne parviendront pas jusqu'à leur cible et seront répartis et intégrés à des cellules spécialisées formant les divers tissus non génitaux de l'embryon. Ce processus du placenta dit *métastasique* formant des trophoblastes se développerait indéfiniment sans l'action d'une enzyme, la *pancréatine* secrétée par la mère, la septième semaine de grossesse, afin de bloquer ce processus en temps opportun.

Rapport entre pancréas et cancer. Au cours de la vie adulte, si le gène des cellules trophoblastes issues du processus placentaire *métastatique* initial venait à être exprimé (sollicité) alors celles-ci chercheraient à reproduire leur parcours embryonnaire initial consistant à former du tissu placentaire pour un fœtus qui n'existe plus.

Tout individu porte donc en lui un potentiel cancéreux de type *métastasique* qui peut s'exprimer, se déclencher, à tout moment de la vie. Est-ce inquiétant ? Non tant que la *pancréatine* est suffisamment secrétée pour neutraliser cette migration potentielle tout au long de la vie comme elle le faisait à l'état embryonnaire, via la pancréatine de la mère.

QUELS SONT LES PRINCIPAUX FACTEURS D'EXPRESSION DES GÈNES ?

➢ Une insuffisance de sécrétion d'hormones pancréatiques.

➢ Un apport trop important de protéines mobilisant de trop le pancréas.

➢ Un état de toxification consécutif à une surcharge permanente de toxines du foie.

➢ Un excès d'hormones femelles dans le sang consécutivement à la consommation de laitages – viandes – poissons d'élevages – bière… qui en contiennent.

➢ Les effets cellulaires des sucres industriels et synthétiques – des substances chimiques – des métaux lourds…

➢ Une déprogrammation de la signalisation cellulaire consécutive à un traumatisme physique et/ou psychique.

À l'âge de 37 ans le Dr KELLEY était atteint d'un cancer du pancréas en phase terminale avec une atteinte hépatique jugée incurable. Finalement il vécut jusqu'à 79 ans, car il entreprit la cure GERSON appliquée à quelques 33.000 cancéreux à travers le monde. Des faits d'une très grande importance, une fois de plus occultés par les universités de médecine, par conséquent ignorés du corps médical intermédiaire qui dans son ensemble est routinier, ne cherchant pas à étendre son savoir universitaire bien incomplet, conditionné par Big Pharma. Voir les chapitres 27 et 29.

KELLEY est l'auteur du livre *"Se guérir du cancer sans chirurgie, sans chimiothérapie ou radiothérapie, c'est possible !"* Au 19e siècle, le Dr. BEARD de l'université d'Édimbourg l'avait précédé sur l'effet de la pancréatine dans le processus d'annihilation des cellules cancéreuses.

Les fonctions clés du pancréas. 1- Assurer le métabolisme des sucres / diabète par défaut. 2- Produire des enzymes digestives : l'Amylase qui assure la digestion des féculents, du glycogène et autres hydrates de carbone – la Lipase qui assure la digestion des lipides (graisses) – la Protéase qui digère les protéines / fibrose kystique par défaut chez l'enfant, ou la cachexie (perte de poids, fatigue, atrophie musculaire). 3- Assimiler, autophager (dégrader) les déchets du métabolisme cellulaire – les déchets extracellulaires, les cellules mortes ou dysfonctionnelles – les cellules latentes pré-placentaires ayant potentiel à devenir des métastases.

La détoxification. En réalité l'organisme ne meurt pas du cancer mais des suites de l'intoxication et de la dénutrition qui lui est associée. Plus la tumeur grossit, plus elle produit des déchets cellulaires qui surchargent les émonctoires : intestin – foie – poumons – reins – peau. Lesquels sont saturés jusqu'à ce que l'individu meure d'une intoxication massive. De ce fait, avant d'entreprendre un processus de guérison, il est essentiel que l'organisme puisse évacuer les toxines accumulées, le plus tôt sera le mieux.

Le foie, organe clé. Il filtre le sang des impuretés et poisons de toutes sortes afin de préserver l'intégrité du cerveau, du cœur, reins, pancréas, sans l'efficience desquels ce serait une mort assurée. Pour que le foie puisse être opérationnel, l'on aura bien compris que l'individu confronté à un état cancéreux puisse se raisonner en ne consommant plus d'aliments industriels dénaturés, ni d'alcool, de boissons gazeuses, sodas, pâtisseries, sucres raffinés, désodorisants chimiques, huiles végétales raffinées, fritures…

L'obstruction biliaire. Au début de la vie, les tissus de la bile sont souples, au fil des années, ils durcissent et créent une obstruction du réseau biliaire. La réduction du flux biliaire qui s'en suit est la cause d'une stagnation, d'une congestion hépatique, par conséquent une assimilation des lipides très difficile. Ce qui génère de nombreux problèmes : eczéma – psoriasis – sécheresse de la peau – perte de cheveux – tendinites – aveuglement nocturne – calcification des tissus – hypertrophie de la prostate – hémorroïdes, lesquelles ont un lien de blocage de la veine porte qui draine le foie. Reste la solution du drainage des voies biliaires par lavements au café – voir la procédure en section 2 – B1.

L'habile camouflage des tumeurs. La tumeur se place à l'abri de l'action du système immunitaire en s'abritant derrière une couche d'hydrates de carbone – *amidon ou déchets colloïdaux des produits farineux dénaturés* – de sorte que les cellules de l'immunité ne puissent rien percevoir d'autre qu'un tissu apparemment sain. La pancréatine –

CREON – est la seule solution car elle contient 1) une forte proportion de trypsine qui enraye la croissance de la tumeur 2) d'amylase qui dissout l'amidon. La combinaison de ces deux enzymes déstructure jusqu'à 97% les enveloppes tissulaires d'amidon, permettant de mettre à nu la tumeur, de la dissoudre, la liquéfier et l'expulser de l'organisme, via le sang, sur la base des protocoles cités plus haut.

Le cas ahurissant du Carzodelan, un précieux produit injectable à base d'extrait pancréatique, ayant sauvé des milliers de cancéreux pendant un demi-siècle, qui a été retiré du marché sans aucun motif. Actuellement, il ne reste plus à disposition que du CREON – gastro-résistant aux sucs gastriques. A l'origine de son retrait l'entêtement du milieu médical à ne pas reconnaitre l'importance majeure des enzymes pancréatiques dans le traitement du cancer. A l'arrière-plan, la mainmise des élites de l'industrie pharmaceutique et le plan malthusien de la gouvernance mondiale occulte.

SECTION 6 – LES MALADIES PSYCHOSOMATIQUES

Tiré du grec *psukhé* signifiant – esprit et *soma* signifiant – corps. Une maladie caractérisée par des symptômes physiques liés ou consécutifs à des facteurs d'ordre psychique : angoisse – stress – détresse morale – grande déception morale, affective, professionnelle…

Avant l'apparition du langage, les premières émotions du bébé sont exprimées de manière viscérale. Ce premier niveau d'organisation, d'expression innée, subsiste tout au long de notre vie. Psychisme, état mental et état organique, sont fortement corrélés.

Un traumatisme psychologique : décès – divorce – séparation – accident – perte d'emploi – peut impacter un système physiologique. Il est avéré qu'il existe un lien entre le système nerveux, le système immunitaire et les maladies qui en découlent.

Lorsque le corps mental subit des coups durs ou s'il fait l'objet d'une quelconque forme de pénibilité durable, le corps physique en ressent les effets, les conséquences. Si un individu est confronté à de fortes pressions, il risque d'être débordé par des tensions, surtout s'il est incapable de les exprimer. À ce stade, les défenses de *psukhé* sont dans l'incapacité de maitriser ces tensions. C'est alors que les défenses de *soma* prennent le relais, la relève, dès lors les somatisations peuvent survenir.

Si le stimulus négatif est bref et de faible intensité, l'organisme de chair se rétablit seul. Par contre, si l'intensité est forte et répétitive, ou si l'intensité est faible mais de longue durée, *la goutte d'eau qui ne cesse de tomber sur le sommet du crâne*, les défenses immunitaires s'érodent, ce qui expose le corps à toutes sortes de maux.

La première maladie ayant une origine psychosomatique fut l'ulcère de l'estomac. Les troubles gastro-intestinaux sont les maux les plus fréquents, ainsi que la perte de libido. Dans la culture chinoise, le ventre est le *Chi*, la zone où se recoupent tous les méridiens, le centre des énergies. D'ailleurs, la plupart des gens confrontés à une peur, une grande contrariété… ressentent une impression de blocage, de lourdeur, au niveau du ventre.

Nombre de maladies de la peau ont une origine somatique : le psoriasis – verrues – herpès – transpiration excessive – couperose – dartres – aphtes... Par exemple, le nourrisson dans l'incapacité de communiquer ce qu'il ressent va l'exprimer avec son corps : dérèglement du sommeil, vomissements – asthme – retards de croissance, sans pour autant souffrir d'un déséquilibre psychique.

Chez l'adulte, l'adolescent il s'agira de migraine – hypertension artérielle –boulimie – anorexie – de maladies cardio-vasculaires liées à la consommation anormale de sucres, de gras, de mauvais produits alimentaires, générant des symptômes évidents d'addiction, de déséquilibre au plan de l'affectivité, du psychisme. Il en va de même pour l'évolution de certains cancers. Le chercheur de réputation mondiale, Lawrence Le SHAN a conclu qu'une solitude brutale, prolongée, un traumatisme émotif violent, un état psychologique désespéré interviennent sur la morbidité cancéreuse.

Conclusion de ce trentième chapitre. Le 23 décembre 1971, Richard NIXON, président des États-Unis et soutien du cartel de la véritable gouvernance mondiale, annonce à toute la presse qu'en 1976, date du bicentenaire de l'indépendance, la victoire sur le cancer sera totale. Sa déclaration s'appuyait sur des affirmations de « spécialistes » persuadés que le cancer ne passerait pas l'an 2000.

Le cancérologue réputé Sidney FARBER disait à son tour « *Nous touchons au but, ce dont nous avons besoin c'est de l'énergie et des crédits identiques à ceux qui ont permis d'envoyer un homme sur la lune* ». En 2003, Jacques CHIRAC, président français, déclara à son tour la guerre au cancer.

Aux États-Unis où les chiffres, les données, sont bien plus transparentes et supérieures en nombre à celles de la France, les autorités sont dans l'obligation de reconnaitre qu'après vingt années de soi-disant avancées scientifiques et malgré 40 milliards attribués à ce type de recherche, non seulement ***la guerre contre le cancer est perdue, mais la maladie ne cesse de s'étendre, de progresser***.

En France, à minima 50% des hommes et 33% des femmes seront confrontés au cancer au cours de leur existence ; ce pourcentage est quasi identique dans les autres pays occidentaux. La médecine actuelle n'est que le complice avéré, l'interface servile, des objectifs implacables du cartel pharmaceutique et de l'OMS, fidèles suppôts du gouvernement de l'ombre. D'une façon générale, les thérapies médicales que Big Pharma s'ingénie à imposer au grand public sont impuissantes à guérir une majorité de maladies.

Concernant les traitements lourds de la chimio & radiothérapie tout est organisé pour cacher le niveau réel de mortalité. Quatre-vingt-dix pour cent des gens traités avec ces poisons en meurent cinq à sept ans plus tard. Un fait dénoncé par l'équipe du Dr GERNEZ, découvreur de la cellule souche, médaille d'or de médecine.

L'article paru dans la revue Clinical Oncology sous le titre « *The contribution of Cytotoxic Chemotherapy to 5 year Survival Adult Malignancies* » donne la synthèse des études cliniques avec chimiothérapie au cours des 20 dernières années. L'analyse porte sur 72.964 patients en Australie – 154.971 aux États-Unis. Au total, sur ces deux continents, la conclusion est consternante, la survie ne concerne que 2,3% des malades.

Les auteurs de cet article sont trois professeurs australiens, ils se demandent comment une thérapie si mauvaise a pu connaitre un tel succès commercial. Après 20 années de recherche intensives en chimiothérapie, incluant des milliards $ provenant de fonds divers et de dons de grandes organisations. Ils se demandent aussi comment un échec si marquant ne soit ni annoncé, ni dénoncé, une fois pour toutes.

L'enquête internationale du Dr Ulrich ABEL, épidémiologiste allemand de la Heidelberg Mannheim Tumor Clinic, a consisté à recueillir auprès de 350 centres médicaux répartis à travers le monde toutes les données disponibles sur tous les essais réalisés en chimiothérapie.

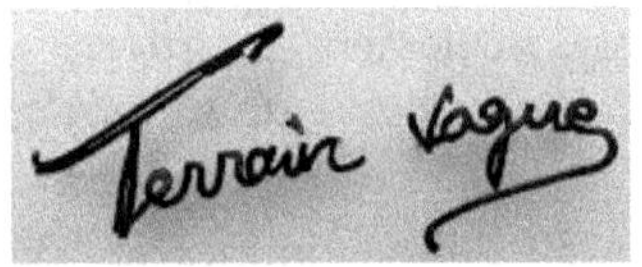

Dans un deuxième temps ABEL compile et analyse tous ces documents, après deux années d'un travail long et fastidieux, il conclut en disant « *le taux de réussite global de la chimiothérapie à travers le monde est consternant. Il n'y a aucune preuve nulle part indiquant que cette thérapie peut prolonger de façon sensible la vie de patients souffrant de cancers organiques les plus courants ; Au plan scientifique c'est identique à un terrain vague* ; *Assurément quatre-vingt pour cent de la chimio administrée à cette grande multitude de gens est inutile* ».

RÉSUMÉ DES POINTS CLÉS.

Chapitre 3 - L'histoire de l'alimentation

Egypte : Des analyses précises faites sur les momies et les ossements démontrent des problèmes de santé surprenants. Leurs dents étaient gâtées, ils avaient souffert d'artériosclérose, de maladies osseuses, cardiovasculaires, d'obésité. Des pathologies consécutives à une alimentation quasi exclusivement composées de **céréales hybridées**, génétiquement **non conformes au génome originel**. Mêmes conséquences pour les populations contemporaines du Mexique dont la base alimentaire est faite de maïs multi-hybridé. Point clé ● - lien à faire avec l'explicatif du chapitre 7

Chapitre 4 - Raréfaction des terres agricoles

Assurément le sol est un fragile assemblage de fines couches minérales et organiques qui régule la rétention et circulation de l'eau, de l'air, à la surface de la Terre. Toutes les formes de vie de la planète en dépendent. Le sol est une ressource non renouvelable, une fois érodée cette matière vitale est perdue pour des millénaires – point clé ●

C'est un effondrement complet de la faune qui a pour rôle de remonter tous les éléments utiles des couches profondes du sol vers la surface, au profit des racines des plantes. Ils avalent la terre en se déplaçant se nourrissant de la matière organique – carbone – qu'elle contient, laquelle est rejetée sous forme de déjections ; ce sont des agrégats stables constitués d'un mixte de matières organiques et minérales. Ils participent à la formation des sols, ils y immobilisent les composés organiques jusqu'à ce que d'autres organismes s'en nourrissent et les remettent en mouvement.

Ces déplacements ont pour effet primordial de brasser les couches du sol, entraînant en profondeur des éléments de surface et inversement. Idem pour les petits mammifères, mulots, campagnols, musaraignes, souris, taupes, très actifs pour creuser des réseaux de galeries. Un véritable labour à condition de pouvoir s'abstenir 1) des effets hormonaux des pesticides, fongicides qui stérilisent ces animaux 2) des effets destructeurs des engins agricoles. Les véritables nuisibles, qui bouleversent l'organisation des sols en enfouissant les couches superficielles et inversement en faisant remonter les couches profondes à la surface ; bouleversant le processus naturel d'enrichissement des sols et brûlant la faible proportion de matière organique existante par intrusion d'azote – point clé ●

Les engrais chimiques trop azotés détruisent les familles de champignons, lesquels sont à l'origine de la digestion de la cellulose pour la production d'humus. Ce qui favorise la prolifération de familles de bactéries à l'origine d'une minéralisation excessive de la matière organique dont le niveau utile s'effondre. Conséquences, le niveau d'acidification et l'érosion des sols augmentent – point clé ●

Alors que selon le processus naturel ces éléments nutritifs à la surface du sol sont destinés à ne pénétrer que lentement, progressivement, dans les couches profondes sous l'action spécifique de la faune et de la flore du sol. Le labour est un acte mythique qui remonte à l'origine de l'humanité. Le problème de Caïn[53] confronté à une terre maudite produisant plus de ronces que de bons fruits. Une grossière erreur puisque c'est une façon brutale de défoncer la terre pour espérer en tirer le meilleur parti – point clé ●

Sachant qu'un labour, avec un moteur thermique, dégage une tonne de gaz carbonique à l'hectare, tandis que la technique de semis directs précitée permet tout au contraire de stocker de 3 à 5 tonnes de ce même gaz dans le sol. Si tous les agriculteurs du monde arrêtaient de labourer la diminution de ces gaz serait de 40% sur la planète, car le sol a une puissance respiratoire phénoménale. Lorsque l'on enfouit contre nature de la matière organique dans le sol, en l'absence d'oxygène le nitrate va se transformer en protoxyde d'azote, lequel monte dans la stratosphère détruisant la couche d'ozone ; puis il se transforme en acide nitrique formant les pluies acides tombantes sur terre. Tout

---

[53] « *Quand tu cultiveras le sol, il ne te rendra pas sa force* – Genèse 4 : 12 » Malédiction levée définitivement après le déluge de Noé.

désordre appliqué sur le sol aura forcément des répercussions sur le climat – point clé ●

Chapitre 6 - Les céréales et les OGM

Pour la partie invisible des mutations. La revue Public Library of Science publie une nouvelle étude démontrant que des fragments protéiques d'ADN d'aliments GM porteurs de gènes complets pas entièrement fractionnés, ni dégradés en acides aminés, sont en présence suffisante pour traverser la barrière intestinale et entrer via le sang dans les ensembles cellulaires par un mécanisme inconnu. Un millier d'échantillons de sang humain ont été répartis auprès de chercheurs de quatre sites de recherche indépendants. Il ressort de cette analyse qu'à la lecture de plusieurs échantillons la concentration de l'ADN d'origine OGM est plus élevée que celle des cellules du sang. Point clé ●

Chapitre 7 - Des céréales ancestrales à celles d'aujourd'hui

En 2005, le décryptage du génome du riz Orysa sativa a demandé six années de travail aux chercheurs de l'Institut pour la recherche génomique – TIGR. Il se compose de 430 millions de base d'ADN formant 37.544 gènes répartis sur douze chromosomes, quelques milliers de plus que ceux de l'homme. C'est le plus petit génome comparé à celui du maïs, 5 fois plus gros, et comparativement à celui du blé 40 fois plus gros. Pour les généticiens, le riz est une référence, un modèle génétique, un sésame, une pierre de rosette, permettant d'étudier le génome de toutes les autres céréales – point clé ●

La fragilité physiologique de l'intestin n'est pas la seule en cause. Les microorganismes indésirables de la flore intestinale, du microbiote, notamment les microchampignons candida albicans qui se nourrissent de gluten et autres protéines déconformées vont rejeter leurs toxines, ou métabolites, dans l'intestin. Cette incursion toxinale va activer le système immunitaire à des degrés divers jusqu'à provoquer un état inflammatoire qui conduit à diverses pathologies, faussement nommées auto-immunes car un organisme nourrit en toute conformité, avec des aliments génétiquement non modifiés, non additivés, ne génère aucun anti corps nocif contre lui-même – point clé ●

Point clé ● – **Le blé ancestral n'existe plus**. Au cours des 60 dernières années, lors de la Révolution verte et pour satisfaire aux exigences de rentabilité de l'industrie agroalimentaire, les généticiens, notamment Norman BORLAUG, augmentent la productivité du blé par rétrocroisement génétique. Les rendements seront multipliés par dix en quelques décennies, mais préjudice majeur le génome[54] des blés originels sera profondément modifié, en particulier la déconformation protéique du gluten (de surcroit, du gluten est surajouté à la farine de blé lors de la panification). Lequel sous l'effet du glyphosate des désherbants dégrade l'intestin, tandis que sa nature opioïde altère le cerveau.

Mais à force d'hybridations successives, en moins d'un demi-siècle, le blé, la céréale la plus consommée au monde est devenue **un mutant monstrueux**. Pas surprenant que sa consommation quotidienne affecte la santé, le bien-être, la capacité de réflexion, d'une moitié de la population mondiale. Une céréale d'autant plus inadaptée à la santé publique qu'elle est cultivée sur des terres épuisées par la mono culture et l'action foncièrement néfaste des engrais chimiques, sols dont les couches profondes sont désormais privées de l'activité irremplaçable de la microflore et de la microfaune.

Chapitre 10 - Sucres raffinés, édulcorants

Le saccharose : *Canne à sucre et Betterave = sucre blanc ou roux cristallisé.*

Saccharose, sucrose, ou sucralose, sont issus de la betterave sucrière ou de la canne à sucre. C'est le constituant du sucre blanc, riche en calories vides, car complètement dénué de vitamines et de minéraux. Comme tous les aliments blanchis et raffinés à l'index glycémique - IG - élevé : farines, pâtes, pain, riz… tous les sucres industriels imposent à l'organisme de compenser leur effet acidifiant – pH acide – en puisant dans ses réserves de calcium, de minéraux, d'enzymes – ce que l'on nomme « Effet tampon », tout comme pour les effets acidifiants du lait animal. Plus l'organisme tamponne les aliments acides, plus il se

[54] Le génome est l'ensemble du matériel d'une espèce, il est souvent comparé à une encyclopédie dont les différents volumes seraient les chromosomes. Les gènes seraient les phrases contenues dans ces volumes, écrites dans un langage codé.

déminéralise, plus les problèmes osseux et autres maladies du métabolisme s'installent, dont le diabète ; Et l'addiction au sucre au même titre que la cocaïne – Point clé ●

Les expériences déterminantes. Tout d'abord celle faite en 2007 à Bordeaux, au CNRS, par l'équipe de Serge AHMED, démontrant chez le rat les effets du sucre industriel raffiné, semblables à ceux des drogues dures, elles aussi objet d'un raffinage[55].

90% des rongeurs préféraient boire de l'eau sucrée leur donnant plus de satisfaction, plus de plaisir, que la drogue mise à leur disposition tout à côté du sucre. Cette préférence est observable aussi chez des animaux déjà sensibilisés au préalable aux effets de la cocaïne après une prise continue de cette drogue. Même phénomène surprenant avec l'héroïne dont le potentiel addictif et la dangerosité sont plus élevés.

Le goût de ce type de sucre augmente chez les mammifères la production de dopamine dans le striatum ventral – zone du cerveau correspondant au centre de la motivation – et la libération de peptides (fraction de protéine) opioïdes, sorte de morphines endogènes agissantes sur les différentes composantes du neuro-circuit de la récompense et de la motivation.

Témoignage par l'image
http://www.dailymotion.com/video/x2i5lv7_l-autre-poudre-blanche_tech

Le fructose : Fruits et miel. C'est un sucre simple à l'état naturel, contenu dans les fruits, dont l'indice glycémique est bas (20). Il est parfaitement assimilable car il est associé aux fibres, aux antioxydants, aux sels minéraux, des fruits mûrs et frais, c'est le résultat naturel d'une synthèse chlorophyllienne. Il n'a que peu d'effet sur la glycémie, sa consommation raisonnable n'a pas d'incidence sur le diabète, l'obésité, contrairement au saccharose et autres sucres synthétiques – Point clé ●

[55] Voir le chapitre 23 - drogue contemporaine - point clé●

Conclusion : contrairement aux bienfaits du sucre naturel des fruits, légumes, qui se combine à la sève, chlorophylle, ferments, vitamines, sels vitalisés, des cellules végétales – point clé ● – le saccharose (99,8%) du sucre blanc de densité atomique 98.4 à 99.5, classé poison, est à l'origine du diabète – de l'obésité – de l'accoutumance – il est tout aussi dangereux que le tabac et l'alcool. Sinon plus sournois car sa consommation semble être un acte anodin, un plaisir simple au quotidien pour la grande majorité des gens. Les firmes l'ont compris depuis longtemps, c'est pourquoi elles en ajoutent à une multitude de produits industriels pour rendre dépendant, addict, et surtout fait vendre.

Ce poison irrite les membranes des muqueuses, des vaisseaux sanguins, des tissus et glandes (surtout le pancréas), paralyse le péristaltisme (contractions) de l'intestin soumis à une fermentation excessive, d'où l'affaiblissement du système immunitaire, car l'intestin en est le siège.

Il augmente par cinq la pression osmotique du tissu dentaire situé à 7 Atomes et déminéralise les tissus : dents cariées – ostéoporose – arthrite – arthrose… Il conduit au rachitisme, surexcite les centres nerveux, provoque des insomnies, peurs nocturnes, nervosisme, si fréquents chez l'enfant en bas âge. Mais sans que les parents ne sachent pourquoi, après leur avoir donné au cours de la journée, pour les nourrir et/ou les récompenser, une succession de bonbons, gâteaux, barres chocolatées… et même un biberon d'eau sucré avant de les coucher.

Chapitre 11 - les nanoparticules

Elles peuvent être bio réactives en ayant une réactivité nocive avec d'autres molécules de l'organisme et celles issues de l'alimentation (synergie). Du fait de leur nano dimension, elles pénètrent facilement la barrière intestinale jusqu'aux ensembles cellulaires, tissulaires et peuvent générer une dysfonction du système immunitaire, provoquant des pathologies spécifiques, ou mixtes, sur le moyen terme. Notre organisme confronté à de tels poisons est impuissant. En 2009, une étude de Roel SCHINS de l'Institut de recherche sur la santé de Düsseldorf révèle la nocivité des nanoparticules de silice, de dioxyde de titane, sur les cellules intestinales, provoquant la maladie de Crohn et des lésions sur l'ADN. Point clé ●

Chapitre 14 – Les boissons, café, thés, vins, bières…

L'anhydride sulfureux ou dioxyde de soufre – E220 à E 224 – E226 à E228 – utilisé comme conservateur du vin, le plus dangereux des additifs, est également ajouté aux bières, vinaigre, moutarde, fruits secs, charcuteries, confiseries, fruits confits, confitures… Pour ce seul additif, puissant neurotoxique, la dose admissible est dépassée journellement pour un million de Français. Mis à part cet intrant, aucune législation n'impose de mentionner sur l'étiquette toute la panoplie chimique utilisée pour la vinification – point clé ●

Chapitre 15 – L'eau

La relation entre aluminium et Alzheimer a été démontrée à maintes reprises par diverses études, internationales, dont celles de l'INSERM, du CNRS, mais elles ont toutes été déniées par les pouvoirs publics. L'aluminium de l'eau se cumule à celui de la vaccination dès l'enfance et à celui de la vie au quotidien, farine de blé blanchie à l'aluminium, feuille alu de cuisine, canettes de boisson, déodorant… Voir ce témoignage par l'image https://www.youtube.com/watch?v=-gAsSR6g7SU Point clé ●

Chapitre 16 - Les corps gras

Les mensonges sur le cholestérol. « *Mon analyse de sang indique un niveau élevé de LDL. Mon docteur dit qu'il s'agit du mauvais cholestérol sanguin, je suis très inquiet pour mes artères, mon cœur, pour ma santé* ». Voici le slogan que l'on entend à longueur de journée, les gens sont très inquiets à cause du cholestérol. L'angoisse touche les séniors, mais à cause de la propagande anti-cholestérol, les juniors eux-mêmes se traquassent sur ce sujet, plus que pour la cigarette, le téléphone portable, les hamburgers de McDo, le Coca-cola, la contraception…

Fausse inquiétude, le cholestérol est une substance noble, essentielle, vitale, pour les membranes de toutes les cellules animales, pour la production d'hormones, pour le cerveau. Il est absent des cellules végétales, des bactéries, il ne concerne que les animaux dits supérieurs. En aucun cas il est ou agit comme un poison, comme un encrassant des artères, à l'exemple du calcaire qui se dépose en agrégat sur les conduites d'eau – point clé ●

Chapitre 20 - La panoplie des additifs

Point clé ● – La face cachée des additifs. Toute cette chimie est une manne pour les firmes. En les utilisant largement elles font d'énormes profits car elles se dispensent d'acheter des matières nobles. Parmi lesquelles, la vanille, le cacao, les arômes obtenus par réduction de viandes, par concentration de fruits… Autant de vrais produits que l'industrie remplace par une panoplie de molécules de synthèse.

Les dirigeants de ces firmes n'ont aucun scrupule, aucun sens moral, ni civique, ils siègent en Seigneurs à la Table ronde des industriels européens – ERT.[56] À partir de cette position dominante ils influencent à leur guise le milieu politique composé de commissaires et technocrates européens. Qui à leur tour imposent leurs directives à tous les pays de l'UE. L'influence de l'ERT porte surtout sur la Commission européenne, dont les membres tout en duplicité, complicité, ne cessent d'œuvrer en leur faveur, notamment en matière de protection et de permissivité, au plan législatif.

La réglementation européenne autorise officiellement 400 additifs alimentaires. L'on s'attend à pourvoir les retrouver sur l'étiquetage des produits vendus en magasin. En réalité, même pour le consommateur averti il est très difficile de s'y retrouver. L'exemple du glutamate monosodique, poison caméléon – voir le chapitre 23 – est caractéristique de ce dédale d'intrants chimiques. Acidifiants, arômes, exhausteurs de goût, conservateurs, colorants, les nommer un par un et détailler leur composition et leurs effets néfastes, jusqu'à remplir un livre entier serait inutile, pourquoi ?

Parce que **l'industrie agroalimentaire**, à l'exemple des armes bactériologiques secrètes de l'armée, **dispose d'un arsenal 4000 additifs** et enzymes de toutes sortes, que les chimistes n'ont de cesse de tester et d'utiliser à leur convenance. Sans la moindre restriction,

---

56 http://www.ert.eu/members

sans qu'aucun règlement sanitaire, ni législation ne s'y opposent, **sans obligation de signaler leur présence sur l'étiquetage**.

Chapitre 22 - Les poisons chimiques sont actifs à dose infinitésimale. *Point clé* ●

Les poisons dans la maison - Les Solutions - Au rayon beauté - Produits pour bébés – Les solutions - La pollution électromagnétique – solution b- le téléphone mobile – solution - Les ampoules fluo compactes – Les solutions - Le Wifi – solution - La Pollution EM est très néfaste sur les ensembles cellulaires - Les poisons dans l'alimentation actifs à l'état de trace - Des poisons à vie - Les nouvelles mathématiques en toxicologie de pointe - L'alimentation naturelle protège le cerveau –

Chapitre 23 – Effets des excitotoxines et des édulcorants sur le cerveau

La coca est une feuille d'Amérique du Sud, une figure de la culture andine. C'est aussi une thérapie médicinale ponctuelle contre la fatigue ou la raréfaction de l'oxygène en altitude. La cocaïne est un extrait de cette feuille dont le procédé consiste à la concentrer à hautes doses en l'isolant de la plante. L'on passe ainsi d'une plante vivante au processus chlorophyllien complexe à une molécule chimique, unique. C'est exactement la même application pour la canne à sucre, une plante tropicale et la betterave sucrière, une plante européenne. L'industrie a vu l'opportunité d'en extraire le saccharose, une perfection du point de vue chimique, une aberration du point de vue naturel et nutritionnel – point clé ●

Chapitre 24 – Nutrition & comportement

L'envahissement parasitaire. Tout être vivant, notamment tout mammifère, a besoin d'énergie sous forme alimentaire, par là-même a besoin d'en rejeter les déchets cellulaires, sous forme de métabolites. Or ces derniers lorsqu'ils sont produits par des organismes parasitaires ont des conséquences sur le fonctionnement neuropsychique.

L'on parle de dépression en termes de déséquilibre de neurotransmetteurs nécessitant de recapturer par voie médicamenteuse synthétique ou naturelle la sérotonine, tout en nécessitant le rééquilibrage de la dopamine. Or en médecine, particulièrement en psychiatrie, la véritable question consisterait à savoir pourquoi et comment cela se produit sur le terrain, au lieu de ne retenir que la symptomatologie et les troubles psychologiques et mauvais traitements subis par le passé, communs à un grand nombre de gens.

Si cela se faisait de la bonne façon, les psychiatres pourraient comprendre que ces problèmes du passé ont un effet réducteur des capacités du système immunitaire, ce qui laisse la porte ouverte à l'envahissement parasitaire durable, permanent. Lequel est générateur de métabolites ayant capacité à détériorer progressivement les capacités cognitives et à ouvrir, à moyen terme, la voie aux diverses maladies de la sphère psychiatrique. Point clé ●

La prise de contrôle de l'organisme par un microcosme parasitaire dominant. Aussi surprenant que cela puisse paraitre, ces colonies de parasites aussi bien organisées et coordonnées qu'une armée moderne dotée de tous les moyens sophistiqués de communication, modèlent, dirigent, fourvoient, l'organisme de l'hôte à son entier détriment.

L'individu placé sous leur coupe succombe inconsciemment, journellement, à ses appels à consommer toutes sortes de mauvais aliments caractérisant la Junk food ! Mauvaises graisses – viandes et poissons panés industriels… fromages coulants… sucres raffinés et édulcorés… Point clé ●

Chapitre 28 – Le Codex Alimentarius

Tout au long du récit, de cet ouvrage, il faut bien garder présent à l'esprit 1) que depuis le 18e siècle, une lignée ininterrompue de sociétés secrètes aux activités séditieuses ne cesse de monter en puissance. 2) Que leur capacité à infiltrer, structurer et dominer toutes les organisations supranationales et tous les gouvernements nationaux, est une évidence démontrable.

Pour s'en convaincre, voir le témoignage explicite de feu le président John F. Kennedy – 1961
http://www.dailymotion.com/video/xywj96_discours-de-kennedy-contre-les-societes-secretes_news

3) Bien intégrer aussi que les objectifs pour garantir à Gaïa tous ses intérêts vitaux, fondamentaux, quoi qu'il puisse en coûter au monde des hommes, sont une constante indéfectible, absolue, de leur plan. 4) Pour y parvenir, ils usent de leur formidable capacité de tromperie et de modelage des esprits, disposant de puissants moyens, décrits en partie dans cet ouvrage.

Dans la courte période à venir ils amplifieront de façon extraordinaire leur action de mystification, sous forme de mise en scène, en présentant au monde leur projet global ayant toute capacité à tout solutionner afin de concourir au bien être éternel des peuples – point clé ●

Perte de la valeur nutritionnelle des aliments. Depuis 1950 de multiples poisons de la chimie autorisés par le Codex sont utilisés pour la quasi-totalité des terres arables du globe. D'autres poisons sont ajoutés aux graines, aux semences, de tous les végétaux comestibles. Une autre série de pesticides, insecticides, fongicides, sont surajoutés aux céréales, fruits, légumes pendant leur culture et au cours de leur entreposage.

Par conséquent, depuis plus soixante-cinq ans, toutes ces bases alimentaires ont subi une perte considérable de leur qualité nutritionnelle, caractérisée par un déficit en nutriments, en sels minéraux, en vitamines. A cause de ces méthodes inouïes, insensées, le système immunitaire des populations s'est considérablement affaibli, les maladies de toutes sortes se multiplient, le nombre de cancers a augmenté de 300% - point clé ●

Chapitre 29 – La stratégie de Big Pharma

Il y a plus de 35 ans un rapport de l'ONU - ONUDI, op. cit. 1980, p 4 et 5 – reconnaissait que sur les 205.000 médicaments de synthèse existants dans le monde, seulement 26 semblent nécessaires, 9 d'entre eux sont jugés de priorité absolue. Si l'on avait recours à la médecine chinoise, indienne, perse, ces 9 composés chimiques ne seraient probablement pas utiles – point clé ●

Chapitre 30 – Cancers – nutrition – guérir autrement

L'étude du Fonds mondial de recherche contre le cancer – FMRC – dit qu'annuellement 100.000 cas de cancers pourraient être évités sur le total de 240.000 nouveaux cas en France, simplement en modifiant les habitudes alimentaires. Le FMRC se trompe lourdement en disant de consommer du soja pour éviter le cancer du sein. Par ailleurs, il fait le jeu pervers du Codex Alimentarius, en disant d'exclure les compléments alimentaires. L'on s'accorde à dire que 15% des cancers sont d'origine génétique, mais l'on ne précise jamais combien de fois les gènes d'expression s'expriment à cause des multiples poisons de l'alimentation industrielle – point clé ● – voir aussi, plus bas, à la section 5 – *le processus des métastases.*

L'hypoxie cellulaire, selon le Dr LANKA, cette forme d'asphyxie cellulaire est causée par les antibiotiques, les nitrites, les métaux lourds, la carence en acide gras essentiel, en nutriments… L'oxygène du sang ne parvient pas suffisamment jusqu'au cœur des cellules. De ce fait elles ne pourront pas produire assez d'énergie – ATP. Première option, elles vont mourir prématurément tout en générant un état inflammatoire.

Deuxième option, les cellules survivront, mais générant un cancer parce qu'elles reviennent à l'état embryonnaire. Au stade initial du développement fœtal caractérisé par un développement cellulaire ultra rapide. Voir plus haut à la section 5 – *le processus des métastases* – point clé ●

Sachant que la cellule embryonnaire se comporte comme un organisme unicellulaire, comme une bactérie. Elle perd toute capacité de maîtriser la réplication au contact d'autres cellules – forme d'inhibition du contact. Les premières cellules à en souffrir sont celles de la paroi de l'épithélium[57] jusqu'à l'hyperplasie (prolifération anormale de cellules).

Le processus des métastases – Point clé ●

Les trophoblastes sont les cellules périphériques de l'œuf qui forment le placenta de la mère. Ce dernier relié à l'embryon va le nourrir jusqu'à son complet développement. Les trophoblastes génèrent d'une part les cellules souches, d'autre part une série de cellules migrante vers les testicules et les ovaires du fœtus, selon qu'il s'agisse d'un garçon ou d'une fille.

Au cours de cette migration, environ trois milliards de trophoblastes ne parviendront pas jusqu'à leur cible et seront répartis et intégrés à des cellules spécialisées formant les divers tissus non génitaux de l'embryon. Ce processus du placenta dit *métastasique* formant des trophoblastes se développerait indéfiniment sans l'action d'une enzyme, la *pancréatine* secrétée par la mère, la septième semaine de grossesse, afin de bloquer ce processus en temps opportun.

Rapport entre pancréas et cancer. Au cours de la vie adulte, si le gène des cellules trophoblastes issues du processus placentaire *métastatique* initial venait à être exprimé (sollicité) alors celles-ci chercheraient à reproduire leur parcours embryonnaire initial consistant à former du tissu placentaire pour un fœtus qui n'existe plus.

Tout individu porte donc en lui un potentiel cancéreux de type *métastasique* qui peut s'exprimer, se déclencher, à tout moment de la vie. Est-ce inquiétant ? Non tant que la *pancréatine* est suffisamment secrétée pour neutraliser cette migration potentielle tout au long de la vie comme elle le faisait à l'état embryonnaire, via la pancréatine de la mère.

Quels sont les principaux facteurs d'expression des gènes ?

---

[57] Tissu fondamental composé de cellules juxtaposées, disposées en une ou plusieurs couches, tapissant la face interne des organes. La plupart des tumeurs sont composées de cellules épithéliales – carcinome.

➢ Une insuffisance de sécrétion d'hormones pancréatiques.

➢ Un apport trop important de protéines mobilisant de trop le pancréas.

➢ Un état de toxification consécutif à une surcharge permanente de toxines du foie.

➢ Un excès d'hormones femelles dans le sang consécutivement à la consommation de laitages – viandes – poissons d'élevages – bière… qui en contiennent.

➢ Les effets cellulaires des sucres industriels et synthétiques – des substances chimiques – des métaux lourds…

➢ Une déprogrammation de la signalisation cellulaire consécutive à un traumatisme physique et/ou psychique.

Conclusion de ce livre

Sans vraiment s'en rendre compte, les populations ne cessent de subir le diktat de l'industrie chimique, agrochimique, pharmaceutique, du milieu médical. Tout est organisé en système pour que tous les individus lambda et tous les membres intermédiaires du corps médical ne puissent s'y soustraire.

Dans la courte période à venir, il est très probable qu'une solution universelle à tous les maux de l'humanité, au plan économique, social, environnemental, soit présentée sous la forme d'un jubilé pour un nouveau millénium, mise en valeur par des projets globaux mirifiques, incluant un renouveau pour l'agriculture naturelle.

La question clé se pose dès à présent avec acuité - Peut-on accorder sa confiance à cette future annonce de concorde planétaire ? La réponse est spécialement développée dans nos deux ouvrages ayant pour thème L'Emprise du mondialisme « *Crise économique majeure Origine – Aboutissement* » et « *Initiation & Sociétés secrètes* ».

Suivre l'évolution de la crise majeure sur notre site

www.crisemajeure.jimdo.com

LIVRES DU MÊME AUTEUR

L'EMPRISE DU MONDIALISME

I - Crise majeure – Origine – Aboutissement - L'actuelle véritable gouvernance mondiale, décrite dans cet ouvrage, opère depuis des décennies en coulisse, à l'arrière-plan, des États-nation.

II - Initiation & Sociétés secrètes - Quel avenir cette élite d'initiés réserve-t-elle à l'humanité ?

III - Le Secret des Hautes Technologies - Les moyens de haute technologie des superpuissances ont-ils capacité à manipuler, bouleverser, le climat, produisant des inondations, sécheresses, ouragans, tsunamis, tremblements de terre… ?

IV - Hérésie Médicale et Éradication de masse – les principaux moyens microbiologiques de pandémie - stérilisation de masse - Cancer & médicaments chimiques.

www.ingramcontent.com/pod-product-compliance
Lightning Source LLC
Chambersburg PA
CBHW071948270326
41928CB00009B/1383

9781911417040